万葉の史的世界　目　次

例言

1、引用史料は原則として次の史料によるが、一部改めたところがある。
『日本書紀』……『日本書紀（上・下）』（日本古典文学大系、岩波書店）
『続日本紀』……『続日本紀（一～五）』（新日本古典文学大系、岩波書店）
『萬葉集』………『万葉集』（新編日本古典文学全集、小学館）
『日本霊異記』…『日本霊異記』（新編日本古典文学全集、小学館）
養老律令…………『律令』（日本思想大系、岩波書店）
『新撰姓氏録』…佐伯有清『新撰姓氏録の研究　考證篇（第一～第六）』（吉川弘文館）
『三国史記』……朝鮮史学会編・末松保和校訂『三国史記』（国書刊行会）
その他、特にことわらない史料は国史大系本による（吉川弘文館）。

2、右に掲げた史料の引用・読み下し文は常用字体を原則とした。また読み下し文中の括弧内は筆者註である。
《》は読み下し、〈〉は注記、／は改行を示す。

3、（注）、（補注）は初出時の、（追記）は本書で新たに付加したものである。

4、略記
東京大学史料編纂所『大日本古文書（編年文書）』→『大日古』。数字は巻数と頁を表す。
奈良（国立）文化財研究所『平城宮発掘調査出土木簡概報』→『平城木簡概報』
奈良（国立）文化財研究所『飛鳥・藤原宮発掘調査出土木簡概報』→『飛鳥藤原木簡概報』
右以外の略記は必要に応じて明示した。

はじめに
――本書の構成と概要――

本書は筆者が執筆した論考の内から、主として『萬葉集』を古代史の史料・素材として利用した論考を集めて一書としたものである。万葉歌は創作の産物であり、そこから事実を導き出すのは容易なことではない。自ずと対象は題詞や左注に偏ることになるが、『萬葉集』の形成過程には不明な部分が多く、これまた心許ないことになる。本書は『萬葉集』の歌・題詞・左注の語句や表記を木簡（特に長屋王家木簡）や正倉院文書と結びつけて理解し、政治的・社会的背景を考察したものである。

周知のように、長屋王の邸宅は平城京左京三条二坊一・二・七・八坪の四町を占める。昭和六十一年（一九八六）に奈良そごうデパート建設に伴う発掘調査がはじまったが、昭和六十三年になって、八坪の東南隅に掘られた溝状のゴミ捨て穴（SD4750）から三万五千点に及ぶ木簡が発見され、これを「長屋王家木簡」と呼んでいる（奈良国立文化財研究所編『平城京長屋王邸宅と木簡』奈良県教育委員会、一九九一年）。長屋王家木簡の特徴の一つは、紀年木簡からすると和銅三年（七一〇）から霊亀三年（七一七）の間に限られるという点にある（『平城京木簡（二）長屋王家木簡二』二〇〇一年）。この発見により八世紀初頭に官人が日常的に使用した言葉、文字表記などが、生の史料から知られることになった。『古事記』や『日本書紀』の成立時期にほぼ重なり、古代史研究に大きな影響を及ぼした。こうした影響は記紀にとどまらず、万葉研究にも及ぶことになった。

第一部　本書は四部構成としたが、第一部「万葉の史的世界」では『萬葉集』の表現・表記が文芸の世界のものであり、日常世界の言葉・表記とは乖離したものであることを明らかにしようとした。第一章「万葉びとと時刻―奈良時代時刻制度の諸相―」は、全体の序章ともいえるもので、万葉の歌人が、実は現代人とも共通する時刻に追われる人々であったことを再確認した。第二章「神功皇后の周辺―オキナガの原義と酒楽歌について―」では、万葉歌によりオキナガの原義を再検討し、また神功皇后紀摂政十三年二月癸酉条にみえる神功皇后と御子応神（代わって武内宿祢）との贈答歌（酒楽歌）に、白兎薬を搗く月世界（不老不死の神仙思想）が色濃く詠み込まれていることを指摘した。

『萬葉集』には佐保大伴家の佐保宅と長屋王の佐保宅と「二つの佐保宅」が登場する。第三章「佐保の川畔の邸宅と苑池」では佐保大伴家の佐保宅は従来充分な根拠の無いままに左京二条五坊北郊の地とされてきたが、長屋王邸宅の発掘調査により長屋王邸宅と同笵の瓦が出土していることが判明し、むしろ長屋王、もしくは長屋王の関係者との関わりが浮かび上がり、佐保大伴家の佐保宅の所在は再検討が必要であることを論じた。

第四章「長屋王家の色彩誌―万葉歌、長屋王家木簡に見える色彩語について―」は長屋王家木簡に見える色彩語、及びその原料である顔料に着目して長屋王家の生活の一端に触れたが、色彩語、顔料を媒介としてその豪奢な生活を浮き彫りにしようという試みである。長屋王家の生活には王家の経済圏のみならず、東アジア交易圏を介した国際的な物品が使用されていたのである。付「地方画師に関する一考察」は史料の乏しい地方画師について光を当てた小篇である。富山市栃谷南遺跡は八世紀代の地方工房遺跡である。小稿では出土ヘラ書き土器の一つ「恵□」の二字目を残画から「恵師」（画師）と釈読し、併せて地方官衙所属の画師（画工）について考察を加えたものである。第四章に関連する論考としてここに収載した。

第五章「忘れ草と中国古典」は八世紀前後に普及した憂いを忘れさせる萱草《けんそう》（忘れ草）の俗信について考察を加

えた。この俗信普及の背景には『山海経』や『毛詩（詩経）』、『文選』などの中国文学ばかりでなく、道教的医術・本草学的分野からの関心があった。『萬葉集』に「萱草」と併用して用いられる「鬼草《しこぐさ》」の表記は『山海経』の「鬼草《きそう》」の知識が重ねられたものとみられる。そうしたことから『山海経』の日本での受容時期について、引用が多くみられる『令集解』などを媒介に考察を加えた。

さて、『萬葉集』では渤海関連の歌は巻二十にただ一首、天平宝字二年（七五八）二月十日の「内相の宅《いへ》にして渤海大使小野田守朝臣等に餞《せん》する宴の歌」（巻二十・四五一四）があるのみである。第六章「万葉の時代の日本と渤海」は万葉の時代の日本と渤海の関係史の中に、これまであまり採り上げられることの無かった遣渤海大使への餞宴歌を位置づけ、そのもつ意味をあらためて問い直したものである。付「古代日本の「蝦夷」の表記について」は倭王武の上表文に検討を加える過程で生まれた疑問に始まる。上表文では東方の住民を「毛人」と記しているが、中国の古典に典拠を求めることを常套とした上表文に「蝦夷」と無いことは、当時「蝦夷」という漢語がなかったか、採用されなかったかのいずれかである。早く「蝦夷」の語は中国で作られたとする説が有力視されたが、それに疑問を挟み、倭製漢語であることを論証した。

第二部　第二部は「万葉の時代の人物誌」として、大津皇子、藤原不比等、玄昉の三人を採り上げた。このうち玄昉は万葉の時代に欠かせぬ僧侶であるが、『萬葉集』との直接的な関わりは薄い。第一章「大津皇子とその周辺」で、万葉の悲劇の主人公である大津皇子を採り上げた。ここでは『萬葉集』の題詞に見える大津皇子の伊勢神宮への下向（巻二・一〇五～六題詞）は悲劇性を増幅するための作為の可能性があると考えた。また第二章「藤原不比等―その前半生について―」では、日本の律令制度を確立した藤原不比等の不明部分の多い前半生に光を当てた。さらに第三章「玄昉―入唐留学僧の栄光と挫折―」では、奈良仏教に大きな影響を及ぼした玄昉に考察を加えた。

玄昉像には松本清張の小説『眩人』の影響が意外に大きいが、膨大な経典を日本に将来した学問僧として捉え直した。付「唐僧善意発願経にみえる「粉骨砕骨」の語について」は玄昉没後に玄昉の従僧善意が発願書写した『大般若経』の願文に検討を加えたものである。なお、玄昉の教学については拙稿「僧正玄昉の教学について」（『古代学論究―古代日本の漢字文化と仏教―』慶應義塾大学出版会、二〇一二年）を参照いただければ幸いである。

第三部　第三部「古代越中の諸相」は、いずれも「越中万葉」の背後にある古代の越中社会に関わる論考である。周知のように大伴家持は天平十八年（七四六）六月二十一日に越中守に任ぜられ（『続日本紀』）、天平勝宝三年（七五一）七月十七日に少納言に遷任されるまでの足かけ六年間を越中国で過ごした（『万葉集』巻十九・四二四八〜九題詞）。

越中国府は万葉歌などから高岡市伏木の伏木台地に置かれ、国庁は現在の勝興寺一帯に位置したと推測されている。勝興寺の周辺からは発掘調査により大型の建物遺構なども検出されているが、きわめて部分的であり国庁の所在確定には隔靴掻痒の感がある。

高岡市伏木の美野下《みのか》遺跡は越中国庁推定地（勝興寺）の南に位置し、埋没谷の第二次堆積層から土器・瓦などが出土したが、遺物の一つに「傳厨」と書かれた墨書須恵器片がある。この「傳厨」の墨書に着目したのが第一章「「傳厨」考―富山県高岡市美野下遺跡出土墨書土器について―」である。弘仁十三年（八二二）閏九月二十日付「太政官符」（『類聚三代格』巻六）にみえる徭丁「伝使厨人」の語から、「傳厨」を伝制施設の利用者に食事を供給するための厨と解して古代交通制度の一端に触れ、「傳厨」墨書土器の出土から国庁に近接して郡家が存在したのではないかと推測した。

第二章「気多大神宮寺木簡と「難波津の歌」木簡―高岡市東木津遺跡出土木簡について―」では高岡市の西南に

位置する東木津遺跡から出土した「気多大神宮寺」木簡と「難波津の歌」木簡について考察を加えた。当初、『木簡研究』第二一号に「□□神宮」、「御師」などと釈読され、伊勢神宮に関わる鎌倉時代の木簡とされたが、これを疑問視し、改めて遺跡に立脚して木簡が書かれた年代を再検討した。木簡自体が保存処理のために実見できなかったもどかしい思いが懐かしく思い出される。

この東木津遺跡は荘家説、或いは地方官衙の出先機関説などが出されているが、決め手に欠ける。付「東木津遺跡出土「助郡」墨書土器について」は、東木津遺跡から出土した九世紀前半の須恵器杯片の底外面に墨書された「助郡」の語に考察を加えた。この墨書「助郡」については『東木津遺跡調査概報Ⅱ』（二〇〇三年）が「助郡」の意を、郡司クラスの有力豪族が直接統治した地域、或いは『三国志』を参考にして地方豪族の私的軍隊を表すといった難しい理解を示されていた。しかし、日常生活で使用される土器に書かれた「助郡」は日常世界の語として理解するべきではないかと考え、スケノコホリ（郡の次官）と解した。東木津遺跡の性格も少しずつだが見えてきた。

第三章「古代越中（越中・能登）地名雑考」では地名に関わる問題を四題採り上げた。第一は『萬葉集』巻十六「越中国の歌」に見える「大野路」（巻十六・三八八一）である。礪波郡大野郷に関わる地名とみる立場に立って考察を進めた。第二には射水郡に置かれた東大寺領四荘のうち「椯田荘」の読みに考察を加えた。音で読むか訓で読むかも明確ではない。従来、音でウタ、ヲタと読む説があったが、訓では「クボタ」、「コテダ」などと訓まれている。訓で読む場合平安時代の辞書『類聚名義抄』に依拠しているが、「クボタ」説は『類聚名義抄』の誤読から生まれたとみられる。第三には東大寺領須加荘推定地に所在する高岡市須田藤の木遺跡から出土した「布師郷」木簡に検討を加えた。また第四は延喜兵部式にみえる能登の「撰才駅」について、研究の問題点と現状について述べた。

ところで、天平勝宝二年（七五〇）二月十八日、大伴家持は墾田地検察に出かけ、風雨にあったために「荊波の里」にあった礪波郡主帳多治比部北里の家に宿を借りている（巻十八・四一三八題詞）。第四章「「荊波の里」についての覚書―地図に描かれた道と表示記載の書字方向についての試論―」は、この「荊波の里」の所在を正倉院などに残存する礪波郡の東大寺領荘園の地図の記載に従って探求した小論である。この荊波の里のあった礪波郡東北部は古代の生産遺跡群（梅檀《せんだん》野《の》窯《よう》）の中心的位置を占め、多治比部北里に代わって利波臣志留志が進出した様相がうかがえる。

越中時代の家持については既に膨大な研究の蓄積がある。第五章「越中の大伴家持」では、第一に筆者の関心事から萬葉集形成史にとって重要な、家持の越中赴任前夜である天平十七年の「十五巻本萬葉集」及び「附録（のちに巻十六）」編纂と家持の関わり、及びそこから派生する問題を採り上げた。第二には越中守任命時の政治情勢から当時国司には大仏塗金の為の採金が課題とされたが、越中国守家持に波及することはなかったのか、その可能性を探った。第三にクニノミコトモチたる国司は勧農政策の一環として雨乞いに関わったとみられるが、家持の「雨乞い歌群」について検討を加え、家持赴任時の国司の置かれた政治的状況や経済的状況を考えてみた。

第四部　第四部は書評三点を収載した。書評で採り上げた著書はいずれも『萬葉集』や万葉の時代を考察する上で指針となる論考である。

第一の市大樹氏『飛鳥藤原木簡の研究』は七世紀の出土木簡の基礎的データを整理、考察を加えたものである。七世紀後半の倭国では法制や官僚制が整備されるが、そうした動向を反映して統治手段として文字が使用され、木簡も急激に増加していった。七世紀木簡の文字と表記、制度との関連、市氏の考察は国内のみならず、朝鮮半島との関係に及ぶ。私はつとにその指摘の重要性を紹介するように努めた。

第二は万葉研究の碩学、稲岡耕二氏の『山上憶良』である。私は稲岡氏の著書や講演、失礼をお許しいただけば、

「耕チャン詠み」に魅せられて『萬葉集』に関心を持つようになった一人である。稲岡氏に私淑する私がまさか書評の任に当たるとは思ってもみなかった。稲岡氏は今みる『萬葉集』をベースに歌の表記に関する研究を進められたが、近年出土する日常的な書記である木簡の歌の表記からするとその乖離はあまりにも大きい。

第三は古代越中史の研究を牽引される木本秀樹氏の労作『越中古代社会の研究』である。木本氏の史料学的研究とそれに基づく制度史的研究、さらには環日本海史の視点からの越中史の再構成の手法を学びつつ紹介と解説をくわえた。越中万葉を理解する上でも重要な研究である。

*　*　*　*

以上が本書の概要であるが、最後に万葉の時代を考察するにあたり、七世紀半ばに列島において字音仮名の役割に大きな変化があったことを確認しておきたい。五・六世紀の列島においては、仮借を援用した字音仮名は専ら固有名詞表記に用いられていた。ところが、七世紀半ばになると歌の表記に用いられるようになる。漢字文化における新たなる創造である。

埼玉県稲荷山古墳出土鉄剣銘に見る「獲加多支鹵」、或いは熊本県江田船山古墳出土大刀銘に見る「獲□□□鹵」の「鹵」の字は、記紀歌謡や『萬葉集』には字音仮名として使用されておらず、わずかに『日本書紀』百済関係史料にみえるに過ぎない。ところが、稲荷山古墳出土鉄剣銘や江田船山古墳出土大刀銘より半世紀ほどのちの使用例であるが、筆者は韓国扶余の陵山里から出土した木簡に人名として「疏加鹵」と表記されていることを発見した。これにより五世紀の列島の金石文の固有名詞の字音（音仮名）表記が朝鮮南部、とりわけ百済の表記体系の位相にあったことを検証した。

また、七世紀前後の推古天皇治世の頃の文字使いとして中国上古音に基づく「推古朝の遺音」が存在したとされてきたが、実態は五世紀から八世紀前後に使用された中国上古音に基づく朝鮮南部（百済・伽耶）の表記に由来する文字であったことを確認した（拙稿「列島における五世紀の文字表記」『古代学論究』慶應義塾大学出版会、二〇一二年）。

さて、二〇〇六年（平成一八）に前期難波宮跡の南西から「皮留久佐乃皮斯米之刀斯□」と万葉仮名で書かれた木簡が出土した。難波宮造営に伴う整地土層に含まれており、併出土器から七世紀半ば頃のものとされている。「皮斯米之刀斯」を「はじめの年」と解すると、「年」の「と」は、上代特殊仮名遣いでは乙類の音の文字が使用されている。ところが「刀」は甲類の仮名であり、所謂仮名違いとなる。そこで甲類の「と」として「刀斯」を読めば鋭利、鋭敏、早いといった意味を持つ「迅し」、「利し」の語が該当する。

「皮留久佐」木簡は、「之」を訓で「の」、音で「シ」と読むことが可能で、(ア)「はるくさの　はじめのとし」、(イ)「はるくさの　はじめしとし」の両用の読みが可能であるが、「春草の」が春になって萌え出る草の意味から「はじめ」を起こす歌句（枕詞）として用いられたと解するのが素直である。「トシ」には、年、稔りといった意味があるが、春草からすると稔りと解するのは不適切で、年の意とするのが穏当で、(ア)の「はるくさの　はじめのとし（年）」と読むのが妥当であろう。

毛利正守氏は『古事記』や『萬葉集』、八世紀の木簡にも「と」の甲乙類の混乱があるので、仮名違いと認めてよいとされ、「皮留久佐」木簡に難波宮造営の予祝的性格を認めておられる（毛利正守・佐野宏「皮留久佐木簡について」『明日香風』一〇四号、二〇〇七年）。

この「皮留久佐」木簡が衝撃的であったのは、第一には五・六世紀には字音仮名は固有名詞を表記するのに用いられたが、七世紀半ばになると一字一音の字音仮名で歌を記していることで、日本の独自の漢字文化の飛躍を端的に示す点、第二にはわずか一例であるが、七世紀半ばに上代特殊仮名遣いに仮名違いが認められることの二点である。上代特殊仮名遣いは記紀歌謡、及び現在みる『萬葉集』の表記から導き出されたが、七世紀半ばから仮名違いが認められるのは、記紀以前の書記、或いはそれ以後の日常的な書記の多様な表記の広がりを予想させる。

こうした問題をはらみつつ万葉の時代は幕を開け、展開していく。

第一部　万葉の史的世界

第一章　万葉びとと時刻
――奈良時代時刻制度の諸相――

一、はじめに

『萬葉集』にはきわめて多彩な時のうつろいを表す語彙・表現がある。万葉びとは神の世界である夜から人の世界である昼への変化、あるいは四季の推移、さらには暦や時刻制度の知識などの文化的・社会的影響を吸収しつつ多様な時の表現を詠んだ。しかし、皮肉なことに歌人の多くは、そこに詠んだ伝統的な時間の習俗とは異質ともいえる時刻制度に縛られる官人生活に身を置いていた。

古代の時刻制度には季節・昼夜により時間の長さに違いのある不定時法と、季節・昼夜に関わりなく時間の長さが同一の定時法とがあった。一〇世紀前半に編纂された『延喜式』によれば、平安時代前期には定時法による十二辰刻法に基づく時刻制度が浸透し、官人の勤務時間のみならず、儀式の進行など広く政治・儀礼の場に及んでいた様相が知られる。しかし、それ以前については断片的な史料しか残存しておらず、不明な点が多い。

古代の時刻（辰刻）制度については、すでに橋本万平(1)、岸俊男(2)、今泉隆雄(3)、厚谷和雄(4)、斉藤国治(5)、また古代の「時」観念については田中元氏(6)などの多くの優れた研究がある。

そこで本章では、はじめに諸先学の研究に導かれつつ古代の時刻制度について概観し、次には奈良時代の時刻制度の様相を、「正倉院文書」や木簡の検討を通して探り、万葉びとの生活環境の一端に触れてみたい。また、それにより『萬葉集』にみられる多彩な「時」表現、「時」表記が、官人の日常とは著しく乖離したもので、それらが文学的、習俗的表現であることを明らかにしたい。

二、古代の時刻（辰刻）制度

（一）時刻制度の導入

律令国家の形成に官僚制の整備は不可欠の課題であった。政府はその一環として時刻制度を導入し、官人の勤務時間を定めようとした。『日本書紀』舒明八年（六三六）七月己丑朔条には、「大派王、豊浦大臣に謂《かた》りて曰く、「群卿及び百寮、朝参《みかどまゐり》すること已に懈《おこた》れり。今より以後、卯《うのとき》の始に朝《まゐ》りて、巳《みのとき》の後に退《まか》でむ。因りて鐘を以て節《ととのへ》とせよ」といふ。然るに大臣従わず」と見える。大派王が官人の朝参、退朝について、卯の時（午前五時～七時頃）に出勤し、巳の時（午前九時～十一時頃）に退庁するようにしようと提案したが、豊浦大臣（蘇我蝦夷）が反対したというのである。蘇我蝦夷が反対した理由は明らかではないが、朝政の定刻化は豪族層の官人化に直結するものであり、政治の主導権をめぐる対立を語るのであろう。

また、孝徳紀大化三年（六四七）是歳条によると、礼法が定められ、位のある者は寅の時（午前三～五時頃）に南門の外に整列し、日の出とともに仕事につき、午の時（午前十一～午後一時頃）に到って鐘を聞き退庁することになった。退庁の時を告げる鐘台が小郡《おごおりの》宮の中庭に設置された。このような朝参・退朝の制度は、漏刻《ろうこく》（水時計）

の設置とともにより精度を増して行われたと推測される。

さらに斉明紀六年（六六〇）五月是月条には「皇太子、初めて漏剋《ろこく》を造る。民をして時を知らしむ」とあり、天智紀十年（六七一）四月辛卯［二十五日］条には「漏剋を新しき台《うてな》に置く。始めて候時《とき》を打つ。鐘《かね》鼓《つづみ》を動《とどろか》す。始めて漏剋を用ゐる。此の漏剋は、天皇の、皇太子に為《まし》ます時に、始めて親《みずか》ら製造《つく》れる所なりと云々」とある。

昭和五十六年（一九八一）に飛鳥水落遺跡で木桶（暗渠《あんきょ》）や銅管をともなう堅固な基壇上に総柱礎石建物跡が発見されたが、この遺構は斉明六年（六六〇）に皇太子、すなわち中大兄皇子によって造営された漏剋関連施設と推定されている。(7) 天智十年（六七一）この漏剋は大津宮の新台に移され、本格的に使用されたと見られる。大津宮の新台では、鐘と鼓により時報が告げられたという。

（二）古代の時刻制度

古代の時刻制度は『延喜式』陰陽寮諸門鼓条の分析から、一日を等分して時刻を定める定時法にもとづき、季節に関係なく、一日を十二等分する十二辰刻法によっていたとされる。(8)『延喜式』によると、一日を十二の「時」（辰刻）に分け、「時」を十二支の名で呼んでいる。また「一時」（現在の二時間）を一点（刻・剋とも記す）から四点までに四分し、さらに「一点（刻）」（現三〇分）を零分から九分まで十等分した。「一分」は現在の三分に当たる。

このような十二辰刻法にもとづく時報が告げられたのであるが、『延喜式』陰陽寮諸時鼓条によると、「時」を告げるには鼓を打ち、「刻」を告げるのは鐘を撞いた。時を告げる鼓は、子時（午後十一時）と午時（午前十一時）は九打、丑時（午前一時）と未時（午後一時）は八打、寅時（午前三時）と申時（午後三時）は七打、卯時（午前五時）と酉時（午後五時）は六打、辰時（午前七時）と戌時（午後七時）は五打、巳時（午前九時）と亥時（午後九時）は四打で同じ強さ（「平声」）で打たれた。また「刻」については一点（刻）から四点（刻）まで、点（刻）の数だけ鐘を

時刻表記	年代（時期）	遺跡名	出　典	備考
天平□年、巳時	天平年中	平城京跡	『平城概報』22、12 頁	二条大路
天平八年七月廿七日午時	天平 8 年（736）	平城京跡	『平城概報』22、14 頁	二条大路
取子一点	天平 8 年（736）	平城京跡	『平城京 3』4533 号	二条大路
天平八年九月十三日辰時	天平 8 年（736）	平城京跡	『平城概報』29、27 頁	二条大路
十二日申時		平城京跡	『木簡研究』27、12 頁	
今月一日辰時	天長 5 年（828）	平城京跡	『木簡研究』16、190 頁	告知札
今月六日申時山階寺	9 世紀前半	平城京跡	『木簡研究』16、190 頁	告知札
大同二年十二月、申□［時］	大同 2 年（807）	平安京跡	『木簡研究』8、29 頁	
明日寅□［時］参	平安前期	平安京跡	『木簡研究』7、32 頁	左京 9 条 2 坊
孔王部直万呂午時	7 世紀末	鳥取市良田平田遺跡	『木簡研究』35、107 頁	前白木簡
今日戌時	8 世紀	福岡市下月隈遺跡群	『木簡研究』25、186 頁	
十七日卯時	8 世紀前半	長野県屋代遺跡	『木簡研究』22、256 頁	
六月五日卯時	8 世紀前半	兵庫県市辺遺跡	『木簡研究』22、72 頁	
寅時、戌時	9 世紀半ば	石川県加茂遺跡	『木簡研究』23、121 頁	
十二月廿九日辰巳時	平安時代	兵庫県前東代遺跡	『木簡研究』7、52 頁	ト占カ
五月六日卯時	8 世紀後半	秋田城跡	『秋田城出土文字資料集』	＊漆紙文書第 10 号
↓以下参考				
明日	8 世紀前後	藤原宮跡	『藤原 3』1105 号	
今日	8 世紀前後	藤原宮跡	『藤原 3』1117 号	
今月廿七日夜		平城宮跡		
五月夕	8 世紀前半	平城宮跡	『平城宮 7』1241 号	
夕	和銅 5 年(712)～天平 11 年(739)	平城京跡	『平城概報』33、16 頁	二条大路
夜	和銅 5 年(712)～天平 11 年(739)	平城京跡	『平城概報』33、15・16 頁	二条大路

（作成：川﨑晃）

＊奈良文化財研究所木簡データベースを利用した。「丑」、「亥」例は無い。

＊『飛鳥概報』＝『飛鳥藤原出土木簡概報』、『飛鳥藤原京』＝『飛鳥藤原京木簡』、『藤原』＝『藤原京木簡』、『平城概報』＝『平城宮発掘調査出土木簡概報』

表 1　木簡に見る時刻（辰刻）

時刻表記	年代（時期）	遺跡名	出　典	備考
卯時［召］	7 世紀後半	飛鳥池遺跡	『飛鳥藤原京 1』664 号	
巳四午九月	7 世紀後半	石神遺跡	『飛鳥概報』17、24 頁	
□月□［九］日申時□□	8 世紀前後	藤原宮跡	『藤原 3』1106 号	
巳時食酒飯也	8 世紀前後	藤原宮跡	『藤原 3』1107 号	
［日卯時］	8 世紀前後	藤原宮跡	『藤原 3』1297 号	
月十一日戌時	8 世紀前後	藤原宮跡	『藤原宮 1』24 号	
卯時	8 世紀初頭	藤原宮跡	『木簡研究』11、33 頁	
三月四日申時	8 世紀初頭	藤原京跡	『飛鳥藤原京 2』1499 号	
時者卯辰間乙時吉	慶雲 2 年（705）	藤原京跡	『木簡研究』16、42 頁	八卦占い
大伴部鳥麻呂廿七日午時	8 世紀初頭	平城京跡	『木簡研究』20、39 頁	
和銅五年三月四日午時	和銅 5 年（712）	平城京跡	『平城京 2』1767 号	長屋王家
和銅［七］年十月九日辰時	和銅 7 年（714）	平城京跡	『平城京 2』1768 号	長屋王家
二月廿二日巳時	和銅 4 年（711） ～霊亀二年（716）	平城京跡	『平城概報』21、5 頁	長屋王家
五月廿一日「辰時」	同　上	平城京跡	『平城京 2』1716 号	長屋王家
二月十七日午時	同　上	平城京跡	『平城京 2』1717 号	長屋王家
六月一日卯時鴨伊布賀	同　上	平城京跡	『平城京 2』1767 号	長屋王家
三月五日巳時四点廣足	同　上	平城京跡	『木簡研究』12、22 頁	長屋王家
時辰一点未一点戌一点	同　上	平城京跡	『平城概報』25、6 頁	長屋王家
未時従	同　上	平城京跡	『平城京 1』171 号	長屋王家
八月十七日巳時	同　上	平城京跡	『平城概報』23、6 頁	長屋王家
十二月十七日辰時	和銅（710 年代）	平城宮跡	『平城概報』6、5 頁	
辰時辰時十九日	和銅（710 年代）	平城宮跡	『平城概報』6、5 頁	
申時石川宮	養老 3 年（719） ～神亀 2 年（725）	平城宮跡	『平城宮 3』2889 号	
□老五年四月辰時	養老 5 年（721）	平城宮跡	『木簡研究』20、11 頁	
右四人□月□□日申時	8 世紀前半	平城宮跡	『平城宮 7』11394 号	
十一月廿五日酉時	8 世紀前半	平城宮跡	『平城宮 7』12142 号	
大伴部弟末呂巳時入	養老～神亀 720 年代	平城宮跡	『平城宮 7』12595 号	
時時　巳午	和銅 4 年（711） ～養老 6 年（722）	平城宮跡	『平城宮 7』12623 号	
取今月五日酉時進入如件	神亀 5 年（728） ～天平 8 年（736）	平城京跡	『平城概報』24、6 頁	二条大路
十七人巳時	和銅 5 年（712） ～天平 11 年（739）	平城京跡	『平城概報』33、24 頁	二条大路
天平六年六月廿二日未時	天平 6 年（734）	平城宮跡	『平城宮 3』3010 号	
取未時向		平城宮跡	『平城概報』11、15 頁	
卯時以前、卯時		平城宮跡	『平城概報』35、14 頁	

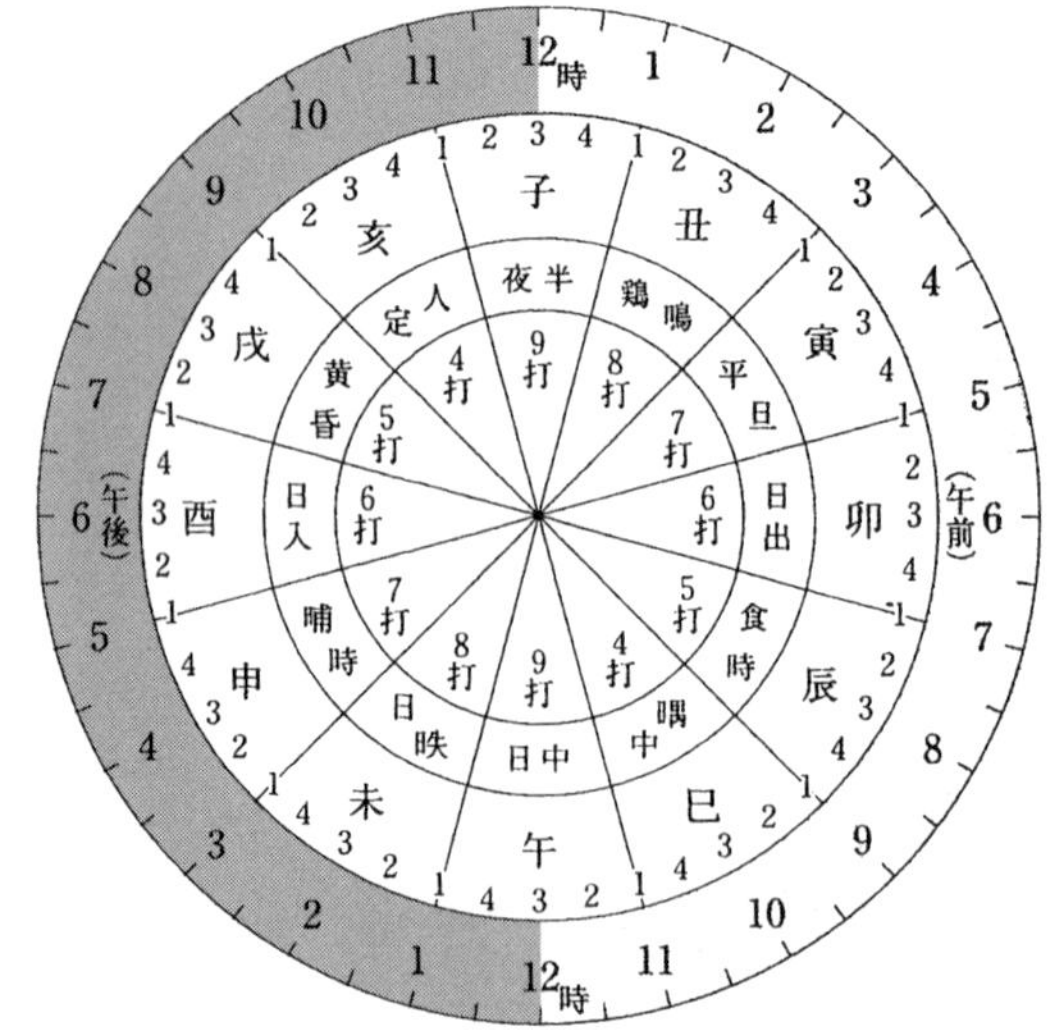

図1　古代の時刻―万葉時代の時刻制度
（作成：川﨑）

撞くと定められていた。

漏剋は令制下には中務省の管下の陰陽寮に設置されと推測され、職員令9陰陽寮条によると、漏剋博士二人とその部下の守辰丁《しゅしんちょう》二〇人が配置されていた。時の進行をはかる目盛りの付いた箭《せん》を監視する漏剋博士の指示のもとに、決められた時刻に守辰丁が鼓と鐘を打って時刻を知らせたのである。

時守之《ときもりが》　打鳴鼓《うちなすつづみ》　数見者《よみみれば》　辰尓波成《ときにはなりぬ》　不相毛恠《あはなくもあやし》

（巻十一・二六四一）

右の万葉歌の作歌時期は不明であるが、「時（辰）」を告げる鼓の数を指折り数え、思いびとを待ったのであろう。「時守」は陰陽寮の守辰丁のことと考えられる。

定時法にもとづく時刻制度が大宝令に遡るであろうことは、宮衛令集解4開閉門条に引用される大宝令の注釈書である「古記」に、第一開門鼓は「寅の一点」（午前三時頃）、第二開門鼓は「卯の四点」（午前六時三十分頃）とあることからもうかがえる。

（三）大宝令以前の時刻制度

ところで、「鼓」で想起されるのは大津皇子の臨終詩である（『懐風藻』）。詩中「鼓声短命《こせいたんめい》を催《うなが》す」とあることから、天武治世にも鼓によって時報が告げられていたのではないかと推測される。この詩の先行詩、陳《ちん》の叔宝《しゅくほう》の詩に「鼓声命を催す役」とあることによるともみられるが、(9)鼓による時報が行われていたとすれば問題はない。天武紀には「戌《いぬのとき》より子《ねのとき》に至るまでに」（天武九年紀十一月三日条）、「四　剋《ときのをはり》にして皆散《あら》けぬ」（天武十一年紀九月十日条）、「戌に逮《いた》りて」（天武十三年紀十一月二十一日条）、「酉の時」（朱鳥元年紀正月十四日条）などの表記があるが、文飾の可能性もある。しかし、奈良県飛鳥池遺跡から「卯時□[召カ]」と記された召文とみられる木簡が出土しており、併出の紀年木簡には「己卯年」（六七九・天武八）とあることから、(10)天武治世に時報が行われていたことがうかがえる。天武紀四年（六七五）正月条には占星台が建設されていることなどを勘案すれば、定時法か、不定時法かは定かではないが、時報が行われていたことは誤りなかろう。

次に藤原京出土の木簡をみてみたい。

①　月十一日戌時奉［

（『飛鳥・藤原木簡概報（二）』七頁、『藤原宮木簡（一）』二四号、五四頁）

藤原宮北面中門北側の濠跡から出土した木簡で、宮城門の出入に関する門牓木簡とみられる。併出の紀年木簡は辛卯年（持統五・六九一）から大宝三年（七〇三）までのものであり、浄御原令下に遡る可能性はあるが、断案はしがたい。

②・□月□[九カ]日申時□□
・秦連若麻呂奉□

（『飛鳥・藤原木簡概報』5・八頁『藤原宮木簡（三）』一一〇六号）

藤原宮東面大垣外濠より出土、併出木簡の和銅三年（七一〇）の年紀、「郡」表記から大宝令以後の木簡である。宮城門の出入に関するものとみられる。

③・［□　　金刺舎人荒山
・『□□　巳時食酒飯也』

（『飛鳥・藤原木簡概報』6・七頁『藤原宮木簡（三）』一一〇七号）

藤原宮東面外濠から出土、表面とは別筆で、食事時間を指定したものであろうか。併出木簡には「評」と「郡」が混在しており、大宝令以前とは断案しがたい。

この他、④藤原宮東面外濠出土の習書木簡「卯時」（『藤原宮木簡（三）』一二九七号）、⑤地方出土の木簡に鳥取市良田《よしだ》平田遺跡出土の「前白木簡」（七世紀末カ）がある。

・「使孔王部直万呂午時

・「□□□御前　□〔謹カ〕　白寵命□

発信の時とみられる「午時（昼頃）」を記すのは寵命の緊急性・重大さを表現したものと思われる（『木簡研究』第三五号・二〇一三年、『奈良文化財研究所紀要2014』）。

この時期の時刻を記した文字資料として、他に栃木県那須郡湯津上《ゆづかみ》村笠石神社所在の「那須国造碑」がある。

永昌元年己丑四月飛鳥浄御原大宮那須国造／追大壹那須直韋提評督被賜歳次庚子年正月／二壬子日辰節殄故意斯麻呂等立碑銘偲云爾（以下略）

《永昌元年己丑四月、飛鳥浄御原大宮の那須国造、追大壹《ついだいいち》那須直韋提《いで》、評督を被《こうむ》り賜ひ、歳《ほし》は庚子に次《やど》る年の正月二壬子の日の辰の節《とき》に殄《みまかり》ぬ。故《かれ》、意斯麻呂《おしまろ》等、碑銘を立て偲びて、爾《しか》云う。》

「那須国造碑」は那須直韋提の没年「庚子」（七〇〇）からさほど距てぬ時期に立碑されたと考えられる。文体は漢籍を踏まえた文言により修飾され、「永昌《えいしょう》」（六八九）という唐の武則天（則天武后）の年号が用いられている。七〇二年の遣唐使の帰国前とすると、下野（下毛野）に移住した新羅系帰化人、とりわけ沙門詮吉が碑文選定に関わったと推測される。（追記1）

文中「辰節」を「辰の節《とき》」（午前七〜九時頃）と訓むならば、死去の時刻を記す特異な例といえる。ちなみに死去の時刻を記す例としては、天平勝宝二年（七五〇）四月一五日『維摩詰経《ゆいまきつきょう》』巻下跋語《ばつご》に「己丑歳（天平勝宝元・七四九）八月廿六日子時、過往亡者穂積朝臣老《子の時、過往亡者《すぎにし》穂積朝臣老》(11)、あるいは後述する宝亀二年（七七一）二月十日付「丸部《わにべの》大人《うし》解」に「今月十日寅時、己男死去」がある。(追記2)また、管見の限り、唐の金石文では「浄《じょう》蔵禅師《ぞうぜんじ》身塔銘」に「天寶五載歳次丙丁（丙戌の誤り、七四六）十月廿六日午時」とあるのが早い例で（『金石萃編』）、「那須国造碑」は唐の例より早いことになる。とするならば、「辰節」を「とき」と訓み「辰節《とき》に殄《みまか》ぬ」と訓む余地もあろう。

藤原京期の時刻の記載された木簡は、管見の限りでは右の五例で、(12)「点（刻）」まで記した例はいまだみない。定時法にもとづく時刻制度は、浄御原令期に遡る可能性を多分に含みながらも確証を得るに至らない。

三、地方と時刻制度

（一）辺境の要衝

律令国家が漏剋を設置したのは京のみで、地方には及ばなかったのであろうか。『続日本紀』宝亀五年（七七四）十一月乙巳（十日）条には次のような記事がある。

　陸奥国言さく、「大宰・陸奥は同じく不虞《ふぐ》を警《けい》す。飛駅《ひやく》の奏《そう》、時剋を記《しる》すべし。而《しか》るに大宰には既に漏剋有れども、この国には、独《ひと》りその器《うつは》無し」とまうす。使を遣《つかは》してこれを置かしむ。

右の陸奥国の言により、大宰府には既に七七四年以前に漏剋が設置されていたことが判明する。一方、大宰府にならぶ辺境の要衝の地である陸奥にはこの時になってようやく設置されたのである。ここで注意されるのは、「飛駅の奏、時剋を記すべし」とある点である。公式令《くしきりょう》9飛駅下式条では、勅命を在外諸司に下達する場合には飛駅が出発する時刻を明記することになっている。ところが逆に在外諸司が飛駅を発遣して上奏する場合の規定である「上式」には時刻を記す規定がない（10上式条）。諸注釈は省略とみるが、これは恐らく省略されたのではなく、時刻を計る施設の配備が不充分なためであろう。そのことは陸奥国言が飛駅出立時刻の記入の条件として漏剋の配備をあげていることからもうかがえる。なお、『延喜式』民部上によると、大宰府・陸奥に置かれた守辰丁は各六人であり、陰陽寮の人数に比べるとあまりに少ない。

ちなみに『三代実録』貞観十三年（八七一）八月丁酉［二十三日］条には「勅すらく、出羽国始めて漏刻を置く」とあり、八七一年には辺境の要地、出羽国にも漏剋が置かれたことが知られる。

国府の漏剋　ところで、『続日本紀』天応元年（七八一）三月乙酉［二十六日］条によると「美作《みまさか》国言《まう》さく「今月十二日の未の三点に苫田《とまた》郡の兵庫鳴り動《とどろ》きき。また四点に鳴り動くこと先の如し。その響、雷霆《らいてい》の漸く動くが如し」とまうす」とあり、さらに「伊勢国言さく、「今月十六日の午の時、鈴鹿関の西中城《にしのなかのき》の門の大鼓、自《おのづか》ら鳴ること三声《みこゑ》あり」とまうす」とある。

右は光仁天皇不予の前兆を告げる記事であるが、伊勢国言では「午の時」（午前十一～午後一時頃）と時のみを記す。伊勢国については宝亀十一年（七八〇）六月辛酉［二十八日］条にも「伊勢国言さく「今月十六日己酉の巳の時に鈴鹿関の西内城《にしのうちのき》に大鼓一たび鳴る」とまうす」とある。「巳の時」は午前九～十一時頃、いずれも鈴鹿関に設置された大鼓に関わる記事で、「時」のみを記す。一方、美作国言には時ばかりでなく刻まで伝える。「未の三点」は午後二時頃、「四点」は午後二時三十分頃にあたる。「刻」まで記す詳細な報告から、美作国には漏剋が置かれたようにも推測されるが、時の経過を表す時刻表現として用いられているのであろう。また、『続日本紀』延暦七年七月己酉［四日］条には、大宰府の大隅国の火山についての「去ぬる三月四日戌の時（午後七時～九時）に……亥の時（午後九時～十一時）に及び」といった噴火報告があるが、大隅国に漏剋が配備されていたとは考えがたい。

兵庫県氷上郡氷上町所在の市辺《いちべ》遺跡からは「浄名」という人物が国司の病状を見舞う使者を「六月五日卯時□[使カ]」（四号木簡）に派遣したとみられる木簡が出土している。併出木簡から奈良時代前半、郷里制下のものと推定される（『木簡研究』第二二号、二〇〇〇年）。また、長野県千曲市屋代《やしろ》遺跡群からも「十七日卯時□／主帳」、「卯時」（午前五〜七時頃）に「主帳」（郡の第四等官）が発信したとみられる木簡が出土しており、(13) これも併出木簡から郷里制下のものと推定される。さらに福岡市博多区の下月隈《しもつきぐま》C遺跡群からは「今日戌時を限り」という期限を明記した木簡（八世紀）が検出されている。

　このように、地方においても国府・郡家・関などに何らかの計時器械が設置されていたと思われる史料があるが、漏剋の設置という点に限れば、前にも触れた『延喜式』民部上の守辰丁の課役免除の規定には大宰府と陸奥国しか見えず、他の国府の規定はない。目下のところは、日時計（圭表）や香時計を想定しておく他はない。(14)

　このようにみると、奈良時代に確実に漏剋が置かれた行政機関としては、中央政府の中務省陰陽寮と地方の大宰府、陸奥国府ということになる。時刻の記された木簡（以下、時刻木簡と称す）の出土分布が、市辺遺跡・屋代遺跡群・下月隈C遺跡群の三例の木簡を除くと平城京に限られることもそうしたことの反映であろう。(15)

四、正倉院文書と時刻

安都雄足と時刻　次に「正倉院文書」から時刻を記した例を気付いたままにあげてみる。

(1)「天平十九年（七四七）正月十九日酉時　春宮舎人田邊史廣江」　（「甲可寺造仏所牒案」『寧楽遺文』中、四六〇）

(2)「天平宝字二年（七五八）九月廿一日未時／主典志斐連麻呂」　（「造仏司牒」『大日古』14ノ一七一）

(3)「（天平宝字六年）主典安都宿祢　下／三月廿八日午一点」　（「造石山院所符案」『大日古』15ノ一七七〜一七八）

表 2　正倉院文書の時刻表記

年月日	時刻表記	文　書	署名者	
天平 18/05/20	午時	借講経疏歴名		02-510
天平 18/05/20	五月二十日午時	写経所注文		09-206
天平 19/01/19	酉時	甲可寺造仏所牒		02-577
天平勝宝 2/04/15	子時過	維摩詰経跋語		03-388
天平勝宝 2/05/25	今日午時	造東大寺司移		03-403
天平宝字 2/09/21	九月廿一日未時	造仏司牒	主典志斐連麻呂	14-170～1
天平宝字 2/09/27	明日卯時	東大寺写経所解		04-321
天平宝字 4/02/16	明日卯時	安都雄足牒		14-309
天平宝字 6/01/26	明日寅時	安都雄足解	安都雄足	15-312～3
天平宝字 6/03/18	三月十八日辰時	造石山院所符案	安都宿祢	15-169～170
天平宝字 6/03/28	三月廿八日午一点	造石山院所符案		15-177～8
天平宝字 6/03/29	今日巳時	造石山院所解	安都宿祢	05-163
天平宝字 6/	三月廿九日巳四点	造石山院所解案	主典安都宿祢	05-163
天平宝字 6/07/09	卯時	東大寺政所牒	葛井連根道	05-244
天平宝字 6/07/18	巳時	石山院牒	下道主・安都雄足	05-252
天平宝字 6/12/08	十二月八日辰時	石山院解	下道主	05-288
天平宝字 6/12/08	十二月八日辰時	下道主啓	下道主	16-025
天平宝字 6/12/15	申時	石山院解	下道主	05-289
天平宝字 6/12/17	巳時前	安都雄足解	安都雄足	16-068
天平宝字 6/12/17	明日巳時	安都雄足解	安都雄足	16-069
天平宝字 6/閏/12/02	申酉之間	石山院牒	少鎮兼寺主僧神勇	05-328
天平宝字 6/閏/12/02	十二月二日酉時	石山院牒	少鎮兼寺主僧神勇	05-328
宝亀 2/02/10	今月十日寅時	丸部大人請暇解		17-603
宝亀 2/02/10	今月十日寅時	丸部大人請暇解		06-117
宝亀 3/08/21	同日午時	荊国足解	荊国足	20-054
宝亀 3/08/21	八月廿一日酉時	荊国足解	荊国足	20-054
以下参考				
天平宝字 4/10/24	今日廿三日夕	広田清足請暇解	下道福麻呂・安都雄足	04-446
天平宝字 4/10/24	今日廿三日夕	広田連清足請暇解		14-448
天平宝字 7/07/25	夕時	下道主状	下道主	05-454
天平宝字 8/12/01	比暮時	奉所御執経所請経文	下道主	05-454

（作成：川﨑）

(4)「天平宝字六年（七六二）三月廿九日巳四点主典安都宿祢」（「造石山院所解案」『大日古』5ノ一六三、15ノ一七八）
(5)「天平宝字六年七月十八日巳時領下道主」（「石山院牒」『大日古』5ノ二五一～二五二）
(6)「（天平宝字）六年十二月八日辰時下道主」（「石山院解」『大日古』5ノ二八八）
(7)「（天平宝字六年）十二月八日辰時下道主」（「下道主啓」『大日古』16ノ二四～二五）
(8)「天平宝字六年十二月十五日申時下道主」（「石山院解」『大日古』5ノ二八九）

「正倉院文書」中において時刻を記した例は少ないが、造石山寺（院）所（滋賀県大津市の石山寺の造営にあたった役所）に関わる文書に偏在しているのが特徴である。「刻」まで記す例は(3)、(4)の二例のみで、差出人はいずれも造東大寺司の主典で造石山寺所の別当（長官）であった安都《あと》宿祢雄足《おたり》である。下村主《しものすぐり》道主は雄足のもとで案主《あんず》（事務官）として実務に携わった人物である。そこで次にこのような文書の一例として(4)の天平宝字六年三月二十九日付「造石山院所解案」を掲げる。

造石山院所解　申未到鑄工事
秦中国　狛皆万呂
右、依司牒旨、以二十七日可向於院。然以今日巳時、僅山代野守参、款云、秦中国等者、依有私障故、今明日間留奈良者。因此、件野守者不得用度勘申者。然件　御鏡、可作有期、無可怠延。事大早速。加数有仰給、仍附返向仕丁、更請処分如前、今具状以解、付仕丁阿刀乙麿
天平宝字六年三月二十九日巳四点主典安都宿祢
（『大日古』5ノ一六三、15ノ一七八、続々修18・3）

《造石山院所解し申す　未だ鋳工到らざる事
秦《はたの》中国　狛《こまの》皆万呂

右、司《つかさ》（造東大寺司）の牒の旨に依り、二十七日を以て院に向かふべし。然るに今日（二十九日）巳時を以て、僅かに山代《やましろの》野守《のもり》参り、款《まう》して云く「秦中国らは、私障の故有るに依り、今明日の間奈良に留まる」とてへり。此れに因り、件の野守は用度を勘するを得ずと申す。然るに件の御鏡は作るに期有るべし。怠延《たいえん》すべきこと無く、事大いに早速なり。加ふるに以て数《あまた》仰せ給こと有り、仍りて返向の仕丁《しちょう》に附して、更に処分を請ふこと前の如し、今具《つぶさ》に状し、以て解す。〈仕丁阿刀乙麿《あとのおとまろ》に付《さず》く〉

天平宝字六年（七六二）三月二十九日巳四点主典安都宿祢》

天平宝字六年三月、孝謙上皇の勅命により一尺鏡四面の鋳造が命ぜられた。この解（上申書）は鋳鏡《ちゅうきょう》文書群中の一通である。(16) 命を受けた造石山寺所では鋳鏡に必要な鋳工の派遣を造東大寺司に要請し、それにともない造東大寺司は鋳工を三月二十七日に造石山寺所に向かわせた。ところが二十九日の巳の時（午前九時～十一時）になって山代野守ひとりが到着し、秦中国ら鋳工たちが私的な事情で奈良に留まっていることを報告した。製作期限に遅れることを危惧した安都雄足は急遽秦中国、狛皆麻呂の派遣を造東大寺司に要請したのである。解には「三月二十九日巳四点」とある。「巳の四点」は午前十時三十分頃である。野守の報告を巳時に受け、即座にこの解が出されたことが知られる。ここで注意されるのは雄足が「巳」という「時」のみならず、「四点」という「刻」までも記して文書を発信していることである。文書に発信時刻を記すのはきわめて異例で、前述した飛駅を発するような非常事態、緊急事態を伝える場合であった（公式令9飛駅下式）。わざわざ「刻」まで記したのは、事態の深刻さを造東大寺司に伝え、緊急の対応を求める上で有効な手段であったといえるであろう。

このようにみると、下道主が文書に「時」を記すのは、雄足の指導、影響下にあったためと推測される。それにしても、多くの文書を残している雄足の文書中で、時刻記載が造石山寺所に限られるのは、造石山寺所には漏剋があったということであろうか。

請暇解・不参解　奈良時代の官人の時間意識がうかがえる史料としては他に請暇解《せいかげ》や不参解《ふさんげ》がある。請暇解は休暇願、不参解は欠勤届である。

広田連清足《きよたり》（浄足とも）という写経生は天平宝字四年（七六〇）十月「今月二十三日夕従《よ》り、足腫《は》れ、歩行に便ならず」という理由で、翌二十四日に治療のために十日間の休暇を願い出ている（『寧楽遺文』下・五七七頁、『大日古』4ノ四四六、14ノ四四七〜八）。ここには時間までは記されていないが、休暇を願う理由を明らかにするために「夕従り」という情況が明記されている。

同様に後家《あとやの》川麻呂（河麻呂とも）の怠状《おこたりじょう》（無断欠勤の始末書）には「今朝漸《ようや》く腹張り、終に下痢に及ぶ。救治を加うと雖も、猶止息《しそく》すること無し。若し小安有らば、便りに即ち参上せんと欲す。須臾《しゅゆ》の間、更に留連《りゅうれん》無し」と、「今朝」からの病状を述べ、無断欠勤せざるを得なかった事情を説明している（『寧楽遺文』下・六〇九頁、『大日古』20ノ六二）。

右の例は「今朝」、「夕」といった時の経過を表す表現であるが、「時」を記す例もある。

(9)荊国足解　申不参状事
　右縁私経奉写、此日之間怠侍、纔以八月廿日写了。参向
為間、以同日午時國足妻之兄死去告来。以是不得
忍棄、山代退下、今録怠状申送、以解
　　宝亀三年八月廿一日酉時
謹上　道守尊卿　記室

（『寧楽遺文』中・六〇五頁）

東大寺写経所の経師《きょうし》である荊国足《いばらのくにたり》の解によると、八月二十日に出勤しようと思っていたところ、「午の時を以て、国足の妻の兄死去せるを告げ来る」によって、やむを得ず「山代に退下」した由を記し、「宝亀三年（七七二）八月二十一日酉時」と発信の時を記している。「午の時」は午前十一時〜午後一時の間であり、その翌日の「酉の時」（午後五時〜七時）にこの「怠状」をしたためているのである。もう一例は、経師丸部大人《わにべのうし》の場合である。

⑽丸部大人解　申請暇事

合十四箇日

右以今月十日寅時、己男死去、為斎食請暇件如、仍注状、以解

宝亀二年二月十日

（『寧楽遺文』中・五九〇頁）

丸部大人の請暇解は数通残存しており、息子の死去までの経過がある程度たどれる。それによれば大人は息子の「腫瘡病《しゆそう》」（はれもの）治療のために宝亀二年（七七一）正月五日に四日間、二月七日に三日間の休暇を願い出ている。発病の時期は不明であるが、少なくとも一ヶ月以上の看病が続いている。しかし、必死の看病もむなしく「右、今月（二月）十日寅時、己が男死去す」とあるように、十日の「寅時」（午前三時〜五時）、つまり夜明けに亡くなってしまった。(17)

近親者の死亡を理由とした休暇願はその他にもみられるが、「以今月某日、死亡」、あるいは「以今月某日、某（男、母など）死去」などと記す書例が一般的で、「時」まで書くのはきわめて例外的である。大人の息子に対する切々たる心情が伝わってくる文書である。この丸部大人の息子をめぐる数通の請暇解から想起されるのは、「男子名を古日《ふるひ》といふに恋ふる歌三首」（巻五・九〇四〜九〇六）のことである。かけがえのない宝物、白玉のような息子古日がある日絶命する。掌中の宝物を失った悲しみをよんだ歌である。古日の歌の背景には、「七歳までは鳥の内」

といわれた子どもの死のこうした現実があった。大人にとってはなんともやり切れぬ「寅時」であったろう。

召文　この他に天平宝字四年九月二十七日付「奉写一切経所《ほうしゃいっさいきょうしょ》経師等召文《めしぶみ》」(『大日古』14ノ四四五)に「辰時受」、「卯時」、「受巳時」といった追記が見える。召文は召喚状のことであり、この文書は奉写一切経所(東大寺写経所)が二十六人の経師らを召喚しようとしたものである。鬼頭清明氏はこの追記が三人に限られることから、召文を伝達した時点、あるいは出仕の確認の時点である可能性が高いとされている。(18)

五、木簡と時刻制度

平城京跡出土の木簡　時刻(辰刻)記載のある奈良時代の木簡を渉猟すると、今のところ既に述べた屋代遺跡群、市辺遺跡、下月隈C遺跡群の三例を除くと出土地は平城京に限られる。そこで、次に平城京跡出土の時刻木簡を気付いたままにあげておく。なお、以下『平城京長屋王邸跡―左京二条二坊・三条二坊発掘調査報告―』(19)を『長屋王邸跡報告』と略す。

(ア)平城宮跡出土木簡

①[　]申時石川宮□　(『平城宮木簡(三)』二八八九号)

②(表面)天平六年六月廿二日未〔ママ〕時□〔附カ〕海連　(『平城宮木簡(三)』三〇一〇号)

①、②いずれも平城宮東南隅の東一坊大路西側溝(東面外堀)から出土した。

③・「十二月十七日辰時奉入人□□人」
・「持鉏四柄　」　(『平城木簡概報』6・五頁)

④・「辰時辰□〔時カ〕十九日「　」

・「日下マ友足奉　　丸子［　　］」
（『平城木簡概報』6・五頁）

③、④二点は東院の南の左京二条二坊条間大路南側溝から出土した。『平城木簡概報』6は宮城門内への出入に関するものとしている。併出紀年木簡に「八年」と記すものがあり、天平八年（七三六）前後のものと推定される。

⑤・□御輿人□御輿□　　□部［　　］［　　］
　右四人十月□□日申時　□□部　□君万呂
　　　　　　　　　　　　□□

・「□　□□十八　□　□」
（『平城木簡概報』9・四頁、『平城宮木簡（七）』一一三九四号）

第一次大極殿南東楼閣風建物の掘立柱抜き取り穴から出土、『平城木簡概報』9は天平勝宝五年（七五三）以前のものとする。「申時」（午後三時〜五時頃）という時間を記していることから、この木簡は御輿《みこし》人四人の召文と推測される。「申時」は召喚時間であろう。

⑥・常陸那賀郡大伴マ弟末呂　巳時
・入
（『平城木簡概報』10・九頁、『平城宮木簡（七）』一二五九五号）

佐紀池の南から出土、和銅六年（七一三）の紀年木簡を併出する。常陸国那賀郡は大伴部弟末呂の本籍地であろう。この木簡も召文と推測され、「巳時」（午前九時〜十一時頃）は弟末呂の召喚時間を記したものと推測される。[20]

⑦「□□□□　十一月廿五日酉時」
（『平城木簡概報』11・八頁）

第一次朝堂院から出土。『平城木簡概報』は神亀から天平初年（七二五〜七三〇年代初頭）にかけての造成事業に関連したものとされる。

⑧（表面）「□□諸背取未時向□□□」
（『平城木簡概報』11・一五頁）

東院の東面大垣外濠から出土、併出の紀年木簡は天平十五年（七四三）から天平二十年までのものが出土している。諸背を人名とすれば、諸背を未時（午後一〜三時頃）に□□に向かわせる、あるいは□□に参向の意か。「取」は月日、時間を選び取る意であろう（追記7を参照）。

(イ)長屋王家木簡

⑨・○以大命符　□〔吉〕備内親王　縫幡様進上
・○使文老末呂二月廿二日　巳時　稲栗
（『平城木簡概報』21・五頁）

吉備内親王に縫幡《ぬいはた》の様《ためし》（手本）を進上せよという主人長屋王の命（「大命《おほみこと》」）を伝えた木簡。「巳の時」は木簡を差し出した時刻（午前九時〜十一時頃）。「時」を明記したのは、遅延を恐れ、緊急性を伝えるためであろう。先に見た「造石山院所解」を参酌すれば、木簡に時刻を記載したのは飛駅下式を意識したか、あるいは倣ったものであろう。

⑩・○返報　進上米十二斛太七〔合カ〕小十□故附草良
・○下黒万呂　五月廿一日辰時　少書吏　家扶
（『平城木簡概報』21・八頁、『平城京木簡（二）』一七一六号）

米の進上に対する返書（「返報《へんぽう》」）。「返報」の語は『令集解』公式令6令旨式条、空海「叡山の澄和上《ちょうかしょう》啓の返報書」（『続性霊集補闕抄』）などにみえる。「辰時」（午前七時〜九時頃）という発信時刻が追記されている。「家扶《すけ》」、「少書吏《しょうさかん》」は高市皇子の家政機関の職名で文書責任者。

⑪・○返抄　米壱拾伍斛　塩陸籠　腊捌莒　海藻弐拾連
・○右肆色　附即奈良宮万呂
別辛櫃壱合机三前　二月十七日午時大伴蓑万呂
秦道万呂
（『平城木簡概報』21・八頁、『平城京木簡（二）』一七一七号）

「午時」（午前十一時〜午後一時頃）は発信時刻。米、塩、腊《きたい》、海藻《め》など四種の食品の受取状（「返抄」）である。

⑫○進上炭廿四籠六月一日卯時鴨伊布賀　（『平城木簡概報』21・十一頁、『平城京木簡（二）』一七六七号）

炭の進上木簡（送り状）。鴨伊布賀《かものいふか》は進上責任者で発信者。「卯時」は午前五時〜七時頃、進上元は不明。

⑬・人□婢　相□土女三日分食給在　右二人
　　　福女十五日分食給在
・和銅五年三月四日　午時　家令　（『平城木簡概報』21・二十二頁、『平城京木簡（二）』一七二六号）

婢二人への食料支給伝票。「午時」は午前十一時〜午後一時頃、「家令《かみ》」は家政機関の職名。

⑭・御命宣　筥六張急々取遣仕丁
・二人　三月五日　巳時四点　廣足　（『平城木簡概報』23・五頁、『木簡研究』一二ノ二二頁）

主人の命（「御命《おほみこと》」）で筥六張を請求したもの。木簡の発信に際し、「巳時四点」（午前十時三十分頃）と「刻」までを記すのはこの⑭と後述する⑲と、管見の限り僅か二例である。「急々」と緊急の用件を記す木簡は他にもあるが、高市皇子の家政機関職員の広足が特に「刻」まで記したのは、主人の命の緊急性・重要性を伝えるためであろう。

⑮・又匏廿口右二種進出
・八月十七日巳時〔　〕
　　　家扶〔　〕　（『平城木簡概報』23・六頁）

なんらかの品と匏《なりひさご》の二種を請求したもの。「又」は不明。「家扶《すけ》」は家政機関の職名で発信者。

⑯・□□辰一点未一点戊一点吉□酉向吉　倭□□□
・［　］　□月十三日己丑火□　（『平城木簡概報』25・六頁）

「刻」まで記すが「辰一点未一点戌一点吉」は吉時、「□酉向吉」は吉方（方位）を表す。占いの結果を記したものであろう。

⑰・進上葛濃郡　米□〔十カ〕二石　十月十五日⎡　⎦○
・和銅□〔七カ〕年十月□九日　辰時　○
（『平城木簡概報』25・七頁、『平城京木簡（二）』一七六八号）

山背国葛濃（葛野）郡から米が進上されたことを確認した伝票か。「辰時」は午前七時～九時頃。

⑱・⎡　⎦○
器□納印進出⎡　⎦
・⎦　子二坐月々省給常食数
□日未時　従　□○
（『平城木簡概報』21・六頁、『平城京木簡（一）』六八頁）

「従」は高市皇子の家政機関の家従の意、その家従からの緊急性・重要性を込めた伝達。「未時」は午後一時～三時頃。

⑲・□〔符カ〕　掃殿治辛男造薗卌枚進出　仕丁真事
・　七月七日辰一点
従廣足
（『平城京木簡（二）』一六九六号）

木簡発信時の「刻」まで記すのは、既述の如く⑭とこの⑲の僅か二例である。いずれも高市皇子の家政機関の家従広足の発信である。ここでは邸内の掃殿に収納してある薗（円座）の進上を命じた符。「辰一点」（午前七時）と「刻」まで記すのは⑭と同様に特別な緊急性・重要性を表したものであろう。

長屋王家木簡は併出の年紀木簡から和銅三年（七一〇）から霊亀三年（七一七）の間のものとすることができる。右のうち時刻（辰刻）記載例はいずれも文書の発信時刻を記したものと考えられる。これらの諸例で注目されるのは、⑭、⑯、⑲の時刻の「刻」までを記した木簡である。これまで指摘された「刻」を記載した初見は天平十年（七三八）頃になった大宝令の注釈書である「古記」の記載例であり、文書では天平宝字六年（七六二）の造石山寺所の文書であった。しかし、出土木簡により用例は奈良時代初期まで遡ることとなった。

(ウ)二条大路木簡

⑳（裏面）比上毛〔　〕／□我〔　〕止〔　〕天平□年三月十六日伯部太麻呂巳時　（『平城木簡概報』22・一二頁）

二条大路南端の東西溝（SD5100）から出土した進上木簡の裏面である。併出の紀年木簡は天平三年から天平十一年で、天平七・八年が多いという。時刻の記載を年月日の下ではなく、進上責任者である伯部太麻呂の氏名の下に記す唯一の例である。

㉑・（略）天平八年七月廿七日午時従八位下安曇⊓　（『平城木簡概報』22・一四頁）

⑳と同じ二条大路南端の東西溝（SD5100）から出土。「午時」は午前十一時～午後一時の間。

㉒・牒　五十長等所　進入人堤家主右人
・取今月五日酉時進入如件九月五日付得／嶋建部□万呂　（『平城木簡概報』24・六頁）

二条大路北端東西溝（SD5300）から出土。併出の紀年木簡は天平三年（七三一）から天平八年（七三六）の間。「進入」の語から門の通行に人名と進入時刻を記し、守衛側（「五十長等所」）に充てた牒と推測される。(21)「酉時」は午後五時～七時頃。

㉓「平八年九月十三日辰時従七位下行□□□□□〔大目部宿祢カ〕「□」　（『平城木簡概報』29・二七頁）

二条大路北端の東西の溝状土坑（SD5300）から出土、併出の紀年木簡は天平七・八年が中心で八年までに収まるという。

㉔　「屋　屋屋屋進進進進」羹櫃

・越田瓦屋進上借子四人 守人足 葭屋酒人

物部古万呂氷櫃　　取子一点進上　「伊加□」

・　「物」　天平八年七月六日　「□」　右

出雲熊　「物部　物　物　部郡屋」垂水真鷹　「内椋馬甘

（『平城京木簡（三）』四五三三号、補訂『平城木簡概報』、二二頁）

㉒、㉓と同じく東西溝（SD5300）出土の進上木簡で、「子一点」と「刻」まで記す。越田瓦屋（大和国添上郡）から羹《あつもの》、氷を「子一点」（午後十一時）、つまり真夜中に進上するといった他に例のない非常、もしくは緊急事態である。渡辺晃宏氏は天平八年七月六日、吉野行幸に際して聖武天皇が皇后宮に滞在したことによるとされている（『平城京一三〇〇年「全検証」奈良の都を木簡から読み解く』柏書房、二〇一〇年）。

(エ)告知札・牓示札

告知札　次に掲げる木簡は平安時代の木簡であるが、路頭に掲示したもので、告知札《こくちさつ》・牓示札《ぼうじさつ》と呼ばれる。文書の伝達を考える上のみならず、時刻の観念を知る上で興味深い史料である。

㉕「告知　往還諸人　走失黒鹿毛牝馬一匹 在験片目白 額少白

件馬以今月六日申時山階寺南花園池辺而走失也　九月八日
若有見捉者可告来山階寺中室自南端第三房之　」
（『平城木簡概報』7・八頁、『木簡研究』第十六号・一九九四年、一九〇頁）

奈良市佐紀町の平城京左京東三坊大路東側溝跡から出土した一メートルもある長大な木簡で、併出した次の㉖の木簡から平安時代初期のものと推定される。この告知札は逃げた馬の私的な捜索願で、平安京と旧都平城京を結ぶ幹線道路であった東三坊大路に突き立てられ、往還人に告知された。捜索願を書いたのは連絡先となっている山階《やましな》寺（興福寺）僧坊に居住する僧侶であろう(22)。

告知札では、まず馬の特徴を述べ、「件《くだん》の馬、今月六日、申《さる》の時を以て、山階寺の南の花園の池辺（猿沢池）にして走り失するなり」と、馬を逃がした日付、「申の時」（午後三時〜五時頃）という時刻、そして場所を明記している。時刻についていえば、時刻の知識をもつのは限られた人々であろう。「申の時」が漠然と夕方を意味するといった理解はされていたかも知れないが、時を表現する一般的な語として通念化していたとは思われない。従って、こうした告知は文字を解せる人を媒介とする口頭伝達がともなったと推測される。馬の特徴だけでなく、時刻の表示は迷い馬を発見した人への重要なデータとなる。

㉖「告知捉立鹿毛牝馬一匹　□□右馬以今月一日辰時依作物食損捉立也至于今日未来其主
験額髪□〔毛カ〕□□□馬□可来隅寺□□天長五年四月四日　」
（『平城木簡概報』7・八頁、『木簡研究』第十六号・一九九四年、一九〇頁）

この告知札は右の木簡と同様に平城京東三坊大路東側溝跡から出土した天長五年（八二八）の木簡である。内容は右の例とは逆に鹿毛の牝馬を捉えたことを持ち主に知らせるものである。「今月（四月）一日辰時（午前七〜九時頃）を以て、作物を食損するに依り、捉え立つ」と、馬を捉えた日時を明記している。「隅寺《すみでら》に……来るべし」とあり、この告知札を書いたのも時刻の知識をもつ隅寺（海龍王寺）の僧侶かと推測される。

牓示札　右の例はいずれも京周辺の例であるが、次に地方の例をあげる。平成十二年（二〇〇〇）に石川県津幡《つばた》町加茂遺跡から出土した牓示札《ぼうじさつ》は嘉祥年間（八四一～八五〇）のもので、加賀国府の命をうけ、加賀郡家が管下深見村の駅家・郷・刀禰《とね》らに通達した三〇〇字以上も記した木簡であり、国府から郡家への通達文書がそのまま「高札」として掲げられたと推測される。[23]この牓示札は八ケ条からなるが、その一条には次のようにある。

㉗　一、田夫朝以寅時下田夕以戌時還私状

《田夫、朝は寅の時を以て田に下り、夕は戌の時を以て私に還《かえ》るの状》

その趣旨は「寅の時」（午前三時～五時頃）から「戌の時」（午後七時～九時頃）まで田で働け、というのである。しかし、前述したように「寅時」とか「戌時」という時刻制度が地方社会にまで浸透し、社会通念となっていたとは思われない。要は日の出から日没までというのであろう。

ところで、『延喜式』陰陽寮・諸門鼓条には宮城十二門の開閉についての規定がある。それによると立夏五日から立秋八日までの間は「寅四刻九分開諸門鼓」、「戌一刻一分閉門鼓」とある。つまり午前四時半頃に諸門を開き、午後七時頃に諸門を閉じることになっていた。この諸門開閉の時刻規定は、右に見た牓示札の労働時間とまさしく合致するのである。[24]

すなわち、加賀国府のとった勧農政策に見る労働時間の設定は、中央における諸門の開閉時刻、いわば宮廷内の官人の生活時間をそのまま表記したもので、農民の自然的時間観念にもとづく日の出、日没といった通念とは著しくかけ離れた表現であった。牓示札におけるこうした表現の理解は、「口示」と明記されているように、識字者を媒介とする口頭伝達を前提にしなければあり得なかったのである。[追記3]

この牓示札が語るものは大きい。律令国家の文書主義は地方行政に浸透していったが、そこに記載される時刻表記は、現実の農民の生活とは乖離したものであったことを浮き彫りにしていよう。

奈良時代の時刻（辰刻）木簡　以上、奈良時代の時刻木簡を通覧すると、(ア)時刻を記す木簡は少ないが、とりわけ「刻」までを記す木簡は、占いとみられる木簡を含めわずか四例である。(イ)従来、「刻」を記す初見は天平十年頃に成った「古記」の記載例とされていたが、⑭、⑯、⑲の出土により「長屋王家木簡」の時期、すなわち和銅三年から霊亀三年の間まで遡ることになった。(ウ)用例に見られる「刻」記載は、いずれも「一点」から「四点」の範囲であり、奈良時代の時刻制度は、『延喜式』の規定と同様の時刻法（十二辰刻法）であったことが確実となった。(エ)木簡では文面に差し出し（発信）時刻を記載する他に、宮城門を通過する際の許可証、召文などに時刻が記されている。(オ)差し出し時刻を記載する場合、文書・木簡とも表記位置は年月日の下（日下）に記すのを原則としており（例外は⑳のみ）、飛駅下式を意識、もしくは飛駅下式に倣って、緊急の際に、その緊急性を相手に伝達する表現としての意味を持ったと考えられる。(カ)時刻表記は⑭の「巳時四点」の如く、「十二支＋時＋点」と表記する、といった点が指摘できる。

六、『万葉集』と時刻表現

（一）五更法にもとづく表現

古代中国で行われた夜間の時間表現に五更法がある。日没から日の出までを五分した時間表現である。一夜を一更から五更までに五分したことは『顔氏家訓《がんしかくん》』（書証第十七）に見える。この五更法の用例は『古事記』、『日本書紀』、『日本霊異記』などには見えず、『続日本紀』に四例ある。

夜、一更《いちかう》に至りて数千の僧をして脂燭《ししよく》を擎《ささ》げ、……三更《さむかう》に至りて宮に還《かへ》りたまふ。

――天平十八年十月甲寅（六日）条――

八日の初更《しよかう》、風急《はげ》しく波高くして…十一日の五更《ごかう》に帆檣《ほばしら》は船底に倒れ、……

――宝亀九年十一月乙卯（十三日）条――

ところが、これに比して『萬葉集』には多くの用例がある。

まず、巻十六・三八二四の左註に「於時夜漏三更、所聞狐声《時に夜《や》漏《ろう》三更《さむかう》にして、狐の声聞こゆ》」とある。「夜漏」は「昼漏」に対比される表記で、それぞれ夜、昼を意味する。『令集解』にも「夜漏尽きる」、「昼漏尽きる」（宮衛令4開閉門条）などと見え、漏剋のシステムから生まれたと思われる漢語である。次に歌を見てみよう。

佐保川尓《さほがはに》　小驟千鳥《さをどるちどり》　夜三更而《よくたちて》　尓音聞者《ながこゑきけば》　宿不難尓《いねかてなくに》　（巻七・一一二四）

織女之《たなばたの》　袖続三更之《そでつぐよひの》　五更者《あかときは》　河瀬之鶴者《かはせのたづは》　不㆑鳴友吉《なかずともよし》　（巻八・一五四五）

客在者《たびなれば》　三更判而《よなかにわきて》　照月《てるつきの》　高嶋山《たかしまやまに》　隠惜毛《かくらくをしも》　（巻九・一六九一）

此者之《このころの》　五更露尓《あかときつゆに》　吾屋戸之《わがやどの》　秋之芽子原《あきのはぎはら》　色付尓家里《いろづきにけり》　（巻十・二二一三）

泊瀬風《はつせかぜ》　如是吹三更者《かくふくよひは》　及㆓何時㆒《いつまでか》　衣片敷《ころもかたしき》　吾一将㆑宿《あがひとりねむ》　（巻十・二二六一）

夕月夜《ゆふづくよ》　五更闇之《あかときやみの》　不明《おほほしく》　見之人故《みしひとゆゑに》　恋渡鴨《こひわたるかも》　（巻十二・三〇〇三）

五更之《あかときの》　目不酔草跡《めざましぐさと》　此乎谷《これをだに》　見乍座而《みつついまして》　吾少偲為《われをしのはせ》　（巻十二・三〇六一）

春儲而《はるまけて》　物悲尓《ものがなしきに》　三更而《さよふけて》　羽振鳴志芸《はふきなくしぎ》　誰田尓加須牟《たがたにかすむ》　（巻十九・四一四一）

用いられているのは「三更」と「五更」のみである。「三更」は「くだつ（ふけぬ）、よひ、よなか、さよ」、「五更」は「あかとき」と訓まれている。「夜三更」と「夜漏三更」は同義。木簡にも使用例が無く、非日常的な用語である。

（二）「時の異称」にもとづく表現

家持が越中から帰京する際の様子を伝える題詞の一節に「五日平旦《へいたん》に上道《みちだち》す。仍りて国司の次官已下の諸僚皆共に視送《みおく》る」（巻十九・四二五一題詞）とあり、目録にも同様に「五日平旦」と見える。「平旦」は中国で用いられた時の異称で、『孟子』に「平旦の気」（告子章句上）などと見えるように、明け方、暁の意であり、本来季節により時間が変わる不定時法にもとづく時間表現である。晋の杜預《どよ》は『春秋左氏伝』昭公五年の「日之数十、故有十時《日の数は十なり。故に十時有り》」に注して、十時を誤りとして「夜半、鶏鳴、平旦、日出、食時、禺中《ぐちゅう》、日中、日昳《にってつ》、晡時《ほじ》、日入、黄昏《こうこん》、人定《じんてい》」の十二をあげている（『春秋経伝集解』巻二十一）。

この十二の時の異称では、『萬葉集』の「鶏鳴」を用いた大伯皇女の作が知られる。

吾勢祜乎《わがせこを》　倭辺遣登《やまとへやると》　佐夜深而《さよふけて》　鶏鳴露尓《あかときつゆに》　吾立所《わがたちぬ》レ霑之《れし》

（巻二・一〇五）

十二の時の異称は『日本書紀』では推古紀以後、とりわけ天武紀に集中している。このうち興味深いのは「夜半」の語である。天智紀九年（六七〇）四月三十日条には「夜半之後」の語があり、〈あかつき〉と訓ぜられ、壬申紀七月五日条の「夜半」の語は〈よなか〉と訓まれている。「夜半〈よなか〉の後」であるから暁〈あかつき〉ということなのであろう。（追記4）まさしく「佐夜深而鶏鳴《さよふけてあかとき》」である。

この不定時法にもとづく時間表現は、のちに定時法の十二支と結びつけられるようになる。天武紀七年（六七八）に「平旦〈トラ〉時」（四月七日条）、天武紀十一年（六八二）には「昏時〈イヌノトキ〉」（八月三日条）、「平旦〈トラノトキ〉」（八月十七日条）、「日中〈ムマノトキ〉」（九月十日条）、天武紀十三年（六八四）に「人定〈ヰノトキ〉」（十月十四日条）、「日没時〈トリノトキ〉」（十一月十三日条）、「平旦〈トラノトキ〉」（朱鳥元年九月甲子［二十七日］条）などの表現が見え、十二支にもとづく訓みがあてられている。右の訓は鎌倉時代に書写された北野本『日本書紀』巻二十九によっている。[25]

この十二の時の異称と十二辰刻の対応は、恐らく中国で成立していたと思われるが、それでは日本ではいつ頃確認できるであろうか。今泉隆雄氏は鎌倉時代初期に成立した『二中歴《にちゅうれき》』や平安時代末期成立の『簾中抄《れんちゅうしょう》』に見えることを指摘されているが[26]、それ以前、平安時代前期に成立した漢和辞書『新撰字鏡《しんせんじきょう》』に既に「鶏鳴〈丑時〉、平旦〈寅時〉、日出〈卯時〉、食時〈辰時〉、禺中《ぐちゅう》〈巳時〉、日中〈午時〉、日映［昳カ］〈未時〉、晡時〈申時〉、日入〈酉時〉、黄昏〈戌時〉、人定〈亥時〉、夜半〈子時〉」の如く、時の異称に十二辰があてられている。[27]このことからすると時の異称と十二辰の対応は、平安時代前期まで遡ることができる。

なお、黛弘道氏は表記、用字から『日本書紀』巻二十九「天武紀（下）」の特徴を指摘されているが、時の異称が集中することも特徴の一つに加えることができるであろう。[28]

（三）仏教の「六時」による表現

皆人乎《みなひとを》　宿与殿金者《ねよとのかねは》　打礼杼《うつなれど》　君乎之念者《きみをしおもへば》　寐不レ勝鴨《いねかてぬかも》
（巻四・六〇七）

右の歌は「笠女郎が大伴宿祢家持に贈る歌二十四首」中の一首で、天平年間の歌とされている。諸注釈は歌中の「宿与殿金《ねよとのかね》」を時刻を告げる鐘とする。しかし、前述したように「時」を告げるのは鼓であり、「刻」を告げるのが鐘であった。とするならば笠女郎は「刻」の数だけ打たれる鐘の音を詠んだことになる。

橋本氏はこれを寺院の鐘の音とされる。[29]仏教界では昼夜を六分して六時を制して読経などを行った。この六時の制は季節とともに時刻に変化がある不定時法と推定されており、昼は晨朝《じんじょう》、日中、日没、夜は初夜、中夜、後夜《ごや》の称で呼ばれる。『日本霊異記』には信濃国の優婆塞《うばそく》が「六時ごとに」天女のような女人を賜えと願った話が見える（中巻、第十三）。この六時ごとに鳴らす鐘が六時鐘である。『萬葉集』にはこのうちの「初夜」の語が見え、いずれも「よひ」と訓じている。

奥山尓《おくやまに》　住云男鹿之《すむといふしかの》　初夜不レ去《よひさらず》　妻問芽子乃《つまどふはぎの》　散久惜裳《ちらまくをしも》（巻十・二〇九八）

従二明日一者《あすよりは》　恋乍将レ去《こひつつもいかむ》　今夕弾《こよひだに》　速初夜従《はやくよひより》　綏解我妹《ひもとけわぎも》（巻十二・三一一九）

之奈謝可流《しなざかる》　越尓五箇年《こしにいつとせ》　住々而《すみすみて》　立別麻久《たちわかれまく》　惜初夜可毛《をしきよひかも》（巻十九・四二五〇）

この六時の制にもとづく時の呼称は『萬葉集』に限らず、『日本霊異記』や平城宮跡出土木簡にも用例がある。ここでは「初夜」、「後夜」と記された木簡の例をあげる。

(a)・物部君　二人
　刑部千鳥
・初夜（『平城木簡概報』24・十四頁）

(b)・□豊国　物部牛万呂
　刑部千鳥　　三人後夜
・今請千鳥（『平城木簡概報』24・十四頁）

(c)・刑部千鳥
・　人五〔百カ〕□□□
　中衛百卌人（『平城木簡概報』30・六頁）

いずれも「二条大路木簡」に見えるもので、『長屋王邸跡報告』によれば、「初夜」、「後夜」の用例が七例確認されている。また、宮城門の警護に関わる木簡では、兵衛府関連の木簡は人名は氏のみが記されるのに対して、「初夜」、「後夜」と記された木簡には氏名が記されのが特徴で、しかも(a)、(b)、(c)の木簡に見える刑部千鳥が、(c)木簡により「中衛」に関わるとみられることから、中衛府の夜間の警備担当に関する木簡と推測されている。また、十二支による時の呼称でなく六時の呼称を用いるのは、警備の対象が夜間の仏事であったためとされている。[30]十二辰刻法の報時と不定時報の六時の制との対応関係は不明である。

なお、管見の限り木簡では夜間の亥時・丑時の記載例はない。㉔の「子一点」が唯一の例外である。夜間は警備など特殊なケースを除けば時刻を記す必要はなかったのであろう。

それにしても気になるのは夜間の鼓鐘による時報のことである。漏剋の修理の間、兵庫の太鼓を陰陽寮に賜っていることや（『三代実録』貞観八年四月二十六日条）、『延喜式』陰陽寮撞鐘木条に規定される鐘の撞き木の大きさ（長さ約四・八メートル、太さ約三〇センチ）[31]から想定される鐘の大きさからすると、規定通りに報時すれば、かなりの音量になるであろう。夜間の時報についてはなお不明な点が多い。

七、おわりに

右に見たように奈良時代の官人の生活に時刻制度は確実に浸透していった。従来「刻」を記載した初見は天平十年（七三八）頃になった大宝令の注釈書である「古記」の記載例であり、文書では天平宝字六年（七六二）の造石山寺所の文書であった。しかし、出土木簡により十二辰刻法の用例は長屋王家木簡の時期、すなわち和銅三年から霊亀三年の間まで遡ることになった。

『萬葉集』には多彩な「時」の語彙は見られるものの十二辰刻法に基づく時刻表記は、歌語としてはもちろん、題詞にも左注にも使用されていない。現実の時刻制度の浸透ぶりと『萬葉集』の表記とは著しい対照をなしている。

しかし、万葉びとがまったく時刻表現をしなかったわけではない。万葉びとが時刻表現に採ったのは中国文学にみられる時の異称であった。ここに『萬葉集』の文学としての特徴がよく現れているといえる。

［注］

（1）橋本万平『日本の時刻制度』（塙書房、一九六六年）、「万葉時代の暦と時制」（久松潜一監修『思想と背景』「萬葉集講座」第二巻、有精堂出版、一九七二年）、『計測の文化史』（朝日新聞社、一九八二年）、「『延喜式』の定時法」（『日本歴史』五四〇、一九九三年五月）。

（2）岸俊男「鼓楼と鐘楼」、「漏剋余話」（いずれも『古代宮都の探求』塙書房、一九八四年）。

（3）今泉隆雄「飛鳥の漏刻台と時刻制の成立」（『古代宮都の研究』吉川弘文館、一九九三年）。

（4）厚谷和雄「平安時代古記録と時刻について」（『日本歴史』五四三、一九九三年八月）、「奈良・平安時代に於ける漏剋と昼夜四十八刻制」（『東京大学史料編纂所研究紀要』四、一九九四年三月）。

（5）斉藤国治『日本・中国・朝鮮　古代の時刻制度　古天文学による検証』（雄山閣、一九九五年）。なお早く平山清次「日本に行はれたる時刻法」（『天文月報』5―11・12、一九三一年）がある。

（6）田中元『古代日本人の時間意識―その構造と展開―』（吉川弘文館、一九七五年）。

（7）奈良国立文化財研究所『飛鳥の水時計』（飛鳥資料館、一九八三年）、奈良国立文化財研究所『飛鳥・藤原宮発掘調査報告』Ⅳ―飛鳥水落遺跡の調査―』（奈良国立文化財研究所学報』第五五冊、一九九四年）、木下正史「古代の水時計と時刻制」（高岡市万葉歴史館論集4『時の万葉集』笠間書院、二〇〇一年）。

（8）橋本万平・前掲注（1）、斉藤国治・前掲注（5）など参照。なお、『延喜式』陰陽寮・諸門鼓条に依れば、諸門開閉の撃鼓時刻については、季節による日の出、日の入り時刻の変化に応じて設定している。定時法（十二辰刻法）に立ちながら季節の変化に配慮していることが知られる。

（9）小島憲之「近江朝前後の文学　その二―大津の臨終詩を中心として―」（『萬葉以前』岩波書店、一九八六年）。

（10）奈良国立文化財研究所『飛鳥・藤原宮発掘調査出土木簡概報（十四）』一二頁（一九九九年）。
（11）『大日古』3・三八八、『寧楽遺文』中巻、六二一頁。
（12）この他に宮仕えの良日を占った木簡「時者卯辰間乙時吉」がある（『木簡研究』第一六号、一九九四年）。
（13）市辺遺跡出土木簡については平川南「郡家関連施設と木簡—兵庫県氷上町市辺遺跡—」（『古代地方木簡の研究』吉川弘文館、二〇〇三年）、屋代遺跡群出土木簡については長野県埋蔵文化財センター『屋代遺跡群出土木簡』（一九九六年）八四頁、『木簡研究』第一八号（一九九六年）などを参照。
（14）地方の計時に香時計を重視する滝川政次郎氏の説（『池塘春草』一九六八年）がある。なお、天平七年（七三五）四月、唐より帰国した吉備真備は「測影鉄尺一枚」を将来している（『続日本紀』）。
（15）地方出土の時刻記載木簡としては兵庫県姫路市前東代《まえひがしろ》遺跡から「十二月廿九日辰巳時金鳴従東」が出土しているが（『木簡研究』七、一九八五年）、平安時代の卜占に関わる木簡と思われる。
（16）この鋳鏡関連文書については、岡藤良敬「天平宝字六年、鋳鏡関係史料の検討」（『正倉院文書研究』五、吉川弘文館、一九九七年）を参照されたい。
（17）「己男死去」の「己」字を栄原永遠男氏は「亡」字に釈読されておられるが、「己」が穏当であろう（栄原永遠男「平城京住民の生活誌」『日本の古代（九）』中央公論社、一九八六年）。
（18）鬼頭清明「召文木簡について」（『古代木簡の基礎的研究』塙書房、一九九三年）。
（19）長屋王家木簡、二条大路木簡については奈良国立文化財研究所『平城京長屋王邸跡—左京二条二坊・三条二坊発掘調査報告—』（吉川弘文館、一九九六年）を参照した。
（20）鬼頭清明「常陸国の木簡から」（『古代木簡と都城の研究』塙書房、二〇〇〇年）。
（21）「五十長」は軍団の隊正に充てられた例があり（「天平六年出雲国計会帳」神門団、「天平十年周防国正税帳」長門国豊浦団）、「五十人」を率いた責任者のことと思われるが（『律令』日本思想大系、補注・六二〇頁）、職員令62左兵衛府条では番長は百人を率いる。『長屋王邸跡報告』が指摘しているように中衛府の責任者である可能性が高い。
（22）僧侶の時刻に関する教養の一端は、景戒の『日本霊異記』に見える時刻表記からうかがえる。

(23)　石川県埋蔵文化財センター「加茂遺跡現地説明会資料」、平川南「家持と日本海沿岸の文字世界」（『家持の争点Ⅰ』高岡市萬葉歴史館叢書13、二〇〇一年三月）などを参照。
(24)　藤井一二氏が「よみがえる平安農村」（『富山新聞』十月九日）で同様の指摘をされている。この「寅の時」から「戌の時」、すなわち労働（勤務）すべき時間こそ昼であり、「亥の時」から「丑の時」までが夜にあたろう。夜は神秘な、神や百鬼が跋扈跳梁する神の時空である。ここで想起されるのが、時代は下るが『古今著聞集』釈教第二「当麻寺曼陀羅の事」である。「戌の終より寅の始に至るまでに、一丈五尺の曼陀羅を織あらはして」とあり、夜の間に阿弥陀の化身が曼陀羅を織成したという。なお、古記は第一開門鼓を寅一点とするが、『延喜式』陰陽寮・諸門鼓条では季節の変化を勘案して、立夏五日から立秋八日までの間は「寅四刻九分開諸門鼓」としており、時刻制に変更があったことが注意される。なお、岸俊男「朝堂の初歩的考察」（『日本古代宮都の研究』岩波書店、一九八八年、初出一九七五年）を参照されたい。
(25)　『日本書紀北野本』（貴重図書複製会叢書）による。
(26)　今泉隆雄・前掲注（3）。
(27)　京都大学文学部国語学国文学研究室編『新撰字鏡増訂版』（「古典索引叢刊」三・一九七三年）。
(28)　黛弘道「『天武紀（下）』の史料批判」（土田直鎮先生還暦記念会編『奈良平安時代史論集（上）』吉川弘文館、一九八四年）。なお、本文にあげた以外に十二支の訓のない「昏時」（天武紀十三年十一月二十一日条）があり、これを含めれば八例となる。
(29)　橋本万平・前掲注（1）のうち「万葉時代の暦と時制」。
(30)　前掲注（19）。
(31)　前掲注（7）『飛鳥の水時計』。
(補注)　慶應義塾大学三宅和朗氏より中村修也「古代商人と時間意識の成立」（『年報日本史叢』一九九三年十二月）があることをご教示いただいた。筆者同様に造石山院所の安都雄足・下道主の発給した時刻記載文書に着目している。参照されたい。
＊時刻木簡の検索に当たり奈良文化財研究所「木簡データベース」を参照した。
(追記1)　「那須国造碑」については本書第二部第三章「付」「唐僧善意願文にみえる「粉骨碎骨」の語について」を参照されたい。

（追記2）　経典の跋語には除病を請願し法華経を書写した期日に「七月廿二日丙寅之夜」と、時間ではないがわざわざ「夜」と記したものもある（天平勝宝四年『妙法蓮華経』巻八題跋、『寧楽遺文』中、六二二頁）。また、大英図書館蔵スタインコレクションの中国西涼の『十誦《じゅうじゅ》比丘《びく》戒本《かいほん》』跋語（S.797V）には比丘徳祐が「建初元年（四〇五）歳在乙巳十二月五日戌時」敦煌城南に於いて具足戒を受けたとあり、受戒の時刻を記す例があるが、寡聞にして筆者は奈良時代以前の日本の例を知らない（拙稿「万葉時代の時刻制度—音の遠景—」『國文學　解釈と教材の研究』第四八巻一四号、二〇〇三年）。

（追記3）　加賀郡符（牓示札）についてはその後、政府の官符を受けた加賀国が国符を郡に下し、それを受けた加賀郡が管下に通達したとみる平川南監修・石川県埋蔵文化財センター編『発見！　古代の御触れ書き石川県加茂遺跡出土加賀郡牓示札』（大修館、二〇〇一年）、平川南「牓示札—文書伝達と口頭伝達—」（同『古代地方木簡の研究』吉川弘文館、二〇〇三年）や、新任国司が着任時に新たな政務を行う為政者として、過去の太政官符から必要主題を施政方針としてまとめた国符を加賀郡司が受けて、改めて作成して管下に下した郡符とみる藤井一二「加茂遺跡出土「牓示札」の発令と宛先—「嘉祥期御触書八箇条」を中心に—」（『砺波散村地域研究所研究紀要』第一八号、二〇〇一年三月）、鈴木景二「加賀郡牓示札と在地社会」（『歴史評論』六四三号、二〇〇三年十一月）などがある。

（追記4）「あかつき」の語の背後に時刻の観念があるとみる小林賢章氏は、「あかつき」は午前三時〜五時の間の時間、すなわち寅時とされているが（『「暁」の謎を解く—平安人の時間表現—』角川書店、二〇一三年）、既述のように寅時は「平坦」に充てられており、「鶏鳴」は丑時（午前一時から三時）に充てられている。なお、一日の始まりを午前三時とみる説は斉藤国治氏に「日本上代において一日は午前三時に始まった」（『科学史研究』第Ⅱ期一三四、一九九八年）がある。

（追記5）　岐阜県関市池尻の郡家跡と推測されている弥勒寺西遺跡から出土した木簡に次のようなものがある。

　　右件人等以今時卯向
　若怠者重

右の木簡は郡符木簡と推定されているが、「右件の人等、今時卯を以て向へ……若し怠らば重……」とある。卯の時（午前五時〜七時頃）という時刻は果たして管下の郷の人々に認識されたのであろうか。或いは単に早朝を意味する語であったのであろうか。疑問として残るところである。『木簡研究』第三二号（二〇一〇年）では「今時参向」と訂正された。

（追記6）　秋田城出土の奈良時代後期とされる書状に「五月六日卯時自蚶形駅家申／竹田継□」とある（秋田城跡第五十四次調査出土漆紙文書第一〇号、秋田市教育委員会『秋田城出土文字資料集』一九九二年）。この書状は蚶形駅家から竹田某が国司の介館に、釜の勘収について指示を仰いだものとみられるが、この例でもわざわざ「卯時」という発信時刻を記しているが、指示の緊急性を訴えたものであろう。

（追記7）　平城京跡出土木簡に「取未時」（『平城木簡概報』十一・一五頁）、二条大路木簡に「取今月五日酉時進入如件」（『平城木簡概報』24・六頁）、「取子一点」（『平城京木簡㈢』四五三三号）とある。この「取」は月日、時間を選び取る意であろう。この用例は『萬葉集』巻十七・三八二七題詞に「即取七月赴任所《即ち七月を取りて任所に赴き》」、巻十九・四二五〇題詞に「便附大帳使、取八月五日応入京師《便ち大帳使に附き、八月五日を取りて応に京師に入る》」の例がある。『萬葉集』末四巻の題詞表記が天平期の官人の日常的表記を反映している例としえよう。なお、新日本古典文学大系『萬葉集』四、下注は漢籍の例として「詔して三月十七日を取りて車駕洛京に帰る」（『旧五代史』唐荘宗本紀、同光三年）を挙げている。

（追記8）　その後管見に入った時刻に関わる論考として次のものがある。

細井浩志「時間・暦と天皇」（『岩波講座　天皇と王権を考える』岩波書店、二〇〇二年）

鎌田元一「暦と時間」『列島の古代史　ひと・もの・こと7　信仰と世界観』（岩波書店、二〇〇六年、のち鎌田『律令国家史の研究』所収、塙書房、二〇〇八年）

三宅和朗『時間の古代史』（吉川弘文館、二〇一〇年）

水口幹記「日本古代における時間をめぐる二つの文化圏」、「景戒の時間意識と叙述の選択」（いずれも水口幹記『古代日本と中国文化　受容と撰択』所収、塙書房、二〇一四年）

このうち、鎌田氏は本章注（24）で述べた第一開門鼓の時刻の変更について、『弘仁式』から『延喜式』の間に至る過程で改められた、と指摘されている。

＊「万葉びとと時刻―奈良時代時刻制度の諸相―」（高岡市万葉歴史館編『時の万葉集』高岡市万葉歴史館論集4、笠間書院、二〇〇一年）に補訂を加えた。

第二章　神功皇后の周辺
――オキナガの原義と酒楽歌について――

一、はじめに

周知のことであるが、神功皇后はまたオキナガタラシヒメと呼ばれている。和風諡号の研究によれば、このオキナガタラシヒメの名称は、七世紀半ばに在位した舒明天皇のオキナガタラシヒロヌカと、皇極（重祚して斉明）天皇のアメトヨタカライカシヒタラシヒメの諡号を合わせたもので、(1) 斉明治世以降に成立したと考えられる。また、神功伝説についても、その大綱は対新羅関係の険悪化という情況の下で、推古・斉明（皇極）・持統の三女帝をモデルとして構想されたものとする見解が直木孝次郎氏によって提示されている。(2) 小稿では神功皇后に関わるオキナガの語の原義、及び神功皇后紀摂政十三年二月癸酉［十七日］条の寿歌とその答歌（酒楽歌）に検討を加えてみたい。

二、オキナガの原義

オキナガタラシヒメの名と密接な関係をもつ舒明天皇のオキナガタラシヒヒロヌカという諡号が贈られた理由として、舒明の父押坂彦人大兄皇子は天智・天武両天皇の祖父であり、「皇祖」として尊ばれたが、この皇祖彦人大兄の母が息長真手王の女の広姫（敏達皇后）であることから、祖母の生家の名に因んだものとする見解がある(3)。延喜諸陵式には「息長墓〈舒明天皇之祖母名曰二廣姫一、在二近江国坂田郡一〉」とみえ、広姫の墓が息長氏の本拠である近江国坂田郡に営まれたと伝えられている。息長氏は近江国坂田郡の天野川流域、朝妻郷を本拠として、湖上交通と周辺の渡来人を支配下に置いて勢力を伸張したと推測される。

一方、薗田香融氏は、舒明の喪事に際し、息長山田公が「日嗣を誄び奉」っているのは（皇極紀元年十二月）、息長山田公が広姫の母家を代表し、舒明の「湯人」（養育係）に任じていたためで、「息長」は遙かに遠い祖母の生家の名に因んだとものとするよりも、舒明を養育した息長山田公を指すものとして、オキナガタラシヒヒロヌカノスメラミコトを「息長氏が養育したてまつった額の広い（聡明な）天皇」の意に解された(4)。しかし、この薗田説に対しては、天皇の和風諡号に壬生や乳人の氏族名を冠した例はこのほかにまったくみえない(5)、或いは「オキナガ」は一般的な寿祝の語である(6)などとする批判がある。

さて、今、歴代天皇の名に注目すると、タラシ系の名はすべて「タラシヒコ」もしくは「タラシヒメ」であり、舒明の「タラシヒ」が唯一の例外である。薗田氏はここに着目され、タラシヒコ（統治する男）・タラシヒメは天皇の一般的呼称とするにふさわしいが、タラシヒは「日足らす」（日を充足する義で、成長する意）という動詞を名詞化したものとされたのである(7)。しかし、六世紀後半に始まる諡号に着目するならば、カナヒ（安閑）、トヨヒ（用明）、タラシヒ（舒明）、トヨヒ（孝徳）、イカシヒ（斉明＝皇極）の如く、日を形容する言葉によって構成されている点が注意される。これは敏達朝に日祀部が設置されたことにみられるように(8)、日神信仰の高まりを背景としているのであろう(9)。『隋書』倭国伝も、開皇二十年（六〇〇）の倭国の使者が、「倭王以レ天為レ兄、以レ日為レ弟」、即ち倭王は天と日を兄弟としていると語ったと伝えている。このようにみると、諡号中における舒明のタラシヒはカナヒ、トヨヒ、イカシヒと同様に日の形容と理解されるべきである。

　そこで次に問題としている息長氏のオキナガなる語について考察を加えてみたい。

オキナガの語意をめぐる学説　本居宣長は「息長は地名にて、諸陵式に、息長墓、在近江国坂田郡と見えたる地なり(10)」と地名に由来するものとしているが、異論のないところである。しかしながら地名たるオキナガが果たして何を意味するものなのか、その名義についてはふれていない。そこでまず「オキナガ」の氏名に言及した従来の研究を整理してみるに、三品彰英氏は「オキナガという氏名は、オキナガノミズヨリヒメの名の示す如く」、「水の巫女、海女の呪能を詮表するものであり、水中に沈む海女の息長と文字通りに解することができる(11)」とされている。また、西田長男氏は、息長氏は鍛冶と関係が深いとされ、「ふいごうで空気を吹き送って火を起すときのあの息を長く引く状態からつけられたものであろう(12)」とされている。

　両説に共通するのは「オキナガ」を文字通り、息の長いこととする点であるが、必ずしもその名義を十分に解明しているとはいえない。その点で注目されるのは黒沢幸三氏が、「オキナガ」は「吐く息（古代人には生命力と考えられていたようだ）が長い」という寿祝的意味にとれるとされている点であり(13)、倉塚曄子氏が「古代人にとって息・気は生命そのもの」と解し、オキナガタラシヒメとはまさに「御命長く天足す」（『萬葉集』巻二・一四七）の意のめでたい名であり、オキナガを一般的な寿祝の語であるとされた点である(14)。

結論からいえば、黒沢・倉塚両氏の指摘は妥当なものと考えるが、充分なる論拠は示しておられない。そこで、次に万葉歌を素材として、オキナガの語の原義を検討してみたい。

「オキナガ」の語について

尓保杼里乃《にほどりの》　於吉奈我河波半《おきながかはは》　多延奴等母《たえぬとも》　伎美尓可多良武《きみにかたらむ》　己等都奇米也母《ことつきめやも》〈古新未レ詳〉

にほ鳥の　息長《おきなが》川は　絶《た》えぬとも　君に語らむ　言《こと》尽きめやも〈古新未詳なり〉　（巻二十・四四五八）

この歌の冒頭の「鳰鳥《にほどり》の」は「息長川」にかかる枕詞とされ、鳰鳥はカイツブリのことで、水に潜るのに息が長いので「於吉」または「於吉奈我」にかかるとされされている。(15) ここで思い出されるのが応神記の「この蟹や何処の蟹」歌中にみえる「鳰鳥の潜《かづ》き息づき」であり、オキはイキ（「息」）と同意とみることができる。ここでは「オキナガ」の「オキ」が、息の意をもつことを確認しておきたい。

この「オキ」なる語が息の意味をもつことは次の歌からも知ることができる。

大野山《おほのやま》　紀利多知和多流《きりたちわたる》　和何那宜久《わがなげく》　於伎蘇乃可是尓《おきそのかぜに》　紀利多知和多流《きりたちわたる》

大野山　霧立ち渡る　わが歎く　息嘯の風に　霧立ちわたる　（巻五・七九九）

この歌は山上憶良の日本挽歌の反歌のうちの一首であるが、(17)「オキ」はイキと同意で、「於伎蘇乃可是（息嘯の風）」は嘆息によって生ずる風であるとされている。(16) 以上二例であるが、これによって「オキ」と「イキ」が同意をもつ証とすることができるであろう。(18) そこで次に「オキ」と同意の「イキ」についてみるに、『時代別国語辞典上代篇』は「イキ」は「生クと語源的に同じであろう。生命の源は呼吸であり、呼吸はすなわちいのちであった」としている。『萬葉集』巻九・一七四〇「水江の浦島子を詠む」の「気左倍絶而《いきさへたえて》　後遂《のちつひに》　寿死祁流《いのちしにける》（息さへ絶えて　後遂に　命死にける）」がその例証となろう。また『萬葉集』中に、しばしば「イキノヲ」なる語がみえる。(19) その一

例を示せば

白雪能《しらゆきの》　布里之久山乎《ふりしくやまを》　越由加牟《こえゆかむ》　君乎曾母等奈《きみをそもとな》　伊吉能乎尓《いきのをに》念《おもふ》

白雪の　降り敷く山を　越え行かむ　君をそもとな　息の緒に思ふ

（巻十九・四二八一）

「伊吉能乎」は即ち「命の綱」の意味であり、[20]命の継続の象徴的表現とされている。[21]なにぶんにも用例がきわめて少ないのであるが、このように「イキ」の語に「生命」の義が認められるとするならば、「イキ」と同意である「オキ」も生命の意味をもつと考えることができるであろう。即ち、「オキナガ」は単に息の長いことを意味するのでなく、生命力の長い義で、「長寿」の意に解することができる。前掲の「尓保杼里乃　於吉奈我河波半　多延奴等母」（巻二〇・四四五八）の歌も、（絶えることのない）息長川はたとえ絶えることがあってもの意に解せるであろう。

このようにみると、湯人であったとみられる息長山田公が「オキナガ」なる寿祝的な氏名を冠することは、まさにふさわしいといえるのである。

さて、「タラシ」の語は難解であり諸説あるが、[22]「足る」、即ち充足の意に解すると、舒明の諡号「オキナガタラシヒ」は「生命力の充溢した太陽（霊力）」の意となる。このような理解に立てば、神功皇后の「オキナガタラシ」についても「生命力の充溢した」の意に解せるのである。

舒明にオキナガタラシヒヒロヌカの諡号が贈られた背景としては、第一に「皇祖」彦人大兄の母が息長氏ゆかりの王族、もしくは息長氏の所生であることが考えられる。第二に息長山田公が「日嗣奉誄」を行っているのは、天武の葬事の如く「壬生事」を誄したとは記されていないが、葬喪儀礼の整備化の差異を考慮するならば、舒明の湯人であったことを否定しきれない。そこに広姫の母族が、皇位に即くことなくして夭折した彦人大兄に代わり、孫の舒明の養育に援助を注いだことが推測される。こうした背景の下に、原義として寿祝的な意味をもつ氏名の「オ

キナガ」が冠せられたと考えるのである。(23)

三、神功皇后紀摂政十三年二月癸酉条の寿歌について

神功皇后摂政紀十三年春二月癸酉［十七日］条には、太子である誉田別皇子（応神）が角鹿（福井県敦賀市）の笥飯大神の礼拝から帰ると、皇太后（神功）が太子のために酒宴を開いて寿歌を贈り、角鹿に同行した後見役の武内宿禰が太子に代って答歌したことが見える。

(ア)　皇太后、觴《みさかづき》を挙《ささ》げて太子に寿《さかほかひ》したまふ。因りて歌《みうたよみ》して曰《のたま》く、

虚能彌企破　和餓彌企那羅儒　　此の御酒《みき》は　吾が御酒ならず
区之能伽彌　等虚豫珥伊麻輸　　くしのかみ　常世に坐《いま》す
伊破多多須　周玖那彌伽未能　　いはたたす　少御神の
等豫保枳　保枳茂苔陪之　　豊寿《とよほ》き　寿き廻《もと》ほし
訶武保枳　保枳玖流保之　　神寿き　寿き狂ほし
摩菟利虚辭彌企層　阿佐孺塢齊　佐佐。　　奉り来し御酒そ　あさず食せ　ささ

(イ)　武内宿禰、太子の為に答歌して曰《まう》さく、

許能彌企塢　伽彌鶏武比等破　　此の御酒を　醸《か》みけむ人は
曾能菟豆彌　于輸珥多氐々　　その鼓　臼に立てて
于多比菟菟　伽彌鶏梅伽墓　　歌ひつつ　醸みけめかも
許能彌企能　阿椰珥　于多娜濃芝　作沙　　此の御酒の　あやに　うた楽《だの》し　ささ

この歌と同一の歌は仲哀記にも見え、「此者酒楽之歌也」とある。また『琴歌譜』にも類歌が挙げられており「酒坐歌」、即ち酒宴の席の歌と記されている。[24]

さて、神功皇后の寿歌とされる(ア)の歌であるが、『釈日本紀』巻二十四・和歌二には、「凡御歌意者、擬蓬莱之神酒、奉祝太子之上寿之義也《凡そ御歌の意は、蓬莱の神酒に擬し、太子の上寿を祝い奉るの義なり》」とみえる。下出積与氏は「この歌の直接の狙いは、長寿を得るため延年遐齢のために御酒を祭るということを意味」するとされ、「奇神としての長寿神少彦名命と不老不死国としての常世国という観念が根底にあってこの「酒楽歌」が生まれている[25]」と指摘されている。

少御神は記紀神話に大国主神と協力して国作りをした後、海の彼方の常世国に去ったスクナヒコナのことであろう。この寿歌では御酒を醸《か》む「少御神」(スクナヒコナ)を「区之能伽弥」としているが、「くしのかみ」の「み」の表記に注意すると、「弥」としており、仲哀記でも「美」と表記している。「神」のミが乙類であるのに対して、「弥」、「美」は共にミ甲類で、この場合の「かみ」は上、頭、官庁、長官、君主などの意味になる。

また土橋寛氏は「クシは「奇シ」の意で、酒の称辞」とし、酒は霊妙な働きをする飲み物であることから延命・祓邪の薬と考えられた。クシ(奇)、クスシ(奇)、クスリ(薬)は同一語源の語[26]」とされている。下出氏は「奇神」と解したが、これらを勘案すれば「区之能伽弥」は「酒の司」と解するのが穏当であろう。

この歌では「区之能伽弥(酒の司)」で常世国にいる「少御神」の神性を「いはたたす」、すなわち石として立っていると表現している。この表現は石神崇拝の習俗(例えば延喜式神名帳能登国能登郡に「宿那彦神像石神社」がある)を反映したものとみることもできるが、ここではむしろ生命力の永続性(不死)の表現とみるべきであろう。

答歌では少御神が鼓を臼に見立てて霊妙なる御酒を醸したのだと歌っている。土橋氏の指摘を参酌すれば、臼を用いて醸す御酒とはまさしく仙薬であり、この酒楽歌の世界は不老不死の月世界に見立てられていることが知られる。

　ここで想起されるのは、李白の詩「把酒問月」の一節「白兔擣薬秋復春、姮娥孤棲與誰鄰《白兔《はくと》、薬《やく》を擣《つ》いて秋復た春、姮娥《こうが》、孤棲《こせい》して誰とか鄰す》」である。月が不死であり、月中に兔がいるとすることは、『楚辞』天問篇に「夜光何徳、死則又育、厥利維何、而顧菟在腹《夜光何の徳ありて、死して則ち又育する。厥《そ》の利は維《こ》れ何ぞ、而《すなは》ち顧菟《こと》腹に在る。》」と見え、(27)劉向の『五経通義』に「月中有兔與蟾蜍何《月中に兔《と》と蟾蜍《せんじょ》と有るは何ぞ》」とみえている。また、月に不死の薬があるようになったことは『淮南子』覧冥訓に「羿請不死薬於西王母、姮娥竊以奔月《羿、不死の薬を西王母に請ひしに、姮娥、竊《ぬす》みて以て月に奔《はし》り》」という説話がある。月中で兔が不老不死の仙薬を搗いているというようになったのは神仙説によるのだろう。漢代の画像石には仙薬を搗く兔が描かれている。(28)また晋の傅玄の「擬天問」にも「月中何有、白兔擣薬、興福降祉《月中に何か有る、白兔《はくと》薬を擣《つ》き、福を興し祉《さいわい》を降す》」とみえる。(29)

　日本における「白兎薬を搗く」の図といえば、誰もが想起するのが「天寿国繍帳」（中宮寺蔵）に描かれた月世界であろう。鼓を臼に見立てて御酒（仙薬）を醸す少御神は、まさしく薬を搗く白兎の姿である。

　ところで下出氏は常世の国を不老不死の国とされたが、注意されるのは『萬葉集』では常世の国には若返りの水（変若水《おちみず》）があると歌われている点である。巻四・六五〇番歌の「大伴宿祢三依、離《か》れてまた逢ふことを歓《よろこ》ぶる歌」では「吾妹児《わぎもこ》者《は》　常世国尓《とこよのくにに》　住家良思《すみけらし》　昔《むかし》　見従《みしより》　変若益尓家利《をちましにけり》」と「常世の国」を若返りの霊力を持つ国と詠んでいる。若返りの霊力を持つ水は「常世の国」ばかりでなく、「月読の持てる変若水」（巻十三・三二四五）とある如く、月の盈虧《えいき》の現象から、欠けてもまた満ちる月を不死なるものとみて、不死なる月にもあるとしている。これを中国の詩文を通して知識人が神仙思想を消化した作品と見る見解がある。(30)

　しかし、霊亀三年（七一七）の養老改元詔の「多度山の美泉」（『続日本紀』養老元年十一月癸丑［十七日］条）の若返りの話を見ると、必ずしも知識人による創作譚とも思われず、八世紀前後には若水の信仰（例えば美濃の牟義都首の若水汲み）と同一の系譜にある変若水の信仰が認められる。(31)

この二つの常世観は中国・朝鮮半島系の神仙思想と南方琉球系の変若水の信仰とが邂逅し、その結果重層もしくは複合していった姿を物語るものである。しかし、この酒楽歌にはまったく変若水の信仰は認められず、神仙思想で覆われている。

このようにみると、この酒楽歌には不死の世界である月（常世国）で、白兎《はくと》（少御神＝少彦名命）が搗いた不老不死の仙薬（酒）を飲み干してくだされと構想されていることが知られるのである。答歌に「その鼓臼に立てて」とあるのも、白兎が仙薬を臼で搗く所作により、その霊妙性・神聖性を象徴的に表現したものであろう。根底に白兎が仙薬を臼で搗くという神仙思想があることを読み取ることによって初めてよく理解できる。

『記』、『紀』の歌謡は、本来所伝とは別のものが活用されているというのが一般的な見解である。ここにおいても宮廷の饗宴で歌われていた歌謡が挿入されたのであろうが、太子をことほぐにあたり、神仙思想を背景とする歌謡が、前述の如く「生命力充溢たる（長寿）」とその名を解せるオキナガタラシヒメと、これまた長寿で知られる武内宿禰との間の贈答歌とされていることは誠に興味深い。(32)誉田別命が即位するにふさわしい太子として、皇太后と後見役から長寿を祝賀されているのは、君臣から即位を保証されたことを意味しよう。

［注］

（1）水野祐「神功皇后論」（『史観』第七六冊、一九六七年）など。

（2）直木孝次郎「神功皇后伝説の成立」（同『日本古代の氏族と天皇』塙書房、一九六四年）。

（3）井上光貞『日本国家の起源』（岩波新書、一九六〇年）など。

（4）薗田香融「皇祖大兄御名入部について―大化前代における皇室私有民の存在形態―」（『日本書紀研究』第三冊、塙書房、一九六八年）。
（5）岡田精司「継体天皇の出自とその背景―近江大王家の成立をめぐって―」（『日本史研究』一二八、一九七二年）。
（6）倉塚曄子「オキナガタラシヒメ論序説―古事記をよむということ―」（『日本文学』二二、一九七三年）。
（7）薗田香融・前掲注（4）。
（8）敏達紀六年春二月条「詔置日祀部・私部」。
（9）泉谷康夫「記紀神話形成の一考察」（『日本書紀研究』第一冊、塙書房、一九六四年）、岡田精司「日奉部と神祇官先行官司」（同『古代王権の祭祀と神話』塙書房、一九七〇年、初出一九六三年三月）、阿部武彦「日祀部考」（『続日本古代史論集』上巻、吉川弘文館、一九七二年）。
（10）本居宣長全集第十巻『古事記伝二』二十二之巻伊邪河宮（筑摩書房、一九六八年）。
（11）三品彰英「神功皇后の系譜と伝承」（『日本書紀研究』第五冊、塙書房、一九七一年）。
（12）西田長男『日本古典の史的研究』（理想社、一九五六年）。
（13）黒沢幸三「古代息長氏の系譜と伝承」（『文学』三三ノ一二、一九六五年）。
（14）倉塚曄子・前掲注（6）。
（15）日本古典文学大系『万葉集（四）』（岩波書店）、四五七頁頭注。『時代別国語大辞典　上代編』（三省堂）「おき」の項など。
（16）日本古典文学大系『万葉集（二）』（岩波書店）、五八頁頭注。
（17）「オキナガ」の語の見える歌は他に一例（巻十三・三三二三）あるが、その意味を探る素材としては不適切であり、考察の対象から除外した。
（18）山尾幸久氏は、気長・息長（於吉奈我）の気・息、ökiはikiの母音交替形とされる（『日本古代王権形成史論』岩波書店、一九八三年、四七四頁・注八三）。なお、同注において「長く引き止めている息という意味の気長・息長の称呼は、勢いよく息を吐き出す意味の気吹・気噴と対応する意味ではないか」とされている。
（19）「イキノヲ」の例としては巻四・六四四、六八一、巻八・一四五三、巻十一・二七八八、巻十二・三〇四五、三一一五、巻十三・三二七二、巻十八・四一二五がみえ、「イキ」には「気」・「生」・「伊吉」の表記がなされている。
(20) 日本古典文学大系『万葉集（四）』（岩波書店）、三八四頁頭注。
(21) 『時代別国語辞典　上代編』（三省堂）、「いきのを」の項。
(22) 例えば三品彰英・前掲注（11）。塚口義信「大帯日売考」（同『神功皇后伝説の研究』創元社、一九八〇年、初出一九七一年）などを参照。
(23) 林屋辰三郎氏は、近江国坂田郡朝妻郷にあった筑摩御厨からの御贄貢上に際し、海部連によって息長氏をめぐる伝承が寿詞として献上されていたと推測されている（『中世芸能史の研究』岩波書店、一九六〇年）。
(24) 朝鮮に伝わる「勧酒歌」については、許南麒氏によって紹介されている（「朝鮮の民謡と神話」『歴史学研究』別冊「朝鮮史の諸問題」、一九五三年）。
(25) 下出積与『神仙思想』（吉川弘文館、一九六八年）。
(26) 土橋寛『古代歌謡全注釈　日本書紀編』（角川書店、一九七六年）。
(27) 貝塚茂樹氏によると、「天問篇」中の「顧菟」は兎と解釈されてきたが、「顧菟」は本字ではなく、「蟾蜍」のあて字にすぎないとする説（聞一多『天問釈天』）があるという（貝塚茂樹『神々の誕生』筑摩書房、一九六三年）。
(28) 例えば関野貞「東洋古代に於ける建築に現れた兎」（同『支那の建築と芸術』岩波書店、一九六三年）。
(29) 出石誠彦「上代支那の日と月との説話について」（同『支那神話伝説の研究』中央公論社、一九四三年）などを参照した。
(30) 大久保正「月夜見の持てるをち水」（同『万葉集の諸相』明治書院、一九八〇年、初出一九七二年）。増尾伸一郎「〈雲に飛ぶ薬〉考」（『万葉歌人と中国思想』吉川弘文館、一九九七年、初出一九八五年三月）
(31) N・ネフスキー「月と不死」（『岡正雄編、N・ネフスキー『月と不死』平凡社東洋文庫、一九七一年、初出一九二九年）、折口信夫「若水の話」（同『古代研究〈民俗学篇1〉』折口信夫全集第二巻、中央公論社、一九六五年、初出一九二九年）、石田英一郎「月と不死」（同『桃太郎の母』講談社文庫、一九七二年、初出一九五六年）などを参照。
(32) 岸俊男氏は神功皇后と建内宿祢の一体的関係は『記』『紀』の上で確立定着した可能性があるとされ、建内宿祢伝承に中臣鎌足を介在させ、その成立発展の主要な時期を七世紀後半とされている（「たまきはる内の朝臣」『日本古代政治史研究』塙書房、一九六六年）。

（追記１）息長氏については、村山光一「大化改新前夜における息長氏の政治的役割」（『史学』四四―三、一九七二年）、塚口義信「継体天皇と息長氏」（同『神功皇后伝説の研究』創元社、一九八〇年、初出一九七六年）、大橋信弥『日本古代国家の成立と息長氏』（吉川弘文館、一九八四年）、若井敏明「地方王族の形成と大王領」（『日本書紀研究』第二十三冊、塙書房、二〇〇〇年）などを参照した。なお、拙稿「継体天皇出現の謎」（『歴史読本』一九八五年二月）で息長氏に依る系譜加上について言及している。

（追記２）常世神の信仰について下出積與氏は中国の民間道教の系譜をひくものとされる（「常世信仰」『日本古代の神祇と道教』吉川弘文館、一九七二年）。しかし、和田萃氏は、神仙思想の不老不死と異なり、常世には「永遠の命、若さの源泉」があるとされ、「若返りの水（変若水）があるから、それを飲むことによって、永遠の若さを保ちうる世界」が常世であるとされる（和田萃「神仙思想と常世信仰の重層」（上田正昭編『古代の日本と渡来の文化』学生社、一九九七年）。和田氏には「養老改元―醴泉と変若水―」、「チマタと橘」（いずれも『日本古代の儀礼と祭祀』中巻所収、塙書房、一九九五年）など変若水に関する研究が多数ある。

（追記３）日本における「白兎薬を搗く」の図は本稿で述べた「天寿国繡帳」（中宮寺蔵）に描かれた月世界が著名であるが、近年では平成二年（一九九〇）の赤外線画像調査で桑木阮咸（正倉院南倉一二五）の満月形月形に樹木・白兎・蟾蜍が描かれていることが確認されている（平成十四年『正倉院展』図録）。こうした図像例については西川明彦「日像・月像の変遷」（『正倉院年報』十六号、一九九四年）を参照されたい。

＊「神功皇后の周辺」（『ＮＨＫ学園紀要』九号、一九八三年十月）を補訂し、第二節に加筆した。

第三章　佐保の川畔の邸宅と苑池

一、はじめに——佐保の大納言——

（一）佐保川の光景

佐保川は春日山を水源とし、飯守峯《いいもりのみね》の北側を廻って吉城川《よしき》を合わせ、平城京の北郊を西流し、法華寺の南で南下し、羅城門跡を南流、能登川・岩井川・秋篠川、さらに大和川と合流して流れる川とされている。

……こもりくの　泊瀬《はつせ》の川に　船浮けて　我が行く川の　川隈《かはくま》の　八十隈《やそくま》落ちず　万度《よろづたび》　かへり見しつつ
玉桙《たまほこ》の　道行き暮らし　あをによし　奈良の京の　佐保川に　い行き至りて……　（巻一・七九）

右の歌は『萬葉集』巻一の「藤原京より寧楽宮に遷る時の歌」の一節である。この歌によれば、藤原京から平城宮に向かう人びとは船で泊瀬川（初瀬川）を下り、佐保川との合流点に至るとそこから佐保川を遡ったと推定され、佐保川が平城京において重要な河川交通の役割を果したことがうかがえる。

しかし、『萬葉集』に詠まれる佐保川の光景には、「狭穂河の　小石踏み渡り」（巻四・五二五）、「千鳥鳴く　佐保

の川瀬の　さざれ波」（巻四・五二六）、「佐保河の　清き川原に　鳴く千鳥」（巻七・一一二三）など、川原の広がる浅瀬、きらきらと輝く水、川面に響く千鳥の鳴声といったイメージを思い描かせる美しい景観が詠まれた歌が多く、船が遡行する河川は想像しがたい。

陸上交通でいえば河川には橋の整備が重要になる。今日の平城京内の橋の発掘事例からするならば、『萬葉集』にもっと橋の景観が詠まれてよさそうなものだが、ほとんど詠まれていない。佐保川でいえばわずかに「打橋」が詠まれているに過ぎない。

千鳥鳴く　佐保の川門《かはと》の　瀬を広み　打橋渡す　汝《な》が来《く》と思へば　（巻四・五二八　坂上郎女）

「打橋」は架けはずしが可能な仮橋である。『萬葉集』に歌われた佐保川は、京内を貫流する佐保川ではなく、平城京北郊の佐保川の光景といえる。このことは佐保に拠点をおいた佐保大伴家の人びとの作歌が多いことの反映であろう。

本稿では平城京北郊佐保川周辺の佐保の地に、苑池をもつ邸宅を構えた二つの「佐保宅」、一つは大伴安麻呂、旅人、家持と三代に受け継がれたと推定される佐保大伴家の「佐保宅」、他の一つは長屋王の「佐保宅」（「作宝宮」「作宝楼」）」について、筆者の関心事から気づいた点を二・三述べてみたい。

（二）佐保・佐保宅と平城京

大伴坂上郎女は『萬葉集』巻四「左注」に「郎女は、佐保大納言卿の女なり」（巻四・五二五〜五二八左注、六四九左注）とあることから知られるように、大納言大伴安麻呂の女である。大納言安麻呂は佐保山の南麓の佐保の地に邸宅を構えたことから「佐保の大納言」と呼ばれた。また、『萬葉集』には「佐保宅」の語が見える。

天皇に献る歌一首〈大伴坂上郎女、佐保の宅に在りて作る〉

あしひきの　山にし居《を》れば　風流《みやび》なみ　我がするわざを　とがめたまふな　（巻四・七二一）

大伴坂上郎女の歌一首

世の常に　聞けば苦しき　呼子鳥《よぶこどり》　声なつかしき　時にはなりぬ　（巻八・一四四七）

右の一首、天平四年三月一日に、佐保の宅にして作る

右の二つの歌の題詞と左注に見える「佐保宅」は佐保大伴家の邸宅のことであり、前述したように安麻呂からその息子の旅人、さらに孫の家持へと受け継がれたと推測され、奈良時代前期の家の継承、家政機構の存続という問題を考える上からも注目されるところである。(1)

さて、佐保大伴家の邸宅「佐保宅」があった佐保の地域は、佐保山の南麓から佐保川一帯にかけての地と考えられている。そこではじめに平城京北郊の佐保の地を概観しておこう。

我が背子が　見らむ佐保道《さほぢ》の　青柳《あをやぎ》を　手折《たを》りてだにも　見むよしもがも　（巻八・一四三二　大伴坂上郎女）

右の坂上郎女の歌に「佐保道」の語が見える。まずこの「佐保道」と呼ばれる道が奈良時代に存在したことを「東大寺山堺四至図」によって確認しておきたい。

正倉院に伝存する天平勝宝八歳（七五六）六月九日の日付をもつ「東大寺山堺四至図」には、東七坊大路（平城外京東京極大路）に面して開く門として「佐保路門」、「中門」、「西大門」の三つが記載されている。これにより「佐保路門」（転害門・手貝門）の存在が確認され、「佐保路門」から法華寺（旧藤原不比等邸）に至る一条南大路が、当時「佐保路（道）」と呼ばれていたことが知られる。

この「東大寺山堺四至図」で注意されるのは大伴寺のことである。大伴氏の氏寺として永隆寺（伴寺）の名が知られるが、『東大寺要録』巻第六、末寺章第九には次のように見える。

永隆寺〈字伴寺〉

右寺、大伴安麿大納言建立也。飯高天皇代養老二年、奈良坂東阿古屋谷、立二永隆寺一。同五年辛酉三月二十三日、奈良坂東谷、般若山之佐保河東山改遷立之。

《右の寺は、大伴安麿大納言の建立なり。飯高《ひだか》（氷高）天皇の代《みよ》の養老二年、奈良坂の東の阿古屋谷に、永隆寺を立つ。同五年辛酉三月二十三日、奈良坂の東谷、般若山の佐保河の東山に改めて遷し立つ。》

右によれば、永隆寺は養老二年（七一八）に奈良坂の東の阿古屋谷に建立されたが、養老五年（七二一）になって奈良坂の東谷、般若山の佐保川の東山に移建されたというのである。大納言大伴安麻呂の建立になるとしているが、安麻呂はすでに和銅七年（七一四）五月に薨じており、安麻呂の発願になる寺と理解しておくのが穏当であろう。[2]

「東大寺山堺四至図」をみると、大仏殿の東北、東大寺寺域外に寺院が描かれている。「東大寺山堺四至図」を実査された岸俊男氏は、この部分は破損が著しいが、「□□寺」の墨書があり、残画からすると「大伴寺」と判読可能とされている。[3]大伴寺については『大日本古文書』に「大伴寺奉請経」（24ノ二〇〇～二〇一、『続々修』47ノ二帙）と書かれた年次未詳の経典裏紙とみられる断片がある。この大伴寺は『東大寺要録』に見える「永隆寺」、「伴寺」に比定しえよう。

右の推定に誤りがなければ、大伴安麻呂発願になるとみられる伴寺（大伴寺・永隆寺）の存在が勝宝年間に確認できるのであり、また佐保路を見下ろす位置にあったことがあわせて確認されるのである。

以上、「東大寺山堺四至図」により、佐保の地域が佐保路（一条南大路）をはさんで、奈良時代の皇族・貴族の葬地であった佐保山の南麓から佐保川にかけての一帯であることを再確認したが、左京二条三坊の地をのちに佐保新免田（「嘉吉三年（一四四三）九月五日付佐保新免田土帳」）と称していることからも西南に広がる地域概念を持った

地であった可能性がある。(4)

佐保の地域を右のように想定した時、問題となるのは佐保の東部地域が平城京の張り出し部分、外京を含む点である。外京は平城京の当初の建設プランにはなく、のちに拡張付加されたとする説もあり、いつ、なぜ付加されたかは謎とされている。また外京には一条は存在せず、二条から五条までの五・六・七坊しかなかったとされており、(5)大井重二郎氏は、文献上確認しうる外京の最古の条坊は、宝亀三年（七七二）二月二十一日付「経師等月借銭解継文」の質物となった家の所在「左京五条七坊」（『大日古』19ノ三二五）と指摘されている。(6)

しかし、町田章氏が、外京設置の目的は興福寺の建立、飛鳥寺の移建にあり、寺地が条坊を拘束しているとされているように、(7)興福寺は春日丘陵の裾野の景勝の地にあり、藤原不比等がいち早く氏寺の寺地に選定したと考えられている。(8)また、岩本次郎氏も外京を含む街路の区画、田地の宅地化、東西市などの宮外官衙の建設などは、造平城京司が担当し、和銅五年後半までに完了したとされている。(9)右のことからも、外京は文献上確認されるのが遅れるにしても、当初から平城京の一連の建設プランにあったと考えてよかろう。

また、岸俊男氏は「東大寺山堺四至図」に東七坊大路（東京極大路）が佐保路門以北に延長して描かれていることなどから、外京は本来一条を含んでいたとされたが、現在は否定されている。(10)このようにみると、佐保東部地域は外京を含むが、本来の条坊からはずれた辺鄙な場所とはいえない。

さて、平城京においては、五位以上の高官は宮城の近くで、かつ五条以北の地に邸宅を構える傾向にあったことが知られているが、佐保山の南麓地帯もまた貴族の高級住宅地であったとされている。今文献から確認できる佐保の居宅を掲げておこう。(11)

表3　佐保路の居宅

・仮に佐保地域を左京一・二条二坊～七坊とした。

所在		住人	年月日	出典
法華寺		藤原不比等旧宅		
「作宝宮」		長屋王別邸	神亀五年九月二十三日	「神亀経」（『大日古』24ノ五～六）
「佐保宅」		大伴家		『萬葉集』巻四・七二一、巻八・一四四七
佐保河辺		丹治比真人弟笠	延暦二十三年六月十日	「僧綱牒」（『東南院文書（二）』五五八号
左京一条一坊	戸主	泳宿祢広万呂	天平十七年十二月二十一日	記載抹消。「写疏所請綺緒紙解」（『大日古』8ノ五九〇～一）
左京一条二坊	戸主	倭史真首名	天平二十年四月二十五日	「書写所解」（『大日古』3ノ八〇）
左京一条二坊人	校生	坂本朝臣松麻呂	宝亀四年十二月十四日	「藤原種継校生貢進啓」（『大日古』22ノ三七一～二）
左京一条二坊	戸主	丈部臣葛嶋	天平勝宝九年四月七日	「西南角領解」（『大日古』4ノ二二七～八）
（左京）一条三坊	戸主 正七位下	大原真人今城	天平二十年十月二十一日	『寧楽遺文』下・七四六
左京一条三坊	戸主	県犬養宿祢忍人	天平十四年十一月十五日	「優婆塞貢進解」（『大日古』8ノ一三八～九）
左京一条三坊	戸主	奈良日佐広公	天平年間	「従人勘籍」（『大日古』24ノ五五六）
左京一条三坊	戸主	新田部真床	天平二十年四月二十五日	「書写所解」（『大日古』3ノ八〇）
左京二条五坊七町（坪）	従三位	紀朝臣勝長（楫長）父贈正二位右大臣紀船守の邸宅を相続したか。	延暦二十三年六月二十日	「東大寺地相換記」（『東南院文書（二）』五五九号）
左京二条六坊	経師	船木麻呂	宝亀六年九月二七日	「月借銭解」（『大日古』6ノ五八五）
左京二条七坊南		広上王	神護景雲四年五月八日	「晋光寺牒」（『大日古』6ノ一）

*右表の内、大原真人今城《いまき》については『萬葉集』の「大伴郎女」の歌（巻四・五一九）の脚注に「今城王の母なり。今城王は後に大原真人の氏を賜ふ」とある。この「大伴郎女」は大伴坂上郎女のことと考えられ、大原真人は坂上郎女と穂積親王との間に生まれ、はじめ今城王と称したと推測される。家持とは従兄弟の間柄となる。『萬葉集』からうかがえる家持と今城の親交にはそうした血統上のつながりがあったと思われる。「二条令解」（『寧楽遺文』下）には左京・右京のいずれか明記されていないが、大伴氏の一族が左京に居住したことから、左京一条三坊とした。

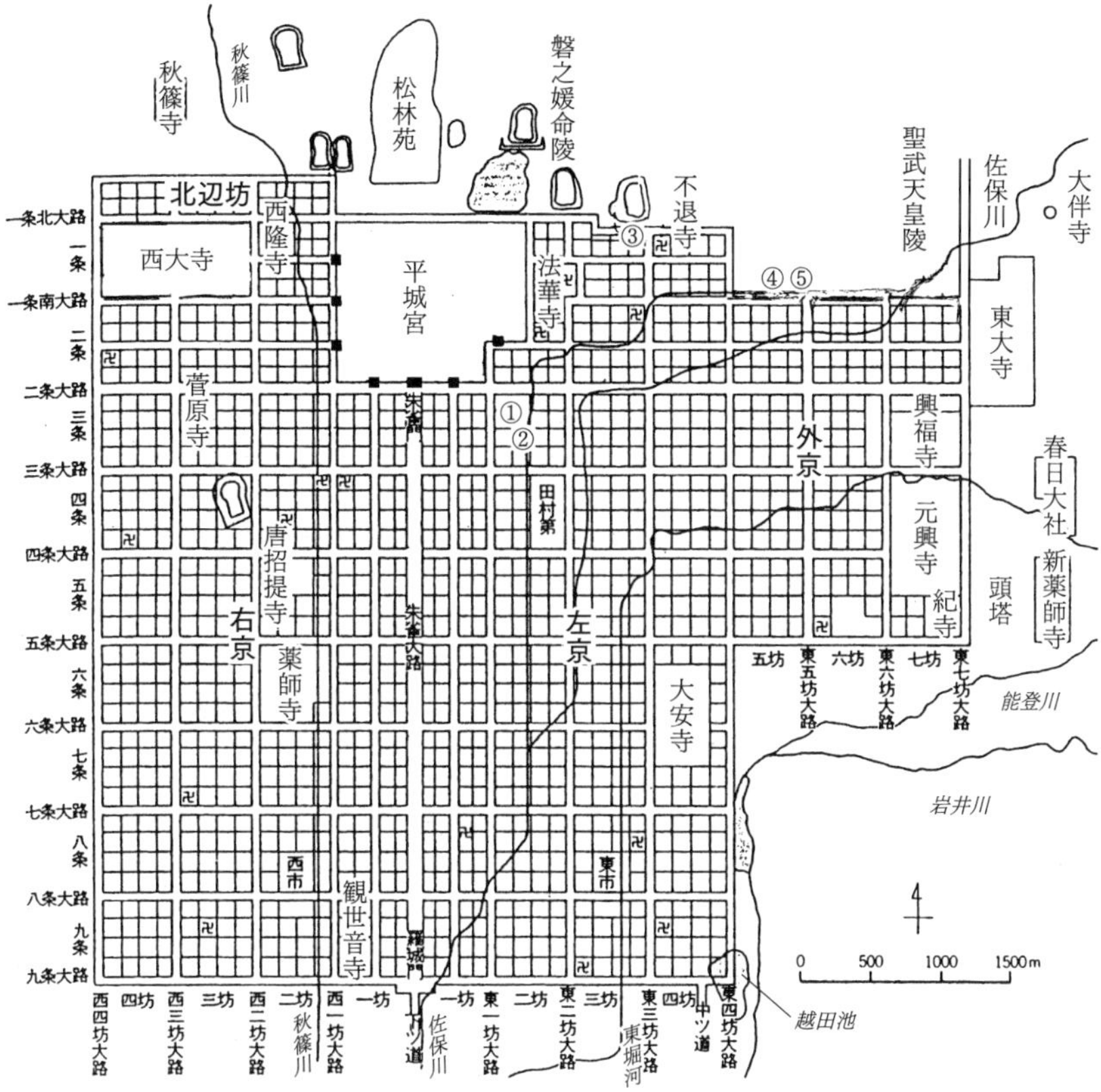

図2　佐保宅の諸説

①左京3条2坊1・2・7・8坪：長屋王邸説
　　　　　　　　　　　　　：同上（②6坪［宮跡庭園］を含む＝金子裕之）
③左京1条3坊15・16坪：作宝宮説（『調査報告』）
　　　　　　　　　　　：大伴佐保宅説（大山誠一）
　左京1条3坊条坊区外：大伴佐保宅説（大井重二郎）
④左京2条5坊北郊（春日野荘＝現「ホテル　リガーレ春日野」）
　　　　　　　　　　　：大伴佐保宅説（川口常孝）
　　　　　　　　　　　：作宝宮説
⑤左京1条6坊3・4・5・6坪：作宝宮説（大山誠一）

ところで、佐保大伴家の「佐保宅」の所在については、すでに川口常孝氏、大井重二郎氏、大山誠一氏らの研究があるが[12]、平城京の北郊、佐保の地のいずれにあったかいまだ明証はない。

ここでは所在論に関連して『萬葉集』巻三の「七年乙亥、大伴坂上郎女、尼理願の死去しことを悲嘆して作る歌」の題詞をもつ長歌と反歌（巻三・四六〇、四六一）を検討するにとどめる。少し長いが引用しておこう。

七年乙亥、大伴坂上郎女、尼理願の死去《しに》しことを悲嘆して作る歌一首〈并せて短歌〉

たくづのの　新羅の国ゆ　人言《ひとごと》を　良しと聞かして　問ひ放《さ》くる　親族兄弟《うがらはらから》　なき国に　渡り来まして　大君の　敷きます国に　うちひさす　都しみみに　里家は　さはにあれども　いかさまに　思ひけめかも　つれもなき　佐保の山辺に　泣く子なす　慕ひ来まして　しきたへの　家をも造り　あらたまの　年の緒長く　住まひつつ　いまししものを　生ける者《ひと》　死ぬといふことに　免れぬ　ものにしあれば　頼めりし　人のことごと　草枕　旅なる間に　佐保川を　朝川渡り　春日野を　そがひに見つつ　あしひきの　山辺をさして　夕闇と　隠りましぬれ　言はむすべ　せむすべ知らに　たもとほり　ただひとりして　白たへの　衣手干さず　嘆きつつ　我が泣く涙　有間山　雲居たなびき　雨に降りきや　（巻三・四六〇）

反歌

留め得ぬ　命にしあれば　しきたへの　家ゆは出でて　雲隠りにき　（巻三・四六一）

右、新羅国の尼、名を理願といふ。遠く王徳に感《かま》けて、聖朝に帰化しぬ。時に大納言大将軍大伴卿の家に寄住して、すでに数紀《すき》を経たり。ここに、天平七年乙亥を以て、忽ちに運病に沈み、すでに泉界に趣く。大家《おほとじ》石川命婦、餌薬《じやく》の事によりて有間の温泉に行きて、この喪に会はず。ただし郎女ひとり留まりて、屍《し》柩《さう》を葬り送ることすでに訖りぬ。よりてこの歌を作りて、温泉に贈り入る。

左注によると、「大納言大将軍大伴卿の家に寄住して」いた新羅の尼理願が、天平七年（七三五）に急病で亡くなった。「家に寄住して、すでに数紀を経たり」という。理願が亡くなった時、たまたま石川命婦（巻四・六六七左注に内命婦とある）は療養のため有間温泉に行っており、留守をあずかっていた娘の坂上郎女が葬送を終え、事の次第を歌にして有間温泉の石川命婦に報告したというのである。

この左注では「大納言大将軍大伴卿」が安麻呂・旅人のいずれを指すかが問題となるが、[13]「数紀」の「紀」は文字通り解すれば十二年のことである。「大納言大将軍大伴卿」を旅人とすると没年は七三一年（天平三）であるので、「数紀」とあるのに従えば、四年後のことで合わない。安麻呂の没年は七一四年（和銅七）であるので、「大納言大将軍大伴卿」は安麻呂がふさわしいことになる。また歌中に「佐保の山辺に　泣く子なす　慕ひ来まして　しきたへの　家をも造り　あらたまの　年の緒長く　住まひつつ」とあるのによれば、理願は佐保山南麓の「佐保宅」の一画に居宅を設け、安麻呂の死後もその妻、大家の石川命婦らとともに暮らしていたらしい。[14]ここで注意されるのは安麻呂の妻石川命婦が、夫、さらには息子旅人の没後も「佐保宅」の家政機構の中で「大家」として暮らしていることであり、坂上郎女が「佐保宅」を切りまわしていることである。この点については後に触れる。

また歌中に「佐保川を　朝川渡り　春日野を　そがひに見つつ　あしひきの　山辺をさして」とあるのが注意される。理願の柩《ひつぎ》を送る葬列が、邸宅から佐保川を渡り、さらに春日野を後ろにしながら山辺を指して向かったというのである。

奈良時代には平城京北部の佐保山一帯、西部の生駒山地が、皇族・貴族・官人の葬地であったことは知られていた。ところが昭和五十四年（一九七九）に奈良市此瀬町の茶畑から太安萬侶の墓が発見されて以後は、東部の田原の地も奈良時代の葬地として注目されるようになった。岸俊男氏は「あしひきの　山辺をさして」の「山辺」を、固有名詞として大和国添上郡山辺郷をさしたものと解されている。[15]

ともあれ、「佐保の山辺に」、「家をも造り」（巻三・四六〇）や、前に引用した坂上郎女の「山にし居れば」（巻四・七二二）という表現が実景ならば、佐保宅は佐保山の山麓にあったことになり、この歌から少なくとも佐保の邸宅が佐保川の右岸にあったことが知られる。

以上、佐保の地を概観したが、佐保大伴家の「佐保宅」の所在については『萬葉集』を通じては佐保川右岸、山寄りの地と指摘しうるにとどまる。次に大伴安麻呂が「佐保の大納言」と呼ばれた由縁を探ってみたい。

（三）佐保大納言

平城の地へ遷都したのは和銅三年（七一〇）三月辛酉［十日］のことであるが、遷都の詔は二年前の和銅元年（七〇八）二月戊寅［十五日］に発せられ、さらに遷都の論議は文武天皇が亡くなる以前の慶雲四年（七〇七）二月戊子［十九日］からおきている（『続日本紀』）。この遷都の議では具体的な候補地が挙げられ論議がなされたであろう。それでは、平城の地はいつ頃から王都の候補地に挙げられていたのだろうか。

ひるがえってみるに、天武十二年（六八三）十二月十三日、天武天皇は詔して、唐に倣って複都制を採用して難波を陪都とし、さらに翌年二月二十八日、広瀬王、大伴連安麻呂らを畿内に派遣して都の建設候補地の地相を占わせている。その折りには信濃国まで調査させている（『日本書紀』）。

和銅元年二月に出された平城遷都の詔をみると、「平城《へいぜい》の地、四禽図《しきんと》に叶ひ、三山鎮《しずめ》を作《な》し、亀筮《きぜい》並に従ふ。都邑を建つべし」（『続日本紀』）、すなわち天子南面して、三方に山を負い、南に平地を見渡せる理想の地にかなっていると述べている。恐らく天武十三年の相地の段階から、平城の地は理想の地と考えられていたに違いない。

ところで、奈良時代の宮廷史を飾った権力者の一人、藤原仲麻呂の邸宅は「田村第」と呼ばれた。岸俊男氏は田村の地を左京四条二坊十二坪から五条二坊九坪にかけての付近一帯（現奈良市東尼ヶ辻町付近）をさすと指摘されている。(16) この田村の地は、大伴宿奈麻呂とその娘の田村大嬢が居住した「田村里」と同一の地であろう。

田村大嬢と坂上大嬢とは、ともにこれ右大弁大伴宿奈麻呂卿の女なり。卿、田村の里に居《を》れば、号《なづ》けて田村大嬢といふ。ただし、妹《いもひと》坂上大嬢は、母が坂上の里に居れば、仍りて坂上大嬢といふ。時に、姉妹諮問《とぶら》ふに歌を以て贈答す。（巻四・七五六〜七五九左注）

田村大嬢の父、宿奈麻呂は安麻呂の子で、旅人とは兄弟の間柄に当たり、「田村の里に居れば、号けて田村大嬢といふ」とあることからも、田村大嬢の名が父宿奈麻呂の居宅のあった田村の地名に由来することが知られる。吉田連一族が居住した「奈良京田村里」（『新撰姓氏録』など）とも同一の地と推測される。

安麻呂の子の宿奈麻呂は「田村里」の居宅で田村大嬢と暮らし、妻の坂上郎女は後述する「西宅」で坂上大嬢と暮らし、交流をもったのである。

この田村で想起されるのが天武の父親の舒明天皇の諱、田村皇子であり、舒明の母の糠手姫《ぬかてひめ》皇女の別名田村皇女の名である。(17) 恐らく舒明は母ゆかりの田村の地で生まれたのであろう。この田村の地の所在について明証はないが、平城の田村であったと思われる。平城の地は天武の祖母と父舒明ゆかりの地で、天武にとっても因縁浅からぬものがあり、関心を寄せた地であったであろう。こうした点を考慮するならば、天武治世の王都候補地の相地段階から平城の地は候補にのぼっていたと考えて誤りあるまい。

前述のように大伴安麻呂は王都の候補地を相地する立場にあり、また和銅元年九月の造平城京司の任命に先立ち、三月に同族の大伴手拍《たうち》が造宮卿に任命されている。造平城京司の人事については当時の台閣のメンバーと密接な関係にあったことが指摘されているが、(18) 安麻呂が平城遷都に積極的に関わっていたことがうかがわれる。

このようにみると、安麻呂が大納言に任ぜられたのは慶雲四年（七〇七）のことであるが、平城京北郊の佐保に宅を設けた時期は、平城京建設にともなう宅地班給を待つまでもなく、大納言就任以前の可能性もあろう。「佐保の大納言」と呼ばれた由縁は、その宅が山深い寂しい外京の地にあって目立ったからではなく、早くから佐保に別業を構えていたがゆえのことであろう。

（四）「香具山の　古りにし里」

大伴安麻呂は、壬申の乱で活躍する大伴馬来田《まくた》・吹負《ふけい》の兄にあたる長徳《ながとこ》（馬養）の第六子とされる。天武元年紀によると、馬来田・吹負の兄弟は壬申の乱前夜の緊張した事態に、病と称して「倭の家」に退いたという（六月丙戌条）。族長的地位にあった馬来田は天武に従い、吹負は兵を「百済の家」に結集し、南門を出て、飛鳥寺の北路を通り、飛鳥寺の西にあった飛鳥古京の留守司を急襲したという。「百済の家」は吹負の邸宅とみられるが、留守司を攻撃する上で地理的条件の良い馬来田の邸宅「百済の家」を、吹負が兵を集める拠点として利用したという可能性も考えられなくはない。ともあれ「倭の家」と「百済の家」は同一で、馬来田と吹負の兄弟は百済の地に暮らしていたと考えられる。

ところで、柿本人麻呂が高市皇子の死に際して献呈した挽歌の一節に

……百済の原ゆ　神葬《かむはぶ》り　葬《はぶ》りいませて　あさもよし　城上《きのへ》の宮を　常宮《とこみや》と　高くしたてて　神ながら　鎮まりましぬ　然れども　我が大君の　万代に　過ぎむと思へや　天のごと　振り放け見つつ　玉だすき　かけて偲《しの》はむ　恐《かしこ》くありとも　（巻二・一九九）

と見える。高市皇子の宮は香具山の麓にあり、香具山の宮と呼ばれていた。歌中では高市皇子の棺は香具山の麓から、百済の原を通り、城上の宮に運ばれている(19)。

「百済の原」の地については北葛城郡広陵町に比定する説が有力であった。しかし、近年、発掘調査が行われた吉備池廃寺（現桜井市吉備）が百済大寺である可能性がきわめて高くなった。従って「百済の原」は香具山の北から北東に広がっていたと考えられ、馬来田・吹負兄弟の邸宅も香具山の北から北東に広がる「百済の原」付近に

あったと推定される。

また、大伴旅人の歌に

萱草《わすれぐさ》　吾紐《わがひも》二《に》付《つく》　香《か》具山《ぐやま》乃《の》　故去之里乎《ふりにしさとを》　忘《わすれむ》之為《がため》

忘れ草　我が紐に付く　香具山の　古《ふ》りにし里を　忘れむがため　（巻三・三三四）

とある。「古りにし里」は「故去之里」（巻三・三三四）、あるいは「故郷之」（巻三・三三三）と書かれているように、文字通り故郷であり、「香具山の古りにし里」とは飛鳥古京にあった家を指すのであろう。恐らく旅人は父安麻呂のもとに育ったと考えられるが、和田萃氏はこの「香具山の古りにし里」を「百済の家」を指すと指摘されている。[20]後にも触れるが首肯されるべき見解であろう。

さて、『萬葉集』には佐保大伴家の所領として竹田庄、跡見庄《とみのしょう》があったことが記されている。竹田庄については「大伴坂上郎女、竹田の庄より女子大嬢に贈る歌二首」（巻四・七六〇、七六一）、「大伴坂上郎女、竹田の庄にして作る歌二首」（巻八・一五九二、一五九三）、家持と坂上郎女がこの地で唱和した歌「大伴家持、姑《をば》坂上郎女の竹田の庄に至りて作る歌一首」（巻八・一六一九）、「大伴坂上郎女の和ふる歌一首」（巻八・一六二〇）が収載されている。このうち巻四・七六〇、七六一番歌は年次不詳であるが、他の左注より天平十一年秋の作歌と推定される。

また、跡見庄については「大伴坂上郎女、跡見の庄より、宅に留まれる女子《むすめ》大嬢に賜ふ歌」（巻四・七二三）、「典《てん》鋳正《じゅのかみ》紀朝臣鹿人《かひと》、衛門大尉《だいじょう》大伴宿祢稲公《いなぎみ》の跡見の庄に至りて作る歌一首」（巻八・一五四九）、「大伴坂上郎女、跡見の田庄《たどころ》にして作る歌二首」（巻八・一五六〇～六一）が見える。

竹田荘は、大和国十市郡に竹田神社があり（『延喜式』神名帳）、中つ道を北にたどり、横大路を過ぎた地、奈良県橿原市東竹田町付近に比定されている。また、跡見庄は奈良県桜井市外山の地（城上郡）に比定されている。[21]

佐保大伴家の二つの所領、竹田庄・跡見庄と、旅人が「香具山の古りにし里」と詠んだ地との関係を考えてみると、竹田庄は香具山よりむしろ耳成山に近く、また、跡見庄も香具山の近くとは言い難い。従って「香具山の古りにし里」はこれらの所領とは別に、香具山周辺に求めねばならないだろう。とするならば、安麻呂・旅人も百済の原周辺の地（「百済の家」）に居住していたとみるのが穏当であろう。

ところで、すでに指摘されているように、旅人が天平三年に没してのちは、嫡子家持が若年であったために旅人の異母妹、大伴坂上郎女が家刀自として家政の運営に尽力し、家の継承に大きな役割を果たした[22]。神亀五年（七二八）、旅人嫡妻の大伴郎女が亡くなると坂上郎女が大宰府に赴き、後事を処理したと推定される。

安麻呂の嫡妻で「大家《おほとじ》」と表現される石川命婦（内命婦）の没年は不明であるが、巻三・四六〇題詞、四六一の左注によれば天平七年（七三五）までは生存が確認できる。「夫人」と表記するオホトジは貴族の妻をさすが[23]、「大家」の表記は佐保大伴家を統率する主婦である刀自《とじ》の上位に立ち主婦権を握る「大刀自」の呼称であろう。神亀五年頃から石川命婦に代わり、本来なら家刀自の立場にあるはずの大伴郎女の代行人として、旅人の異母妹で石川命婦の女である坂上郎女が佐保大伴家の後見人的立場に立ち、家政を切りまわしたと考えられる。竹田庄、跡見庄への下向もその一環としての農業経営・管理であろう。

ちなみに佐保大伴家にあっては「家婦が京に在《いま》す尊母に贈らむために、誂《あとら》へられて作る歌」（巻十九・四一六九題詞）や巻十九・四一九八左注にみられるように、坂上大嬢は「尊母（坂上郎女）」に対して「家婦」と表現されている。「家婦」は『大漢和辞典』によれば「見其家織布好、而疾出其家婦《其の家に織布の好《みめよ》きを見て、疾かに其の家婦を出し》」（『史記』循吏伝・公儀休）の例が知られ、一般的には若嫁の意とされている[24]。「尊母」と「家婦」は巻十七・三九六二番歌にみるように、それぞれ「波〻能美許等（母の命）」、「都麻能美許登（妻の命）」に対応する漢語表現であろう。

佐保大伴家では、安麻呂の妻の「大家」石川命婦のもつ主婦権は、旅人の妻大伴郎女の代行人としての坂上郎女へ、そして家持の妻坂上大嬢へと移っていったであろうことが推測される。

（五）「西の宅」

『萬葉集』には、この佐保大伴家の「佐保宅」とは別に「西宅」と呼ばれる別邸が見える（巻六・九七九）。

大伴坂上郎女、姪《をひ》家持と佐保より西の宅《いへ》に還帰《かへ》るに与ふる歌一首

我が背子が　着《け》る衣薄《きぬうす》し　佐保風は　いたくな吹きそ　家に至るまで

（巻六・九七九）

この歌は巻六の配列から天平五年（七三三、家持十六歳）頃の歌とされている。西宅については諸説あるが、[25]「還帰」の語からするならば、佐保宅の西にあたる坂上郎女の居地、坂上家の邸宅がふさわしい。家持は佐保宅から坂上里の「西宅」に向かったと推測される。坂上里は磐之媛皇后の「平城坂上墓」（延喜諸陵寮式）の南方一帯であろう。[26]家持は旅人の死後、「西宅」に暮らしていたらしい。

川口常孝氏は佐保宅と「西宅」の関係について、「佐保宅」は平城京外京北郊の地にあり、平城京遷都の際に大納言の地位にあった安麻呂が班給された宅地としては不自然であり、「西宅」が本来の邸宅地であり、「佐保宅」は政治動向のもとに何らかの理由でのちに移った本拠地であるとされた。[27]川口説の基本には、外京がのちに付加された辺鄙な地であるという想定があるが、外京が平城京の基本プランにあったであろうことはすでに述べた。

筆者は既に述べたように、佐保宅は安麻呂の平城遷都以前からの別業であった可能性があり、平城遷都にともなう宅地班給時に宅地として追認されたと考えている。その場合、一つには西宅（坂上家）は大伴宿奈麻呂の居宅で（巻四・七五六〜七五九の左注）、宿奈麻呂の没後、妻であった坂上郎女が相続したと考える。二つには平城遷都時に安麻呂が佐保宅とは別に宅地を班給されたと考えることも可能であろう。この場合、西宅（坂上家）を安麻呂が遷都時に班給された宅地とみるのであり、それを坂上郎女が父安麻呂から相続したと推測するのである。後者の可能

性は少ないと思われるが、石川命婦や光明子の例を念頭に置けばこのような二つの想定が可能であろう。

二、佐保の苑池

（一）佐保の「山斎」

古代において、「しま」という言葉が、林泉、池、築山のある苑池（庭園）をさすことは、岸俊男氏の詳細な研究により明らかにされた。(28)近年は発掘調査の事例も増加し、また朝鮮の庭園遺跡との比較研究も可能になってきた。七世紀以後に限れば、人工美である苑池は、廐戸皇子（聖徳太子）宅の可能性のある桜井市上之宮遺跡の池や、蘇我馬子宅（のちに島宮）の可能性をもつ明日香村島庄遺跡の方形の池の例などが知られる。七世紀半ばの石神遺跡の須弥山《しゅみせん》石や石人像のような噴水施設を備えた庭園は例外的で、八世紀には曲水と中島をもった苑池に二分されるものの、いずれも州浜をもった平安時代の庭園につながる傾向にあったことが指摘されている。(29)

大伴旅人が亡くなる少し前、大宰府から京に帰って作った天平三年の歌に「故郷の家に還り入りて、即ち作る歌」がある。

妹として　二人作りし　我が山斎《しま》は　木高く繁《しげ》く　なりにけるかも　（巻三・四五二）

「山斎」は苑池の漢語的表現で、『懐風藻』に詠まれる「山斎」の用例は山中の居室、山荘の意が強いとされている。大宰府から還った旅人が「故郷の家」で作歌した心象風景としての「我が山斎」は、「香具山の古りにし里」にあった苑池であった可能性も無くはないが、平城京「佐保宅」の池中の島の木々を詠んだものと考えてよいのではないか。そのことは天平二年七月の吉田宜の旅人への贈答歌「君が行《ゆ》き　日《け》長くなりぬ　奈良道《ならじ》なる　山斎《しま》の木

立も　神さびにけり」（巻五・八六七）からも裏付けられる。
ここでは佐保大伴家の「佐保宅」に苑池があったことを確認しておく。

（二）作宝宮（作宝楼）

ところで、佐保の地の苑池といえば、長屋王の邸宅の一つ「佐保宅」（巻八・一六三八左注）がある。『懐風藻』では「長王宅」、「長王家」と見え、またみずからは「宝宅」あるいは「作宝楼」と呼んでいる。また、「長屋王神亀願経」（『大日古』24ノ五〜六）に「作宝宮」と見える。これらは長屋王の佐保の地にあった邸宅の別表記と考えられる。

『懐風藻』の長屋王の詩を見ると、作宝楼を晋の石崇《せきすう》の別荘であった「金谷《きんこく》の室《むろ》」（『懐風藻』69）に比している。また、作宝楼の詩宴に連なった人々の描く詩の情景も、修飾や修辞が多く実景とは思われないが、山間に苑池をもつ山荘を思わせるものがある。

以下、長屋王の佐保の邸宅を左京三条二坊にあった長屋王邸宅、及び佐保大伴家の佐保宅と区別して作宝宮と呼ぶことにする。

長屋王の作宝宮については、左京三条二坊一・二・七・八坪の長屋王邸宅と、その南の「宮跡庭園」となっている三条二坊六坪までを同じ敷地に含め、六町かそれ以上の広さと考える金子裕之氏の説がある。(30) これに対して『平城京左京二条二坊・三条二坊発掘調査報告』では、

（ア）六坪（「宮跡庭園」）の北限区画に伴う雨落溝がほぼ奈良時代を通じて存在した可能性が高いこと

（イ）六坪で用いられている瓦が藤原氏と密接な関係をもつこと

の理由から長屋王邸は四町と断案し、金子説には否定的である。(31)

また、長屋王家木簡の中に、佐保の地から長屋王邸宅に生薑《しょうが》を進上した記録がみられる。

・佐保解　進生薑弐拾根□

・額田児君　和銅八年八月十一日付川瀬造麻呂

（『平城京木簡(一)』一八五号）

佐保より長屋王邸に生薑を進上していることから、長屋王邸宅と作宝宮は別の場所にあったと考えられる。また、そこに薗地が存在したことが推測されるが邸宅の存在までは確認できない。従って、木簡から読み取れるのは和銅八年（七一五）には長屋王家が佐保の地に所領を持っていたことに留まる。

作宝宮が神亀五年（七二八）に存在したことは前述の「神亀経奥書跋文」より確認できる。跋文には「佐宝宮判官従六位上勲十二等次田赤染造石金」とあり、「佐宝宮判官」に着目すれば、作宝宮に四等官制をとる管理機構が存在したと考えられる。(32)

また『懐風藻』によると、作宝宮では新羅使を招いて「初秋」、「秋日」に詩宴が行なわれている。『続日本紀』によれば、平城遷都後から長屋王死没までの間に新羅使が来京したのは和銅七年（七一四）、養老三年（七一九）、養老七年（七二三）、神亀三年（七二六）の四回であるが、和銅七年の新羅使は十二月入京、翌年三月帰国であるので除外してよい。養老三年の新羅使は五月に入京、閏七月癸酉（十七日）帰国。養老七年の新羅使は八月入京、同月丁巳（二十五日）帰国。神亀三年の新羅使は五月入京、七月戊子（十三日）帰国である。この三回の機会では「秋日」の詩宴は養老七年、「初秋」の詩宴は養老三年、もしくは神亀三年の可能性が高い。

なお、大山誠一氏は『懐風藻』では長屋王の享年を五十四歳としているが、作宝宮での詩宴で刀利《とり》宣令（『懐風藻』64）と伊支《いき》連古麻呂《こまろ》（『懐風藻』107）が作った「賀五八年」と題する詩は、長屋王の四十歳を祝った詩と考えられ、没年から逆算すると四十歳は霊亀元年（七一五）となることから、その頃には作宝宮が存在したとされている。(33)

このようにみると、作宝宮は平城遷都後間もなく造営されたと考えられる。

さらに、作宝宮に関連して『萬葉集』に次の歌が見える。

太上天皇御製歌一首

はだすすき　尾花逆葺《おばなさかふ》き　黒木《くろぎ》もち　造れる室《むろ》は　万代《よろずよ》までに（巻八・一六三七）

天皇御製歌一首

あをによし　奈良の山なる　黒木もち　造れる室は　座せど飽かぬかも（巻八・一六三八）

右、聞くならく、左大臣長屋王の佐保の宅にいまして肆宴《しえん》したまふときの御製なりと。

題詞と左注から左大臣長屋王の佐保宅（作宝宮）の建物の室寿《むろほ》ぎに、元正太上天皇・聖武天皇が行幸した際の歌と解せる。これにより作宝宮では聖武即位後、すなわち神亀元年（七二四）二月以後に何らかの新築事業が行われたことが知られるのである。

以上、作宝宮は長屋王邸とは別地にあり、平城遷都後間もなく造営され、聖武即位後（神亀元年二月以後）に何らかの新築事業が行われたとみられることを述べた。

（三）習宜のサロン

当時、長屋王のライバルとしてあげられるのは藤原四兄弟、とりわけ早く参議となった次男房前と長男武智麻呂であろう。武智麻呂は長屋王の昇進に平行し、つねに一歩遅れをとりつつ昇進していた。

ここで想起されるのは、長屋王の佐保のサロンに対比される武智麻呂の習宜《すげ》のサロンのことである。藤原武智麻呂伝によると、「季秋に至りて、毎に文人才子と習宜の別業に集ふ。文会を申《かさ》ねたり。時の学者競ひて座に預らむと欲す。名づけて竜門点額《りゅうもんてんがく》と日《い》ひき」（『家伝』下）とみえる。

つまり、毎年九月になると、武智麻呂は習宜の別業に文人・才子を集め、文学の集会を開いたが、当時の学者たちはそれを登竜門と考えて、互いに競いあったというのである。すなわち、文学サロンとして、長屋王の佐保派と、武智麻呂の習宜派があったのである。岸俊男氏はこの武智麻呂の習宜の別業の所在地を「法隆寺伽藍縁起并流記資財帳」にみえる大和国添下郡菅原郷の「習宜池」、永仁六年（一二九八）の「西大寺三宝料田園目録」にみえる添下郡右京の「字スケの池」の地、すなわち西大寺西方の山内に求め、伝称徳天皇山荘跡の地とされている(34)。つまり、武智麻呂の別業が、武智麻呂の死後、称徳天皇の山荘とされたと想定されるのである。岸氏のこの推定に従えば、武智麻呂のライバル長屋王のサロンも同様の地理的環境にあったのではないだろうか。

　大山誠一氏は、長屋王の作宝宮について、苑池にふさわしい痕跡を奈良市北方の鴻ノ池に求め、それを主たる根拠に左京一条六坊三・四・五・六坪の地に比定されている(35)。

　しかし、作宝宮比定地として従来から注目されているのは、左京一条三坊十五・十六坪で発見された邸宅跡である。発掘調査によると、邸宅跡は七一〇年代から七二〇年代にかけてのもので、佐保丘陵の麓の二町を占め、北側に建物群、南側に古墳の濠を利用した苑池があり、殿舎の一部には緑釉水《りょくゆうすい》波文磚《はもんせん》で基壇を築く八角形の宝殿があったと推定されている(36)。作宝宮の有力候補といえる。

　大山誠一氏はこの左京一条三坊十五・十六坪の邸宅跡を大伴旅人邸、すなわち佐保宅に比定されている(37)。しかし、『報告書』は、この邸宅は「七二〇年代で廃絶し、八世紀末までこの地は空地となる(38)」と指摘している。佐保宅が旅人の代で廃絶したとすれば別であるが、佐保宅は家持が受けついだと推定される。従って、この邸宅跡を大伴家の佐保宅に比定するには無理がある。また、井上薫氏は写経文書に見える佐保宅は長屋王の変後、長屋王の子の安《あ》宿《すかべ》王に受けつがれたものと推定されている(39)。これに従うならば、作宝宮（佐保宅）は継続して存在しており、この有力候補地を断念せざるをえない。

　そこで、作宝宮推定地の候補として、左京二条五坊北郊の地を挙げておきたい。『平城京左京二条二坊・三条二坊発掘調査報告』によると、長屋王邸宅に特有な軒瓦の同笵関係をみると、左京二条五坊北郊の地から六点の同笵軒瓦が出土している。[40] この地はかつて川口常孝氏が佐保大伴家の佐保宅に比定された地であり、[41] 佐保大伴家の佐保宅の所在にも関わる。この邸宅跡は四町ほどを占め、建物跡などが検出されているが、佐保大伴家に比定する根拠は乏しい。むしろ長屋王及び長屋王に近い人物に関わる邸宅が推測される。今後十分な検討が必要であろう。

長屋王邸宅の発掘調査の成果は、佐保大伴家の佐保宅の所在を考察する上でも、その及ぼすところの影響は甚大なものがある。佐保地域の発掘調査はあまり行われておらず、未解明の部分が多く、残された課題が多いが、今後を期したい。

以上、（ア）佐保大伴家の佐保宅は平城遷都以前に安麻呂の別業として出発した可能性があること、（イ）安麻呂の旧宅は香具山の北の百済の原付近に存在したであろうこと、（ウ）佐保大伴家の主婦権は石川命婦―坂上郎女―坂上大嬢と移行したであろうこと、（エ）長屋王邸の発掘調査により、佐保の地を考察する上でも若干の手がかりが得られるようになり、佐保大伴家の佐保宅の所在論も、ようやく新段階を迎えたことなどを述べた。行論上憶測を重ねたが、大方のご叱正をいただければ幸いである。

［注］

（1）東野治之「長屋王家と大伴家」（『長屋王家木簡の研究』塙書房、一九九六年、初出一九九二年十二月）。

（2）福山敏男「大伴寺と伴寺（永隆寺）と佐保寺」（『奈良朝寺院の研究』綜芸舎、一九七八年）。

（3）岸俊男「東大寺山堺四至図について」（同『日本古代文物の研究』塙書房、一九八八年、初出一九八三年）、なお、同氏に「東大寺山堺四至図」実見以前の「平城京と「東大寺山堺四至図」」（『日本古代宮都の研究』岩波書店、一九八八年、初出一九八三年）がある。併せて参照されたい。

（4）岸俊男「「嶋」雑考」（同『日本古代文物の研究』塙書房、一九八八年、初出一九七九年）二八二頁参照。

（5）大井重二郎『平城京と条坊制度の研究』（初音書房、一九六六年）。なお、岸俊男氏によると、外京に一条が存在しないという説は関野貞の平城京の復元条坊以来の定説であるという（前掲注（3）「平城京と「東大寺山堺四至図」」）。

（6）大井重二郎・前掲注（5）。

（7）町田章「平城京」（『新版古代の日本・近畿Ⅱ』角川書店、一九九一年）。

（8）大岡実『奈良の寺』（「日本の美術」平凡社、一九六五年）など。

（9）岩本次郎「平城京の造営過程について―特に官司機構を中心として―」（『大和文化研究』八ノ一、一九六三年）、同「平城京と京東条里」（直木孝次郎先生古稀記念会『古代史論集（上）』塙書房、一九八八年）。

（10）岸俊男・前掲注（3）「平城京と「東大寺山堺四至図」」。その後、岩本次郎氏により、条坊痕跡は実は条里痕跡であることが論証され、外京が一条から始まるとみる説は否定されている（岩本次郎・前掲注（9）「平城京と京東条里」）。

（11）田辺征夫「宮都とある下級役人」（週刊朝日百科『日本の歴史』五〇、通巻五七八、朝日新聞社、一九八七年）、大井重二郎「平城京条坊内の万葉歌人の居住地区」（『万葉集歌枕の懐疑』双文社出版、一九八〇年）などを参照した。

（12）川口常孝『大伴家持』（桜楓社、一九七六年）、同「「佐保の宅」追考」（『人麿・憶良と家持の論』（桜楓社、一九九一年）、大井重二郎「佐保丘陵の権門」（『万葉集歌枕の懐疑』双文社出版、一九八〇年）、大山誠一『長屋王邸宅と木簡』（吉川弘文館、一九九三年）など参照。

（13）例えば『日本古代人名辞典』第二巻（吉川弘文館、一九五九年）「大伴旅人」の項は旅人のこととする。

（14）家僧としての尼については勝浦令子「古代の「家」と家僧」（『日本史研究』四一六、一九九七年四月）。

（15）岸俊男「太安万侶と葬地―万葉歌からみた新しい遺物・遺跡（二）―」（『古代文物の研究』塙書房、一九八八年）。

（16）岸俊男「藤原仲麻呂の田村第」（『日本古代政治史研究』塙書房、一九六六年、初出一九五六年六月）。

（17）敏達紀四年春正月是月条に、「糠手姫皇女〈更の名は田村皇女〉とを生めり」とある。

（18）岸俊男「平城京へ・平城京から」（『日本古代宮都の研究』岩波書店、一九八八年、初出一九七四年）。

（19）「城上の殯宮」については石川千恵子「高市皇子城上宮再考」（『日本歴史』五九四号、一九九七年十一月）を参照されたい。

(20) 和田萃「百済宮再考」(『明日香風』十二号、一九八四年十月)。

(21) 薗田香融氏は、竹田荘を大伴宿奈麻呂の本貫、跡見の庄を大伴稲公の本貫とされている(「万葉貴族の生活圏—万葉集の歴史的背景—」『萬葉』八、一九五三年)。

(22) 東野治之・前掲注(1)。

(23) 東野治之・前掲注(1)。

(24) 小川環樹・今鷹真・福島吉彦訳『史記列伝』四(岩波文庫、一九七五年)二七九頁注九など参照。「其家に織布の好きを見て疾かに其家婦を出し、其機を燔き云う、農士工女安《いず》くにか其の貨を讎《あだ》する所あらしめんと欲するや」(公儀休)。

(25) 石井庄司「万葉集巻六の「西宅」について」(『文学』一ノ六、一九三三年三月)、川口常孝・前掲注(12)『大伴家持』など参照。石井庄司氏は佐保を「大伴宗家の佐保宅」とし、「西宅」を坂上里(平城坂上陵あたり)にあった坂上郎女の邸宅とし、この歌は天平五年の歌で旅人の死後三年目、佐保宅で暮らしていた十六歳の家持を連れて坂上郎女の居宅にかえる途中で詠まれたとする。また、川口常孝氏は「西宅」を坂上郎女の居所とし、開化天皇陵(春日率川坂上陵)付近とした。しかし、これでは佐保路を起点とすると「南宅」と呼ぶのがふさわしく、佐保路の西方向とすれば石井氏が指摘するように磐之姫命陵(平城坂上陵)付近とするのが妥当であろう。大井重二郎氏も石井氏に賛同している。

(26) 石井庄司・前掲注(25)、川口常孝・前掲注(12)、黛弘道「大伴坂上郎女」(『古代史を彩る女人像』講談社学術文庫、一九八五年)、東野治之・前掲注(1)など参照。

(27) 川口常孝・前掲注(12)『大伴家持』。

(28) 岸俊男・前掲注(4)。

(29) 橿原考古学研究所編『発掘された古代の苑池』(学生社、一九九〇年)、金子裕之『平城京の精神生活』(角川選書、一九九七年)など参照。

(30) 金子裕之「長屋王は左道を学んだか」『歴史読本』一九八八年十二月号)。

(31) 奈良国立文化財研究所『平城京左京二条二坊・三条二坊発掘調査報告—長屋王邸・藤原麻呂邸の調査—』(奈良国立文化財研究所学報、第五四冊、一九九五年)。

（32）奈良国立文化財研究所・前掲注（31）。
（33）大山誠一・前掲注（12）。
（34）岸俊男「習宜の別業」（同『日本古代政治史研究』塙書房、一九六六年）。
（35）大山誠一・前掲注（12）。
（36）奈良国立文化財研究所『平城宮発掘調査報告Ⅵ』（奈良国立文化財研究所学報、第二三冊、一九七五年）、田辺征夫『平城京を掘る』（吉川弘文館、一九九二年）。
（37）大山誠一・前掲注（12）。
（38）前掲注（36）・『平城宮発掘調査報告Ⅵ』。
（39）井上薫「写経事業の展開」（同『奈良朝仏教史の研究』吉川弘文館、一九九六年）四四九頁、注一五。例えば、天平十九年（七四七）二月二十三日付「佐保宅牒」（『大日本古文書』九ノ三三九～三四〇）、天平勝宝二年（七五〇）「経本出納帳」（同十ノ六二九～六三〇）など。
（40）前掲注（36）・『平城宮発掘調査報告Ⅵ』。奈良国立文化財研究所『平城京左京二条五坊北郊の調査』（公立学校共済組合、一九七〇年）、「平城京左京二条五坊北郊の調査」（『奈良市埋蔵文化財調査報告書』奈良市教育委員会、一九八四年）、奈良県橿原考古学研究所『奈良県遺跡調査概報（第二分冊）』一九八五年度、「平城京左京二条五坊北郊の調査　第一七一次」（『奈良市埋蔵文化財調査報告書』奈良市教育委員会、一九八九年）。
（41）川口常孝・前掲注（12）『大伴家持』。
（補注）旧稿刊行後、岩本次郎「大伴氏の「佐保の宅」について」『史聚』三五、二〇〇二年七月）が公表された。岩本氏も平城京左京二条五坊北郊の邸宅跡を佐保大伴家の邸宅と断案しがたいこと、長屋王邸出土の瓦と同笵の瓦が出土していることに注目されておられる。

＊「佐保の川畔の邸宅と苑池」（高岡市万葉歴史館編『水辺の万葉集』、一九九八年、笠間書院）に補訂を加えた。

第四章　長屋王家の色彩誌

――万葉歌、長屋王家木簡に見える色彩語について――

本章は長屋王家木簡に見える色彩、及びその原料である顔料について、『萬葉集』や「正倉院文書」などに依りながら考察を加え、色彩語を通して長屋王家の、ひいては奈良時代貴族の生活環境の一端を垣間見ようとするものである。長屋王家の生活については既に多くの視点から検討が加えられ、その豪奢な生活ぶりが明らかにされてきたが、小稿がいささかでも新たな側面を掘り起こせれば幸いである。

一、長屋王佐保宅の室寿

（一）長屋王邸宅と佐保

左大臣長屋王の邸宅は平城京左京三条二坊の一坪、二坪、七坪、八坪の四町を占める。長屋王家木簡には「長屋皇宮」（『平城木簡概報』20・一〇頁、23・五頁下、25・二五頁下）、「長屋親王宮」（『平城木簡概報』25・三〇頁上、27・二二頁上）、「長屋王子宮」（『平城木簡概報』23・五頁上）、「楢宮」（『平城木簡概報』21・七頁上、『平城京木簡（二）』一七〇七号）などの表記があるが、これらはいずれも左京三条二坊の邸宅をさすと考えられる。また、「楢宮」とあるが、長屋王の家政機関の中枢が「奈良務所」と呼ばれていることを勘案すれば、その名は平城の地をさす地名、ナラ（奈良）に由来する表記と推測される。

一方、長屋王の邸宅に関して『萬葉集』には「佐保宅」（巻八・一六三七〜八左注）、『懐風藻』には「長王宅」、「宝宅」、「作宝楼」、あるいは神亀五年（七二八）「長屋王神亀願経跋語」に「作宝宮」などとみえる。

『懐風藻』の詩題によれば「長王宅」、「宝宅」、「作宝楼」でよまれた詩が十七首あるが、68「宝宅にして新羅の客を宴す」、69「初春作宝楼にして置酒す」と長屋王自身の詩題のみに「宝宅」、「作宝楼」とある。多田伊織氏は「宝宅」を「宝宇」、「宝楼」、「宝台」、「宝殿」、「宝堂」など仏教ないし道教の荘厳な施設のイメージを負う語とされ、「宝宅」が必ずしも「作宝楼」の簡略化された別称とは言い切れぬとされている(1)。

しかし、「長屋王神亀願経跋語」に「作宝宮」とあることを勘案すれば、「作宝」はやはり地名佐保を好字で表現したものと解するのが穏当であろう。「楼」の語は指摘のように確かに「たかどの」の意であり、「作宝楼」は邸宅中の一つの建物を指す可能性もあるが、「作宝楼」、「作宝宮」は長屋王佐保宅の別表記と思われる。「宝宅」の語の含意はひとまず置くとして、「宝宅」が「作宝楼」や「作宝宮」という表記と無関係とは思われない。

ところで、長屋王の佐保宅と左京三条二坊の長屋王邸宅との関係であるが、筆者は前章に述べたように、奈良時代に佐保と呼ばれた地は平城京左京北郊の地であり、佐保宅は左京三条二坊の長屋王邸宅とは別とする立場に立つ(2)。

そのように判断する根拠は長屋王家木簡に

・佐保解　進生薑弐拾根
・額田児君　和銅八年八月十一日付川瀬造麻呂　（『平城京木簡（一）』一八六号）

とあることによる。佐保から左京三条二坊の長屋王邸に生薑《しょうが》が進上されており、両者が別の地にあることは確実である。この木簡による限り、長屋王家の佐保の地は和銅八年（七一五）頃には生薑の取れる薗地をもつ土地であったと推測される。

（二）佐保宅の室寿歌

『萬葉集』巻八には、長屋王の佐保宅での肆宴の際の歌が収載されている。

太上天皇御製歌一首

波太須珠寸《はだすすき》　尾花逆葺《をばなさかふき》　黒木用《くろきもち》　造有室者《つくれるむろは》　乞二萬代一《よろづよまでに》　（巻八・一六三七）

天皇御製歌一首

青丹吉《あをによし》　奈良乃山有《ならのやまなる》　黒木用《くろきもち》　造有室者《つくれるむろは》　雖二居座一《ませど》不レ飽可聞《あかぬかも》　（巻八・一六三八）

右、聞くならく、左大臣長屋王の佐保の宅にいまして肆宴したまふときの御製なりと。

右の歌の左注には「左大臣長屋王」とある。長屋王は神亀元年（七二四）二月四日に、聖武天皇の即位とともに左大臣となっている（『続日本紀』二月甲午〔四日〕是日条）。

左注によれば長屋王の佐保宅は神亀元年二月以降には肆宴が行われるような邸宅となっていたことが知られる。また、右の二首の歌意はいずれも新造の黒木造りの建物を讃美した内容である。右の二首が左注のいうとおり長屋王が左大臣の時の歌とすれば、太上天皇は元正、天皇は聖武となる。長屋王の佐保宅では神亀元年二月以降に、さらにこの歌が「冬の雑歌」に収められているのに従えば、神亀元年の十月以降に、黒木造り建物の新築が行われ、聖武天皇や元正太上天皇を招いて肆宴が行われたことになろう。

右の歌の表記に注意すると、一六三八番歌には「青」、「丹」、「黒」などの色彩語が盛り込まれている。しかし、「青丹よし」は奈良に係る枕詞であり、「黒木」も黒色の材木ではなく、木の樹皮を剝いでいない、樹皮のついたままの荒木の材木を指し、実景の色ではない。

いま、黒木の例を「正倉院文書」に求めると、天平宝字六年の「造石山寺所雑材幷檜皮《ひわだ》和炭等納帳」（『大日古』5ノ三九～五八、15ノ二六〇～二八九）や「造石山寺所雑材納帳」（15ノ二五八～二六〇）に「黒木柱」、「黒木」、「黒木桁《けた》」、「黒桁木」、「黒木古麻比《こまひ》」、「造石山院所解案」（「秋季告朔」、16ノ二四二）に「黒木机」などが散見する。「古麻比（木舞《こまい》）」は屋根や壁の下地の板のことで、黒木は主として柱材、桁材、古麻比など建築用材に用いられている。なお、出土木簡には「荒切黒木四荷」（二条大路木簡『平城京木簡（三）』四五三〇号）、「黒木作材木『導導』一間古万比木十四枝」（平城京左京七条出土『木簡研究』一七・一九頁）の例がある。

澤瀉《おもだか》久孝氏は、鹿持《かもち》雅澄『萬葉集古義』が「天皇の行幸あれば、常の家の外に、仮に黒木もて、御座をつくりしなるべし」とするのを支持され、風趣を楽しむ仮の御座所的建物と解釈されている。(3)『儀式』に「神坐殿は構ふるに黒木を以てし、萱《かや》を用ちて倒葺《さかふき》」（巻二践祚大嘗祭儀上）とあるが、(4)「倒葺」は一六三七番歌の「逆葺」の別表記であろう。また延喜神祇式には「正殿一宇、構ふるに黒木を以てし、葺くに青草を以てせよ」とあるのをはじめ、大嘗祭の斎場の建物はすべて黒木で造るように規定している（延喜神祇式巻七、践祚大嘗祭条）。(5)神聖性を帯びた古雅な風趣の黒木造りの建物は行幸・肆宴を行うにふさわしい建物であったのであろう。

ところで、この年、神亀元年十一月の太政官符によると、五位以上の者及び富者の家は板屋、草舎を廃し、瓦葺にして、柱を赤く壁を白く塗るべきことが奏されている。

十一月甲子［八日］、太政官奏して言《まう》さく、「（中略）その板屋・草舎《くさや》は中古の遺制にして、営み難《がた》く破れ易《やす》くして、空しく民の財《たから》を殫《つく》す。請《こ》はくは、有司《うし》に仰せて、五位已上と庶人《しょにん》の営に堪《た》ふる者とをして、瓦舎《かはらや》を構へ立て、塗りて赤白と為《な》さしめんことを」とまうす。奏するに可としたまふ。

（『続日本紀』神亀元年十一月甲子［八日］条）

屋根を瓦葺とし、柱を赤く（丹・朱）塗り、壁を白い漆喰《しっくい》で仕上げる礎石建物に対して、板葺、草葺の掘立柱建物は「中古の遺制」とされている。瓦葺建物の奨励は、耐久性や防火策の観点からなされたものであろうが、それは同時に平城京の色彩的荘厳でもあった。瓦葺（礎石）建物、そして赤く塗った柱に白壁という色彩荘厳は寺院を想起させるが、大同元年（八〇六）五月十四日の勅に「勅すらく、備後・安芸・周防・長門等の国の駅館は、本より蕃客に備えて、瓦葺・粉壁をなす」（『日本後紀』）とあるように、山陽道諸国の駅制の駅館は蕃客（外国使節）を迎送するために瓦葺き、粉壁（塗り壁）とした。[6]

瓦葺（礎石）建物、丹・朱塗りの軒柱、白壁構造というのは、寺院に限らず日本の都城の中華的色彩荘厳と考えられたのである。「青丹よし」は人麻呂以前から用いられた奈良（寧楽）を讃える枕詞で、奈良で青丹を産出したことに由来するとされるが、[7]遷都ののちきわめて人工的に彩色された瓦葺、丹・朱塗りの都城の枕詞へと転生していったと思われる。

瓦葺建物と色彩荘厳を奨励する奏言は直ちに実行できる性格のものではないが、長屋王は左大臣、まさしく太政官の中枢にあった。右の歌では「はだすすき　尾花逆葺き　黒木もち　造れる室は」（一六三七番歌）と茅葺黒木造りの建物が歌われており、長屋王家佐保宅での新築の建物は瓦葺ではない点が注意される。右の歌が新室の寿歌の慣用表現に従ったものとすればそれまでのことであるが、神亀元年十一月の太政官奏以後のこととなると、行幸にともなう別業での臨時的な建物であるが故に許されたとみることができよう。或いは長屋王の権勢によるというべきであろうか。

（三）黒木造りの建物

黒木造りの建物　黒木造りの建物は、恭仁宮にいた大伴家持が平城京の紀女郎に贈った五首の歌（巻四・七七七～七八一）にも詠まれている。

板蓋之《いたぶきの》　黒木乃屋根者《くろきのやねは》　山近之《やまちかし》　明日取而《あすのひとりて》　持将㆓参来㆒《もちてまゐこむ》　（巻四・七七九）
黒樹取《くろきとり》　草毛《かやも》　苅乍仕目利《かりつつかへめど》　勤和気登《いそしきわけと》　将㆑誉十方不㆑有《ほめむともあらず》　（巻四・七八〇）

七七九番歌では「板蓋の黒木の屋根」を明日にでも持参しようと詠み、七八〇番歌では用材となる樹木を伐採して、さらに茅を刈り取る実直な奴僕の姿が詠まれている。「板蓋の黒木の屋根」については、『儀式』に「葺くに青草を以てし、其の上に黒木を以て町形《まちがた》（田の字形）となし、黒葛《くろつづら》を以て之を結ぶ」（『儀式』践祚大嘗祭儀中）とあるのが参照されよう。

「正倉院文書」の黒木造り建物の例を挙げれば、天平宝字六年の「造石山寺所告朔《こうさく》」には建築用材の「黒木」とともに、「板葺黒木作殿」（「二月告朔」『大日古』5ノ一三七）、「板葺黒木屋」（「春季告朔」同5ノ一七九）と記される殿舎がある。この殿舎はまた「借板屋……並黒木作」（「秋季告朔」同16ノ二二一）、「五丈黒木借板屋」（同5ノ三五〇）、「借板屋」（「労劇文案」15ノ二三六）とも記されており、「借（仮）板屋」とあることから推測すると黒木造りの建物は恒久的な建物ではなく、概して粗末で簡易な建物であった。「板葺きの黒木の屋根」と歌われる建物は、貴族層にとっては儀礼的空間における神聖な建物、あるいは古雅な風趣の建物であったが、これは特殊な例であって、当時の簡素な掘立柱建物の一形態であった。

右の歌は家持と紀女郎との間に交わされた恋の戯れの世界の歌であるが、[8]伊藤博『萬葉集釋注』はさらに穿って、この五首は家持が相手の紀女郎を巫女に見立てて贈った歌で、簡素な黒木造りの建物を神に仕える巫女の籠もる庵と解釈されている。[9]

白木と赤木　ところで、色彩語を用いた木材には「黒木」の他に「白木」がある。白木は黒木に対して樹皮を剝いだ用材で、これも白色をしているわけではない。

白木は例えば神護景雲元年八月「阿弥陀悔過料資財帳」（『大日古』5ノ六七一〜六八三）に「白木韓《から》（辛）櫃《ひつ》」、「白木榻《しぢ》（台）」、「白木柱」、宝亀十一年（七八〇）十二月の「西大寺資財流記帳」（『寧楽遺文』中）に「白木机」、「白木榻」、「白木軸」、「白木榻足《しぢあしの》机（四脚の台机）」、「白木机」、宝亀三年九月二十九日「奉写一切経所告朔解」に「白木籤《せん》（ふだ）」（『大日古』6ノ四〇〇）などが散見する。黒木よりも用途が豊富で、建築部材のみならず、調度品や経軸にも使用されている。

この白木の類語に「赤木」がある。赤木も白木と同様に赤色の木ではなく、樹皮を剥いだ状態の用材とされる。アカの語は本来光に由来するとされるが[10]、神聖性、清浄性を表す語であり、本来赤色を意味しなかったと思われる。アカハダの語などが想起されよう。そこで、赤木の用例をみると、赤木で目立つのは経巻の「赤木軸」であるが、経巻の軸には右に挙げたように「白木軸」、他に「素木軸」[11]も見られる。「素木」は「白木」の別表記と思われる。それでは赤木の軸と白木の軸に違いがあるのだろうか。

軸木は一般的にはスギ材が多く、時にヒノキも用いられるという[12]。採材部位の木肌の色合いの相違とも考えてみたが、そうではないらしい。「写経目録」（『大日古』7ノ五〜五三）、「経巻納櫃《のうひつちょう》帳」（同7ノ一九七〜二一二）、天平神護三年二月二十二日「造東大寺移」（同17ノ三四〜四八）には赤木軸が見えるが白木軸はみえない。また「西大寺資財流記帳」をみると白木軸がみえるが赤木軸はみえない。管見の限りでは同一史料内に赤木軸と白木軸が併記されることはなく、樹皮を剥いだ軸木として両者併存して使用されていたと思われる。

その他の赤木の例では「檜木倭琴《わごん》二張」の注記に「頭尾枕脚並着赤木」とある（「国家珍宝帳」『大日古』4ノ一三〇）。倭琴の頭尾の枕と脚に赤木の木を着装するという意であろう。また、「金漆銅作大刀」に「赤木把《つか》」と注記があるように（同4ノ一三六〜一三七）、大刀の把が赤木で作られている例は少なくない。

用例にみる限り「白木」が「黒木」に対応して建築用材にも用いられる用語であるのに対して、「赤木」は建築用材に用いられることはなく、製品部材にのみ使用される用語である。

ところで、『延喜式』民部下・年料別貢雑物によると、大宰府を介して南島から「赤木」が貢進されており、民部省で勘会を受けた後、内蔵寮に保管され、親王位記軸などに使用されている。山里純一氏によると「赤木」の貢進は朝貢によるもので、不定期ではあるが八世紀に遡るという。また、「赤木」は南島産のトウダイグサ科のアカギであるという。「正倉院文書」にみる「赤木」は経典軸、和琴の脚、大刀の把などに用いられており、「赤木」と記されるのは、単に材質が赤いということではなく、このアカギを用いたことによるとされている。(13)

ややのちの史料であるが、平安後期の藤原明衡『新猿楽記』には唐物として「白檀、赤木、紫檀、蘇芳」(「八郎真人」)が挙げられている。紫檀や赤檀に代わる樹種として、南海産を含め外国産の樹種が広く「赤木」と呼ばれた可能性もある。

しかしながら管見の限りでは、これまでの正倉院の宝物調査報告では材質種の調査で南島産のアカギと特定された例をみない。写経軸に考察を加えた河田貞氏は「正倉院文書」では「赤木は外材の赤檀（紅檀）と区別して記されており、国産材の可能性が強い。赤色の木肌を持つ色木としては紅梅がこれに相当する」と指摘されている。(14)

筆者は「正倉院文書」にみる赤木は、河田氏の指摘にもあるように、赤檀・紫檀と区別された樹種ではあるが、樹皮を剝いだ状態の用材と理解した。今後の調査を待ちたい。

二、長屋王家木簡にみる色彩語について

（一）長屋王家木簡の画師と画写人

長屋王家木簡には米支給文書などに「画師《えし》」・「画部《えかきべ》」などの語が散見する。画師・画部は中務省被官の画工《えだくみの》司《つかさ》に属し、宮中の絵画・彩色のことを担当する。職員として正《かみ》、佑《まつりごとひと》（判官）、令史《さかん》（第四等官）各一人が置かれ、画師四人、画部六十人、使部《しぶ》十六人、直丁《じきちょう》一人が所属した（職員令10画工司条）(15)。

①・謹解　畫部簀秦五十君　右依御召来畫

・　　謹解　平群廣成　□□

（『平城木簡概報』23・五頁上）

右の木簡は平群廣成が主人である長屋王の「御召しに依り」、恐らくは中務省の画工司に所属する画部（畫部）の簀秦《すはたの》五十君《いきみ》が来着したことを報告したものと思われる。舘野和己氏は冒頭に差し出しの記載がないのは、長屋王の家政機関内部でやりとりされた木簡であったことによると指摘されている(16)。

簀秦氏は近江国犬上郡を本貫とする画業を職掌とする氏族で、東大寺大仏殿の天井板の彩色にあたった簀秦画師豊次（『大日古』4ノ二五九～二六〇）のように、姓の中に職掌の画師を含む一族もあった。

②・進畫部　黄文［　］□□［右一カ］人　○

・　和銅八年三月□□［廿二カ］日正七位下行佑黄文連□□　○

（『平城木簡概報』25・五頁、『平城京木簡（一）』一六三号）

和銅八年（七一五）の木簡である。表の「画部黄文《きふみ》……を進る」は、画工司に所属する画部黄文某を派遣した意で、差出人の「正七位下行佑黄文連某」は画工司の佑（判官）の相当位階が従七位下であることからすると、画工司の佑と推測される。

黄文連は山城国久世郡を本拠としたとみられる高句麗系の渡来人で(17)旧姓は造、天武十二年（六八三）に連を賜姓された（天武紀十二年九月丁未［二十三日］条）。推古紀十二年九月是月条に「始めて黄書画師《えし》・山背画師を定む」

とみえる伝統的な画師の一族で、入唐して仏足跡図を転写したという黄書連本実（薬師寺蔵「仏足石記」）や大宝律令の選定に参加した黄文連備《そなう》などを輩出している。画師から官僚化への傾向が認められ、のちに黄文連乙麻呂は画師を管轄する画工司の令史《さかん》（第四等官）となっているが（天平宝字二年二月二十四日「画工司移」(18)）、右の木簡②にみえる黄文連某はその早い例といえる。長屋王家木簡には他に黄文万呂（『平城京』木簡（一）・一四二号）、黄文大国（同・二五七号）がみえる。

また、画師・画部に関わると思われる工人に「画写人」がある。

③・「画写人
・右六人米　（『平城木簡概報』27、十一頁上）

④　□□〔画写カ〕人四口米八升　（『平城木簡概報』28、八頁上）

⑤　画□〔写カ〕　（『平城木簡概報』28、八頁上）

③の「画写人」は恐らくは画師や画部の指導のもとにあり、絵画を模写・転写する、もしくは下絵の制作にあたった工人かと推測される。

（二）障子作画師と障子作人

また、長屋王家木簡に画師に関わるとみられる「障子作画師」と「障子作人」と書かれたものがある。

⑥・「障子作画師一人米二升　」
・「障子作画師一口帳内一口米□□〔半升カ〕」　（『平城木簡概報』23、一〇頁上、『木簡研究』一二、二二頁）

⑦「障子作人三口」　（『平城木簡概報』25、一四頁下）

⑧　障子作人三口米六升　受福末呂 正月廿一日　□万呂 書吏○

（『平城京木簡（二）』一九五六号）

いずれも米支給に関する木簡である。「障子作画師」、「障子作人」はともに障子制作に関わる工人を意味すると思われるが、障子制作に画師が関わるのはなぜであろうか。現在では障子といえば木の骨組みに紙を貼った明《あかり》障子を想起する。そこでまず奈良時代の障子はいったいどのようなものであったのかをみておこう。

神亀五年（七二八）九月六日の勅許無く借覧することを禁じた「勅」には「図書寮に蔵《をさ》むる仏像、内外典籍、書法、屏風、障子幷びに雑図絵の類」（『類聚三代格』巻十九）とあり、或いはやや後の史料であるが「屏風一帖、障子四十六枚を東寺に施入せしむ。障子四十六枚を西寺に施入せしむ」（『日本後紀』弘仁三年［八一二］二月壬辰［三日］条）とあり、障屏具は障子と屏風に大別されたことがうかがえる。

奈良時代の屏風は残存例からその構造が知られるが、障子の実態は茫洋としている。平安時代には室内の壁・建具・衝立《ついたて》などをすべて障子といい、板または木の骨を格子に組んだものに紙や布を張ったものとされている[19]。奈良時代の障子も同様であったと思われるが、今日の障子の概念とは随分と異なる。

宝亀四年（七七三）二月三十日「奉写一切経所告朔解《こうさくげ》」には「障子骨」（『大日古』6ノ四八二）とあり、格子状に組んだ木の骨組みが想像されよう。宝亀二年頃の「奉写一切経料墨紙筆用帳」には「紙肆拾肆張」に「張障子二枚料」（『大日古』6ノ三二）とあるので、写経に用いられる紙が障子紙に転用されることがあったことが知られる。これだけでは下貼りなのか、木の骨組みに紙を張り、あるいはさらに絵を描いたものかは不明である。天平宝字六年（七六二）三月七日「造石山寺所告朔案」には「紙障子」（『大日古』5ノ一三八）とある。

また、天平十七年（七四五）頃の「写疏料紙等納充注文」（『大日古』8ノ四六〇）には、天平十七年正月七日に金光明寺写経所から「丈六堂の戸障子に張るため」に播磨国から貢進された紙が支出されている。どこの寺の仏堂なのか断案しがたいが、「丈六堂」というのは丈六仏を安置するための堂の意と思われる。新築とすれば内装の段階であり、完成間近となる。紙を張った「戸障子」というのは襖戸、もしくは板戸に紙を貼ったものであろうか。

「障子」の具体的な例としては天平宝字五年（七六一）の「法隆寺東院縁起幷資財帳」に「障子壱枚〈表紫綾、裏縹、高七尺、広三尺五寸〉」（『大日古』4ノ五一六、『寧楽遺文』中、三九三頁）とある。この障子は表に紫の綾《あや》（絹織物）、裏には縹《はなだ》（薄い藍色）を用いていており、高さは約二一〇センチ、幅は約一〇五センチで、高さと幅が二対一の比率をなしている。また、天平宝字六年七月二十五日「造石山院所画師行事文案」に「絵御障子二枚〈各高六尺、長八尺〉」（『大日古』15ノ二三四）とある。高さが約一八〇センチ、幅は約二四〇センチ、二枚で五メートル近くになるが、これに絵（仏画像）が描かれていたのであろう。

「西大寺資財流記帳」（『寧楽遺文』中、四〇〇頁）によると西大寺薬師金堂にあった「補陀落山《ふだらくせん》浄土変」には「障子絵」という注記があり、紫の細布の天蓋《てんがい》をもつ黒柿の四本の柱からなる吹き放しの仏台に掛けられていたとみられる。補陀落山浄土変は観世音菩薩の浄土を描いた仏画像である。また「薬師浄土変」にも「障子」という注記があり、高さ九尺、広さ五尺九寸、つまり高さが約二七〇センチ、幅が約一七七センチもある大きなものであった。薬師浄土変は薬師如来の東方の浄瑠璃世界を描いた仏画像で、これも掛け物とされていたと思われる。いずれも現存しないが、奈良時代の浄土変相図には麻・綾などの布や紙に描かれたもの、刺繍・織成《しょくせい》（綴織《つづれおり》）のものがあったと推定されている。このように大きな変相図（仏画像）も障子絵、あるいは障子と呼ばれていたのである。

宝亀四年（七七三）頃の「北倉代中間下帳《きたのくらしろのなかのまのしたちょう》」には「壁代《かべしろ》障子」（『大日古』16ノ五七三）と呼ばれるものがある。「壁代」は壁の代わりの意で、「障子」とあるのは室内の上部から間仕切りに垂らす布帛（帳《とばり》）のことであろう。ちなみに六四五年、飛鳥板蓋宮で蘇我入鹿が殺害されたが、その折りの『日本書紀』の記述に「雨下《ふ》りて潦水《いさらみず》庭《おほば》に溢《いは》めり。席障子《むしろしとみ》を以て、鞍作が屍《かばね》に覆《おほ》ふ」（皇極紀四年六月戊申［十二日］是日条）とある。ここに死体を覆った用具として「席障子」が見えるが、席《むしろ》と障子なのか、席障子というものがあったのか、意見の分かれるところであるが[20]、延喜神祇式などに「表は葦の簾、裏（裡）は席障子」（践祚大嘗祭条、『儀式』践祚大嘗祭儀中）とあり、「席障子」でよいと思われる。

このように古代の障子は今日の明障子のみならず、壁状、襖状、衝立状のものがあり、そこに色布を張ったり、絵を描いたり、刺繡をしたりしたことが知られる。

木簡⑥にみる「障子」がこれらのどの障子に該当するかは特定できないが、「障子作人」、「障子作画師」はいずれも左京三条二坊の邸宅内で米を支給されていることから邸宅内での仕事と思われる。「障子作人」は各種障子の制作に当たり、「障子作画師」はこのような障子に絵を描いた者であろう。

ちなみに『萬葉集』には絵画を下敷きに詠んだと思われる歌は少なくないが[21]、障子の語はまったくみえず、屛風の語も山上憶良の漢文中に「蘭室《らんしつ》に屛風徒《いたず》に張りて」（巻五・七九四前）とみえるのみである。

(三)　丹機、丹杯

以上の他に色彩・顔料に関わるとみられる次の木簡がある。

⑨・進上符上物　丹機　畳五枚　席廿枚　丹杯○
　　右　符少書吏
・二月廿五日　　　　○

《進り上ぐ　符せし上り物、丹機　畳五枚　席廿枚　丹杯　右符すは少書吏　二月廿五日》

（『平城京木簡（二）』一七二一号、『平城木簡概報』23・七頁上）

「丹機」以下の品を進上せよといった意味と思われる。丹《たん》は鉛丹で黄橙色をなす。しかし、「丹杯《たんのつき》」は黄橙色の杯ではなく、関根真隆氏が絵具皿と指摘されるように顔料を入れる杯であろう。そのことは「書写所雑物請納帳」（『大日古』12ノ二三九）に種々の顔料とともに「丹杯百廿口」とあることからも証せられる。この場合は「六宗厨子」（後述する）の彩色のための絵具皿とされたのであろう。また「丹機」については、丹《たん》と機《はた》かとも思われるが、関根氏は「丹機」と解し、規格化した同じパターンの図様の線引用器具とされている。(22)

（四）長屋王家木簡に見る顔料

彩色・雑丹　管見では長屋王家木簡中に顔料に関わる木簡が二例ある。

⑩・○以大命宣　黄文万呂 国足　朱沙□□［者カ］
・○朱沙矣価計而進出　別采色入筥今
（『平城京木簡（一）』一四二号）

東野治之氏は「朱沙矣」の「矣」字を「波《なみ》矣《を》恐《かしこみ》」（『萬葉集』巻三・二四九）などの例から助詞「を」と読むことを証され、《大命を以て黄文万呂、国足に宣《の》る。朱沙《しゅさ》……。朱沙矣《を》価《あたひ》を計り而《て》進り出せ　別に采色を入るる筥《はこ》今……》と読まれた。(23)

朱沙は辰沙ともいい、硫化水銀を成分とする赤系統（朱）の顔料で、濃赤色を呈す。(24)この木簡は下部が焼損しているため、意味がつかみにくいが、国足は北宮の家政機関職員の第四等官である少書吏置始《おきそめの》国足とみられる。恐らくは長屋王が画師もしくは画部の黄文万呂と少書吏の国足に、朱沙を購入するために価格を調査するように命じたものと思われる。(25)次に掲げる木簡⑪に「其価使」とあるのも、そうした値段を報告した使であろう。大蔵省の保存する市司の作成する時価の帳簿である市估《しこ》案（関司令12、公式令83）などを調査したのであろうか。斉明紀五年是歳条には高句麗の使人が羆皮一枚の値段に「称其価《あたひはかり》りて曰はく、綿六十斤」(26)と、高額の値を吹っかけ、綿を対価として市司に要求した話が伝えられている。事前調査は不可欠であった。

「采色《さいしき》を入るる筥」の「采色」は「彩色」、「綵色」(27)とも書かれたが、着色する意味の他に、職員令義解10画工司条に「画に用いるところの雑色《ざっしき》、即ち朱・黛等の類」とあり、また賦役令集解35貢献物条古記には「彩色とは雑丹《ざったん》を謂ふなり」とあるように、彩色に用いる絵の具、顔料を意味した。そのことは例えば「僧慧常《えじょう》請彩色状」（『大日古』25ノ一九八）に「彩色を請ふ」として種々の顔料を挙げていることからも証せられる。また、「雑丹」の語についてみると、丹（鉛丹《えんたん》）は黒鉛を焼成して作る赤色系（橙色）の顔料であるが、天平勝宝四年五月十一日「写書所解案」（『大日古』3ノ五七三～五七四）に、治承四年（一一八〇）に焼失した東大寺大仏殿内に安置された「六宗厨子《ずし》」（南都六宗の経巻を納める）の扉絵に彩色するための朱沙《しゅさ》、金青《こんじょう》、丹《たん》、緑青《ろくしょう》などの顔料を「厨子料雑丹」（「采色厨子料」）と記すのをはじめ、種々の顔料を総称して「雑丹」と記す例がある(28)。これらの例により、「雑丹」が顔料を意味することは誤りない。また、「大安寺造仏所解」には盧舎那仏像を造るために「丹を請ふ」として青色系の白青、緑色系の緑青、白緑《びゃくろく》を挙げている（『大日古』3ノ二三七～二三八）(29)。また「雑用銭并丹直銭等注文」（『大日古』15ノ三五二）では種々の顔料を購入するための銭を「丹直銭」としていることから、「丹」の語自体が顔料の意味に用いられていることが知られる(30)。このように顔料である彩色は、「雑色」、「雑丹」、時に「丹」などとも表記されたのである。

顔料は高句麗僧の曇徴が六一〇年に紙墨とともに将来したと伝え（推古紀十八年春三月条）、また新羅使金霜林《きんそうりん》の貢献物を「金・銀・彩色《しみもの》・種種の珍異《めずら》しき物」（持統紀二年二月辛卯［二日］条）とするように、顔料は当初は舶載品であり「珍異の物」とされている。木簡⑩の「采色を入るる筥」はこのような貴重品である顔料を入れておくための筥であろう。

ところで、寛文八年板本『日本書紀』は、顔料を意味する「彩色」の語に「彩　色《うるはしきいろ》」（仲哀紀八年九月己卯［五日］条、神功皇后摂政前紀十月辛丑［三日］条）、「彩　色《しみもののいろ》」（推古紀十八年春三月条）、「彩色《しみもの》」（持統紀二年）という訓を付している。また、「彩」、「綵」の語に「綵絹《しみノキヌ》」（神功紀四十六年）、「綵帛《しみノキヌ》」（斉明紀六年三月条、持統紀三年四月条）、「彩絹《しみのもの》」（持統紀二年二月辛卯［二日］条）、「五色 綵《いつくさのしみのきぬ》」（持統紀三年正月壬戌［九日］条）などにシミの訓を付している。このような訓によれば「しみ」という語は油や水に溶けない顔料ばかりでなく、可溶性の染料による染色をも意味したらしい。

そこで『萬葉集』に「彩色」、もしくは「綵色」の表記を求めてみると

月草尓《つきくさに》　衣曽染流《ころもそそむる》　君之為《きみがため》　綵色衣（深色衣）　将レ摺跡念而《すらむとおもひて》　（巻七・一二五五）

春者毛要《はるはもえ》　夏者緑丹《なつはみどりに》　紅之《くれなゐの》　綵色尓所レ見　秋山可聞《あきのやまかも》　（巻十・二一七七）

紫《むらさきの》　綵色之蘰　花八香尓《はなやかに》　今日見人尓《けふみしひとに》　後將レ戀鴨《のちこひむかも》　（巻十二・二九九三）

など「綵色」と表記された例がある。但し、一二五五番歌の「綵色衣」は『元暦校本』、『類聚古集』には「深色《ふかいろ》衣《ごろも》」とあり、本文に異同がある。一二五五番歌は「月草（つゆくさ）」で染めた衣、二九九三番歌は紫草で染めた蘰《かづら》の意である。二一七七番歌も紅に染まった秋山の意となろうか。ところが「綵色」の訓みは多様で、西本願寺本などに「イロトリ」があるが、賀茂真淵『萬葉考』の「マダラ」と訓む説が有力で、「綵色衣」は「斑 衣《まだらのころも》」（巻七・一二六〇）、「班 衣服《まだらのころも》」（巻七・一二九六）の別表記とされ、近年の澤瀉『萬葉集注釈』、伊藤『萬葉集釋注』もマダラの訓みをとっている。しかし、『古事記』に「曾米紀賀斯流邇《そめきがしるに》　斯米許呂母遠《しめころもを》」（上巻、歌謡四）とあり、「斯《し》米許呂母《めころも》」を「染《し》め衣《ころも》」と解して良いのであれば、寛文八年板本『日本書紀』の訓に依拠した日本古典文学大系本『萬葉集』の「綵色衣《しみのころもを》」、「綵色尓所見《しみいろにみゆる》」、「綵色之蘰《しみのかづら》」と訓む説が見直されても良いように思われる。(31)

珍異の物　さて、次にもう一例の顔料に関わる木簡をみてみよう。

⑪・○朱沙　金青　白青　右三［□□丹□］

・〇其価使解　附春日〔川原カ〕□□

（『平城京木簡（一）』一五三号）


朱沙、金青《こんじょう》、白青はいずれも顔料で、金青は藍銅鉱を原料とする青色系統の顔料、白青は同じ青色系統の顔料で、薄い青色、金青の粒子を細かくしたものである。これらの顔料は長屋王家の画師が用いたものであろう。

平安時代の辞書である『和名類聚抄』は「図絵具」として丹砂、燕支《えんじ》、青黛、空青、金青、白青、緑青、雌黄《しおう》、同黄《どうおう》、胡粉《ごふん》の十一種の顔料を挙げているが、前述したように顔料は簡単に入手できるものではなかった。そのことは職員令集解10画工司条に「その朱・黛等雑色は大蔵省及び内蔵寮に在り」とあるように大蔵省と中務省の内蔵寮が管理し、用度に応じて供給していることからもうかがえよう。

『続日本紀』には顔料が献上された記録がある。

(1)近江国をして金青《こむしょう》を献らしむ。伊勢国は朱沙、雄黄《いうおう》、常陸国・備前・伊豫・日向の四国は朱沙《しゅさ》、安芸・長門の二国は金青・緑青《ろくしょう》、豊後国は真朱《しんしゅ》。

（文武二年〔六九八〕九月乙酉〔二十八日〕条）

(2)下野国、雌黄《しわう》を献る。

（文武三年三月己未〔四日〕条）

(3)難波長柄朝庭、大山上《だいせんじゃう》安倍小殿小鎌《あへのをどののをかま》を伊豫国に遣して、朱砂を採らしむ。

（天平神護二年〔七六六〕三月戊午〔三日〕条）


このうちの(1)の「雄黄」（硫化砒素）は鶏冠石ともいい、顔料や不老長生の神仙薬として用いられた。また、「真朱」を『萬葉集』ではマソホと訓んでおり（巻十六・三八四一、三八四三）、上質の朱とされる。

また、延喜民部式下によると交易雑物として長門国が胡粉、緑青、丹、大宰府が朱沙を貢納している。このように顔料は国内においても産出しているが、貴族たちは品質の上で舶載品を珍重したのである。

ところで、正倉院の宝物の中でよく知られるものの一つに「鳥毛立女屏風」がある。この屏風は天平勝宝八歳（七五六）六月の「国家珍宝帳」に「鳥毛立女屏風　六（ママ）　高四尺六寸、廣一尺九寸一分、緋紗縁以木假作班竹帖、黒漆釘、碧絁背、緋　（付箋墨書「臈」）夾纈接扇、揩布袋《緋《ひ》の紗《しゃ》の縁《へり》、木を以て仮作《げさく》せる班竹《はんちく》の帖《ちょう》、黒漆の釘《くぎ》、碧《みどり》の絁《あしぎぬ》の背、緋の臈纈《ろうけち》の接扇《せっせん》、摺《すり》の布の袋》」と記載されている屏風とみられる。右によれば、各扇の表具は緋色の紗を縁にめぐらし、木製の班竹に擬した帖木（縁木《ふちぎ》）で押さえて黒漆を塗布した釘（鋲）でとめ、背面（裏側）に緑色の絁を貼った華やかなもので、それらを緋色の臈纈の絁（臈纈染めの絹）の接扇（蝶番《ちょうつがい》）で六扇一畳に接続したものであった。そして、それが摺り染めの布の袋に収納されていたという。色鮮やかな表装や鳥羽は失われたものの、奇しくも六扇が現存し、また「鳥毛立女［　］」と墨書した摺り染めで花文を表した屏風袋も残存している。

各扇ごとに一人の豊頬、豊満な女性が描かれている。六扇のうち立ち姿の女性が三扇、石に座った女性が三扇、立女屏風とあるが、立ち姿ばかりではない。この屏風はかつては舶載品と考えられていたが、近年の調査により羽毛が日本産のヤマドリの羽毛であること、下貼りや画紙として、修理時ではなく、制作時に反故紙である天平勝宝四年の「買新羅物解《ばいしらぎぶつげ》」が使用されていたことから日本で制作されたことが判明した（『正倉院紀要』第十二号、一九九〇年）。

また、東野治之氏の研究によれば、下貼りとされた「買新羅物解」は貴族たちが新羅から購入する多種多彩な品目の申請書であった。(32) 主な品目は香料・薬物・顔料・染料・金属・器物・調度品などで、顔料には朱沙、同黄《どうおう》、烟《えん》子《じ》、金青、胡粉、黄丹（丹）、雌黄、白青などが見える。香料、薬物、顔料、染料などの中には新羅の中継貿易によってもたらされた南海産のまさしく珍異な品もある。

いま、「買新羅物解」の一例を挙げてみよう。(33)

合貳拾參種

（略）

朱沙壹斤　同黄壹斤

（略）

儲價物綿伍伯斤　絲參拾斤《儲価《ちょか》の物《もの》綿五百斤　糸三十斤》

以前可買新羅物幷儲價等如前謹解《以前、買うべき新羅物《しらぎもの》幷びに儲価等、前の如し、謹んで解す》

天平勝寶四年（七五二）六月廿三日

右の例は首部が欠けているので、購入申請者が誰か不明であるが、朱沙、同黄といった顔料のほか二十三種類の物品を申請している。同黄は黄色系の顔料で銅黄、藤黄ともいい、梅藤樹の樹脂液（ガンボージ）から作られる。その対価は綿と糸である。「儲価」はかけねの意であるが、他の文書の相当語句に「価」、「値」などとあり、「儲価」は値段、「儲価の物」は対価の意味であろう。

三、慈訓と内蔵全成所持の顔料

ところで、顔料に関わる史料として「正倉院文書」に「造寺雑物請用帳」（天平宝字五年［七六一］、『大日古』25ノ三二六）と呼ばれる文書があり、次のような記載がある。

金青九斤
朱沙六斤四両
同黄二斤六両
烟紫三百六十五枚中　已上自外嶋坊少僧都所請
白青四斤十両一分　四斤八両自外嶋坊請　二両一分買
胡粉十五斤八両　十斤八両自外嶋坊請　五斤買

緑青百五斤百斤文部省少録内蔵全成所進
白緑十五斤十三両三分買
丹廿一斤十六斤自外嶋坊少僧都所請
五斤文部省少録内蔵全成所進

福山敏男氏の指摘があるように(34)、金青、朱沙、同黄、烟紫、白青四斤八両、胡粉十斤八両、丹十六斤を寄進した外嶋坊の少僧都は慈訓《じきん》であろう。慈訓は法相・華厳に通じ、天平十二年（七四〇）の審祥による華厳経講説の開始に際しては複師、十四年には講師となり（『三国仏法伝通縁起』）、天平勝宝八歳（七五六）五月二十四日、聖武太上天皇の看病の功により少僧都に任命された。道鏡の台頭によりその地位を解任されたのが天平宝字七年（七六三）であるから（『続日本紀』）、慈訓の顔料寄進は解任二年前のこととなる。慈訓はこれらの顔料をどのように入手したのであろうか。

そこであらためて慈訓が所持していた金青、朱沙、白青などの顔料に着目してみたい。秋山光和氏は「正倉院文書」に記載される顔料の価格を比較し、白青、金青、同黄、朱沙は桁はずれに高く、入手しがたい物であったろうことを指摘されている(35)。慈訓寄進の顔料はまさしくいずれも入手しがたい品々である。慈訓が高価な顔料を所持しえた理由は様々に考えられるが、その一つとして唐、もしくは新羅で入手した可能性がある。

かつて石田茂作氏は経典の貸し出し文書と『元亨釈書』に見える慈訓の入唐留学記事から、天平十七、十八年の新羅留学説を提出された(36)。井上光貞氏も『元亨釈書』が慈訓を船氏出身とし、しかも船氏の本拠の河内国丹比郡に華厳経が早く流布していることなどを根拠に石田説を支持された(37)。

『元亨釈書』巻一・伝智の慈訓伝には「偕㆓審祥法師㆒踰㆑海入㆑唐、謁㆓賢首国師法蔵㆒稟㆓華厳深旨㆒」とある。この慈訓が審祥とともに入唐したとする説は、寿霊『華厳五教章指事記』の「又此土古徳、訓僧都等、名高㆓一朝㆒

学普二六宗一、近受二詳法師一、遠依二蔵法師一、伝二彼一乗宗一」の誤読から生まれたとする指摘がある。[38]『華厳五教章指事記』は慈訓が審祥から新羅の華厳学を、唐の法蔵から唐の華厳学を学んだとするが、慈訓が直接法蔵（六四三〜七一二年）から華厳学を直接学ぶことは年齢的にも無理があり、要は新羅と唐の華厳学を学び大成したという意であろう。

慈訓は天平十年に大般若経六百巻を山科寺より奉請したのが初見であり（「慈訓大般若経奉請状」『大日古』7ノ一六六〜七）、上述したように天平十二年には審祥を講師とする華厳経講説開始に際して複師となっている。慈訓は天平十年以前に頻繁な交流のあった新羅に留学して元暁のみならず唐の法蔵の華厳学を学んだ可能性がある。慈訓は法相学を克服し、華厳学の理解を深めたのであろう。

一方、文部省少録内蔵《くら》全成《のまたなり》は、慈訓とともに「緑青百斤、丹五斤」を進上している。全成が緑青や丹を入手しえた契機を考えてみると、天平宝字三年（七五九）正月に迎入唐大使使が（迎藤原河清使）任命されたが、全成がこの使節の判官に任ぜられたことが想起される。全成は同年二月に出発、十月に渤海使高南申《こうなんしん》らとともに帰国の途次風に遭い対馬に漂着、十二月に難波に至った。渤海の中台省の牒（文書）によると、安史の乱で唐の国内情勢が不穏なため、大使の高元度ら十一人のみを唐に送り、全成らを送還させたとある（『続日本紀』天平宝字三年十月辛亥［十八日］条）。全成の進上した緑青、丹は、恐らく全成が渤海残留中に入手した品であろう。

四、おわりに

さて、このようにみてくると、長屋王家木簡にみえる朱沙、金青、白青といった顔料は、いずれも秋山氏が入手困難な高級品とされた品々である。平城遷都から長屋王死没までの間に新羅使が来朝したのは和銅七年（七一四）、養老三年（七一九）、養老七年（七二三）、神亀三年（七二六）の四回である。新羅使との交易は天平勝宝四年以前から朝貢の折に副次的に行われていたと推測される。長屋王家の顔料の購入先としてはまず東西市を考えるべきであろうが、新羅使の来朝に伴うものとすれば、長屋王家木簡がほぼ和銅三年（七一〇）から霊亀三年（七一七）の間に収まることからすると、和銅七年に限られることになり、木簡⑩、⑪の年代も限定できよう。

以上、長屋王家に関わる色彩語と色彩の原料である顔料に着目して長屋王家の生活の一端に触れたが、色彩語、さらには顔料を媒介してその豪奢な生活が浮き彫りされる。そこでは国内経済圏のみならず、東アジア交易圏を介した物品が使用されているのである。

なお、論じ残した点は多いが、ひとまず擱筆して後考を待ちたい。

［注］

（1）多田伊織「長屋王の庭―「長屋王家木簡」と『懐風藻』のあいだ―」奈良国立文化財研究所『長屋王家・二条大路木簡を読む』吉川弘文館、二〇〇一年）。

（2）拙稿「佐保の川畔の邸宅と苑池」（高岡市万葉歴史館論集1『水辺の万葉集』笠間書院、一九九八年）。左京三条二坊の地が佐保新免田とされるのは嘉吉三年（一四四三）になって確認できる。『懐風藻』の詩趣からすると、「長王宅」と「宝宅」（作宝楼）が別の場所とは思われず、『懐風藻』における「長王宅」は「宝宅（作宝楼）」と同一場所をさすと思われる。左京三条二坊の長屋王邸宅の東南隅にある庭園が『懐風藻』の肆宴の場にふさわしいとは思えない。しかし、漢詩表現と実景は別という可能性もなくはないので、『懐風藻』における「長王宅」と「宝宅」（作宝楼）との関係になお注意しておく必要がある。そうした観点からも長屋王邸宅東南隅の溝状遺構、及び西南の苑池遺構の今後の調査が待たれる。なお、寺崎保広『長屋王』（吉川弘文館、一九九九年）を参照されたい。

（3）澤瀉久孝『萬葉集注釈』巻第八（中央公論社、一九六一年）二九六頁。

（4）『儀式』は神道大系編纂会『儀式・内裏式』神道大系・朝儀祭祀編一（精興社、一九八〇年）による。
（5）『儀式』によると、「白酒殿」は白木造りの建物とされている（巻二践祚大嘗祭儀上）。
（6）兵庫県龍野市揖西町の小犬丸遺跡は「布勢駅」と書かれた木簡から山陽道布勢駅と推定されているが、礎石建ち基壇建物跡が検出され、瓦の出土から瓦葺きと推定され、また丹の痕跡や漆喰から丹塗りの柱、白壁の建物であったと推測されている（『木簡研究』第一一号、一九八九年などを参照）。
（7）『時代別国語大辞典　上代篇』（三省堂）、『日本国語大辞典』（小学館）など。用例・諸説については山田洋嗣「あをによし考」（『立教大学日本文学』一九七五年七月）、梶川信行「あをによし奈良」（日本大学国文学会『語文』九三、一九九五年十二月）などを参照した。
（8）多田一臣「紀女郎への贈歌」（同『額田王論―万葉論集―』（若草書房、二〇〇一年、初出一九九七年七月）。
（9）伊藤博『萬葉集釋注』二（集英社、一九九六）六八五～六九〇頁。
（10）『時代別国語大辞典　上代篇』（三省堂）、『日本国語大辞典』（小学館）など参照。
（11）例えば宝亀三年二月六日「奉写一切経所請用注文」（『大日古』6ノ二五二）に「軸……素木」とある。
（12）杉本一樹氏のご教示による。なお、「未造着軸、軸端」解説（正倉院事務所編『正倉院宝物　中倉』朝日新聞社、一九八八年、一四頁参照）。
（13）山里純一「律令国家と南島」（『続日本紀研究』第二四五号、一九八六年七月）。なお、近年の「赤木」に関する主たる論考としては鈴木靖民「南島人の来朝をめぐる基礎的考察」（田村圓澄先生古稀記念会編『東アジアと日本』歴史編、吉川弘文館、一九八七年、のち「南島人と日本古代国家」と改題、同『日本古代の周縁史』所収、岩波書店、二〇一四年）、山里純一「南島の貢進・交易物」（『古代日本と南島の交流』所収、吉川弘文館、一九九九年、初出一九九五年）などがある。
（14）河田貞「わが国上代の写経軸」（『仏教芸術』一六〇号、一九八五年）。
（15）古代の画師については野間清六「奈良時代の畫師に関する考察」（『建築史』一ノ六、一九三九年）、高木玲子「画師・画部考」（『お茶の水史学』第一一・一二号、一九六九年）などを参照した。
（16）舘野和己「長屋王家の文書木簡に関する一考察」（『長屋王家木簡・二条大路木簡を読む』吉川弘文館、二〇〇一年）。

（17）「黄文連。高麗国の人、久斯祁王自り出づ」（『新撰姓氏録抄』山城国諸蕃）とある。
（18）『大日古』（4ノ二六〇）に「正七位上行令史黄文連乙麻呂」とある。
（19）太田博太郎「障子」の項（『国史大辞典』吉川弘文館）。
（20）日本古典文学大系『日本書紀』下（岩波書店）、二六四頁、頭注参照。
（21）例えば仙人の形を詠んだ「忍壁皇子に献る歌」（巻九・一六八二）など。
（22）関根真隆「長屋王家木簡にみる物名について」（奈良国立文化財研究所編『長屋王家木簡・二条大路木簡を読む』吉川弘文館、二〇〇一年、一七六頁）。
（23）東野治之「長屋王家木簡の文体と用語」（『長屋王家木簡の研究』塙書房、一九九六年、二〇頁、初出一九九一年）。
（24）以下、顔料については渡邊明義『古代絵画の技術』（『日本の美術』四〇一、至文堂、一九九九年）、成瀬正和『正倉院宝物の素材』（『日本の美術』四三九、至文堂、二〇〇二年）などを参照した。
（25）『平城京木簡（一）』は顔料の提出を求めたとするが、金子裕之氏も朱沙の値段を調べ、知らせるようにという意味と解されている（「長屋王の造寺活動」奈良国立文化財研究所『長屋王家・二条大路木簡を読む』吉川弘文館、二〇〇一年、五四頁）。
（26）日本古典文学大系『日本書紀』下（岩波書店）の訓みによる。新編日本古典文学全集『日本書紀3』（小学館）は「其の価《あたひ》を称《とな》へて曰く」と訓んでいる。
（27）天平十九年「法隆寺伽藍縁起并流記資財帳」に「合わせて綵色物壹拾参種」（『寧楽遺文』中、三五五頁）とあって、十三種の顔料を「綵色物」としている。
（28）「写経所解」（『大日古』14ノ三四四）、「造金堂所解」（『大日古』16ノ三〇〇～三〇一）など。
（29）この盧舎那仏像については福山敏男氏が盧舎那仏画像であることを論証している（福山敏男「大安寺花厳院と宇治花厳院」同『日本建築史研究　続編』、墨水書房、一九七一年、初出一九三九年）。
（30）福山敏男・前掲注（29）、最近では野尻忠氏が「丹」を顔料の総称とする場合があることを強調されている（「東大寺造営に使われた顔料」『第五十五回　正倉院展目録』二〇〇三年）。
（31）「大安寺伽藍縁起并流記資財帳」に「合わせて綵帛肆匹参丈捌尺」（『寧楽遺文』中、三七三頁下段）とあり、そのうち「三匹黄、一匹浅緑」と記されている。綵色衣は必ずしも斑色とは限らず、斑衣と同義とはしかねる。二一七七番歌も夏の緑に対して、紅一色に染まった紅葉の秋山という対比的表現と思われる。

(32) 東野治之「鳥毛立女屏風下貼文書の研究」(『正倉院文書と木簡の研究』塙書房、一九七七年、初出一九七四年十一月)
(33) 東野治之・前掲注(32)、三四〇～三四一頁。
(34) 福山敏男「奈良時代に於ける法華寺の造営」(『日本建築史の研究』綜芸社、一九八〇年、初出一九三一年)二二四頁註七。
(35) 秋山光和「日本上代絵画における紫色とその顔料」(東京国立文化財研究所『美術研究』二二〇号、一九六二年一月)。
(36) 石田茂作『写経より見たる奈良朝仏教の研究』(東洋文庫、一九三〇年)
(37) 井上光貞「王仁の後裔氏族と其の仏教」(井上光貞著作集第二巻所収、岩波書店、一九八六年、初出一九四三年)。
(38) 境野黄洋『日本仏教史講話』第一巻(森江書店、一九三一年)、佐久間竜「慈訓」(『日本古代僧伝の研究』吉川弘文館、一九八三年、初出一九五七年)。なお、山本幸男氏は佐久間説を支持され、慈訓の海外留学には否定的である(山本「『華厳経』講説を支えた学僧たち」『奈良朝仏教史攷』法蔵館、二〇一五年、初出二〇〇六年)。
(補注) 用語の検索に際しては伊原昭『日本文学色彩用語集成』上代一(笠間書院、一九八〇年)、上代二(笠間書院、一九八六年)、関根真隆編『正倉院文書事項索引』(吉川弘文館、二〇〇一年)、造石山寺所関係文書については岡藤良敬『日本古代造営史料の復元研究』(法政大学出版局、一九八五年)を参照した。

(追記1) 旧稿刊行後、慶應義塾大学三宅和朗氏から、南島産の赤木について山里純一氏の論考があること、また正倉院事務所の杉本一樹氏から河田貞氏の写経軸に関する論考があることをご教示いただいた。そこでこの機会に第三節に加筆した。
(追記2) 刊行後、管見に入った色彩関係の論考、並びに調査を挙げておく。
伊東隆夫「調査対象宝物の樹種同定」(『正倉院紀要』第二十三号、二〇〇一年)
成瀬正和・飯田剛彦「X線分析による神護景雲二年御願経の軸端に用いられた顔料の調査」(『正倉院紀要』第二十七号、二〇〇五年)
成瀬正和「彩絵仏像幡調査報告4　顔料」(『正倉院紀要』第二十九号、二〇〇七年)

百橋明穂《あきお》『古代壁画の世界』（吉川弘文館、二〇一〇年）
風間亜紀子「古代の作画事業と画工司」（『古代文化』第六五巻第一号・通巻五九二号、2013 Vol. 65、二〇一三年六月）

＊「長屋王家の色彩誌」（高岡市万葉歴史館編『色の万葉集』高岡市万葉歴史館論集7、笠間書院、二〇〇四年）に補訂を加え、第三節に加筆した。

第四章　付　地方画師に関する一考察

——富山市栃谷南遺跡出土ヘラ書き土器「恵□」について——

一、はじめに

富山市栃谷南《とちだにみなみ》遺跡は富山市の中心部から西へ約八キロ、呉羽山丘陵と射水丘陵とに挟まれた境野新扇状地に形成された水田地帯の中央部に位置する工房遺跡で、瓦陶兼業窯二基、井戸跡、炭焼窯四基、粘土採掘穴群、掘立柱建物跡などが検出されており、鉄の製錬も行われていた。時期的には八世紀代、第2~第3四半世紀に及ぶ遺跡とされている。[1] 栃谷南遺跡の北西には婦負郡家の有力候補である黒河尺目《くろかわじゃくめ》遺跡（小杉町黒川）がある。

この栃谷南遺跡からは、土製権衡（錘）や鐘状銅製品・透彫り製品などの遺物のほか、「大」と書かれたヘラ書き土器片（杯・須恵器）、「國」ヘラ書き土器片（小型壷・須恵器）、「恵□」ヘラ書き土器片（杯蓋・須恵器）などの文字資料が出土している。小稿では出土ヘラ書き土器片のうち「恵□」の文字について私見を述べてみたい。栃谷南遺跡の性格を考える上でいささかの問題提起ができればと思う。

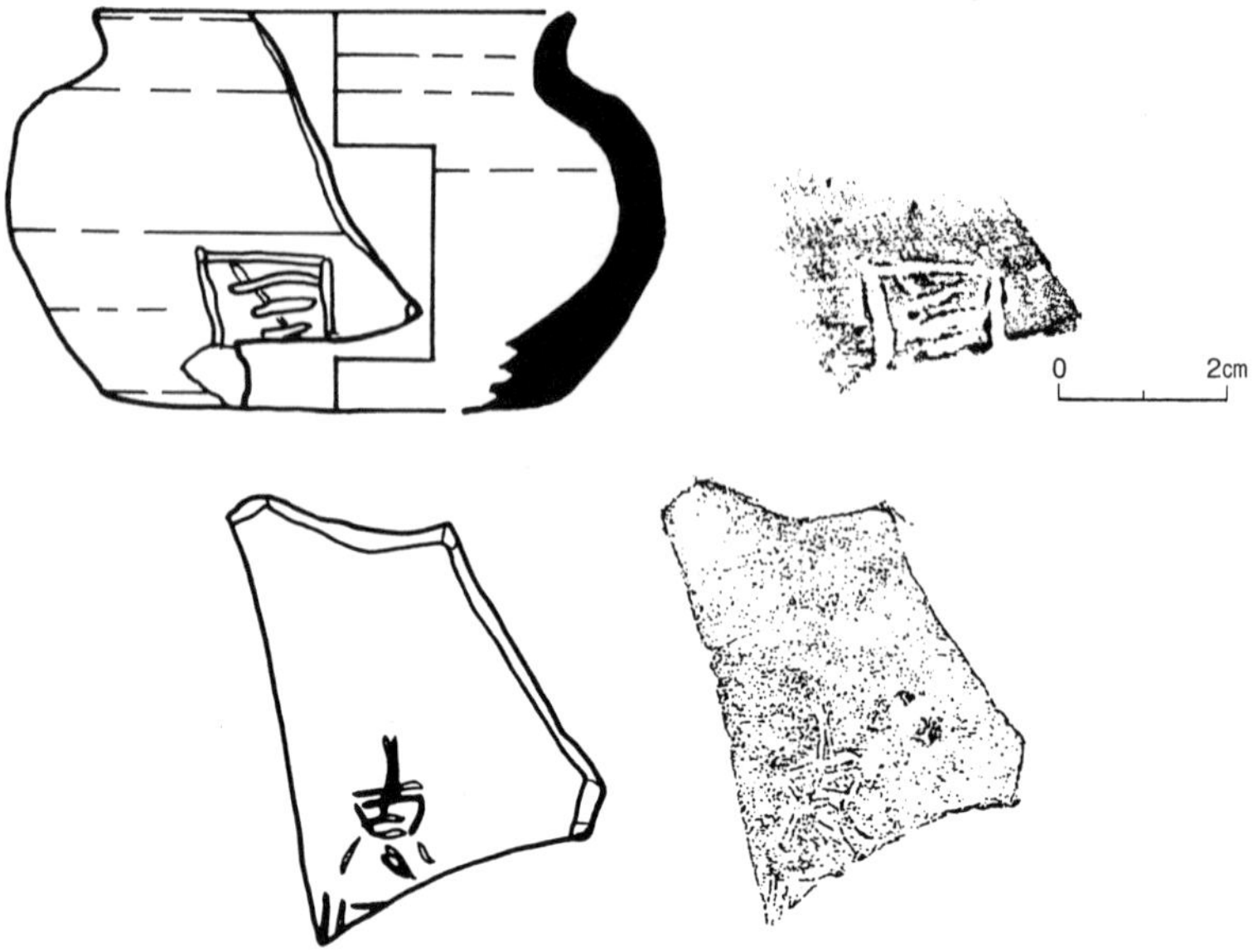

図3　ヘラ書き土器片の刻書「國」（上）、「恵」（下）
（『富山市栃谷南遺跡発掘調査報告書Ⅲ』）

二、「恵師」について

富山市埋蔵文化財センターで実見させていただいた土器片二点のうち一点は①「□（國カ）」、もう一点は②「恵□［師カ］」と釈読できる。

①は筆順が異なるが、クニガマエの左隅に斜めの線が確認できるので「國」と考えてよいであろう。②は二字目が問題である。時期的に遺跡の年代と矛盾がないことから、「行」と釈読して「恵行」と読み、『万葉集』巻十九・四二〇四に、天平勝宝二年（七五〇）四月十二日、布勢の水海に遊覧した際の歌を残す講師僧恵行に比定する見解[2]や、「恵師」と釈読し、僧名「恵行師」の略記と解する意見もあるという[3]。しかし、実見させていただいた限りでは、「行」と読むには無理があり、残画からすると「師」、すなわち「恵師」と判読すべきであろう。

さて、ヘラ書きの「恵□」を「恵師」と読むことが許されるならば、次には「恵師」の語が一体どのような意味をもつのかという点が問題となる。そこで、まず手がかりを「正倉院文書」に求めることにする。

(ア)人名の例

1、大宝二年の御野国味蜂間郡春部里戸籍、戸主国造族加良安の「嫡子恵師」(『大日古』1ノ三)

2、同年豊前国上三毛郡塔里戸籍に「塔勝恵師」(『大日古』1ノ一五一)

右の例は戸籍に見える人名の「恵師」である。

(ア)画師の例

「画師」とは令制では中務省画工司に所属する官人(定員四人)で画部を率いて絵画・彩色を担当した(養老職員令10画工司)。天平宝字二年(七五八)四月九日「画師行事功銭注進文」(『大日古』4ノ二六九〜二七〇)などに「恵師」が「画師」の別表記として使用されている。また、近江国犬上郡を本貫とする画工司画師の家系の簀秦画師は、氏名に職名に由来する称号的な「画師」を称すが、この画師を「簀秦恵師」とも書く[4]。同様な例に画工司画部で造東大寺司に派遣された牛鹿恵師足嶋[5]や、造東大寺司の判官であった河内画師祖足を恵師祖足とも書く例[6]などがある。以上、要するに「画師」と「恵師」とは通用されることが確認されよう。

それではヘラ書き「恵師」は、(ア)人名、(イ)画師、いずれの可能性が高いであろうか。僧侶名の「恵行」に尊称の「師」を付した「恵行師」という表記を「恵師」と略記した可能性は否定できないが、当遺跡が工房遺跡であることからすると僧侶名ではなく、「画師」(絵師)の別表記「恵師」と解してよいかと思う。

そこで画師の活動をみると、彩色の他に下絵の制作にも従事している点が注意される。例えば天平宝字六年(七六二)三月の孝謙太上天皇の勅命による一尺鏡背面の下絵を画師上楯麻呂が描いている[7]。また、既に指摘されているように、天平勝宝八歳(七五六)四月「写書所解案(食口帳)」には「繪瓦様《瓦の様《ためし》を絵《えが》く》」とあり、画師は

瓦の様（下絵）の制作にもあたったとみられる。(8)

こうした点からすると人名の可能性がないわけではないが、恵師（画師）がこの工房の生産品の彩色や下絵の制作に従事していたとしても不思議ではない。

さらに注目されるのは当遺跡出土の透彫り製品である。成分分析の結果、劣化の進んだ琥珀製品の可能性が高いという。(9)また、富山市埋蔵文化財センターの鹿嶋昌也氏のご教示によると、そこに施されている装飾文様は東大寺法華堂の不空羂索観音像台座などにみられる対葉花文《たいようかもん》であるという。

対葉花文と呼ばれる装飾文様は、東大寺式軒平瓦の中心飾り、法華堂の執金剛神像の襟甲の縁取りや下甲の小札《こざね》、不空羂索観音像の蓮花座の連弁、大仏殿正面の八角燈籠火袋《ひぶくろ》などにみられる対称形をなす花文様（宝相華文）である。(10)岡本東三氏によると、対葉花文は東大寺の創建にあたって新たに採用された東大寺全体に関わる装飾文様で、東大寺式軒平瓦や仏像・工芸品などに共通し、造東大寺司の仏工（彫刻師）によりデザインされたと推定されている。(11)

当遺跡の透彫り木製品は中心部から左半分が欠けているが、対葉花文と認めてよいと思われる。とするならば、東大寺に関わる装飾文様をもつ琥珀製の透彫り製品が当遺跡で制作されたか、持ち込まれたということになる。出土遺物に東大寺不空羂索観音像台座などにみられる対葉花文を施す琥珀製の透彫り製品があることからしても、この工房に「恵師（画師）」が関与していたとみることは不当ではあるまい。

ところで、栄原永遠男氏は「正倉院文書」の丹の下給文書の検討から、(12)造東大寺司が「所々荘図」を作るために、右述の写経所の画師、上楯麻呂に丹を下給していること、また写書所（写経所）の造東大寺司への食料支給の報告から、(13)この楯麻呂が「所々荘図」を描いたであろうことを明らかにされている。(14)しかし、越中の開田図の署名・押印は国府でなされており、国府と造東大寺司との分業も想定される。ここで想起されるのは、かつて藤井一二氏が東大寺開田図の作成に、造東大寺司の画師、国府や郡家など地方官衙の画師の関与を想定されていることである。[15] 富山市栃谷南遺跡の工房は国府、もしくは郡家所属の工房と考えられている。そこから「恵師」と読める土器が出土したことからすると、造東大寺司に関わる画師の可能性もなくはないが、地方官衙所属の画工の可能性が高いといえよう。

三、地方官衙所属の画師について

地方官衙所属の画師の例は管見の限りでは一例が知られる。天平十年度（七三八）「駿河国正税帳」（『大日古』2ノ一〇八）に「従陸奥国進上御馬部領使国画工大初位下奈気私造石嶋《陸奥国より御馬進上の部領使、国の画工《えだくみ》大初位下奈気私造《なきのきさいちべのみやつこ》石嶋》とあり、陸奥国に「国の画工」という職掌があったことが知られる。瀧川政次郎氏は国の技官には「師」号が多くみられることから「国画工」は正しくは「国画師」であったと指摘されている。[16]

奈気私造は『新撰姓氏録』（山城国神別）に奈癸私造とあり、「饒速日命六世孫、伊香我色雄命之後」とある。[17] 一族に奈癸私造川見売（「山背国愛宕郡計帳」、『大日古』1ノ五一八）があり、「奈気」とも「奈癸」とも書いたことが知られるが、また「那貴」、「奈貴」とも書いた。私造氏のほかに勝姓、首姓の奈癸氏がある。奈気は山城国久世郡那紀郷（京都府宇治市伊勢田町付近）の地名に由来するとみられる。久世郡は高句麗系渡来人である画師黄文造（連）の本貫地でもある。

右に掲げた奈気私造石嶋は地方官衙所属の画師の唯一例であるが、地方官衙、少なくとも国府には所属の画師がいたと考えて良かろう。

東野治之氏は正倉院南倉蔵、緋絁鳥兜に利用された反故文書が丹後国衙に関わり、そこに描かれた白描画が国衙所属の画師の筆で描かれた可能性を指摘されているが(18)、栃谷南遺跡出土のヘラ書き土器「恵師」はそうした地方官衙所属の「画師」の存在の傍証となろう。

最後になるが、栃谷南遺跡で作られた瓦の供給先が一日も早く確認されることを期待したい。

［注］

（1）富山市教育委員会埋蔵文化財センター編『富山市栃谷南遺跡発掘調査報告書Ⅲ』（富山市教育委員会、二〇〇二年三月）など。

（2）富山市教育委員会『フォーラム　奈良時代の富山を探る』二〇〇四年三月。

（3）筆者と同じく平川南・鈴木景二両氏が「恵□」を「恵師」と釈読され（前掲注（1）、一二八頁註8）、また、のちに鈴木景二氏が「恵師」の「師」は敬称で、僧名「恵行師」の略記と解釈されていたことを知った（富山市教育委員会『フォーラム　奈良時代の富山を探る』二〇〇四年三月、一七三頁）。

（4）天平勝宝九歳四月七日「画工司未選申送解案帳」（『大日古』13ノ二一九）など。

（5）天平宝字二年三月十九日「画師行事功銭注進文」（『大日古』4ノ二六八）。

（6）天平宝字元年閏八月二十四日「造東大寺司解」（『大日古』4ノ二三九）など。

（7）福山敏夫「石山寺・保良宮と良弁」（『南都仏教』31、一九七三年十二月）、岡藤良敬「天平宝字六年鋳鏡関係史料の検討」（『正倉院文書研究』5、吉川弘文館、一九九七年）。

（8）『大日古』（13ノ一六五〜一六六）は「繪凡様」と読んでいるが、「凡様」では意味不明である。写真を見ると「凡」字は「瓦」ときわめて類似しており、「繪瓦様《瓦の様《ためし》を絵《えが》く》」と読むのが妥当であろう。

（9）前掲注（1）収載「栃谷南遺跡の透彫り品について」。

（10）対葉花文については、岡本東三「東大寺式軒瓦について―造東大寺司を背景として―」（『古代研究』9、元興寺仏教民俗資料研究所、一九七六年）、浅井和春「法華堂本尊不空羂索観音像の成立」（日本美術全集・第4巻『東大寺と平城京』講談社、一九九〇年）などを参照。

(11) 岡本東三・前掲注(10)。上原真人『瓦を読む』(歴史発掘11、講談社、一九九七年)などを参照。
(12) 天平勝宝八歳九月十九日「東大寺領荘図料丹下注文」(『大日古』13ノ二〇四〜二〇五)。
(13) 天平勝宝八歳九月二十九日「写書所解」(『大日古』4ノ一八四〜一八五)。
(14) 栄原永遠男「古代荘図の作成と機能」(金田章裕・石上英一・鎌田元一・栄原永遠男編『日本古代荘園図』東京大学出版会、一九九六年)。
(15) 藤井一二「古代における荘園絵図の描写と画師」(同『東大寺開田図の研究』塙書房、一九九七年。初出、一九九三年)。
(16) 瀧川政次郎「画工司・国画師の職制を論じて合戦絵・祥瑞絵・偃側図絵等の起源に及ぶ」法制史論叢第4冊『律令諸制及び令外官の研究』角川書店、一九六七年)。
(17) 佐伯有清『新撰姓氏録の研究　考證篇　第三』(吉川弘文館、一九八二年)。
(18) 東野治之「正倉院蔵　鳥兜残欠より発見された奈良時代の文書と墨画」(同『正倉院文書と木簡の研究』塙書房、一九七七年、初出一九七四年)。

(追記)『萬葉集』にみえる講師僧恵行については拙稿「古代北陸の宗教的諸相」、「二人の僧恵行について―「唐招提寺用度帳」にみえる恵行再考―」(いずれも拙著『古代学論究―古代日本の漢字文化と仏教―』慶應義塾大学出版会、二〇一二年)を参照されたい。

＊「富山市栃谷南遺跡出土ヘラ書き土器「恵□」について」(『富山市埋蔵文化財センター紀要』第二十二号、二〇〇三年)、及び「講師僧恵行補論」(『高岡市万葉歴史館紀要』十五、二〇〇五年)をベースに補訂し、「地方画師に関する若干の考察」と改題した。

第五章　忘れ草と中国古典

一、はじめに

万葉びとは心の憂いを、とりわけ恋の憂いを忘れるために、忘れ草や忘れ貝などに託したという。このような俗信が古来から列島に存在したか否かはひとまず置くとして、『萬葉集』をみると八世紀前後に詠まれるようになる。万葉びとは中国の漢詩文にある「萱草《けんそう》」・「諼草《けんそう》」（忘れ草）に学び、その効果が期待できないことがわかっているが故のやるせなさを、和歌作品に表現するまでに昇華させた。本章では『萬葉集』に詠まれた忘れ草に、作品として影響を与えた中国古典――『文選』・『山海経』など――の受容についていささか知見を述べてみたい。

二、忘れ草と醜の醜草

大伴宿祢家持が坂上家の大嬢に贈る歌二首〈離絶《りぜつ》数年、また会ひて相聞往来す〉

萱草《わすれぐさ》　吾下紐尓《あがしたびもに》　著有跡《つけたれど》　鬼乃志許草《しこのしこぐさ》　事二思安利家理《ことにしありけり》

忘れ草　我《あ》が下紐《したびも》に　着《つ》けたれど　醜《しこ》の醜草《しこぐさ》　言《こと》にしありけり　（巻四・七二七）

大伴家持が坂上大嬢に贈った二首の歌のうちの一首である。題詞脚注に「離絶数年、また会ひて相聞往来す」とあることから、一端途絶えていた家持と大嬢の関係が旧に復した天平十一年（七三九）六月の「忘妾悲傷歌」（巻三・四六二）以後の作とされる。

萱草《けんそう》は『和名類聚抄』所引『兼名苑《けんめいえん》』に「萱草、一名忘憂」とあり、また同書所引『漢語抄』に「和須礼久佐」とある。「和須礼久佐」はすなわち「忘れ草」、ユリ科のカンゾウ、その変種のヤブカンゾウなどの総称とされる。夏、ユリに似た橙赤色の花をつける。

家持の七二七番歌は、「忘れ草」と呼ばれるのだから、この熱い思いを忘れることができるかと思って「萱草《わすれぐさ》」を下紐に着けてみたが、馬鹿な馬鹿草め、名前ばかりで少しも恋しさを忘れることができない、といった意になろうか。「鬼乃志許草《しこのしこぐさ》」とシコの語を繰り返して萱草（忘れ草）の効果のなさを罵倒しているが、効果がないことがわかっているが故の自嘲的な表現で、結局、恋慕の情の強さを歌いあげたものである。類歌として

萱草《わすれぐさ》　吾紐尓著《わがひもにつく》　時常無《ときとなく》　念度者《おもひわたれば》　生跡文奈思《いけりともなし》　（巻十二・三〇六〇）

萱草《わすれぐさ》　垣毛繁森《かきもしみみに》　雖二殖有一《うゑたれど》　鬼乃志許草《しこのしこぐさ》　猶恋尓家利《なほこひにけり》　（巻十二・三〇六二）

がある。いずれも作者未詳の歌である。このうちの三〇六二番歌は七二七番歌と同様に、歌中に「萱草」と「鬼乃志許草」の語が詠み込まれている。

「鬼乃志許草」の「鬼」字は旧訓では「オニ」と訓まれたが、澤瀉久孝氏は賀茂真淵『萬葉考』以後「シコ」と改訓されるようになったとされ、[1] 小野寛氏はそれより遡って荷田信名《のぶつな》『童蒙抄《どうもうしょう》』に「シコ」と訓まれていることを指摘されている。[2]

『日本書紀』の訓注では、神代紀上「醜女」の注に「此を志許賣《しこめ》と云ふ」（一書第七）、孝徳紀大化五年条三月庚

午［二十六日］条の高田醜雄の「醜」の注に「此をば之渠《しこ》と云ふ」とあるように、「醜」をシコと訓んでいる。「醜」に鬼字を充てるのは醜女を黄泉の鬼とすることに由来するという説もあるが[3]、本居宣長が『古事記伝』六之巻で「鬼ノ字を、於爾乃と訓るは非なり、こは醜ノ字の偏を略るか《ハブケ》」と指摘しているように[4]、「醜」の偏を省いて鬼と通用させているのである。「鬼」は「醜」と通用の文字として「シコ」と訓んだとみるのが妥当であろう。

「シコ」は「けがらわしく、うとましいさま」（『時代別国語大辞典　上代編』三省堂）の意味である。鬼字をシコとする例は『萬葉集』では他に「鬼乃益卜雄《しこのますらを》」（巻二・一一七）、「鬼之四忌手乎《しこのしこてを》」（巻十三・三二七〇）がある。

まず、一一七番歌であるが、舎人皇子の歌とされている。

大夫哉《ますらをや》　片恋《かたこひ》将《せ》レ為《む》跡《と》　嘆友《なげけども》　鬼乃益卜雄《しこのますらを》　尚恋二家里《なほこひにけり》

ますらをや　片恋《かたこひ》せむと　嘆けども　鬼《しこ》のますらを　なほ恋ひにけり　（巻二・一一七）

舎人皇子が片思いを嘆くみずからを自嘲的に「鬼乃益卜雄《しこのますらを》」と詠んでいる。次に三二七〇番歌を見ておこう。

さし焼《や》かむ　小屋《をや》のしこ屋《や》に（小屋之四忌屋尓《をやのしこやに》）　かき棄《す》てむ　破《や》れ薦《ごも》を敷きて　打ち折らむ　しこのしこ手を（鬼之四忌手乎《しこのしこてを》）　さし交《か》へて　寝《ぬ》らむ君故《ゆゑ》　あかねさす　昼はしみらに　ぬばたまの　夜《よる》はすがらに　この床《とこ》の　ひしと鳴るまで　嘆きつるかも　（巻十三・三二七〇）

三二七〇番歌では、「さし焼《や》かむ　小屋《をや》の四忌屋《しこや》に」、即ち焼いてしまいたいほど汚らしい小屋で、「かき棄《す》てむ　破《や》れ薦《ごも》を敷きて」、捨ててしまいたいような破れ薦を敷いて、「打ち折らむ　鬼之四忌手《しこのしこて》を　さし交《か》へて　寝《ぬ》らむ君」、へし折ってやりたい汚らしい手を差し交わして共寝しているだろうあなた（君・夫）と、嫉妬・憎悪の念からシコを繰り返して恋敵の手を罵倒している。しかし、恋敵に罵声を浴びせたものの、恋敵と共寝している「君」を想い、悶々と嘆いている自分がある。

シコの繰り返しは右に見た「鬼乃志許草《しこのしこぐさ》」（七二七番、三〇六二番）、「鬼之四忌手《しこのしこて》」（三二七〇番）の三例で、いずれも草、手を激しく罵《ののし》る語法である。

ところで、家持の父・大宰帥大伴旅人にも「萱草」の歌がある。

萱草《わすれぐさ》　吾紐二付《わがひもにつく》　香具山乃《かぐやまの》　故去之里乎《ふりにしさとを》　忘之為《わすれむがため》　（巻三・三三四）

「帥大伴卿の歌五首」のうちの四番目の歌である。旅人が大宰帥として下向したのは神亀四年（七二七）の末、帰京したのは天平二年（七三〇）の末と推定されることから、この間の作ということになる。旅人が忘れ草を下紐につけたのは、恋ではなく、忘れがたい故郷を忘れんがためであった。末句「忘之為」は従来「不忘之為」とされ、「不忘之為《わすれぬがため》」と訓まれていたが、忘れないように忘れ草を着けるというのは誰もが不信であった。澤瀉久孝氏は『類聚古集《るいじゅうこしゅう》』に「王心之為」とあることから、元は「忘之為」とあったと解して「忘之為《わすれむがため》」と改字・改訓した。[5]広瀬本に「忌之為」とあることも澤瀉説が妥当であることの傍証となろう（『校本萬葉集　別冊一』[6]）。

冒頭に掲出した家持の七二七番歌は漢籍教養の上に立つ父旅人の三三四番歌や、三〇六〇番・三〇六二番歌を学んだ作品とされている。[7]後述するように『山海経《せんがいきょう》』や『山海経図賛』に「鬼草」は「之を服すれば憂えず」とある。小島憲之氏は七二七番歌中の「萱草」と「鬼乃志許草」について、これを帯びると恋の憂いを忘れるという「萱草《けんそう》」と、これを服すると憂いを忘れるという「鬼草《きそう》」とが同時に用いられていることから、『毛詩』などにみられる「萱草」と『山海経』にみられる「鬼草」とを同時ににおわせた万葉びとの文字上の戯れと推測されている。[8]

そこで次に忘れ草と中国古典の関係をみていこう。

三、『文選』にみる萱草

『文選』の萱草　六世紀前半（五二〇年代末）、梁の昭明太子（蕭統《しょうとう》）が編纂した六朝文学の詞華集に『文選』三十巻がある。学令集解5経周易尚書条に引用する「古記」に、「問。注文選・爾雅亦読、未レ知、必令レ読以不。《問ふ。注に文選・爾雅《じが》亦た読めとあるは、未だ知らず、必ず読ましむるや否《いな》や。》」とあり、大宝令の本注に「文選・爾雅亦読」とあったと推測される。すなわち『文選』、『爾雅』は任意履修ではあったが、既に副教材とされていたことが知られる。また、考課令72進士条によると、進士科の試験では『文選』上帙から七帖（七問）出題されることになっており、『令集解』同条「帖」の注釈に「古記」が引用されていることからも(9)『文選』が大宝令の段階で読まれていたことは誤り無い。

無注本『文選』三十巻は七世紀には列島に将来されていたと推測されており(10)、また、李善注『文選』六十巻（六五八年成立）も八世紀には官人の教養として普及していたことはつとに知られるところで(11)、成立からさほど隔たらない時期に将来されたとみられている(12)。

この『文選』に「萱草」の語が二例みえる。

1、消レ憂非二萱草一、永懐寧夢寐。
《憂を消すこと萱草《けんそう》に非ず、永く懐《おも》ふ、寧ろ夢寐《むび》においてせんと。》
（『文選』巻三十一、雑体詩三十首のうち、潘岳「述哀」）

潘岳《はんがく》（二四七～三〇〇）は字を安仁《あんじん》といい、給事黄門侍郎に任ぜられたことから潘黄門とも呼ばれた。美しかった亡き妻を懐い、悲しみを述べ、妻を懐う憂いを消し忘れようとしたが、萱草（忘れ草）では効き目がなく、かえって夢にでも逢いたい思うといった一節である。

2、豆令二人重一、楡令二人瞑一、合歡蠲レ忿、萱草忘レ憂、愚智所二共知一也。
《豆は人をして重からしめ、楡《にれ》は人をして瞑《ねむ》らしめ、合歓《ねむ》は忿《いかり》を蠲《のぞ》き、諼草《けんそう》は憂ひを忘れしむるは、愚智《ぐち》の共に知る所なり。》
（『文選』巻五十三、嵆康「養生論《ようせいろん》」）

嵆康《けいこう》（二二四?～二六三年）は阮籍《げんせき》と並び称される竹林の七賢を代表する人物であり、『晋書』巻四十九・嵆康伝に「養生論」を執筆したことがみえる。「養生論」は禁欲と服薬とによる長生術を説いた論述である。右の一節では、豆は人の身体を重くし、楡は人を眠くさせ、合歓は怒りを除き、萱草は憂いを忘れさせるということは、賢愚に拘わらず、誰でも知っていることだと述べている。

顕慶三年（六五八）に成立した李善注には、「萱草」の語や「合歡蠲レ忿、萱草忘レ憂」の文に①『毛詩《もうし》』衛風《えいふう》・伯兮《はくけい》や②『毛萇詩伝《もうちょうしでん》』、③『神農本草《しんのうほんぞう》』を引用する。

①焉得二諼草一、言樹二之背一。《焉《いづくん》ぞ諼草《けんそう》を得て、言《わ》れは之を背《はい》に樹《う》えん》　（『毛詩』衛風・伯兮）

②諼草令二人忘レ憂一。《諼草は、人をして憂を忘れしむ。》　（『毛萇詩伝』〔『毛伝』とも〕）

『毛詩』（『詩経』）は中国最古（商末～春秋）の歌謡集で、五経の一として日本にも六世紀には百済から船載されていたと推測される。①の「衛風・伯兮」は出征した夫を懐う妻の心情を述べた詩で、忘れ草を探しだして、裏庭に植えて憂いを忘れたいとうたう。『毛詩』では「萱草」は「諼草」と表記されているが、「萱」と「諼」の語の関係については、唐の陸徳明《りくとくめい》の『経典釈文《けいてんしゃくもん》』に「諼《けん》、本又作萱《けん》」とあるように通用の文字であり、「萱草」と「諼草」は同一と観念されていた。②の『毛萇詩伝』は毛萇の注釈である。

③合歡蠲レ忿、萱草忘レ憂。（『神農本草』）

李善が嵆康「養生論」と同一の文が『神農本草』にあると注に記しているのが注目される。李善は嵆康「養生論」の別の箇所の注でも『養生経』に同文があると指摘している。『養生経』は恐らく李善が嵆康「養生論」の冒頭部分で注に引用している『天老養生経』のことであろうが、佚書であり成立年代などは不明である。『（天老）養生経』では薬物を上・中・下の三ランクに分類しており、その中薬に体力を養う養生の薬物として合歓を挙げ、「合歓は忿《いかり》を蠲《のぞ》き、萱草《けんそう》は憂ひを忘れしむ」としている。

さて、『神農本草』は本草書（薬物に関する書）である。梁の陶弘景《とうこうけい》（四五六〜五三六年）が当時流布していた『神農本草』（『隋書』経籍志にみえる宋の雷斆《らいこう》の「神農本草四巻　雷公集注」か）と『名医別録』とを併せて作った『神農本草経』三巻、さらにそれに自注を加えた『神農本草経集注』七巻（以下『本草集注』と呼ぶ）が知られる。(13)そこで、森立之《たつゆき》らによる復元本『本草集注』四（草木・中）合歓の項をみると、(14)本文には「合歡蠲忿、萱草忘憂」の文はないが、注に「嵇康養生論亦云」としてこの文が引用されているのである。この点は後述するが注意される所である。

ともあれ、中国では早く『毛詩』に諼草（萱草）は憂いを忘れさせるという俗信がみられ、嵇康の「養生論」にも道教的な長生術に関する関心から採られている。嵇康が「愚智《ぐち》の共に知る所なり（常識）」とする由縁はこうしたところにあるのだろう。

また、「諼草」の例が『文選』に一例ある。

3、感激生㆓憂思㆒、諼草樹㆓蘭房㆒。《感激して憂思《いうし》を生じ、諼草を蘭房《らんばう》に樹《う》う。》

（『文選』巻二三・阮嗣宗《げんしそう》「詠懐十七首」の第二首、『玉台新詠』巻二）

阮嗣宗（二一〇〜二六三年）は阮籍《げんせき》のこと、嵇康と並ぶ竹林の七賢を代表する魏の著名な詩人であり、嗣宗は字である。この詩は『文選』に続く詞華集、六世紀後半の『玉台新詠』にも収載されている。(15)阮籍は仙女さえも感激して恋に悩み、その憂さを忘れようと忘れ草を閨《ねや》に植えた、と詠んでいる。

類語として『文選』巻二十四、贈答二陸士衡《りくしこう》「贈㆓従兄車騎㆒《従兄の車騎に贈る》」には「忘帰草」がみえる。

4、安得㆓忘帰草㆒、言樹㆓背與㆑衿、斯言豈虚作。思鳥有㆓悲音㆒。

《安《いづく》んぞ忘帰《ばうき》の草を得て、言《わ》が背《はい》と衿《きん》とに樹《う》ゑん。斯《こ》の言《げん》は豈《あに》に虚作《きよさく》ならんや、思鳥すら悲音《ひいん》有り。》

陸士衡（陸機）の「忘帰草」という表記は、後述するように①『毛詩』衛風や②『毛伝』を踏まえた「諼草」の別表現である。

『文選』に見える「萱草」、「諼草」及びその類語が用いられている詩文は、2嵆康「養生論」を例外とすれば、いずれも『毛詩』衛風《えいふう》・伯兮《はくけい》を下敷きにしているといえる。

萱草と旅人　大伴旅人の作品の特徴として『文選』の利用と老荘的言辞があげられる。旅人の三三四番歌については「萱草」の語が用いられており、既述の『毛詩』衛風・伯兮や『文選』嵆康「養生論」が典拠に求められている。旅人の「萱草」の表記が『文選』嵆康「養生論」に依拠するとすることに異論はない。しかし、作品に与えた影響力からするならば4の『文選』巻二十四、贈答二・陸士衡「従兄の車騎に贈る」に着目すべきであろう。

繰り返しになるが、旅人の三三四番歌は大宰府で詠まれた歌で、恋の憂いを忘れるためでなく、故郷への熱い思いを忘れるためであった。旅人の望郷の念をよんだ歌趣は、晋の陸士衡の「従兄の車騎に贈る」の詩趣と通うものがある[16]。

陸士衡の名は機、士衡は字である。六世紀初頭に成立した鍾嶸《しょうこう》の『詩評』（のち宋代に『詩品』と称される）に「陸の才は海の如く、潘の才は江の如し」と評されたように、陸機は西晋を代表する詩人として前掲1『文選』巻三十一の潘岳と並び称された。大伴池主は家持宛の書翰で家持の文才を誉めて、「潘江陸海」に比すべきと書き残している（巻十七・三九七三序）。

陸士衡（陸機）の「従兄の車騎に贈る」は、故郷にいる「車騎」（元車騎将軍であった）従兄陸曄《りくよう》を思慕して作った作品である。その一節が前掲4であり、「安《いづく》んぞ忘帰《ぼうき》の草を得て、言《わ》れは背《はい》と衿《きん》とに樹《う》ゑん。斯《こ》の言《げん》は豈《あに》に虚作《きょさく》ならんや、思鳥すら悲音《ひいん》有り」とある。古人は郷愁の念、故郷への慕情を忘れるために忘帰の草を身近に植えたいといったが、それは虚言で、鳥すらも故郷を思い哀しげに鳴くといった意である。

「忘帰草」という表記は、陸機が『毛詩』衛風《えいふう》・伯兮《はくけい》を踏まえて、「諼草」から創り出した詩趣にふさわしい表記である。旅人はこの「忘帰草」を用いず「萱草」を用いた。持統・文武治世に普及した恋の憂いを忘れることができるという「忘れ草」の俗信の知識をベースに、「萱草（忘れ草）」の語を用いることにより、恋する女性への情念が断ちがたいことを想起させつつ、故郷への思いが断ちがたいこと、望郷の念がいかに強いかを詠んだものであろう。また、既に指摘されているように、旅人の歌に「紐につく」とあるのは「従兄の車騎に贈る」に「背と衿」とあることからの発想かと思われる。(17)

恋忘れ草　ところで、忘れ草が詠み込まれた最古の歌は「柿本人麻呂歌集」中の歌である。

我屋戸《わがやどは》　蘐子大草《いらかしだくさ》　雖レ生《おひたれど》　恋忘草《こひわすれぐさ》　見未レ生《みるにいまだおひず》

我がやどは　甍しだ草　生ひたれど　恋忘れ草　見るにいまだ生ひず

（巻十一・二四七五）

恋の苦しみから逃れる術のないことを戯笑的に詠んだ略体歌の歌である。人麻呂と漢文学、あるいは「人麻呂歌集」と漢文学の関係については、『文選』の影響が強いことが指摘されている。右の歌では「忘れ草」は「恋忘草」と表記されているが、『萬葉集』の唯一例である。『毛詩』や『文選』に見える「萱草」や「諼草」の翻訳語であろう。

「人麻呂歌集」の成立は八世紀前後とされていることからすると、忘れ草を身につけると心の（恋の）憂いを忘れることができるという俗信は、この頃普及しはじめたとみられる。(18)その背景として、一つには『毛詩』や『文選』などの文学的知識、また加えるに医学的・本草学的な、或いは道教的な知識の普及があった。

本草集注と萱草

九世紀末に成立した藤原佐世《すけよ》の『日本国見在書目録』には『神農本草』七巻が掲載されており、

陶弘景《とうこうけい》の『神農本草経集注』（『本草集注』）七巻にあたると推測される。

『続日本紀』延暦六年（七八七）五月戊戌［十五日］条には次のような典薬寮の奏言がみえる。

典薬寮言、蘇敬注新修本草、与二陶隠居集注本草一相検、増二一百餘条一。亦今採用草薬、既合二敬説一。請行二用之一。許レ焉。

《典薬《てんやく》寮言さく、「蘇敬《そけい》が注《しる》す新修本草《しんしゅほんさう》は、陶隠居《とういんきょ》が集注《しふしゅ》の本草と相検《しら》ぶるに、一百余条を増せり。亦今採《と》り用ゐる草薬は、既に敬が説に合《かな》へり。請はくは、之を行ひ用ゐむことを」とまうす。焉《これ》を許す。》

典薬寮はこれまでテキストとして使用してきた陶弘景の『本草集注』（『続日本紀』には『集注本草』とある）に代えて『新修本草』を採用したいという申請を提出し、許可されたという[追記2]。

このように陶弘景『本草集注』七巻は奈良時代に典薬寮のテキストとして使用され、蘇敬注『新修本草』に代わっていくが、遡れば藤原京の時代にも利用されていたことが確実視される。藤原宮跡北面中門北側の外濠SD145から出土した木簡に「本草」とある（『藤原宮木簡一』六九号）。SD145出土の紀年木簡には辛卯年（六九一、持統五）〜大宝三年（七〇三）までのものがある。また内裏東外郭を北流する溝SD105から出土した薬物木簡の中に「本草」（『日本古代木簡選』88、一〇七頁）、「本草集注」・「本草集注上巻」（『木簡研究』五）などと記された木簡があり、持統天皇治世には『本草集注』が将来、利用されていたと推測される[19]。

前述のごとく『本草集注』七巻の注には嵆康『養生論』の「合歓蠲レ忿、萱草忘レ憂」の文が引用されており、嵆康『養生論』の一文は『文選』、『本草集注』両書に収載されていたことになる。八世紀前後に憂いを忘れさせる「萱草（忘れ草）」の俗信が普及した背景には、『山海経』や『毛詩』・『文選』など文学ばかりでなく、道教的医術・本草学的分野からの関心も寄せられたとみられる。こうしたことが相俟って効果がない故の自嘲的修辞として、忘れ草が和歌作品の世界に昇華していったものと思われる。『萬葉集』巻五・八六四前の吉田宜の書簡から窺える、旅人と医術に通暁した宜との交流は、そうした契機を端的に語るものである。

四、怪力乱心の書『山海経』

既述の如く小島憲之氏は「鬼草《しこぐさ》」の語に『山海経』にみえる「鬼草《きそう》」の知識が重ねられているとされる。

5、又北三十里曰牛首之山、有レ草焉。名曰二鬼草一。其葉如レ葵而赤莖、其秀如レ禾、服レ之不レ憂。

《又北三十里を牛首《ぎうしゆ》の山と曰ふ。草有り。名《なづ》けて鬼草《きさう》と曰ふ。其の葉は葵《き》の如くにして赤莖《せきけい》、其の秀《しう》（花、或いは穂）は禾《くわ》（稲・麦など）の如し。之を服すれば憂えず。》（『山海経』中山経）

6、焉得二鬼草一、是樹是蓺、服レ之不レ憂。

《焉《いづく》んぞ鬼草《きそう》を得ん。是の樹、是の蓺《ね》、之を服すれば憂えず。》（『山海経圖贊』）

「鬼草」も「萱草」と同様にこれを服すれば憂いを忘れさせるという。小島氏は『出雲国風土記』の述作に『山海経』の影響がみられることから、『山海経』は奈良時代に読まれていたとされる。

そこで、次に奈良時代の『山海経』の受容の様相を探っていくが、まずは『山海経』についてみておこう。

『山海経』　『山海経』はあまり馴染みの無い書であるが、古代史では「倭」関係記事が記載されることで知られる。

蓋国在二鉅燕南倭北一。倭属レ燕。《蓋国《がいこく》は、鉅燕《きょえん》の南、倭の北に在り。倭は燕に属す。》（『山海経』海内北経）

強大な燕、その南に蓋国、さらにその蓋国の南に倭が位置し、倭は燕に属すという。「蓋国」は不詳であるが、「鉅燕」は中国東北地方に強大な勢力をもった燕をさし、燕の強大さを語るのであろう。

『山海経』には右のような(ア)山川・道程位置など地理的記事のほかに、(イ)各地の物産・異物など、(ウ)原始風俗(祭祀巫医など)・故事伝説などが記載されている。[20]

伊藤清司氏によれば、『山海経』は野獣や猛禽が跳梁し、蝮蛇が横行する恐ろしい「野生の空間」、「非人間的世界」、「外なる世界」を対象とした書であった。[21] それゆえに、中国の目録学においても、その分類に苦慮することになる。

『山海経』は漢代になってその存在が確認できる。『史記』大宛列伝第六十三に「太史公曰……至二禹本紀・山海経所一レ有怪物一。余不二敢言一也《禹本紀《うほんぎ》・山海経に有る所の怪物に至りては、余敢えて言はず》」とあり、論賛から司馬遷が『山海経』を読んでいたことが知られるが、司馬遷は『禹本紀』や『山海経』を怪力乱神の書、怪異珍奇の書として斥けたのである。

その後、前漢の末に劉向《りゅうきょう》・劉歆《りゅうきん》(改名して劉秀《りゅうしゅう》)父子が書の体裁を整えた。『漢書』芸文志・形法家に「山海経十三編」とみえる。『漢書』では相術(相地・風水)の書とされたのである。[22] また『後漢書』巻七十六循吏列伝・王景伝には、治水に功績のあった王景が『山海経』を賜与された記事がある。さらに晋代には卜筮《ぼくぜい》・天文・五行に通じた郭璞《かくはく》が注序をつけた。『晋書』郭璞伝に「注二三蒼、方言、穆天子伝、山海経及楚辞、子虚・上林賦一十萬言、皆伝二於世一。《『三蒼《さんそう》』、『方言』、『穆《ぼく》天子伝』、『山海経』及び『楚辞《そじ》』、「子虚・上林賦」に注すること十万言、皆な世に伝わる。》」(『晋書』巻七十二郭璞伝)とある。

また、『隋書』経籍志・史部地理類には「二十三巻郭璞注」、『旧唐書』経籍志の史部地理家に「十八巻郭璞撰」、『新唐書』芸文志の史部地理類に「郭璞注二十三巻」とみえる。このように『隋書』以後は一貫して地理書とされたが、のちの清代の『四庫全書總目提要』では小説家類とされている。なお、吉川忠夫氏は『山海経』に不老不死に関する事象の記述が随処に認められることを指摘されている。[23]

一方、『日本国見在書目録』では土地家に分類され、「二十一巻郭璞注、見十八巻」とある。分類からいえば、梁の阮孝緒《げんこうしょ》の『七録』（『廣弘明集』巻三）が土地家に分類したのに倣ったもので、相地（風水）的要素と地理的要素とを合わせた分類となっている。

また『山海経圖讃』については『隋書』経籍志や『旧唐書』経籍志に「山海経圖讃二巻郭璞撰」、『新唐書』芸文志に「山海経圖讃二巻」とあるように、郭璞が図讃を作った。陶淵明の「山海経を読む」十三首の第一首には「流観㆓山海図㆒《流《あまね》く山海の図を観《み》る》」の句があり、淵明が「山海経図」を見ていたことが知られるが、それが郭璞の『山海経圖讃』であったかは確証がない。この『山海経圖讃』については、『日本国見在書目録』にも「山海経賛二巻郭璞注」と「山海経圖賛一巻」とがみえるが、郭璞「山海経圖讃二巻」とは書名、巻数が異なる。「山海経賛二巻郭璞注」は「山海経圖讃二巻」の誤りであるのか、あるいは「山海経圖賛一巻」が「山海経圖讃二巻」の誤りであるのか、明確にしえないが、いずれにしても「山海経図」が将来されていたことは誤りなかろう。

十世紀末の『枕草子』には「清涼殿の丑寅《うしとら》（北東）の隅《すみ》の、北のへだてなる御障子《みさうじ》には、荒海のかた、生きたる物どものおそろしげなる、手長足長などをぞかきたる。上《うへ》の御局《みつぼね》の戸を押し開けたれば、常に目に見ゆるを、にくみなどして笑ふ。……」（二一「清涼殿の丑寅の隅の」）とある。[24] 障子（衝立《ついたて》）に荒海の様子や手長足長の人が描かれており、女房たちが嫌がって大きな青い瓶《かめ》を据えて目隠しにしたという。この障子絵は『山海経』の長臂《ちょうひ》国（手長、海外南経）・長股《ちょうこ》国（足長、海外西経）の人を描いた「山海経図」によるとみられており、[25] 珍奇を求める王朝社会の好奇心がうかがえる。

五、奈良・平安前期における『山海経』の受容

さて、『山海経』は『日本国見在書目録』に記載されているので、ひとまず九世紀末までには将来されていたことが知られる。そこで次に奈良時代における『山海経』の受容の様相を、残存する僅かな史料から探ってみたい。

（一）『令集解』の引書

まずはじめに、令の注釈を集大成した『令集解』をみてみよう。『令集解』には『山海経』の本文や郭璞注が引用されていることが知られる。『令集解引書索引』に負いながら(26)該当部分を挙げておく。

(ア)職員令集解27鼓吹司条

(1)伴云、（中略）山海経曰、東海中有二流波山一。有レ獣如レ牛。蒼身而无レ角。出二入水一則必二有風雨一。其光如二日月一。其聲如レ雷。其名曰レ夔。黄帝得レ之、以二其皮一作レ鼓、聲聞二五百里一、以威二天下一。

《伴に云はく、……山海経に曰はく、「東海の中《うち》に流波山《りゅうはざん》有り。獣有り牛の如し。蒼身《そうしん》にして角無《つのな》し。水に出入すれば則《すなは》ち必ず風雨有り。其の光は日月の如く、其の声は雷の如し。其の名を夔《き》と曰ふ。黄帝《こうてい》之を得て、其の皮を以て鼓《つづみ》を作り、声五百里に聞え、以て天下に威《ゐ》す」と。》

右は「鼓吹」についての注釈である。今、伴記が引用する『山海経』の該当部分を通行本によって示すと(27)

東海中有二流波山一。入レ海七千里。其上有レ獣。状如レ牛、蒼身而無レ角、一足。出二入水一則必風雨。其光如二日月一。其聲如レ雷。其名曰レ夔。黄帝得レ之、以二其皮一為レ鼓。橛以二雷獣之骨一、〈雷獣即雷神也。人面龍身、鼓二其腹一者。橛猶レ撃也〉、聲聞二五百里一、以威二天下一。（『山海経』巻十四「大荒東経」。〈　〉内は郭璞注）

《東海の中《うち》に流波山《りうはざん》有り。海に入ること七千里。其の上に獣有り。状は牛の如く、蒼身《そうしん》にして角《つの》無く、一足なり。水に出入すれば、則ち必ず風雨あり。其の光は日月の如く、其の声は雷の如し。其の名を夔《き》と曰ふ。黄帝《こうてい》之を得て、其の皮を以て鼓《つづみ》を為《つく》り、橛《う》つに雷獣の骨を以てするに、〈雷獣は即ち雷神なり。人面龍身、其の腹を鼓《こ》する者なり。橛《けつ》は猶ほ撃のごときなり〉声五百里に聞え、以て天下に威《ゐ》す。》

とある。通行本『山海経』では、夔《き》は一本足の獣で、その皮で造った鼓（夔鼓《きこ》）の音は遠くまで響きわたったというが、伴記が引用した『山海経』の文では、傍線部及び郭璞注が省略される一方、「則必風雨」の部分に「有」字が補われて「則必有風雨」とあり、「一足（一本足）」であることは省略されている。伴記は『山海経』を引用するに際して「山海経に曰く」と「曰」字を用いており、間接的引用を示唆している。(28)『令集解』の注釈には、六世紀に梁の顧野王《こやおう》が編纂した部首引き辞書である原本系『玉篇《ぎょくへん》』が多く利用されていることが明らかにされているが、『玉篇』の引用としてはやや長いという感がある。また『玉篇』の引用に際しては、注では書名に「云」、「曰」字をつけるが、本文では書名に「云」、「曰」字をつけないという特色も指摘されている。(29)「伴記」に「山海経曰」とあることは『玉篇』以外の、類書などからの引用の可能性が高い。

李善注『文選』巻第五・呉都賦の注に

山海経曰、東海中有レ獣如レ牛。蒼身無レ角一足。入レ水則風、其聲如レ雷。以二其皮一冒鼓、聞二五百里一。名曰レ夔。

とある。しかし、伴説の方が『山海経』通行本に近く、李善注『文選』所引『山海経』を典拠とすることはできない。『芸文類聚』や『初学記』でも確認できないことからすると、あるいは『修文殿御覧』などに拠るのであろうか。

(イ)戸令集解20造帳籍条

(2)釈云、……山海経、⿱敏牛《びん》状如レ牛。《釈に云はく、……『山海経』に「⿱敏牛《びん》の状は牛の如し」と。》

戸令20造帳籍条の「親《みづか》ら形状を皃《み》（貌）て」についての注釈である。

『山海経』通行本には

曰二黄山一、……有レ獣焉。其状如レ牛而蒼黒、大目。其名曰レ𤛘《びん》。　（『山海経』巻二「西山経」）

《黄山《こうざん》と曰ふ。……獣有り。其の状は牛の如くにして蒼黒《そうこく》、大目なり。其の名を𤛘《びん》と曰ふ。》

とある。令釈に引用される『山海経』の引用文を、通行本と比べると、通行本の文章を「𤛘《びん》の状は牛の如し」と要約している。直接『山海経』を参照した上での要約とも考えられるが、参考にした書物に既にこのような文があった可能性が高い。残存する原本系『玉篇』では確認できないが、引用した『山海経』の書名に「云」、「曰」をつけない点や『山海経』の簡潔な要約引用といった点からすると『玉篇』に拠ったとみられる。

(ウ)逸文軍防令集解備戎具条

(3)釈云、郭璞注山海経曰、麄者為レ礪也。野王案、所三以磨二刀刃一者也。

《釈に云はく、郭璞《かくはく》注山海経に曰く、「麄《そ》は礪《れい》たり」と。野王案ずるに刀刃を磨く所以なり。》

逸文のため令文の何という語の注か不明である。令釈は「郭璞注山海経に曰く」と書名に「曰」をつけて引用しており、間接的引用を示唆する。そこで、引用文をみるに「野王案」とあることから、これが『玉篇』からの引用であることが知られる。原本系『玉篇』をみると、「礪」について

「力制反、山海経、崦嵫多礪砥、郭璞曰、磨石精者為レ砥、麄者為レ礪。野王案、所二以磨レ刀者也」

とあり、一箇所「刀刃」と「刀」の異同があるが、『玉篇』の引き写しであることが判明する。

(4)古記云、山海経、崦嵫山多二礪砥一、郭璞曰、磨石也。精者為レ砥、麄者為レ礪。

《古記に云はく、山海経に「崦嵫山《えんじざん》に礪砥《れいし》多し。郭璞曰く、磨石《ませき》なり。精は砥《し》たり。麄《そ》は礪《れい》たり」と。》

「古記」は天平十年（七三八）頃成立した大宝令の注釈書である。『山海経』という書名に「云」、「曰」を記さず、

引用文を続けている。『山海経』通行本には

崦嵫山……〈洧盤之水出崦嵫山〉。其中多砥礪〈磨石也。精為砥、麁為礪也。〉

《崦嵫山《えんじざん》……〈洧盤《ゆうばん》の水は崦嵫山より出づと〉。其の中に砥礪《しれい》多し〈磨石なり。精を砥と為し、麁を礪と為す。〉》

（『山海経』巻二「西山経」。〈 〉内は郭璞注）

とある。通行本に「砥礪」とあるのを、古記引用『山海経』は「礪砥」とし、また通行本が郭璞注をいきなり記すのに対して、古記が「郭璞曰」としているのは右の原本系『玉篇』「礪」の文とまったく同一である。(a)令釈、(b)古記、いずれも原本系『玉篇』を引き写していたことが確認できる。また、『山海経』の古いテキストでは、通行本と異なり、郭璞注は「郭璞曰」の形式をとっていたことがうかがえる。

以上、『令集解』に引用される『山海経』をみてきたが、原本系『玉篇』に依拠した間接的利用は確認できたものの、『山海経』を直接参照して引用したとみられる例は確認できない。

（二）出雲国風土記

小島憲之氏は『出雲国風土記』の水系・産物多種の記載や注の形式に、『山海経』の文辞、文章形式と類似する部分があることを指摘されている[30]。例えば、『出雲国風土記』の「……等之類、至多、不レ可レ尽レ名……」（島根郡）、「……等之類、至繁、不レ可レ尽レ称……」（同）の記載と『山海経』の「多二怪蛇一、多二怪木一、不レ可二以上一」、「多レ水、無二草木一、不レ可二以上一」（『山海経』南山経）とを比較して、『山海経』との関係は否定できないとされた。しかし、小島氏のこの指摘に対し、清水茂氏は『山海経』の「不可以上」は「多二怪蛇一、多二怪木一、不レ可二以上一。《怪蛇《くわいだ》多く、怪木《くわいぼく》多し。以《もつ》て上《のぼ》るべからず。》」、「多レ水、無二草木一、不レ可二以上一。《水多く、草木無し。以《もつ》て上《のぼ》るべからず。》」とあるように「以て上るべからず」（その山へのぼれない）という意味なのであって、『出雲風土記』の表現と結びつ

ける余地はないとされるのである。(31) ちなみに『出雲国風土記』には「……等之類、至多、不レ可レ尽レ名《……等《ども》の類《たぐひ》、至《きはま》りて多《さは》にして、名を尽《つく》すべからず。》」、「……等之類、至繁、不レ可レ尽レ称《……等《ども》の類《たぐひ》、至《きはま》りて繁《さは》にして、称《な》を尽すべからず。》」とある。小島氏は文章形式を重視され、筆者も旧稿では水系の記載形式などに『山海経』、『水経注』などとの類似を認め、小島氏の指摘に賛同したが、(32) 清水氏の指摘されるように明確に出典としうる文辞は確証し得ない。

（三）「山海経」木簡

平城京跡出土「二条大路木簡」の中に「山海經」と記しているとみられる木簡がある。(33)

・山□〔海カ〕經曰大［　　］
・［　　］皆□〔莫カ〕炊□

（『平城木簡概報』二十二）

この木簡は二条大路南端を走る東西溝から出土した。東西溝SD5100から出土した紀年木簡は天平三年（七三一）から天平十一年（七三九）にかけてのものであり、この木簡もその時期のものと考えられる。

この木簡の表面第二字目は判読しがたいが、『平城木簡概報』が推定するように「海」字とみれば、「山海經」と釈読できる。「海」として誤り無ければ、天平期における『山海経』への関心を証するものといえる。木簡の裏面が『山海経』と関わるか否かは不明である。

ところで、「山海経に曰く」という書き出しは、前述の令の注釈の文章形式と同じであり、間接的引用によるものとみられる。一例を挙げれば『芸文類聚』の「海外西経」を引用した次のような部分が参照されよう。

・山海経曰、大楽之野、夏后啓、於レ此舞二九代馬一。
《山海経曰く、大楽《たいがく》の野、夏后《かこう》（夏の王）の啓《けい》、此に於いて九代馬を舞はしむ》

（巻六地部・野）

・山海経曰、大楽之野、夏后啓、於レ此乗二両龍一。　（巻九十六鱗介部・甜）

従って、この木簡は、直接『山海経』に拠ったものではなく間接的な引用文といえよう。

天平期の好奇心に溢れた博物学的関心の背景には、和銅六年（七一三）五月二日の地誌（風土記）撰進の詔以来の地誌への関心の高まりがあったと考え、万葉歌にみえる「鬼草《しこぐさ》」もそうした背景を負った『山海経』の「鬼草」を踏まえたものと考えた。そこで『令集解』引書、『出雲国風土記』、平城京跡出土木簡と限られた史料の遺存例から、奈良時代の『山海経』受容の様相を垣間見たが、その結果、『山海経』を直接的利用した確証は得られなかったものの、天平期以降には間接的に利用されていたことが知られる。おおよそ珍異、珍奇な物に対する旺盛な博物学的好奇心からの間接的利用といえるかと思う。

六、おわりに

以上、万葉集に見る忘れ草の俗信と中国古典の関係についてみたが、中国古典に見る「萱草（諼草）」の俗信は、八世紀前後に『山海経』や『毛詩』・『文選』などの文学的知識のみならず、道教的医術・本草学の知識が相俟って普及し、効果が期待できない故の自嘲的な修辞として用いられた。「萱草」と併用された「鬼草」も『山海経』の知識が重ねられたとみられたが、奈良・平安前期に『山海経』の間接的利用は確認できたが、直接的利用の確証は得られなかった。しかし、ひるがえってみるに、『令集解』に間接的利用にせよ「古記」をはじめとする遺存例があり、法律学者たちの関心の高さがうかがえる。とするならば、大勢としては奈良時代に『山海経』は受容されていたとみて大過ないのではなかろうか。

［注］

（1）澤瀉久孝『萬葉集注釋』巻第四（中央公論社、一九五九年）五三一頁。
（2）小野寛『萬葉集全注』巻十二（有斐閣、二〇〇六年）三六四頁。
（3）例えば武田祐吉『萬葉集全註釈（三）』（角川書店、一九五六年）三七四～三七五頁。
（4）『古事記伝』（本居宣長全集、第九巻、筑摩書房、一九六八年）二六一頁。
（5）澤瀉久孝「古写本の誤りを超えて」（『女子大国文』一九五六年）、同『萬葉集注釋』巻第三（中央公論社、一九五八年）。
（6）伊藤博『萬葉集釈注』二（集英社、一九九六年）一七四頁にも同様の指摘がある。
（7）例えば澤瀉久孝『萬葉集注釋』巻第十二（中央公論社、一九六三年）一七五頁、伊藤博『萬葉集釈注』六（集英社、一九九七年）六五四頁など。
（8）小島憲之「萬葉集の文字表現」（同『上代日本文学と中国文学（中）』塙書房、一九六四年）八〇二～八〇三頁。
（9）考課令集解72進士条「古記云、帖、謂一行三字、以レ板覆隠令二読過一。此板名為レ帖也。《古記に云はく、「帖」とは、謂は一行三字、板を以て覆ひ隠し読過せしむ。此の板名を帖と為すなり。》」。
（10）小島憲之「典籍の伝来」（同『日本文學と中国文學（上）』塙書房、一九六二年）、芳賀紀雄「典籍受容の問題」（同『萬葉集における中国文学の受容』塙書房、二〇〇三年）など参照。
（11）東野治之「奈良時代における『文選』の普及」（同『正倉院文書と木簡の研究』塙書房、一九七七年）、同「平城宮出土木簡所見の『文選』李善注」（『正倉院文書と木簡の研究』、初出一九七一年）。
（12）芳賀紀雄・前掲注（10）。
（13）岡西為人「集注本草解題」（『本草経集注』別冊、南大阪印刷センター、一九七三年）、及び赤堀昭「敦煌本『本草集注』解説」、櫻井謙介・小林清市「『本草集注』関連資料考異」（いずれも上山大峻責任編集『敦煌写本本草集注序録・比丘含注戒本』所収、法藏館、一九九七年）。
（14）小嶋尚真・森立之ら重輯、岡西為人訂補『本草経集注』全七巻・原寸影印版（南大阪印刷センター、一九七三年）。
（15）『玉台新詠』には「萱草」の他に「萱草の枝」、「萱枝」がある。

(16) 大浜真幸氏は旅人の三三四番歌について、①『毛詩』衛風や②『毛伝』の例を挙げ、「忘れ草」は漢籍に由来する表現とされているが（「旅人の望郷歌」『大伴旅人・山上憶良（一）』セミナー万葉の歌人と作品・第四巻、和泉書院、二〇〇〇年）、「萱草」の表記は嵆康「養生論」に依拠したと推測される。また作品に与えた影響力からするならば、新日本古典文学大系『萬葉集』巻第三（岩波書店、一九九九年）が陸機「贈㆓従兄車騎㆒」を挙げるのに左祖したい（三〇一頁、三三四語注）。

(17) 澤瀉久孝『萬葉集注釋』巻第三（中央公論社、一九五八年）。新日本古典文学大系『萬葉集』巻第三（岩波書店）、三三四語注、三〇一頁など。

(18) 伊藤博氏は人麻呂歌集の成立が八世紀前後とみられることから、「忘草の信仰も、多分、持統、文武朝のころ普及しはじめた舶来信仰」とされ、忘れ貝も「忘草から思いついた萬葉人独特の信仰」とされている（伊藤博「忘草」『萬葉集相聞の世界』塙書房、一九五九年）。忘れ貝・恋忘れ貝は『万葉集』に各五首、計一〇首ある。

(19) 藤原宮出土木簡については、奈良県教育委員会『藤原宮』（一九六九年）、奈良国立文化財研究所『藤原宮木簡一　解説』（一九七八年）、和田萃「一九七七年以前出土の木簡（五）奈良・藤原宮跡」（『木簡研究』五、一九八三年）、木簡学会編『日本古代木簡選』（岩波書店、一九九〇年）などを参照した。

また、『本草集注』の受容については、和田萃「薬猟と本草集注―日本古代における道教的信仰の実態―」（同『日本古代の儀礼と祭祀・信仰（中）』塙書房、一九九五年）、増尾伸一郎「〈雲に飛ぶ薬〉考」（同『万葉歌人と中国思想』吉川弘文館、一九九七年）、丸山裕美子「年料雑薬の貢進と官人の薬（諸国輸薬条・五位以上病患条）―藤原宮出土の薬物木簡―」（同『日本古代の医療制度』名著刊行会、一九九八年）などを参照した。

なお、和田萃氏は『本草集注』は推古十九年（六一一）五月五日から薬療が開始されていることから、推古八年（六〇〇）、或いは推古十五年（六〇七）の遣隋使により将来された可能性が高いとする（「道術・道家医方と神仙思想―道教的信仰の伝来―」『列島の古代史〈ひと・もの・こと〉7信仰と世界観』岩波書店、二〇〇六年）。

(20) 小島憲之「風土記の成立」（『上代日本文学と中国文学（上）』塙書房、一九六二年）。

(21) 伊藤清司「山川の神々―『山海経』の研究―」（一）～（三）（『史学』四一ノ四・四三ノ一）、同『中国の神獣・悪鬼たち―山海経の世界―』（東方書店、一九八六年）。

(22) 坂出祥伸氏は『漢書』芸文志が『山海経』を相術書とみたのは、「万物の形はそれがもつ気と呼応している」という観念にもとづく書物と考えられていたからではないか、とされている（『「気」と道教・方術の世界』角川選書、一九九六年）。
(23) 吉川忠夫『古代中国人の不死幻想』（東方書店、一九九五年）。
(24) 松尾聡・永井和子『枕草子』（新編日本古典文学全集18、小学館、一九九七年）による。
(25) 京都御所に現存する荒海障子は、江戸時代に土佐光清が描いたもので、平安時代以来の伝統を負って描かれたとみられる。絵の右上色紙形には『山海経』に依拠した長臂国、長股国の賛文があるという（真保《しんぼ》亨「唐絵と倭絵」、上原昭一・王勇編『芸術』日中文化交流史叢書7、大修館）。なお、松田稔『『山海経』の基礎的研究』（笠間書院、一九九五年）では、この荒海障子の出典を『太平記』としているが、直接的典拠は『枕草子』である。
(26) 戸川芳郎・新井榮藏・今駒有子編『令集解引書索引』（汲古書院、一九九〇年）。
(27) 『山海経』は清の畢沅《ひつげん》校注『山海経新校正』により、郝懿行《かくいこう》『山海経箋疏』を底本とする前野直彬『山海経・列仙伝』（全釈漢文大系33、集英社、一九七五年）、高馬三良《こうまみよし》他訳『抱朴子、列仙伝・神仙伝、山海経』（平凡社、一九七三年）を参照とした。
(28) 東野治之「律令と孝子伝―漢籍の直接引用と間接引用―」（同『日本古代史料学』岩波書店、二〇〇五年、初出二〇〇〇年）、同「古代人が読んだ漢籍」（池田温編『日本古代史を学ぶための漢文入門』吉川弘文館、二〇〇六年）。東野治之氏は「古記」が典籍を引用するに際して「云」によるものは直接典籍を参照して引用する場合、「曰」によるものは間接的引用の場合とされている。氏も述べられているように、その他の注釈においても一応の目安とできよう。
(29) 東野治之「古代人が読んだ漢籍」（前掲注28『日本古代史料学』所収）。
(30) 小島憲之・前掲注（20）。
(31) 清水茂「日本漢文学史研究の二、三の問題」（『文学』三三ノ一〇号、岩波書店、一九六五年）。
(32) 拙稿「古代史雑考二題―山海経と越中・能登木簡―」（『高岡市万葉歴史館紀要』第一〇号、二〇〇〇年三月）。
(33) 奈良国立文化財研究所『平城宮発掘調査出土木簡概報（二十二）―二条大路木簡一―』（一九九〇年五月）。
＊『文選』は『文選』（芸文印書館）により、新釈漢文大系『文選』（明治書院）を参照した。

（補注1）奈良時代の『山海経』受容に関わる論考として、桐本東太・長谷山彰「『山海経』と木簡―下ノ西遺跡出土の絵画板をめぐって―」（慶應義塾大学『史学』七〇ノ二、二〇〇一年二月）がある。新潟県長岡市（旧輪島村）下ノ西遺跡から出土した曲物の底板に描かれた絵画を『山海経』海内西経に見える人面蛇身の窫窳《あつゆ》とその窫窳を貳負《じふ》と共謀して殺害したために処刑された（貳負の臣の）危危を描いたものとされ、また絵画板の制作年代は奈良時代に遡る可能性があるという。

（補注2）筆者は旧稿、前掲注（32）で、「鬼草」の語が『山海経』の「鬼草」に典拠をもつとする小島憲之氏の見解を、奈良時代の『山海経』の受容の様相を検討して検証しようと試みた。旧稿では、小島氏の『出雲国風土記』の水系・産物の記載や注の形式に『山海経』の文辞、文章形式と類似する部分があるという指摘に依拠して論を進めたが、拙稿をお読みくださった東野治之氏から、私信にて小島氏の見解に対して清水茂氏の厳しい批判があることをご教示いただいた。旧稿は不十分な点が多く、この機会に改めて奈良時代における『山海経』の受容に重点を置き「忘れ草」について再考を加えた。東野氏に記して謝意を表したい。

（追記1）伊藤清治氏は「風土記と中国地誌―『出雲国風土記』の薬物を中心に―」（上田正昭編『日本古代文化の探求・風土記』社会思想社、一九七五年）において次のような指摘をしている。

1、『出雲国風土記』の記載の草本類は『神農本草経』とほとんどが一致し、その他も一部を除き『名医別録』に見える薬草である。

2、しかし、『出雲国風土記』の薬草知識は『神農本草経』に依拠したものではないとする。

その論拠①、『神農本草経』の薬物記載は三等にランク付けされているにもかかわらず、『出雲風土記』の記載は薬草名を記すのみで、等級は認められない。民間の実用的な薬物を記した『山海経』に近い。

その論拠②、『神農本草経』には鉱物質薬物の記載があるのに『出雲風土記』には見あたらない。

3、『出雲国風土記』は物産目録的な内容をもつ『山海経』乃至これに始まる中国の地誌とその性格を同じにする。

4、『出雲国風土記』の選者は中国地誌の知識とともに、中国本草学を体得した者であったと推測される。

『山海経』との関連でいえば、伊藤氏の考察では『出雲国風土記』が『山海経』を直接引用する具体的な指摘はなく、その性格の類似の指摘にとどまった。その後、『出雲国風土記』にみえる薬物に検討を加えた丸山裕美子氏は、植物性薬物は『本草経集注』（『神農本草経』）の薬物と同定され、諸国年料雑薬制の基準データとなった可能性があること。『出雲国風土記』に鉱物の記述がないのは同定や産出地の把握に時間がかかったためとされている（丸山裕美子「延喜典薬式「諸国年料雑薬制」の成立と『出雲国風土記』」（『延喜式研究』第二十五号、二〇〇九年）。従って、『出雲国風土記』の薬草知識は『本草集注』に依拠しているとみて大過なかろう。

（追記2）『新修本草』は、『旧唐書』経籍志・下に「新修本草二十一巻蘇敬撰」、『新唐書』芸文志に「蘇敬新修本草二十一巻」とある。本文二十巻、薬図二十五巻、図経七巻、目録各一巻、計五十五巻からなる。唐の高宗の命を受け、顕慶四年（六五九）に蘇敬らが撰述し、奉呈した医薬書で、約八五〇種の本草（薬草）を収録している。『日本国見在書目録』は『新修本草』撰者を孔玄均とするが、孔玄均については未詳である。また、本文でも触れたように、『続日本紀』には

延暦六年（七八七）五月戊戌［十五日］、典薬寮言さく、「蘇敬が注す新修本草は、陶隠居が集注本草と相検《しら》ぶるに、一百餘條を増せり。亦今採《と》り用ゐる草薬は、既に敬（蘇敬）が説に合《かな》へり。請はくは、之を行ひ用ゐむことを」とまうす。焉《これ》を許す。

とある。典薬寮はこれまで使用してきた陶弘景の『本草集注』（詳しくは『神農本草経集注』）に替えて『新修本草』を使用したいと奏言し、許可されている。

医疾令3医針生《いしんしょう》受業条には、医生《いしょう》の必修すべきものの一つとして本草があり、『令義解』はその教科書を「新修本草廾巻」としているが、これは義解成立時の教科書であり、右の『続日本紀』の記事により、はじめは梁の陶弘景の『本草集注』が使用されており、延暦六年五月の典薬寮の奏言によって『新修本草』に替わったことが知られる。

このように延暦六年（七八七）五月戊戌［十五日］条の典薬寮の奏言により『本草集注』に替わって『新修本草』が医生のテキストに採用されたと理解されているが、榎本淳一氏はこれを否定されている。奏言には医生のテキストとは見えず、「行用」がテキスト採用を意味するとは考えがたく、奏言は『新修本草』を典薬寮外でも広く使用することを申請したものとする（榎本淳一「天平宝字元年十一月癸未勅の漢籍について―藤原仲麻呂政権における唐文化の受容―」『史聚』第四五号、二〇一二年三月）。

『新修本草』は杏雨《きょうう》書屋蔵『新修本草』巻十五の奥書に「天平三年（七三一）歳次辛未七月十七日書生田辺史」とあり、また天平二十年（七四八）の「写章疏目録」にも『新修本草』の名が見え（『大日古』3ノ八九）、テキストの将来時期が遡ることは確実で、延暦六年に『本草集注』と交替したとすると、将来してから少なくとも半世紀ほどが経過して採用されたことになる。榎本氏が天平宝字元年十一月勅により、隋唐のすぐれた学術成果を取り入れ日本の学術レベルを高めるために、最新・最適のテキスト選

定がなされたとされたのは首肯すべき見解であろう。

しかし、医生・針生のテキストに限っていえば、必ずしも新来の医書が選ばれているとはいいがたい。勅には「医生は大素・甲乙・脈経・本草、針生は素問・針経・明堂・脈決」とある。この本草を『新修本草』と断案するのは躊躇される。延暦六年の典薬寮の奏言にあえて蘇敬注『新修本草』のみが取り上げられているのは、日中彼我の植物性・鉱物性薬材の同定に困難なものがあり、漸く医生のテキストとして使用することを申請するに至ったと解する余地がある。

小曽戸洋氏は和気清麻呂の長子広世が大学寮で講じた『新撰薬経』（『日本後紀』延暦十八年（七九九）二月乙未［二十一日］和気清麻呂薨伝）は『新修本草』を指すと断案されている（小曽戸洋『漢方の歴史』大修館書店、一九九九年、一〇二頁）また、弘仁十一年（八二〇）には典薬寮針生に『新修本草（経）』を読習することが義務づけられている（『日本紀略』（『日本後紀』逸文）弘仁十一年十二月癸巳［二十五日］条）。

勅、置針生五人、令読新修本草経・明堂経・劉涓子鬼方各一部、兼少公集験千金広洛方等中治瘡方、特給月料、令成其業。云々《勅すらく、「針生《しんしょう》五人を置き、新修本草経・明堂経《めいどうきょう》・劉涓子鬼方《りゅうけんしきほう》各一部に、兼ねて少公・集験・千金・広洛方《こうらくほう》等の中《ちゅう》治瘡方《ちそうほう》を読ましめ、特に月料を給い、其の業を成さしめん。云々」と。》

このように平安時代には『新修本草』が行用され、延喜典薬寮式にも医生の教科書とされていることが確認される。

＊「忘れ草——忘れ草と中国古典——」（高岡市万葉歴史館編『恋の万葉集』高岡市万葉歴史館論集11、笠間書院、二〇〇八年）を補訂し、「忘れ草と中国古典」と題した。

第六章　万葉の時代の日本と渤海

一、はじめに

『萬葉集』には遣唐使や遣新羅使を送別する歌が多く収載されている。山上憶良の「大唐に在りし時に、本郷《くに》を憶《おも》ひて作る歌」（巻一・六三）を唯一例外として、他は送別・離別・旅立ち・旅愁の歌である。たとえば巻十五には遣新羅使の歌が一四五首も収載されており、一大歌群をなしている。目録や題詞を参照すると天平八年（七三六）の遣新羅使を送別する際の贈答歌、及び旅愁・旅情歌などで、古歌が含まれている。しかし、新羅の地の景観や生活が詠まれた歌は一首も残されていない。別に述べたように、この現象は政府による海外情報の規制と関わる可能性も否定できない。

また、渤海関連の歌は巻二十にただ一首、天平宝字二年（七五八）二月十日の「内相の宅《いへ》にして渤海大使小野田守朝臣等に餞《せん》する宴の歌」（巻二十・四五一四）がみえるのみである。この歌は万葉終焉歌の二首前の位置を占める。

管見によれば、これまで右の歌について本格的に論じた論考はほとんど無いように思われる。そこで、本章では文献史学の立場から、長屋王執政期及び藤原仲麻呂執政期の対渤海外交の若干の問題に触れ、併せてこの餞宴歌に考察を加えてみたい。

二、渤海使の来朝をめぐって

（一）渤海の誕生

七世紀後半、「古代東アジア三十五年戦争」と呼ぶべき大動乱は、最終的には唐の勢力を排除した新羅による朝鮮半島南部の統一をもって一応の終息をみせた[1]。しかし、朝鮮半島北部では、六九八年（日本・文武二）[2]に高句麗の中心であった桂婁《けいろう》に拠って、大祚栄《だいそえい》が高句麗・靺鞨を糾合して振国（『新唐書』は「震国」と表記）を建国し、新たな胎動を始めた（以下、『旧唐書』渤海靺鞨伝、『新唐書』渤海伝による）。

七〇六年、唐の中宗が振国を招慰すると、振国王の大祚栄は次子大門芸を質（人質）として唐に止まらせて応えた。また、七一二年に即位した唐の玄宗は翌七一三年に大祚栄を渤海郡王に冊封した。ここに振国は新たに渤海国として史上に登場することになる。

八世紀の日本の外交は、唐、新羅、そして新たに渤海が加わって展開する。渤海では七一九年に大祚栄が死去すると大武芸が渤海王となったが、七二六年に渤海東北部の勢力、黒水靺鞨《こくすいまっかつ》が渤海に無断で唐との通交をはかると、挟撃を恐れた大武芸は弟の大門芸に黒水靺鞨の討伐を命じた。しかし、これに反対する大門芸が大武芸と対立し、大門芸が唐に難を避けたことから、七三二年には渤海と唐が武力衝突し、宗主国である唐の命による新羅の渤海への出兵という事態に至った。この緊張した事態は七三七年の大武芸の死去まで続く。渤海が日本に初めて使節を送ってきたのは黒水靺鞨が唐と通交した翌年、唐との緊張を背景とした神亀四年（七二七）のことであった。

（二）渤海使の来朝

さて、黒水靺鞨と唐との通交に端を発し、渤海と唐との緊張が高まると、渤海は唐の冊封下にある新羅を背後から牽制するために日本に使者を派遣した。新羅の北辺域の浿江一帯で、渤海の南下により新たな緊張が生まれていたことが背景にある（張九齢「勅新羅王金興光書」『全唐文』巻二八五）。神亀四年（七二七）、渤海使高斉徳《こうせいとく》らが出羽国に来着するが、日本では右大臣（贈太政大臣）藤原不比等亡きあと、政局の中心には左大臣長屋王があった。『続日本紀』は渤海使来朝の経緯を次のように記している。

(ア)『続日本紀』神亀四年（七二七）九月庚寅［二十一日］条

渤海郡王の使の首領高斉徳ら八人、来りて出羽国に着く。使を遣して存問《ねぎら》ひ、兼ねて時服《じぶく》を賜ふ。

(イ)『続日本紀』神亀四年十二月丙申［二十九日］条

使を遣して高斉徳らに衣服・冠《かがふり》・履《くつ》を賜ふ。渤海郡は旧《もと》、高麗《こま》国なり。淡海朝廷七年（六六八）冬十月に、唐将李勣《りせき》伐ちて高麗を滅しき。その後、朝貢久しく絶えたり。是に至りて渤海郡王、寧遠《ねいゑん》将軍高仁義《かうじんぎ》ら二十四人を遣して朝聘《でうへい》せしむ。而るに蝦夷の境に着きて、仁義以下十六人並に殺害《ころ》されて、首領斉徳ら八人僅かに死ぬることを免れて来《いた》れり。

また、渤海使のもたらした国書には渤海が日本に使者を派遣した事情が次のように記されていた。

(ウ)『続日本紀』神亀五年正月甲寅［十七日］条

高斉徳等上二其王書并方物一。其詞曰、武藝啓、山河異レ域、国土不レ同。延聴二風猷一、但増二傾仰一。伏惟、大王、天朝受レ命、日本開基、奕葉重レ光、本枝百世。武藝忝当二列国一、濫摠二諸蕃一。復二高麗之旧居一、有二扶餘之遺俗一。但以二天崖路阻、海漢悠悠一、音耗未レ通、吉凶絶レ問。親仁結援。庶叶二前経一、通レ使聘レ隣、始二乎今日一。謹遣二寧

遠将軍郎将高仁義、游将軍果毅都尉徳周、別将舎航等廿四人一、齎レ状、幷附二貂皮三百張一、奉レ送。土宜雖レ賤。用表二献芹之誠一。皮幣非レ珍。還慚二掩口之誚一。生理有レ限。披瞻未レ期。時嗣二音徽一、永敦二隣好一。《高斉徳《かうせいとく》ら、其の王の書《ふみ》、幷《あは》せて方物《ほうぶつ》を上《たてまつ》る。其の詞《ことば》に曰はく、「武芸い啓《まう》す。山河域《さかひ》を異にして国土同じからず。延《ほの》かに風猷《ふういう》を聴きて、但《ただ》、傾仰《けいかう》を増す。伏して惟《おもひ》みれば、大王（天皇）、天朝（唐王朝）の命を受けて日本を開基し（日本の基を開き）、奕葉《えきえふ》光を重ねて本枝百世《ほんしはくせい》なり。武芸忝《かたじけな》くも列国に当りて濫りに諸蕃を摠《す》ぶ。高麗《こま》の旧居《きうきょ》に復《かへ》りて、扶餘《ふよ》の遺俗《ゐしょく》を有《たも》てり。但し、天崖《てんがい》の路《みち》阻《へだ》たり、海漢《かいかん》悠々《はる》かなるを以て、音耗《いむかう》通はず、吉凶問ふことを絶《た》てり。親仁《しんじん》結援せむこと、庶《ねが》はくは前経《せんけい》に叶へ、使を通はして隣《となり》を聘《と》ふこと今日より始めむことを。謹みて寧遠《ねいゑん》将軍郎将《らうしやう》高仁義、游《いう》将軍果毅都尉徳周《くわきとゐとくしう》、別将舎航《しやかう》ら二十四人、状《ふみ》を齎《もた》らし、幷せて貂《てう》の皮三百張を附《さず》けて送り奉る。土宜《くにつものいや》賤しきと雖も、用《もち》て献芹《けんきん》（物を贈る）の誠を表さむとす。皮幣《ひへい》（贈物）珍《めず》らかに非ず。還《かへ》りて掩口《えむこう》の誚《せめ》を慚《は》づ。生理（人生）限り有り。披瞻《ひたむ》（心を開く）期《ご》せず。時、音徽《いむくゐ》（音信）を嗣ぎて永く隣好を敦《あつ》くせむ」といふ。》

(ウ)によれば、渤海の大武芸は、後述するように「親仁結援《仁に親しみ援を結ぶ》せむこと」を願って、高仁義ら二十四人に「状」（国書）と方物である「貂《テン》の皮三百張」を持参させて日本に派遣した。しかし、(ア)、(イ)にあるように、蝦夷の境で仁義ら十六人は殺害され、わずかに斉徳ら八人が出羽国に来着したという。また、(ウ)の渤海側の説明に「高麗の旧居に復りて、扶餘の遺俗を有てり」とあるのにもとづき、日本側では(イ)に「渤海郡は旧、高麗国なり」とするように、渤海を高句麗の再興（後身）と考え、渤海の意志とは別に朝貢の再開ととらえている点が注意される。(イ)の記事は遠来の渤海が天皇の徳を慕い、艱難辛苦の末たどり着いたという誇張が含まれるのではないかと危惧されるのであるが、高斉徳らが命からがら来朝したことは方物の山陵・神社などへの奉献記事がみえないことからも誤りなかろう。

（三）「渤海使」習書木簡

ところで、長屋王の邸宅は平城京左京三条二坊一・二・七・八坪の四町を占める。邸宅の敷地の東方は東二坊坊間路で限られている。この東二坊坊間路の両端には南北に側溝が走っているが、西側の溝（SD4699）、つまり長屋王邸側の溝から数点の木簡が検出されている(3)。これらの木簡は長屋王邸内から廃棄されたものと考えられる。

さて、この西側側溝から出土した木簡の表裏に（仮に①面、②面とした）図3のようなものがある(4)。

①　」易⿷匚丕府　府交
」遣交易
□　交易　交易
」渤海使⿷匚丕
　　交易
易　交易　交易

②　「天天天天
天天天天
天地天天地」　（80）×85×7

①面

②面

図4　「渤海使」習書木簡
（奈良文化財研究所提供）

右の木簡の①面には耳が大きく描かれ、「府」、「渤海使」、「交易」などの文字が習書されている。②面には多数の耳が小さく描かれており、『千字文』の冒頭かと思われる「天」、「地」の習書がなされている。

この溝から出土した紀年木簡は養老六年（七二二）、神亀四年（七二七）、神亀六年（七二九）、天平元年（二点、七二九）、天平三年（七三一）であり、およそ養老六年から天平三年の一〇年間の木簡であり、長屋王の右大臣の時期から没後にかけてのものである。

養老六年（七二二）から天平三年（七三一）の間で渤海使が関係するのは、神亀四年（七二七）に初めて来朝した渤海使である。神亀五年六月に派遣された送渤海客使（遣渤海使）引田朝臣虫麻呂の帰国した天平二年をも含む期間であるが、長屋王邸、及びその跡地が渤海使に関わるのは、やはり神亀四年の渤海使来朝の時とみるのが穏当であろう。

酒寄雅志氏はこの木簡を長屋王と渤海との間に交易が行われた証とされ[5]、佐藤信氏は長屋王、ないし長屋王邸が交易などを含む外交儀礼に関与した可能性を指摘されている[6]。そこで改めて「渤海使」、「交易」などと習書された木簡について検討してみたい。

（四）長屋王執政期の対新羅・渤海外交

対新羅外交　はじめに長屋王執政期の外交政策をみておこう。まず対新羅外交では、『懐風藻』の題詞に「新羅の客《まらひと》を宴す」とあるものが一〇首あるように、長屋王は邸宅（「長王宅」、「宝宅」）に新羅使を招いて饗宴を行っている。対新羅外交を長屋王が主導したことを端的に物語っているが、交易が行われたかは確認のすべがない。

新羅との交易で想起されるのは正倉院蔵「鳥毛立女屏風」の裏打紙に転用された反古文書である天平勝宝四年（七五二）六月付「買新羅物解《ばいしらぎぶつげ》」のことである。東野治之氏は「買新羅物解」は新羅使来朝の際に行われる交易で、貴族たちがあらかじめ希望する購入品目と予定価格（代価）とを、大蔵省、もしくは中務省内蔵寮《くらりょう》に提出した申請書であり、天平勝宝四年には活発な交易が行われていたことを明らかにされた[7]。対象となった品々、香料・薬物・顔料・染料・金属・器物・調度品などから、貴族たちの舶来品に対する憧憬がうかがわれる。

それでは、このような使節来朝時の交易はいつ頃まで遡るのであろうか。かつて末松保和氏は新羅使の人数に着目され、天平十年（七三八）以降になると新羅使の人数が増大するのは通商が重要視されたためであろうと指摘されている[8]。規模に相違はあるにしても奈良時代を通じて交易が行われたことが推測されるが、この点を補う史料として「長屋王家木簡」の顔料木簡が注意される。

「長屋王家木簡」には顔料の価格相場の調査を命じた木簡が二点ある（『平城京木簡（一）』一四二号・一五二号[9]）。別に検討したように調査の対象となった朱沙《しゅさ》、金青《こんじょう》、白青《びゃくじょう》などの顔料はいずれも高価な顔料であり、新羅使来朝の際の交易で購入するための価格調査であったとみられる。「長屋王家木簡」はほぼ和銅三年（七一〇）から霊亀三年（七一七）の間に収まり、その間の新羅使の来朝は和銅七年（七一四）に限られることから、顔料木簡は交易が和銅年間に遡って副次的に行われていた傍証となる[10]。この木簡から長屋王が新羅外交に積極的に関わり、新羅使との交易にも関わっていたことがうかがえる。

新羅使のもたらす貢納品や交易品は、皇族・貴族層に共通する舶来の奢侈品に対する欲求を満たすものであった。長屋王主導の対新羅外交の基本姿勢は朝貢とそれにともなう交易を重視するものとみられ、軍事的対応はみられず、新羅征討論などは入り込む余地のないものであった。

対渤海外交　次に長屋王執政期の対渤海外交をみてみよう。神亀四年（七二七）に来朝した渤海使高斉徳らは、翌神亀五年正月三日には朝賀の儀に参列し、同十七日には渤海王の国書と方物を献上後、五位以上の官人との宴に列席している。また、三月三日の節会には文人を集め、曲水の宴が催されている。この記事には渤海使の参席は記されていないが、文人を召した詩賦の宴である、恐らく渤海使も招かれたと推測される。このように朝廷の儀礼、賜宴に渤海使が列席していることはうかがえるが、帰国までの間に長屋王が邸宅に渤海使を招いて饗宴したことは確認できない。しかし、長屋王の新羅使への対応から考えると、邸宅へ渤海使を招いて饗宴した可能性は大きいと思われる。木簡に描かれた耳は或いは渤海使の耳を描写したものであろうか。長屋王邸に画師がいたことが想起される。

さて、そこで「渤海使」、「交易」などと書かれた習書の意味であるが、長屋王の渤海との交易への関心は読みとれるが、そこから交易が行われたとみるのは如何なものであろうか。石井正敏氏も指摘されているが(11)、はじめに二十四人で出発した渤海使は、蝦夷の境で十六人が死亡、高斉徳ら八名のみが来着・入京している。また、渤海の国書によると、「貂の皮三百張」を送ったとあるが、命からがら入京した渤海使が果たしてこの信物を無事に届けることができたのであろうか。ましてや交易品があったとすればその品々は無事であったのだろうか。想像をたくましくすれば、私的な贈答・交易はあったかもしれないが、むしろ国交開始による今後の交易が話題とされ、そうした交易交渉の微証が習書木簡といえないだろうか。

ところで、前に触れたが、渤海使が持参した渤海王大武芸の国書には「親仁《しんじん》結援せむこと、庶《ねが》はくは前経《せんけい》に叶へ、使を通はして隣《となり》を聘《と》ふこと今日より始めむことを」とあった。このうちの「親仁結援」の「援」字については「授」とする諸本があり、岩波新日本古典文学大系『続日本紀（二）』は「結授」と「授」字をとっている。「援」と「授」とは紛らわしい文字である。この点について石井氏は文脈からの理解を重視すべきとされ、「結援」の語が『春秋左氏伝』や『国語』魯語に出典をもち、国家の危急に備える意があることを指摘され、「援」字、すなわち「結援」を妥当とされている。首肯されるべき見解であろう(12)。

渤海の国書が意味することは重大である。「結援」には軍事援助の意があるという。つまり、渤海使は緊迫した渤海と唐との関係、渤海と新羅との対立などの諸情報をもたらし、さらには軍事援助の要請を行っているのである。このような重大事を前に朝廷内で紛議があったことが推測されるが、どのような議論があったか『続日本紀』は一切語らない。聖武天皇が高斉徳らの帰国に際して渤海郡王に与えた璽書《じしょ》にも軍事要請については一切触れず、国交の開始を述べている（『続日本紀』神亀五年四月壬午［十六日］条）。

神亀五年（七二八）二月十六日、引田虫麻呂が送渤海客使に任命され、六月に辞見、その後天平二年（七三〇）八月二十九日に帰国、(13)九月二日には渤海郡王の信物を献上している（『続日本紀』）。渤海使の来日に対応して、長屋王政権は結果として送渤海客使を派遣したが、渤海との国交の開始を告げ、朝貢を要求するとともに、併せて海外情勢を得ることを使命としたとみられる。虫麻呂の報告は石母田正氏が指摘するように渤海と唐の開戦前夜の情勢であったと推測される。(14)しかし、長屋王はこのような虫麻呂の報告を聞くことはなかった。この間の神亀六年（七二九）二月十二日、長屋王は謀叛の疑いで自尽していたからである。

長屋王の変と外交問題

さて、引田虫麻呂が渤海に出発した神亀五年九月、聖武天皇と光明子との間に生まれ皇太子とされた某王（基王とも）が、突如一歳にも満たないうちに亡くなる。この幼い皇太子の死を契機とする皇位継承問題が、長屋王の変の直接の引き金になったことはほぼ諸説一致するところである。聖武天皇との間に藤原氏の血統を失った藤原武智麻呂は光明子立后を画策するが、これに大きく立ちはだかることが予想される長屋王、そして皇位継承者としても有力候補である長屋王とその子息の膳部王を排除する行動に向かわせたと推測される。長屋王の変が起こるのは虫麻呂の帰朝報告がなされる一年前の神亀六年（七二九）二月のことであるが、長屋王の変がこのような外交問題をはらんだ時期に起こされている点を重視したい。

長屋王が自尽した翌三月に藤原武智麻呂は大納言となり国政を主導し、八月には光明子立后を実現する。遣渤海使引田虫麻呂が帰国したのは翌天平二年（七三〇）八月のことである。その一年後の天平三年八月には、まったく異例の諸司の推挙による参議の選出があり、藤原四子が揃って参議となり、九月には大納言の武智麻呂が大宰帥を兼任して、十一月二十二日には畿内惣管、諸道に鎮撫使を置いた。虫麻呂の帰朝報告に対応する体制とみてよかろう。

注意されるのは十二月十日に気比神宮に「従三位料二百戸」を賜っていることである（『新抄格勅符抄《しんしょうきゃくちょくふしょう》』大同元年牒神封部）。日本海に臨む北陸の要衝敦賀に鎮座する気比神宮は神功皇后の征韓後、息子の応神天皇が参拝したと伝える（神功皇后紀十三年、仲哀記）。神階の初見記事であるが、このような措置がとられたのは国家安穏を祈願する国防上の理由のみならず、その背景に対新羅強硬論があったと推量される。武智麻呂の気比神宮への関心が高いことはつとに知られるところで、武智麻呂は夢告により気比神宮寺を建立したという（『家伝下・武智麻呂伝』）。長屋王の変、光明子立后を経た後の虫麻呂の帰朝報告に対する対応策であり次元が異なるが、渤海使のもたらした国書をめぐる外交路線の相違は明白であり、朝廷内の議論を推測するには充分足るであろう。

ところで、『続日本紀』には次のような記事がある。

渡嶋《わたりのしま》津軽の津司《つのつかさ》従七位上諸君《もろきみのくら》鞍男《を》ら六人を靺鞨国に遣して、その風俗を観《み》しむ。

（『続日本紀』養老四年正月丙子［二十三日］条）

養老四年（七二〇）当時、政界を主導していたのは右大臣藤原不比等である。養老元年（七一七）出発、二年に帰国した遣唐使が新たな情報をもたらしたのであろうか。諸君鞍男らを靺鞨国に派遣した年の九月に不比等は亡くなる。この靺鞨国が渤海国をさすのか靺鞨諸族のいずれかをさすのか問題があるが(15)、不比等が中華を標榜する律令国家の実現に腐心し、死の直前まで海外情勢についての情報を入手しようとしていたことが推測される。

天平二年九月二日、帰国した虫麻呂らは渤海郡王の信物を献上した。「使を遣して渤海郡の信物《しんぶつ》を山陵《みささぎ》六所に献らしむ。幷せて故太政大臣藤原朝臣の墓を祭らしむ」（『続日本紀』天平二年九月丙子［二十五日］条）とあるように、この信物は二十五日には山陵六所に献上され、その際に不比等の墓も祭られている。

日本は渤海を高句麗の後身として、その来朝を入貢とみなした。中華を標榜する日本にとって、渤海の入貢は王化思想の実現、すなわち天皇の徳を慕って入朝する朝貢国が増加することであり、きわめて慶ばしいことである。そのため朝貢品は山陵や神社に奉献された。今、信物や朝貢品が山陵に献上された例を奈良時代以前に限ってみると

ア、新羅の貢物を大内山陵（天武陵）に献上（『続日本紀』文武二年［六九八］春正月庚辰［十九日］条）

イ、唐国の信物を山科陵（天智陵）に献上（『続日本紀』天平勝宝六年［七四五］三月丙午［十日］条）

の二例が知られる。渤海の信物を山陵六所に献ることは異例のことであり、高句麗の後身とみなす渤海の朝貢が如何に歓迎されたかを物語っていよう。ここで注意されるのは渤海が来朝したのは長屋王の執政期であることである。渤海の入貢は本来ならば長屋王の功績とみなされてよい。ここでわざわざ山陵のみならず「故太政大臣藤原朝臣」、すなわち藤原不比等の墓を祭っているのは、武智麻呂の策謀であり、渤海の入貢が長屋王以前に外交を領導し律令国家建設に生涯をかけた父、不比等の功績であることを知らしめるためであった。いわば父不比等の功績を長屋王から奪還し、あらためて顕彰したのである。(16) 外交を主導した長屋王に対する藤原氏の反発の強さを示していよう。

長屋王の対渤海外交は対新羅外交と同様に、朝貢と交易を重視するものであったと推測される。軍事的視点に欠ける長屋王は渤海国書の「親仁結援」をみずからの権力強化の好機とは考えなかった。国防政策を前面に打ち出し、権力集中をはかった武智麻呂の対応策とは対外的契機に対する認識に大きな相違があったのである。

長屋王の変は某王の死に端を発することに誤りないが、外交政策においても長屋王と藤原氏の対立は根深く、長

屋王排除の要因の一つになったと思われる。

三、安史の乱と万葉終焉歌

（一）渤海大使らへの餞宴の歌

朝鮮半島を統一した新羅は、唐との関係修復につとめて頻繁に朝貢し、あるいは唐の命をうけて渤海へ出兵するなど関係の維持をはかり、七三五年には唐から大同江（浿江）以南の領有を正式に認められた（『冊府元亀』巻九七五）。唐との緊張が続く間、新羅は日本に朝貢したが、唐との関係が回復するとともに日本に従属する意義は失われていった。日本は新羅を朝貢国とみなしたが、唐との関係修復にともない新羅の外交方針に転換が生まれ、新羅が対等外交を要求するようになると、日本と新羅との関係は悪化した。

天平勝宝四年（七五二）閏三月、新羅王子金泰廉と貢調使が来朝した際に、日本は今後は国王がみずから来朝するか、国王の上表文を持参するように要求した。また翌七五三年（唐・天宝十二載）には、唐への朝賀で日本と新羅の使節が席次を争うといった対立が生まれ、その年に新羅に派遣された遣新羅使小野田守は使命を果たせず帰国するといった事態に至った。

天平宝字二年（七五八）、対新羅強硬論が高まる中、藤原仲麻呂は渤海へ専使の形をとって遣渤海使を派遣した。

　二月十日内相《ないしやう》の宅《いへ》にして渤海大使小野田守朝臣等に餞《せん》する宴の歌一首

阿乎宇奈波良《あをうなはら》　加是奈美奈妣伎《かぜなみなびき》　由久左久佐《ゆくさくさ》　都〻牟許等奈久《つつむことなく》　布祢波〻夜家無《ふねははやけむ》

青海原　風波なびき　行くさ来さ　つつむことなく　船は早けむ

右一首、右中弁大伴宿祢家持　未誦之《未だこれを誦まず》　（巻二十・四五一四）

題詞によれば、天平宝字二年二月十日、紫微内相藤原仲麻呂の邸宅（左京四条二坊にあり、田村第ともいう）で遣渤海大使に任命された小野田守らの送別の宴が催され、その時に大伴家持が作った歌である。遣渤海使の多くは渤海使を送る形で派遣されているが、この折りの遣使は単独の遣使（専使）である。その目的は高まる対新羅強硬論を背景に新羅征討の可能性を渤海に探ることにあったと思われる。仲麻呂邸で大使小野田守らの餞宴が開かれているのは仲麻呂が遣渤海使派遣の主導的立場にあったことを物語っていよう。

右の餞の歌は何故か誦まれなかった。左注の脚注に〈未誦〉とあることから、仲麻呂から披露する機会を与えられなかったと解されている[17]。

この歌には類同の歌句を用いた歌がある。

海若《わたつみ》の　いづれの神を　祈らばか　行《ゆ》くさも来《く》さも　船の早けむ　（巻九・一七八四）

住吉《すみのえ》に　いつく祝《はふり》が　神言《かむごと》と　行《ゆ》くとも来《く》とも　舶《ふね》は早けむ　（巻十九・四二四三）

大船を　荒海《あるみ》に出《い》だし　います君　つつむことなく　はや帰りませ　（巻十五・三五八二）

前二首は入唐使に贈った歌であり、後の一首は遣新羅使に贈った歌である。しかし、右の家持歌が斬新な感を与えるのは冒頭の「青海原　風波なびき」にあろう。家持の歌として精彩を放つ歌句「阿乎宇奈波良《あをうなはら》」は『萬葉集』中の唯一例である。類同の歌句として、山上憶良の「青波に　望みは絶えぬ」（巻八・一五二〇）の影響も指摘されているが[18]、祝詞に「青海原住物者、鰭〈能〉廣物・鰭〈能〉狭物《青海《あをみ》の原に住む物は、鰭《はた》の広物《ひろもの》・鰭の狭物《さもの》》」（祈年祭、春日祭、広瀬大忌祭、龍田風神祭、平野祭、久度・古関、鎮火祭、道饗祭、鎮御魂斉戸祭、崇神遷却）、「青海原者、棹柁不レ干《青海の原は、棹柁《さおかじ》干さず》」（祈年祭、六月月次祭）などと頻出する「青海原」の語が注意される。或いは漢詩文に見える、青海原を意味する「蒼海」、「蒼溟」といった漢語の影響も考えられよう。「蒼海」の語は、例えば『文選』巻五呉都賦李善注に「魏武蒼海賦」がある。また、『万葉集』左注にも「館之客屋居望㆓蒼海㆒《館の客屋《かくおく》に居つつ蒼海《さうかい》を望み》」（巻十七・三九五六左注）と用いられており、「蒼海」の語は家持、もしくは家持周辺で用いられた語であった(19)。

家持は祈年祭の祝詞などにある「青海原」の語や漢詩文に見られる「蒼海」の語からヒントを得て、遣渤海使の無事の帰国を予祝するによりふさわしい歌句を案出したと推測される。

（二）小野田守と小野淡理

小野田守　小野田守は餞宴のあった天平宝字二年（七五八）二月以降、時期は不明だが、遣渤海使として渤海にわたり、九月十八日に聖武天皇の弔問使である渤海大使楊承慶《ようしょうけい》ら二十三人をともなって無事帰国、越前に安置（滞在）、十月二十八日には従五位上に昇叙され、十二月十日に安史の乱の詳細な報告である「唐国の消息」を淳仁天皇に奏している（『続日本紀』）。

この小野田守の経歴を見ると、天平十九年（七四七）正月二十日に正六位上から従五位下に昇叙、天平感宝元年（七四九）閏五月に大宰少弐に任ぜられ、同年九月の「大宰府牒案」に大宰少弐従五位下とある（『大日古』24ノ六〇四）。また天平勝宝五年（七五三）二月九日に遣新羅大使、帰国後の翌六年四月五日に再び大宰少弐、同八歳五月三日に聖武太上天皇御大葬の山作司、同六月九日「東大寺図端書」に左少弁従五位下とある（『大日古』4ノ一一六）。さらに天平宝字元年（七五七）七月十二日には刑部少輔、そして、既述のように同二年遣渤海大使として渡海した。このような経歴を見ると外交官を輩出した小野朝臣の伝統を負い、外交に手腕を発揮したことがうかがえる。

前に触れたが天平勝宝五年に遣新羅使として渡海し、目的を果たさず帰国したのはこの小野田守であった。「彼《か》の国、礼を闕《か》く。故《ゆゑ》に田守、使《つかひ》の事を行はずして還帰《くわんくゑ》す」（『続日本紀』天平宝字四年九月癸卯［十六日］条）、あるいは『三国史記』新羅本紀、景徳王十二年（七五三）八月条に「秋八月、日本国使至。慢而無礼。王不見之。乃還。《日本国使至る。慢《みだり》にして礼無し。王見《まみ》えず。乃《すなは》ち還《かへ》る》」とあるように、新羅を蕃国視し、朝貢国とみなす、日本中心主義的な立場を固持する硬派の外交官であった。

選叙木簡　ところで、平城宮の式部省跡推定地から出土した選叙木簡に次のようなものがある。

依遣高麗使廻來天平寶字二年十月廿八日進二階叙
《遣高麗使の廻り来るに依り天平宝字二年十月廿八日二階を進め叙す。》
（『平城木簡概報』4・一二頁下、『平城宮木簡（四）』三七六七号）

右の木簡の意は、遣高麗使の帰国により二階特進させるというものであるが、『続日本紀』にこれに対応する同日の記事がある。

遣渤海大使従五位下小野朝臣田守に従五位上を授く。副使正六位下高橋朝臣老麻呂に従五位下。其の余六十六人各差《しな》有り。
（『続日本紀』天平宝字二年（七五八）十月丁卯［二十八日］条）

この日大使小野田守、副使高橋老麻呂以下六十六名の位階を進めたという。選叙木簡に見える「遣高麗使」とは「遣渤海使」のことであり、木簡と『続日本紀』の記事が見事に符合する。しかし、叙位の内容をみると、田守は従五位下から従五位上の一階の昇進で木簡と合致せず、副使の高橋老麻呂の場合は正六位下から従五位下の進二階で木簡と合致している（『続日本紀』同年同月条）。

遣渤海使の帰国後の叙位はほとんどが一階の昇叙であるが、高麗朝臣大山の場合は使命途中で卒したためか従五位下から正五位下へと二階昇進している（『続日本紀』天平宝字六年十二月乙卯［十一日］条）。また、遣唐使の例では、天平五年度の遣唐使（帰国後の天平八年の叙位）では、副使従五位上の中臣名代《なしろ》が従四位下（三階）、判官の田口養年富《やねほ》、紀馬主が正六位上から従五位下（一階）と一律ではない（『続日本紀』天平八年十一月戊寅［三日］条）。また、宝亀八年度の遣唐使の場合は、帰路遭難死した副使従五位上小野石根は従四位下（三階）、副使従五位下大《おお》神末足《みわすえたり》は正五位下（二階）、判官正六位上小野滋野《しげの》は従五位下（一階）、同従六位上大伴継人は従五位下（三階）、録事正六位上上毛野大川は外従五位下（一階）となっており（『続日本紀』宝亀十年四月辛卯［二十一日］条）、帰国後の叙位は必ずしも一律の叙位とはなっていない。

既に指摘されているように、この木簡は帰国後の叙位に際して、二階特進のグループの見出しの役割を果たしているのであろう。(20)

また、もう一点、同じ式部省跡推定地から

外従初上物部浄人　年卅一　遠江國敷智ミミ荒玉郡人　□□［字カ］□［年カ］□遣高麗使敍位

（『平城宮木簡（五）』六二一八号）

と記された木簡が出土している。初め「敷智」と書かれたが抹消され、「荒玉」と訂正された。冒頭の「外従初上」は、天平宝字二年十月二十八日の遣渤海使への叙位により「外従初上」に叙されたという意と思われる。「従初上」は大初位に対する「従」で、外少初位上のことと推測される。いずれの木簡にも「高麗使」とあるのが注意される。(21)ともあれ、ここでは十月二十八日の遣渤海使への叙位が『続日本紀』と木簡との符合により保証されることを確認しておく。

田守・淡理同一人説　さて、家持と田守との関係で注意されるのは『萬葉集』巻五の梅花の宴での次の歌である。

霞立《かすみた》つ　長き春日《はるひ》を　かざせれど　いやなつかしき　梅の花かも　　小野氏淡理（巻五・八四六）

右の歌は天平二年（七三〇）正月十三日、大宰帥大伴旅人宅の梅花の宴での歌三十二首中の最後の一首である。

作者は小野氏淡理、官職名は不明である。この小野氏淡理を小野朝臣田守の別表記とする説がある。(22) 名前の表記に限れば、旅人が「淡等」と表記されていることを勘案すれば首肯できよう。「淡理」と表記したのは本人か、あるいは編者か不明であるが、旅人の「淡等」という表記が影響している可能性が高い。

そこで次にこの田守・淡理同一人物説の可能性を探ってみよう。梅花の宴三十二首のうち、官職名を記さず、氏を省略していないのは、末尾の四首の土師氏御道《みみち》（巻二十・八四三）、小野氏国堅《くにかた》（同・八四四）、筑前掾門氏石足《いわたり》（同・八四五）、小野氏淡理（同・八四六）のうち、門氏石足を除く三人である。

このうちの小野氏国堅は「正倉院文書」に散見する小野朝臣国堅（国方とも記される）と同一人と思われる。天平九年（七三七）十二月十五日の写経司解とみられる文書の自署が初見で（『大日古』24ノ六八）、その後、天平十年七月六日写経司解には「史生・无位」とある（『大日古』24ノ六三）。翌天平十一年四月頃、大初位上になったらしく（『大日古』7ノ二六二）、同年九月三十日には写経司史生・大初位上（「写経司月食帳案」、『大日古』7ノ二八五）、天平十五年十月には写経所の令史《さかん》（『大日古』2ノ三四一）、天平十六年閏正月にも令史として『起信論疏』を出蔵させており（「起信論疏及雑物出蔵注文」『大日古』8ノ四二八）、同年四月十六日「写経所大般若経本奉請文」にも令史（『大日古』8ノ四五八）、天平十八年十一月十二日「造物所自所々来帳」にも令史（9ノ二〇八）とある。(23) 国堅は天平二年には無位であり、のちに写経司の史生となっているので雑任からスタートして官人への道をたどったことが知られる。

また、土師御道は「土師宿祢水道《みみち》、筑紫より京《みやこ》に上る海路《うみつぢ》にして作る歌二首」（巻四・五五七～八題詞）とある土師宿祢水道と同一人物とすれば、都に残してきた恋人への激しい思いを歌っているので中央の人であることは誤りない。上京した時期がはっきりしないが、恐らくは梅花の宴以後のことであろう。また巻十六には「大舎人《おほとねり》土師宿祢水通《みみち》、字志婢麻呂《しびまろ》」（三八四五左注）とあり、これを同一人物とみれば大舎人から官人への道をたどったことになり、内六位〜八位以上の嫡子（軍防令47内六位条）であったと思われる。御道（水道・水通）を梅花の宴出席者の「少監・土氏百村《ももむら》」の子とすると、大宰少監は従六位上相当であり、その余地はあろう。このように土師宿祢水道（通）と同一人物とみれば、御道もまた天平二年には出身以前であった可能性が高い。

山田英雄氏は末尾四人について何らかの理由で参加できなくて、のちに歌を提出したか、あらかじめ作った歌を提出したために、出席者と区別して、受けとった順に掲載したとされている(24)。しかし、なぜ筑前掾門氏石足（巻五・八四五）だけは出席者と同様の記載型式をとるのか納得しがたい。

上述したように小野田守は天平十九年（七四七）正月二十日に正六位上から従五位下に昇叙している。淡等と田守が同一人物とすると、田守は天平二年には七〜八位クラスであったはずである。それにもかかわらず官名を記していない。

このように見てくると官名を記さず、氏の省略のない三人は下級官人、微官ではなく、従来から指摘されているように天平二年正月の梅花の宴の時点では出身以前、二十一歳以下の若者で、私的な随伴者として梅花の宴の末席に加えてもらったとするのが穏当ではなかろうか(25)。田守が梅花の宴の出席者である「少弐小野大夫」、すなわち小野老の子であったとすると(26)、老は天平元年三月従五位上、天平三年正月正五位下、天平五年三月正五位上、天平六年従四位下となっており（『続日本紀』）、田守は八位〜七位のスタートとなる。梅花の宴から十七年間の記録の空白があるが、淡理と田守は同一人で、淡理は田守の若き姿と解する余地があろう。

小野田守が小野淡理と同一人とみることが許されるならば、遣新羅使送別の宴から二十八年前、十三歳ほどの家持と若き田守は大宰府で出会っていた可能性がある。

(三) 安史の乱と万葉終焉歌

ところで、小野田守が渤海に派遣される前年の天平宝字元年（七五七）七月には奈良麻呂の変が発覚し、藤原仲麻呂は反対派を一掃した。翌年八月には孝謙天皇の譲位、淳仁天皇の即位という政治状況が生まれたが、その背景には仲麻呂が聖武天皇の遺詔により皇太子とされた道祖王《ふなと》を廃し、亡男真従《まより》の未亡人である粟田諸姉《もろあね》を室として私邸田村弟に住まわせていた大炊王《おおい》（淳仁）を皇太子とする暗躍があった。

奈良麻呂の変では同族の大伴胡麻呂が杖下に死去したのをはじめ、大伴池主も以後は史料に見えないことからすると同じ道をたどったとみられる。家持もきわめて危険な立場にあったと思われるが、仲麻呂暗殺計画がすすめられたさなかの六月十六日に兵部大輔（正五位下相当）に任命されている（『続日本紀』）。そして十二月十八日までには右中弁となっている（巻二十・四四九〇左注）。右中弁は正五位上相当官であり、従五位上であった家持にとっては二階上の官職であり仲麻呂による優遇策といえよう。しかし、何より注意されるのは右中弁は太政官にあって大納言仲麻呂の直属の官であったという点である。家持の右中弁任命は仲麻呂が家持を自派に取り込んだものであろう。家持はみずからの意志に拘わらず、仲麻呂により取り込まれ、政治的に身動きできぬ状態に置かれたといってよい。

ところが家持は天平宝字二年（七五八）六月十六日に因幡守に左降される（『続日本紀』）。仲麻呂は奈良麻呂の変を未然に防ぎ、大炊王の擁立に向かうが、危機的状況を脱した仲麻呂は大伴氏の結束を分断するために利用した家持を用済みとして今度は遠ざけたのである。

さて、繰り返しになるが、『続日本紀』によると小野田守はこの年九月に帰国、十月二十八日には叙位を受け、十二月十日に安史の乱の詳細な報告である「唐国の消息」を淳仁天皇に奏上した。衝撃的な報告に、朝廷はすぐさま大宰府に対応策を講ずるように勅命をくだしている。

『続日本紀』は「唐国の消息」の奏上を十二月十日のこととしているが、このように重大な報告を帰京から果たして一ヶ月半も先延ばしにするであろうか。八月一日の孝謙天皇の譲位と淳仁天皇の即位、それに続く十一月二十三日の大嘗祭といった事態があるにせよ、事の重大さからして大嘗祭の終わるのを待つということがあるだろうか。まして、小野田守の渤海派遣が専使の形で行われ、その背景に新羅征討論があったとするならば[27]、外交を主導した仲麻呂（恵美押勝）への報告は必ずやあったはずである。実質的な報告は十月二十八日の遣渤海使の叙位以前に行われたとみられる[28]。

家持の因幡赴任は少なくとも大原今城《いまき》の宅で餞の宴を催した七月五日以降のことになる（巻二十・四五一五題詞）。田守の帰国といわばすれ違いであるが、仮に「唐国の消息」の奏上が十二月十日に行われたとしても、遅くも十二月末までには確実に因幡の家持のもとに唐の内乱の報がもたらされていたと思われる。家持が文物を通して憧憬した世界帝国・唐で起きた内乱の報の衝撃はいかばかりであったろう。

周知のように天平宝字三年（七五九）正月、因幡国庁で家持は新年の賀歌を詠んだ。

三年春正月一日に、因幡国の庁にして、饗《あへ》を国郡の司等に賜ふ宴の歌一首

新《あらた》しき　年の始めの　初春の　今日降る雪の　いやしけ吉事　（巻二十・四五一六）

家持は高まる対外的緊張を背景に、雪降りしきる日本海に臨む因幡の地でこの歌をよんだ。新たに赴任した地での最初の正月、馴染まぬ属僚たちを前に新たな臣従関係を確認する儀礼の場での寿歌である。家持はこの歌にどのような思いを込めていたのであろうか。家持の胸中には、みずからを体制に封じ込め、利用した仲麻呂への敵愾心はもとより、権力の盛衰の感慨や緊迫した国際情勢への不安が入り交じっていたことは想像に難くない。

万葉終焉歌の二首前に遣渤海大使らへの餞宴歌が置かれたことにより、終焉歌は東アジアの緊迫した国際情勢を背負うこととなり、因幡国庁での新年の儀式には張りつめた緊張感がみなぎり、新年の寿歌が一層際立つものとなっている。この点はあまり重視されてこなかったが、看過できない点である。

遣渤海大使らへの餞宴歌は仲麻呂の新羅征討計画を論ずる際に触れられることはあったが、家持や万葉終焉歌との関わりについては見過ごされてきた。万葉終焉歌は仲麻呂の専権のみならず、内乱による唐の一時的滅亡というショッキングな国際的大変動を背景に理解される必要があろう。そして、このことはまた二十巻本『萬葉集』終焉歌としての位置づけにも波及する問題かと思われる。

日本と渤海の外交関係は延喜十九年（九一九）の渤海使の来朝まで続くが、万葉の時代の終焉をひとまず因幡国庁で賀歌の詠まれた天平宝字三年（七五九）とするならば、神亀四年（七二七）の渤海使の来朝からそれまでの間に、渤海使（渤海の派遣した遣日本使）の派遣が四回、日本からの遣渤海使の派遣が三回行われている。本章ではこのような万葉の時代の日本と渤海の関係史の中に、これまであまり採り上げられることの無かった遣渤海大使への餞宴歌を位置づけ、そのもつ意味をあらためて問い直したものである。諸賢のご批正を切望するものである。

［注］

（1）拙稿「東アジア情勢から見た大化改新」（『歴史読本』四七四号、一九八八年）。

（2）『類聚国史』巻第一九三、殊俗部・渤海上、延暦十五年四月戊子［二十七日］条。

（3）以下、渤海使習書木簡については、奈良県教育委員会『平城京左京二条二坊・三条二坊発掘調査報告―長屋王邸・藤原麻呂邸の調査―』一九九五年、一三六頁による。

（4）(a)『平城木簡概報』23、一九九〇年十一月、二十頁上段。(b)奈良国立文化財研究所編『平城京　長屋王邸宅と木簡』（吉川弘文館、一九九一年）などを参照した。

①面一行目「瓲」字を(b)では「瓺」（かめの意）と判読されているが、(a)にあるように「瓲」の字（瓦の意）ではないだろうか。

（5）酒寄雅志「渤海王権と新羅・黒水靺鞨・日本との関係」（『アジア遊学』六、勉誠出版、一九九九年七月）、同『渤海と古代の

日本』（校倉書房、二〇〇一年）一二二頁。

（6）佐藤信「奈良時代の「大臣外交」と渤海」（佐藤信編『日本と渤海の日本史』山川出版社、二〇〇三年）。

（7）東野治之「鳥毛立女屛風下貼文書の研究」（同『正倉院文書と木簡の研究』塙書房、一九七七年）。この反故文書が裏打紙のみならず画紙本紙の一部分にも用いられていたことは、杉本一樹「鳥毛立女屛風本紙裏面の調査」（『正倉院年報』第十二号、一九九〇年）参照。

（8）末松保和「日韓関係」（同『日本上代史管見』一九六三年、自家版、初出一九三三年）。

（9）①・○以大命宣　黄文万呂　朱沙□□〔者カ〕
　　国足
・○朱沙矣価計而進出　別采色入筥今　（『平城京木簡㈠』一四二号）

②・○朱沙　金青　白青　右三［
　　□□丹□
・○其価使解　附春日□□〔川原カ〕□　（『平城京木簡㈠』一五三号）

（10）本書第一部第四章を参照されたい。

（11）石井正敏『日本渤海関係史の研究』（吉川弘文館、二〇〇一年）二四頁、及び二七五頁注3。

（12）石井正敏「第一回渤海国書の解釈をめぐって」前掲注（11）所収、二九三〜二九九頁。

（13）天平三年二月二十六日付「越前国正税帳」に、天平二年度の加賀郡の支出項目として「送二渤海郡使人一使等《渤海郡使人を送る使いらの》食料五十斛」があり、年度から引田虫麻呂らが帰国に際して加賀郡内の宿泊施設に滞在したと推測される。近年、金沢市畝田・寺中遺跡で「津司」、「津」、「天平二年」と書かれた墨書土器が出土し、河北潟と日本海を結ぶ大野川河口付近に宿泊施設があった可能性が大きくなった。和田龍介「畝田・寺中遺跡」（『木簡研究』二二号、二〇〇〇年）、藤井一二「天平期における加賀郡『津』と遣渤海使」（続日本紀研究会編『続日本紀の諸相』塙書房、二〇〇四年）など。

（14）石母田正『日本の古代国家』（岩波書店、一九七一年）第一章第四節「第二の周期　天平期」参照。

（15）石井正敏「日本・渤海通交養老四年開始説の検討」（同『日本渤海関係史の研究』吉川弘文館、二〇〇一年）。

（16）佐藤信氏は新しく開かれた渤海との外交関係をめぐって不比等の功績を高く評価するとともに、藤原四子の外交的立場の補強をしようとしていたとみている（前掲書注（6））。
（17）窪田空穂『萬葉集評釋』第十一巻（東京堂出版、一九八五年）三九一頁、澤瀉久孝『萬葉集注釋』巻第二十（中央公論社、一九六八年）、伊藤博『萬葉集釋注』十（集英社、一九九八年）など参照。
（18）中西進『大伴家持』（第六巻、角川書店、一九九五年）三五一頁。
（19）「蒼海」の語は舒明紀九年是年条にも見える。また、『倭名類聚抄』は「蒼溟」を「阿乎宇奈波良」（箋注）、「阿乎宇三波良」（元和古活字本）とする。通用とされる「滄海」の語は『芸文類聚』巻八水部上・海水をはじめ駱賓王「霊穏寺詩」など多くを見る。
（20）東野治之「成選短冊と平城宮出土の考選木簡」（同『正倉院文書と木簡の研究』塙書房、一九七七年）、なお藤井一二氏は田守は「大使任命時に刑部少輔であったところから、官位令の規定する官位相当に規制されて従五位上に留まったものか」とされている（藤井一二「『平城宮木簡』と遣渤海使」『北陸萬葉集研究』創刊号、一九七九年十二月）。
（21）「高麗」の呼称は渤海を高句麗の後身とする認識にもとづくが、仲麻呂執政期に特にこの称が盛行したとされる（金子修一「日本から渤海に与えた国書に関する覚書」（佐藤信編『日本と渤海の日本史』山川出版社、二〇〇三年）。なお、式部省関係の木簡に「靺鞨」と書かれた習書があるが（『平城宮木簡㈤』七八四五）、同時期の木簡であれば、渤海ではなく靺鞨諸族のいずれかを指すことになろうか。
（22）武田祐吉『増訂萬葉集全註釋』五（角川書店、一九五七年）。
（23）『大日本古文書』は天平十六年頃の「先一切経遺紙散用注文」に「近江小（少）掾小野朝臣」とあるのを国堅のこととしている（『大日古』24ノ二八八）。武田祐吉・前掲書注（20）や『国司補任』もこれに従うが、これにはいささか疑問がある。というのは国堅が近江少掾にあったとされる天平十六年には、右に述べたように、閏正月に国堅は令史として『起信論疏』を出蔵させており、同年四月十六日にも同じく写経所の令史であることが確認される。かりに兼任としても少掾の相当位は従七位上であり、国堅の大初位上からすると六階上のポストとなる。国堅の写経司、写経所の官歴からすると「近江少掾」は異例の抜擢となる。「近江少掾」は国堅以外の「小野朝臣」を考えるべきで、小野田守もその候補の一人としうる。

(24)　山田英雄「万葉集梅花宴歌の作者について」(同『万葉集覚書』岩波書店、一九九九年)。
(25)　武田祐吉・前掲書注(22)、澤瀉久孝『萬葉集注釋』巻第五(中央公論社、一九六〇年)、伊藤博『萬葉集釋注』三(集英社、一九九六年)、井村哲夫『萬葉集全注』巻第五(有斐閣、一九八四年)など参照。
(26)　小野老の子としては、後に遣唐使となり帰国に際して遭難死した従四位下小野石根が知られるが(『続日本紀』宝亀十年二月乙亥[四日]条)、従五位下となった時期は天平宝字元年(七五七)であり、田守の天平十九年(七四七)よりすれば年下である。ちなみに石根の唐名は揖寧という(『唐会要』巻九十九倭国条)。
(27)　新日本古典文学大系『続日本紀(三)』(岩波書店)補注21・二五は「唐国の消息」の奏上を叙位以前とみている。
(28)　河内春人「東アジアにおける安史の乱の影響と新羅征討計画」(『日本歴史』五六一号、一九九五年二月)、濱田耕策『渤海興亡史』(吉川弘文館、二〇〇〇年)、石井正敏「初期日本・渤海交渉における一問題」前掲注(11)(第三部第三章)を参照。

(追記1)「蒼海」の語は、天平勝宝八歳(七五六)六月二十一日付東大寺献物帳(いわゆる「国家珍宝帳」)にも「鑒眞和上、滄海を淩ぎて遙かに来たる」とみえる。その出典は玄奘三蔵「進西域記表」とみられる。

(追記2)本稿刊行後、水野柳太郎氏「新羅進攻計画と藤原清河」(水野柳太郎編『日本古代の史料と制度』岩田書院、二〇〇四年)に接した。この時期の対外関係を考察する上で有益である。参照されたい。

(追記3)黛弘道先生は「大伴家持と万葉集の終焉」(『歴史と人物』八七号、中央公論社、一九七八年十一月)において、政治史の観点から万葉終焉歌の背景となる政治状況に考察を加え、歌を記録することが生命の危機に及ぶ、きわめて緊迫した政治情勢にあったことを指摘された。拙稿は先生の政治史的観点からの考察をうけ、対外関係史の観点から考察を加えたものである。文学研究においては終焉歌は巻頭歌に対応する歌巻を締めくくる寿歌という説が有力であるが、本章では終焉歌は国内の緊迫した政治状況のみならず、東アジアの国際関係の緊迫した政治的現実を背景に詠まれた歌であることを指摘した。黛先生の提起された問題への私なりの拙い回答である。

(追記4)旧稿では、武藝の国書の「伏惟、大王、天朝受命、日本開基、奕葉重光、本枝百世」の部分について、「伏して惟みれば、大王、天朝(唐王朝)の命を受けて、日本(の)、基を開き、奕葉光《えきえふ》を重ねて本枝百世《ほんしはくせい》なり」と読み下した。「天朝受命」を岩波新日本古典文学大系『続日本紀（二）』注に「天皇の朝廷」が「天帝の命令」を受けて、と理解するのを採らず、石井正敏氏が指摘されるように「天朝」を中国（唐）の朝廷と解するのを妥当と考え、「大王（天皇）は天朝（唐皇帝）の命を受け」と理解した（石井正敏「第一回渤海国書の解釈をめぐって」（同『日本渤海関係史の研究』吉川弘文館、二〇〇一年、初出「第一回渤海国書について」補考」一九九九年）。

続く「日本開基」は、「伏惟、大王、／天朝受命／日本開基／奕葉重光／本枝百世」という四字句の一部をなし、大王（天皇）が「日本国を創建した（基を開く）」と理解した。ともに唐に朝貢するが、互いに渤海と日本を創始し、肩を並べる王であるという位置づけが鮮明となろう。旧稿の読み下しを「大王、天朝の命を受けて日本を開基し、奕葉光を重ねて本枝百世なり」と改めておきたい。

また、筆者は神亀五年（七二八）に奉呈された第一回渤海国書中の「日本」を国号と理解したが、東野治之氏はこの「日本」は国号ではなく、極東、東方の意とされている（東野治之「日本國號の研究動向と課題」『東方學』第百二十五輯、二〇一三年一月）。しかし、日本が七〇二年の遣唐使により唐に日本の国号を承認されてから二十五年ほどが経過しており、渤海の遣日本使の目的が「親仁結援」にあったとすれば、少なくとも倭が日本と国号を改号した情報を把握した上での国書であろう。渤海は唐に王子を交替宿衛させており、情報は充分把握していたであろう（七一三年以前、同母弟大門芸入唐宿衛か。七一八年二月、同母弟大述芸、入唐宿衛。七二五年五月、大武芸の弟大昌勃価《だいしょうぼっか》、入唐宿衛。大昌勃価は七二七年四月に帰国）。従って、この「日本」を国号と解して差し支えないと考える。七〇二年の遣唐使が唐に承認されたのは倭から日本への国号の承認であり、君主号である「天皇」号については触れていない。従って、渤海国書に「天皇」と無く、「大王」とあるのは当然といえる。

なお、中野高行氏は東野氏の東方説をうけ、「大王、天朝より命を受けて、日の本に基を開き」と読まれている（中野高行「9　渤海→日本　王啓『続日本紀』神亀五年（七二八）正月甲寅（十七日）条」鈴木靖民・金子修一・石見清裕・浜田久美子編『訳註日本古代の外交文書』八木書店、二〇一四年）。

（追記5）鎌田元一「第一次遣渤海使の発遣年次」（京都大学文学部読史会『国史研究室通信』三一号、二〇〇五年、のち『律令国家史の研究』所収、塙書房、二〇〇八年）に接した。鎌田氏は遣渤海使の渡航期間が長すぎること、「越前国正税帳」天平二年度の加賀郡の支出項目の米が「糒」であることから、出発が天平二年ではなかったかという疑問を呈せられている。

＊「万葉の時代の日本と渤海」（高岡市万葉歴史館編『無名の万葉集』高岡市万葉歴史館論集8、笠間書院、二〇〇五年三月）に補訂を加えた。なお、二〇〇四年（平成十六）十二月十一日に行われた国立歴史民族学博物館共同研究会と富山県・日本海学推進機構主催のパネルディスカッション「万葉の時代と国際環境」で、本章の要旨を発表した。

第六章　付　古代日本の「蝦夷」の表記について

一、はじめに――「毛人」と「蝦夷」――

『日本書紀』は朝鮮諸国のみを「蕃」として、列島内の諸種族と区別しているが、大高広和氏によれば大宝律令には「蕃」と「夷」とを明確に区別する論理がなく、天平十年（七三八）頃に成立した大宝令の注釈である古記になって初めて「蕃」と「夷」の区別が問題とされたという。列島における華夷思想の形成、列島の諸種族の認識に関わる重要な問題提起である。(1) これに比すればやや些末な問題であるかもしれないが、小稿では「蝦夷」の表記をめぐる問題を取り上げたい。

早く児島恭子氏が「蝦夷」の表記は中国から生まれたとされたが、(2) 倭王武の上表文を見ると、東方の居住民を「毛人」と記している。上表文の撰者は中国古典に典拠を求め文をなすのを常套としている。にも拘わらず「蝦夷」でなく「毛人」としているのは「蝦夷」の語がなかったか、採用されなかったかのいずれかであろう。こうしたことから年来「蝦夷」の表記が中国で生まれたという説を疑問視してきたが、中国史料における「蝦夷」の語の渉猟は容易ではなく、私のメモでは『通典』が初見史料と思われたが確信を得るには心許ない情況であった。そうした意味で中央研究院・漢籍電子文献の検索に負う所が大きい。

二、蝦夷の語と表記

「蝦夷」はエミシと訓ぜられているが、近年の研究で、「蝦夷」と称された人々は異種族（民族的集団、アイヌ民族）の名称ではなく、国家の東方に居住したまつろわぬ人びと、未服属の人びとを指し、支配下に組み込むべき対象とされていたとみるのがほぼ共通の認識になっているように思われる。

ところで、「蝦夷」の表記については、既述の如く児島氏が「蝦夷」の表記は中国から生まれたとされたが、最近では田中聡氏が倭国創出説を提起され、「蛙のように平伏する姿勢を意味する「蝦」に、東方の異種族を表す「夷」を合わせた」語とされている(3)。

ところで、「蝦夷」の「蝦」という漢字の音はカで、義には「がま」、「かへる」、「えび」といった意味がある。また「夷」という漢字の音はイで、義には「東方の君子国の人」、「東夷」、「東方のえびす」、「えびす（四方諸国の民族の総称）」、「九畿の一（遠方、海外）」、「平らか」などの意味がある（以上『大漢和辞典』）。「東夷」は中国の四夷思想に基づく「えびす・東方の異民族」といった意味である。

『萬葉集』では「蝦夷」の「蝦」の字は「かへる（蛙）」と訓まれた例が一例で、あと三例は「河」の字と熟語をなして「河蝦《かはづ》」（蛙）の意として使用されている。

「河蝦《かはづ》」（巻六・一〇〇四）

「黄變《もみつ》蝦手《かへるて》（色付いた楓、葉の形が蛙の手に似ているという）」（巻八・一六二三）

「河蝦鳴《かはづなく》」（巻九・一七二三）、「河蝦鳴成《かはづなくなる》」（巻十・二二二二）

また、「夷」の場合は音が利用された「記夷城《きいのき》」（巻八・一四七二左注）を除くと、いずれも都に対する概念である「ひな（鄙）」の意で、田舎、地方の意味として用いられている。

「夷守駅家《ひなもりのやくけ》」（巻四・五六七左注）、「朝夷郡《あさひなのこほり》」（上総国［安房国］朝夷郡、巻二十・四三五三左注）、

「天離《あまざかる》　夷者雖レ有《ひなにはあれど》」（巻一・二九）、「天離《あまざかる》　夷之荒野尓《ひなのあらのに》」（巻二・二二七）、

「天離《あまざかる》　夷之長道従《ひなのながちゆ》」（巻三・二五五）、「天佐我留《あまさがる》　夷乃国辺尓《ひなのくにへに》」（巻四・五〇九）、

「天離《あまざかる》　夷部尓退《ひなへにまかる》」（巻六・一〇一九）、「天離《あまざかる》　夷治尓登《ひなをさめにと》」（巻九・一七八五）、

「夷離《ひなざかる》　国治尓登《くにをさめにと》」（巻十三・三二九一）、「夷尓之居者《ひなにしおれば》（越中国）」（巻十九・四一六九）、

「夷尓之乎礼婆《ひなにしをれば》（越中国）」（同巻・四一七〇）、「天離《あまざかる》　夷等之在者《ひなとしあれば》（越中国）」（同巻・四一八九）、

「夷放《ひなざかる》　国乎治等《くにををさむと》（越中国）」（同巻・四二一四）

大伴家持が越中国に赴任する際の歌に「ひな（鄙）」に「夷」字（巻十九・四一六九・七〇・八九、四二一四）が使用されているのは四夷思想に基づく「夷」を念頭に置いたものであろう。都びと、或いは貴族の地方意識がうかがえて興味深いものがある。後述するように奈良時代には、日本海側では同じ「ひな」でも越中までは「夷」字、越後・出羽には「狄」字を充てるのがふさわしいとみていたらしい。

三、『日本書紀』のエミシ

次に『日本書紀』にエミシはどう描かれているかをみておきたい。

1、神武即位前紀戊午年十月条……「エミシ」の語

愛瀰詩烏《えみしを》　毗儾利《ひだり》　毛々那比苔《ももなひと》　比苔破易陪廼毛《ひとはいへども》　多牟伽毗毛勢儒《たむかひもせず》

エミシを　一人《ひだり》　百《もも》な人　人は云へども　抵抗《たむかひ》もせず

右は来目部の戦勝歌、いわゆる来目歌の一つである。蝦夷を一人で百人に匹敵する（一騎当千の）強い兵だと人は言うけれど、我々来目部には全然抵抗もしない、俺たちは強いのだ、といった意味になろうか。「エミシ」の語は『日本書紀』のこの来目歌に唯一みえるが、意味は不明で、奈良時代にはエミシが転訛したとみられる「エビス」の語が使われ始めている。(4)

2、景行紀四十年七月条

《其の東夷の中《うち》に、蝦夷《えみし》は是尤《はなは》だ強《こは》し。男女交《まじ》り居《お》りて、父子《かぞこ》別（区別、秩序）無し。冬は穴に宿《ね》、夏は樔《す》に住む。毛を衣《し》き血を飲みて、昆弟《このかみおとと》（兄弟）相疑ふ。山に登ること飛ぶ禽《とり》の如く、草を行《はし》ること走《に》ぐる獣の如し。……》

右は『日本書紀』編者の「蝦夷（エミシ）」観をうかがうに重要な史料で、東征する日本武尊に対する景行天皇の言葉である。中国古典に潤色されているが、「蝦夷」を四夷思想に基づく東夷（東方の野蛮人）として、勇猛な野性味溢れる住民として描写している。

3、斉明紀五年（六五九）秋七月戊寅［三日］条

《小錦下坂合部連石布《いはしき》・大仙下津守連吉祥《きさ》を遣して、唐国《もろこし》に使《つかひ》せしむ。仍りて道奥《みちのく》の蝦夷男女二人を以《ゐ》て、唐の天子《みかど》（高宗）に示《み》せたてまつる。》

4、斉明紀五年秋七月戊寅［三日］条所引「伊吉連博徳書」

《天子《みかど》（唐の高宗）問ひて曰《のたま》はく、「此等の蝦夷《えみし》の国は、何《いづれ》の方《かた》に有るぞや」とのたまふ。使人謹みて答へまうさく、「国は東北《うしとらのかた》に有り」とまうす。天子《みかど》問ひて曰《のたま》はく、「蝦夷は幾種《いくくさ》ぞや」とのたまふ。使人謹みて答へまうさく、「類《たぐひ》三種《みくさ》有り。遠き者をば都加留《つかる》と名《なづ》け、次の者をば麁蝦夷《あらえみし》と名《なづ》け、近き者をば熟蝦夷《にきえみし》と名《なづ》く。今、

此は熟蝦夷なり。歳毎《としごと》に、本国の朝《みかど》に入《まゐ》り貢《たてまつ》る」とまうす。天子《みかど》問ひて曰《のたま》はく、「其《そ》の国に五穀《いつつのたなつもの》有りや」とのたまふ。使人謹みて答へまうさく、「無し。肉《しし》を食《くら》ひて存活《わたら》ふ」とまうす。天子《みかど》問ひて曰《のたま》はく、「国に屋舎《やかず》（住居）有りや」とのたまふ。使人謹みて答へまうさく、「無し。深山《みやま》の中にして、樹《こ》の本《もと》に止住《す》む」とまうす。》

この史料は『日本書紀』に引用される「伊吉連博徳書」と呼ばれる遣唐使の記録で、中国史書に記されたエミシを説明するのに不可欠の史料である。3の斉明紀本文「道奥《みちのく》の蝦夷男女二人」は4の「伊吉連博徳書」を参照すれば蝦夷三種のうちの「熟蝦夷」であることがわかる。

斉明天皇治世の六五八年（斉明四）から六六〇年までの三年にわたって越国守（高志国宰）阿倍比羅夫が北方遠征を行い、捕虜とした蝦夷のうちの熟蝦夷の男女二人を斉明五年の遣唐使に同行し、倭国は周辺の東夷を服属させ、歳貢（毎年の朝貢）させている国であることを唐の皇帝高宗《こうそう》に誇示したとみられる。

5、斉明紀五年秋七月戊寅［三日］条所引「難波吉士男人書」

《難波吉士男人書に曰《い》はく、「大唐《もろこし》に向《ゆ》ける大使、嶋に触《つ》きて覆《くつがへ》る（転覆した）。副使、親《みずか》ら天子《みかど》（高宗）に観《まみ》えて、蝦夷を示《み》せ奉《たてまつ》る。是《ここ》に、蝦夷、白鹿の皮一つ、弓三つ、箭《や》八十《やそ》を天子《みかど》に献る」といふ。》

「伊吉連博徳書」と同様に同条に引用される遣唐使の記録「難波吉士男人書」によると、大使（坂合部連石布）の船は転覆し、副使の津守連吉祥が熟蝦夷の男女二人を同行したことが知られる。

なお、周知のように、この遣唐使は、唐が新羅の要請を受けてひそかに百済征討の準備を進めるに当たり、「国《く》家《に》、来《きた》らむ年に、必ず海東の政（朝鮮半島の征討）有らむ。汝等《いましたち》倭の客《まらうと》、東《ひむがし》に帰ること得ざれ」として洛陽に一時幽閉された（斉明紀五年七月戊寅条所引「伊吉連博徳書」）。

四、中国史書に記されたエミシ

6、『宋書』（四八八年頃成立）夷蛮伝倭国条（倭国伝）

表を上《たてまつ》りて曰く、「封国《ほうこく》（倭国）は偏遠《へんえん》にして、藩を外に作《な》す。昔自《よ》り祖禰《そでい》躬《みずか》ら甲冑《かっちゅう》を擐《つらぬ》き、山川を跋渉《ばっしょう》し、寧処《ねいしょ》に遑《いとま》あらず。東は毛人を征すること五十五国、西は衆夷を服すること六十六国、渡りて海北を平らぐこと九十五国。……

有名な倭王武（雄略天皇）の上表文の冒頭で、中国南朝の劉宋の皇帝のために、藩屏として忠節を尽くす姿が述べられている。倭王武の上表文は当然のことながら倭国で書かれた国書である。そこに東夷を「蝦夷」ではなく「毛人」と表記し、西は「衆夷」と記している。「毛人」は中国の地理書である『山海経《せんがいきょう》』海外東経にみえる「毛民」に由来する、あるいは『淮南子《えなんじ》』の「東北方に毛民有り」といった中国の東北住民毛人観の影響とも思われるが、何よりその特徴が多毛、もしくは毛深さにあったと考えられる。

7、『通典《つてん》』（八〇一年頃成立）巻一八五、辺防一・東夷上、蝦夷

蝦夷国は海東中の小国なり。其の使の鬚《ひげ》、長さ四尺。尤《もっと》も弓矢を善くす。箭《や》を首に挿し、人をして之を戴《いただ》きて立たしめ、四十歩にして之を射て、中《あた》らざること無し。大唐の顕慶四年（六五九）十月、倭国の使人に随ひて入朝す。

管見の限り中国史料に「蝦夷」の語が最初に登場するのは杜佑《とゆう》『通典』で、それ以前には確認できない。『通典』は唐の杜佑が編纂、八〇一年頃に成立した中国の諸制度の変遷を部門別に記した書で、「辺防」の部門に「蝦夷」の項がある。

この『通典』の蝦夷記事とほぼ同文の記事がその後に編纂された『唐会要《とうかいよう》』巻百・蝦夷条、『新唐書』東夷伝日本条に掲載され、蝦夷の特徴である鬚とウイリアム・テルのように弓矢の巧みなことが特記されている。この記事は史料3～5の斉明紀の顕慶四年（六五九）に倭国使人に同行して入朝した蝦夷記事に対応するもので、同一の事柄と考えられる。

『通典』辺防・東夷上に「蝦夷」の項が立項されたことは、唐では倭国使人に同行して入朝した蝦夷を、倭国側の意図とは別に皇帝高宗の徳化による支配領域の拡大と捉えていたことを意味しよう。

中国史料に『通典』以前に「蝦夷」の表記が確認できないことからすると、中国側がエミシを「蝦夷」と表記したのは、東都洛陽で高宗と謁見した遣唐副使の津守吉祥が献じた国書に「蝦夷」とあったか、もしくは同行したエミシを説明するのに、「蝦夷」と書いて示したことに依るとみてほぼ誤りあるまい。

倭国では五世紀に東夷（東方の人びと）を「毛人」と表記したが（倭王武の上表文）、多毛・毛深いことと鬚という特徴から「カヘル（蛙）」ではなく、鬚の長い「エビ（「蝦」）」を連想したみられる。そしてその「蝦（エビ）」の観念に四夷思想の東夷の「夷」とを結びつけて「蝦夷」という表記を創出したと思われる(5)。恐らく七世紀半ばまでに「蝦夷」という倭製漢語が生まれたと推測される。こうした過程は倭（日本）の華夷思想の形成過程を示すもので、斉明天皇の治世に、王都飛鳥で須弥山《しゅみせん》像の前で蝦夷や粛慎などの服属儀礼が行われていることからもうかがえる。

なお、『続日本紀』では陸奥（太平洋側）のエミシを「蝦夷」、越後・出羽のエミシを「蝦狄」と書く場合があるが（初出は文武元年十二月庚辰［十八日］条）、「蝦狄」も「蝦」と四夷思想に基づく北狄の「狄」とを結びつけた日本独自の表記とみられる。管見の限り「蝦狄」の語を中国史書に見ない。

前に触れた越後・出羽での「狄」は、この北狄の「狄」である。新潟市小新の的場《まとば》遺跡からは「狄食」（蝦狄に支給された食料の意か）と書かれた八世紀前半〜九世紀半ばの習書木簡が出土している。(6) また、秋田城跡（秋田市）からは「八月廿五日下狄饗料」と書かれた延暦年間（七八〇〜八〇六）の木簡が出土している。「狄饗料」は蝦狄に対する饗宴のための食料・物品を下付した際の木簡とみられる。(7) これらは養老職員令70大国条に見える陸奥・出羽・越後の国司の職掌「饗給」(8) に基づく蝦狄への饗給（饗宴と禄物の賜与）の姿の一端であろう。

以上、「蝦夷」という表記が中国ではなく、倭国で七世紀半ばまでに「蝦（エビ）」の観念と四夷思想の東夷の「夷」とを結びつけて創出されたことを述べた。

［注］

（1）大高広和「大宝律令の制定と「蕃」「夷」」（『史学雑誌』第一二二編第十二号、二〇一三年十二月）。

（2）児島恭子「エミシ、エゾ、「毛人」「蝦夷」の意味—蝦夷論序章—」（『竹内理三先生喜寿記念論文集上巻　律令制と古代社会』東京堂出版、一九八四年）。

（3）田中聡「蝦夷と隼人・南島の社会」（歴史学研究会・日本史研究会編『日本史講座1東アジアにおける国家の形成』東京大学出版会、二〇〇四年）。

（4）『日本書紀』の講書の記録である『釈日本紀』秘訓四に「養老説」として「蝦夷」を「衣比須」と訓じている。なお、エゾの語については、遅くも十二世紀には使用されている（『夫木和歌抄』藤原顕輔《あきすけ》の歌）。

（5）冒頭で述べたように、田中聡氏は「蝦夷」の表記を「蛙のように平伏する姿勢を意味する「蝦」に、東方の異種族を表す「夷」を合わせた」語とされている。たしかに「蝦」にはカヘルの意味もあるが、これでは「毛人」との整合性が見いだせない。毛とヒゲから「蝦」（えび）が連想されたのであろう。

（6）『木簡研究』第一三号、一九九一年、一一四頁。

（7）『木簡研究』第二九号、二〇〇七年、一五六頁。

（8）　陸奥・出羽・越後の国司の職掌「饗給」については、今泉隆雄「蝦夷の朝貢と饗給」、熊田亮介「蝦夷と蝦狄―古代の北方問題についての覚書―」（いずれも高橋富雄編『東北古代史の研究』所収、吉川弘文館、一九八六年）を参照した。

＊なお、「蝦夷」、「蝦狄」の語の検索に当たり中央研究院・漢籍電子文献を使用した。

＊「古代日本と蝦夷・渤海―日本の華夷思想―」（高岡市萬葉歴史館叢書24『万葉集と環日本海』二〇一二年三月）の第二章などをもとに加筆した。

第二部　万葉の時代の人物誌

第一章　大津皇子とその周辺

一、はじめに――悲劇の皇子――

七世紀後半、白鳳時代の悲劇の皇子というと誰しも有間皇子と大津皇子とをあげるであろう。宮廷史の闇に渦巻く暗闘、謀略・裏切りは多くの悲劇の主人公を生んだ。その中でとりわけこの二人が悲劇の皇子として想起されるのは、二人が単に皇位継承の有力候補の地位にあり、悲惨な最期を遂げたという理由だけではあるまい。なにより二人の悲劇がみずからの死を悼む辞世歌の形をとって『萬葉集』に取り上げられ、歌の表現の力によってその人間像が光彩を放って悲劇性を増幅し、遙かに時空を超えて人の心を揺さぶるからであろう。

有間皇子は孝徳天皇の皇子、母は左大臣阿倍倉梯麻呂の女小足媛《おたらしひめ》である。父孝徳天皇は乙巳の変により即位したが、政治改革の過程で中大兄皇子らと不和となり孤立、悲憤のまま病没した。『日本書紀』（以下『書紀』と略す）によると、斉明四年（六五八）十一月、皇位継承の有力候補の位置にあった有間皇子は、蘇我赤兄の陰謀により謀反の疑いで逮捕され、斉明天皇の滞在する紀温湯《きのゆ》に護送される途中、藤白坂（海南市内海町藤白付近）で絞首に処せられた。[1] 中大兄皇子の訊問に有間皇子は「天《あめ》と赤兄と知らむ。吾全《もは》ら解《し》らず」と答えたという。

有間皇子自ら傷《みづか》《いた》みて松が枝《え》を結ぶ歌二首

磐白《いはしろ》の　浜松が枝を　引き結び　ま幸《さき》くあらば　またかへり見む　（巻二・一四一）

家にあれば　笥《け》に盛る飯《いひ》を　草枕　旅にしあれば　椎《しひ》の葉に盛る　（巻二・一四二）

有間皇子は、『萬葉集』に残されたこの二首の歌のみで、後世に忘れがたい悲劇の主人公になったといっても過言ではない。この二首は有間謀反事件と分かちがたく結びついており、切り離すことはできない。それにより『書紀』が或本を引用して描き出す謀反人像に抗する、悲劇的な運命におかれた一人の人間像を創り出している。石母田正氏はこの二首は「特定の状況と瞬間における皇子の全部を直接に表現して」おり、「そこに歴史記述者の一切の修正、偽造、加工を拒否する動かしがたい一箇の真実を伝えている」(2)と述べている。

恐らく有間皇子の死後間もなく、皇子の心情を伝える自傷歌として位置づけられ、それによってあらたな自己運動を開始する。

長忌寸意吉麻呂《ながのいみきおきまろ》、結び松を見て哀咽《あいえつ》する歌二首

磐代の　崖《きし》の松が枝　結びけむ　人はかへりて　また見けむかも　（巻二・一四三）

磐代の　野中に立てる　結び松　心も解けず　古《いにしへ》思ほゆ〈未詳〉　（巻二・一四四）

山上臣憶良の追和《ついわ》する歌一首

翼《つばさ》なす　あり通ひつつ　見らめども　人こそ知らね　松は知るらむ　（巻二・一四五）

大宝元年辛丑、紀伊国《きのくに》に幸《いでま》せる時に、結び松を見る歌一首〈柿本人麻呂が歌集の中に出でたり〉

後《のち》見むと　君が結べる　磐代の　小松が末《うれ》を　また見けむかも　（巻二・一四六）

巻二の編者は自傷歌二首に続けて追和四首（一四三〜一四六）を一括して収載している。また、巻九には「大宝元年辛丑の冬十月に、太上天皇・大行《だいぎやう》天皇、紀伊国に幸せる時の歌十三首」がみえるが、そのうちの「風無《かざな》しの

浜の白波　いたづらに　ここに寄せ来る　見る人なしに」（巻九・一六七三）の左注に「右の一首、山上臣憶良の類《るい》聚歌林《じゆかりん》に曰く、長忌寸意吉麻呂、詔に応へてこの歌を作る、といふ」とある。これによれば巻二に収載されている意吉麻呂の「結び松」歌は、人麻呂歌集中に書きとどめられた一四六番歌と同様に、大宝元年（七〇一）の紀伊行幸の際の作とみなすことができる。共に事件から四十三年が経過したのちに作歌されたことになる。また、「藤白の　み坂を越ゆと　白たへの　我が衣手は　濡れにけるかも」（巻九・一六七五）も、有間皇子を偲んだ歌と解するのが妥当であろう。

謀反事件から四十余年を隔て、なお宮廷の人々に有間皇子の悲劇は伝承され、宮廷史の闇に葬られた一人の人間に、同情と共感をもってうたわれている。「磐代」の地名はただちに有間皇子の結び松を想起させ、「藤白」は絞首を回想させたのである。有間皇子の自傷歌二首が巻二挽歌冒頭にあげられた要因もここにあろう。

同様に大津皇子についても『書紀』や『懐風藻』に、悲劇的な宿命を負った一人の人間の運命が語られているが、『萬葉集』に伝える大津の辞世歌や姉大来皇女の哀惜の念の込められた歌により、悲哀はより深いものとなり、政治的犠牲の抗議にまで昇華されている。

二、大津皇子

大津皇子は天武天皇の皇子で、母は持統皇后の同母姉の大田皇女である。大田皇女は持統より早く天武と婚し、大来（大伯）皇女、大津皇子の二児をもうけたが（天武紀二年二月条）、天智称制六年（六六七）二月以前に亡くなっている。(3) 大来皇女は斉明七年（六六一）、大津皇子は天智称制二年（六六三）の生まれと推定されている。大津皇子は持統所生の草壁皇子よりわずか一歳年少であった。母は生きていれば皇后になっていた可能性が高く、大津の運命もまったく異なるものになっていたであろう。

『書紀』は大津皇子を評して「容止《みかほ》墻《たか》く岸《さが》しくして、音辞《みことば》俊《すぐ》れ朗《あきらか》なり。天命開別《あめみことひらかすわけ》（天智）天皇の為に愛《めぐ》まれたてまつりたまふ。長《ひととなる》に及《いた》りて弁《わきわき》しくして才学《かどま》有す。尤《もと》も文筆《ふみつくること》を愛《この》みたまふ。詩賦《しふ》の興《おこり》、大津より始れり」と絶賛している（持統称制前紀）。また、『懐風藻』にも「状貌魁梧《じょうぼうかいご》、器宇《きう》峻遠《しゅんえん》。幼年にして学を好み、博覧にして能《よ》く文を属《つく》る。壮《さかり》に及びて武を愛み、多力にして能く剣を撃つ。性頗《すこぶ》る放蕩《ほうとう》にして、法度《はふど》に拘らず、節を降して士を礼《いや》びたまふ。是れに由りて人多く附託《ふたく》す」（大津皇子伝）とある。要は文武に長じた豪放闊達な人柄で信望も厚いというのである。

『萬葉集』には大津皇子の歌として次の歌が見える。

　大船の　津守が占《うら》に　告《の》らむとは　まさしに知りて　我が二人寝《ね》し　（巻二・一〇九）

大津皇子が「竊かに」石川女郎と関係をもったことが、津守連通の占いに露顕した時の歌（題詞）だとされているが、大津皇子の奔放・大胆な性格をよく示していよう。

また、『懐風藻』には大津の詩四首が収載されている。そのうちの一首に「述志」（『懐風藻』6）がある。

　天紙風筆雲鶴《うんかく》を畫《えが》き　山機霜杼葉錦を織らむ

自由にしかもあやのある詩文を作りたいという意を込めた詩であるが、(4) これには類想歌がある。

　経《たて》もなく　緯《ぬき》も定めず　娘子らが　織るもみぢ葉に　霜な降りそね　（巻八・一五一二）

この歌は漢詩表現を踏まえて詠んだものとみられる。小島憲之氏も詩と歌の交流を示すものとされている。(5) 大津皇子が「博覧にして能く文を属る」（『懐風藻』大津皇子伝）、あるいは「詩賦の興、大津より始れり」（持統紀）と評されるのもあながち誇張とはいえないのかもしれない。

大津皇子は謀反の疑いで刑死させられているにもかかわらず、『書紀』、『懐風藻』ともに褒めすぎの観がある。

『懐風藻』の編者は反天武・持統の立場にあることが指摘されているが(6)、大津謀反事件に対してそれだけ強い批判が込められているとみることができよう。

三、大津皇子の謀反

訳語田の舎　朱鳥元年（六八六）九月九日、天武天皇は飛鳥浄御原宮で崩じた。翌々日から十余日を費やし、南庭に殯宮が造営され、以後二年二か月にわたって殯の儀式が執り行われた。ところがこの間、天武が崩じてわずか半月後の九月二十四日、殯宮で一大変事があった。

『書紀』朱鳥元年九月二十四日条には「辛酉（二十四日）に、南庭に殯す。即ち発哀《みねたつまつ》る。是の時に當りて、大津皇子、皇太子を謀反《かたぶ》けむとす」と記す。さらに、持統称制前紀朱鳥元年十月二日条に「皇子《みこ》大津、謀反《みかどかたぶ》けむとして発露《あらは》れぬ。皇子大津を逮捕《から》めて、幷《あはせ》て皇子大津が為に詿誤《あざむ》かれたる直広肆《ぢきくわうし》八口《やくちの》朝臣音橿《おとかし》・小山下《せうせんげ》壹伎《ゆきの》連博徳《はかとこ》と、大舎人《おほとねり》中臣朝臣臣麻呂・巨勢朝臣多益須《たやす》・新羅沙門《ほふし》行心《かうじむ》、及び帳内《とねり》礪杵道作《ときのみちつくりたち》等、三十餘人《みそたりあまりのひと》を捕《から》む」とあり、明くる三日条には「皇子大津を譯語田の舎に賜死《みまからし》む」とある。時に二十四歳であったという。妃の山辺皇女は髪を振り乱し、素足のまま走り赴き殉死したが、見る者は皆むせび泣いたと伝える。

大津皇子が刑死した「譯語田の舎」は、「大津皇子宮」（『萬葉集』巻二・一二九題詞）とする説が有力であるが(7)、持統称制前紀では「宮」とないうえ、「家」・「宅」字でもなく「舎」字が用いられていることからこれを疑問視する見解も示されている(8)。

『書紀』中の皇子宮の記載をみると、宮ではなく「家」、「舎」と表記される例が四例ある。そのうち「家」と表記されるのは「大草香皇子の家」（安康紀元年）、「(穴穂部）皇子の家の門《かど》」（用明紀元年五月分注）、「(有間皇子）市経《いちぶ》の家」（斉明紀四年十一月三日条）の三例で、「舎」と記される例はわずか一例で、大津皇子の「譯語田の舎」がそれである。これらに共通するのはいずれも反逆ないし謀反で非業の死を遂げた皇子である。[9]

そこで次に「舎」字の単独の使用例についてみると、『書紀』では「譯語田の舎」を含めてわずか四例である。

圓大臣の言葉「臣《やつこ》の舎《や》に隠匿《かく》る」、「臣の舎《いへ》に来《きた》れり」　（雄略即位前紀）

「影媛が舎《いへ》に宿《やど》り」　（武烈即位前紀分注一本云）

この他に類似の用例として「舎宅《いへ》を起し造りて」（継体紀二十四年九月条）がある。

「臣の舎（ヤ）に隠匿る」の例は、建物そのものとも邸宅とも解せるが、他の用例では「舎」はイヘと訓まれ、邸宅を意味していると思われる。

また、『古事記』では「堅魚を上げて舎《や》作れる」（雄略天皇段）の一例、他に類似の用例として「堅魚を上げて舎屋作れる」（同段）があるが、いずれも「ヤ」と訓み建造物を意味している。これらの用例をみると、木村徳国氏が指摘されたように「舎」は「ヤ」と訓み、建造物そのものを指す用例が古態を示す[10]と思われるが、それに派生して邸宅をも意味するようになったと推察される。

「譯語田の舎（イヘ）」も「譯語田の舎（ヤ）」と訓む可能性はあるが、有間皇子の「市経の家」の例からも、邸宅と解するのが妥当と思われる。大津皇子の宮は、謀反人であるがゆえに「宮」字は用いられなかった。「家」「宅」ではなく、敢えて「舎」字が用いられたのは大津の臨終詩の影響ではないかと思われる。

大津皇子の臨終詩

五言。臨終。一絶。

金烏臨西舎　鼓聲催短命

金烏《きんう》西舎《せいしゃ》に臨《て》らひ　鼓声《こせい》短命を催す

泉路無賓主　此夕離家向　　泉路《せんろ》賓主《ひんしゅ》無し　此の夕《ゆうへ》家を離りて向かふ　（『懐風藻』7）

右は天和刊本によるが、四句目は群書類従本に「此夕誰家向《此の夕誰が家にか向かはむ》」とあり、「離」と「誰」とはきわめて類似した文字であり、原詩がいずれであるのか揺れのあること周知の通りである。[11]

『懐風藻』に収載された大津皇子の臨終詩については中国・朝鮮の臨刑詩に類似歌があることが知られているが、[12] 小島憲之氏は大津皇子の詩に先行する作として、陳《ちん》の後主叔宝《しゅくほう》の詩をあげている。[13] 釈智光の撰になる『浄名玄論略述《じょうみょうげんろんりゃくじゅつ》』に引用される「有伝」にみえる詩で、陳王の叔宝が隋軍に捕らえられ、隋の都長安に護送された時のものである。

小島氏による原文と読み下しを掲げておく。

鼓声推（催ヵ）命役　日光向西斜　　鼓声命を催す役　日光西に向かひて斜《なのめ》なり
黄泉无客主　今夜向誰家　　黄泉《よみぢ》に客主無し　今夜《こよひ》誰が家にか向はむ

小島氏は叔宝の詩を含む臨刑詩群が伝来していたと推定されているが、ひとまず大津の臨終詩と叔宝の詩を比べてみると、大津の「西舎」は、叔宝の詩「西斜」から音を同じくする「西舎」の語を選んだとみられる。また、「離家」は「誰家」とあった可能性が高い。

磐余の池

『萬葉集』には大津の辞世とされる歌が伝えられている。

大津皇子、死を被《たまは》りし時に、磐余《いはれ》の池の陂にして涕を流して作らす歌一首
百伝《ももづた》ふ　磐余の池に　鳴く鴨を　今日のみ見てや　雲隠《くもがく》りなむ　（巻三・四一六）
右、藤原宮朱鳥元年冬十月

大津皇子宮があった訳語田の地は敏達天皇の幸玉《さきたま》宮（『古事記』に他田宮）が営まれた地で（敏達四年紀是歳条）、

現在の桜井市戒重の地に比定されている。『日本霊異記』（上巻第三）や『扶桑略記』に「磐余譯語田宮」とあるように、磐余に含まれる地であった。

磐余は五世紀の履中・清寧、六世紀の継体・敏達・用明の諸天皇が宮都とした地で、のちの大和国磯城郡（現桜井市・橿原市付近）の地である。磐余池の所在については和田萃氏の香具山東北の橿原市東池尻町付近とする説[14]、あるいは千田稔氏の桜井市谷西方の小字池田・ミドロ付近説[15]がある。

「つのさはふ」　イハレの語を「いはむ」（聚満、集合する）、「いはみゐ」（多く集まる）から生まれた地名（神武即位前紀己未年春二月壬辰朔辛亥［二十日］条）、或いは「いはれ」を「石村」（石寸）とも書くことから、「いはむら」、「いはむれ（岩群れ）」の「む」が脱落したものとして、岩石が群がっている土地のことをいう地名とする見解（千田稔『飛鳥―水の王朝―』中央公論社、二〇〇一年）もあるが、イハレの原義はイハアレと推測される。アレは生まれる意で、岩石の生成に由来する語であり、生命力の呪的永遠性の意が込められた語であろう。カムヤマトイワレヒコの名はその神話的表現と推察される[16]。

記紀歌謡、『萬葉集』を通じて磐余に対しては「つのさはふ」という枕詞が用いられるのが通例であり、大津皇子辞世歌の「百伝ふ」は唯一孤立した用例である。「つのさはふ」はツノの生命力、すなわち植物の芽の生命力、あるいは蔓草の生命力を表す語とされ、いずれもイハ（岩・石）を修飾するとされている。

一方、「百伝ふ」は『萬葉集』中の用例が「八十《やそ》」にかかることから、数的なイメージから百に不足する「八十」や「五十《い》」にかかるとされてきた[17]。この理解は「百足らず」にはふさわしいが、「百伝ふ」にはどうか、いささか疑問がある。

阪下圭八氏は記紀歌謡の「百伝ふ」の用例に継起と持続性の意を見出し、辞世歌を文脈の中でとらえようとした[18]。

卓見である。「百伝ふ」をこのように理解するならば、「今日のみ見てや」という断絶に対比される表現として、生命力の永遠性を象徴する「イハ」（岩・石）、もしくは磐余の地名にかかる枕詞として誠にふさわしい。

　磐余池はこの磐余の地を象徴する場所であったと思われる。継体紀七年九月条にみえる春日皇女の歌には「……御諸《みもろ》が上に　登り立ち　我が見せば　つのさはふ　磐余の池の　水下《みなした》ふ　魚も　上に出て歎く……」とあり、御諸《みもろ》山（三輪山）から見渡す象徴的景観として磐余池が歌われている。

　大津皇子の辞世歌が「磐余の池の陂」でうたわれとされるのは、大津皇子の宮が近接する磐余の訳語田に営まれ、日頃から親しんだ場所であったことによろうが、それのみにとどまらず磐余池が磐余の地の象徴的景観でもあったことによろう。

四、僧行心と川嶋皇子

新羅僧行心　さて、『懐風藻』では新羅僧行心《こうじん》が大津皇子に謀反をすすめたといい（「大津皇子伝」）、また川嶋皇子が大津の謀反を密告したというが（河島皇子伝）、大津が果たしてどのような挙にでようとしていたのかについては明らかではない。
　前述したように持統称制前紀によれば、逮捕された大津の与同者は三〇数名あり、そのうち名前が判明する者は八口朝臣音橿、壹岐連博徳、中臣朝臣臣麻呂、巨勢朝臣多益須、新羅僧行心、帳内礪杵道作の六名である。ところが実際に処罰されたのは二人だけで、帳内の礪杵道作が伊豆に、行心が飛騨に流されたに過ぎず、大津の死罪の厳しさとはあまりにも対照的である。しかも、与同者とされた壹岐連博徳、中臣朝臣臣麻呂、巨勢朝臣多益須の三人はのちに官界に復帰している。

こうしたことから、この事件は大津皇子には謀反の意志はなく、持統皇后が大津を陥れるために仕組んだ謀略だと考えられている(19)。

ところで、大津の与同者の一人、新羅沙門行心は、「詔して曰はく、「新羅沙門《ほうし》行心、皇子大津謀反《みかどかたぶ》けむとするに与《くみ》せれども、朕《われ》加法《つみ》するに忍びず。飛驒国の伽藍《てら》に徙《うつ》せ」とのたまふ」（持統称制前紀冬十月条）とあるように、飛驒に流罪に処されている。『続日本紀』には飛驒の僧隆観《りゅうかん》は流僧幸甚《こうじん》の子とあり（大宝二年四月八日条）、また隆観が還俗した際にも沙門幸甚の子とあり、本姓は金氏としている（大宝三年十月条）。これによれば、行心と幸甚を同一人物とするのが妥当であり(20)、行心の新羅での本姓は金姓であったろうことが推察される。この行心が謀反をそそのかしたという。

時に新羅僧行心といふもの有り、天文《てんもん》・卜筮《ぼくぜい》を解《し》る。皇子に詔げて曰はく、「太子の骨法《こつぽう》是れ人臣の相にあらず。此れを以ちて久しく下位に在らば、恐るらくは身を全くせざらむ」といふ。因りて逆謀を進む。……此の奸豎《かんじゅ》に近づきて、卒に戮辱《りくじょく》を以ちて自ら終ふ。古人の交遊を慎みし意《こころ》、因りて以《おも》みれば深き哉《かも》。

（『懐風藻』大津皇子伝）

「時に新羅僧行心といふもの有り」、あるいは「古人の交遊を慎みし意、因りて以みれば深き哉」という筆法からは、まったく面識のない行心が大津皇子に接近し、謀反をそそのかしたように読めるが、果たしてそうか。「此の奸豎に近づきて」という文からするとむしろ大津皇子が天文・卜筮にすぐれた見識をもつ行心に接近したようにも読みとれる。

持統皇后の策謀によって行心が大津皇子に謀反をそそのかしたとみる余地もあるが、行心の飛驒への流罪を重いとみるか、軽いとみるかによって評価も変わろう。前述したように与同者で処罰されたのはわずかに二人であり、行心が流罪に処せられている事実は重い。また、大津皇子の人柄が行心を近づけた、とする見解もあるが、処罰されたもう一人の礪杵道作は帳内であり、大津皇子側近である。とするならば、行心もまた大津皇子に身近な存在であったのではないかと思われる。行心はたまたま大津に接近したというのではなく、大津皇子の師的位置にあった家僧(21)であったのではないかと推察される。

大津皇子の父、天武は天文・遁甲《どんこう》の術にすぐれ（天武即位前紀）、壬申の乱に際してはみずから式《ちく》をとり占い（天武紀元年六月二十四日是日条）、また占星台を造営している（天武紀四年正月庚戌条）。大津皇子が父天武にならい、天文・卜筮に通じた行心に師事したということは十分考えられる。このように理解するならば、行心と大津との関係や流罪についても理解が容易である。

莫逆の友川嶋皇子

ところで、『懐風藻』には「始め大津皇子と、莫逆《ばくぎゃく》の契《ちぎり》を為《な》しつ。津（大津）の逆を謀《はか》るに及びて、島（川嶋）則ち変を告ぐ」（河島皇子伝）とある。これによれば、大津と川嶋は親友の間柄であったが、大津が謀反をはかるに及んで川嶋が大津の謀反を密告したという。

川嶋皇子は天智天皇の皇子、持統紀五年（六九一）九月九日条に「浄大参《じょうだいさん》皇子川嶋薨《みう》せぬ」とみえ、『懐風藻』に享年を三十五（河島皇子伝）としているので、逆算すると斉明三年（六五七）の生まれとなり、大津皇子より六歳年長となる。また、『萬葉集』巻二・一九四〜五の左注に「河嶋皇子を越智野《をちの》に葬《はぶ》る時に、泊瀬部《はつせべ》皇女に献《たてまつ》る歌なり」とあることから、川嶋皇子が天武天皇の皇子、忍壁《おさかべ》皇子の妹の泊瀬部皇女を妃としていたと推測されている。川嶋は先帝天智天皇の皇子であったが、天武の宮廷で特に差別的な待遇を受けた形跡は認められず(22)、芝基《しき》皇子とともに吉野の誓盟にも加えられている。

ひるがえってみるに、天武十年（六八一）二月、天武は浄御原令編纂計画を発表すると同時に草壁皇子を皇太子とした。『書紀』は「是の日に、草壁皇子尊《みこのみこと》を立てて、皇太子とす。因りて萬機《よろづのまつりごと》を摂《ふさねをさ》めしめたまふ」（天武紀十年二月二十五日是日条）と述べている。課題であった後嗣問題はこれで終息したかに見えたが、その二年後の天武十二年（六八三）二月になって「大津皇子、始めて朝政を聴こしめす」（天武紀十二年二月一日条）、すなわち大津を朝政に参与させるというのである。

天武朝には執政官ないし国政参議はおかれなかったとみられている。[23] 天武のミウチ的権力体制の中で、草壁の皇太子の権能と大津の朝政参与の権能とが抵触・矛盾することは自明のことであった。草壁と大津の間で揺らいでいるようにもとれるこのような措置を、天武が敢えてとったのはどのような意味をもつのであろうか。別に述べたことがあるように、[24]「萬機を摂る」皇太子は、皇嗣と天皇統治権代行者という二面性をあわせもつが、天武は皇嗣と天皇統治権代行者という二つの権能を分離し、天武のもとに草壁と大津の均衡をはかり、ミウチ的権力体制を強固なものにしようとしたのではないかと考える。

しかし、一時的な均衡も天武の病により崩壊した。朱鳥元年（六八六）、前年から臥せりがちであった天武の病状は、回復の兆しもみえぬまま五月には重体に陥った。いまや皇位継承問題は逼迫した問題となった。七月、天武は「天下の事、大小を問《い》わず、悉に皇后及び皇太子に啓《まう》せ」（天武紀朱鳥元年七月十五日条）という勅を下した。天武は後事を持統と草壁に託したのである。天武の信頼度からするならば、実質的には皇后持統に一切を委ねたといえる。

この結果、大津は朝政の舞台から排除されることになった。大津の心境は如何ばかりであったろう。大津と親しい川嶋は、年長でもあり大津の不満を聞く立場にあったであろう。しかし、皇位継承がさし迫った課題となったとき、川嶋にとって大津との親交の深さは、深ければ深いほど危険をともなうものとなった。ひとたび疑念が向けられれば連座しかねない情況が生まれたのである。川嶋は自己の生命を守るために大津の不満、或いは大津が「竊《ひそ》かに」伊勢神宮に参拝したこと（後述する）を告げた可能性もある。川嶋の密告をうけた持統と大津の間に、殯の場で何があったのかはわからない。推測されているように大津の不穏当な発言が、大津皇子とその与同者の逮捕という事態に及んだのであろう。(25)

紀伊国に幸《いでま》せる時に、川嶋皇子の作らす歌〈或は云はく、山上臣憶良の作なり、といふ〉

白波の　浜松が枝《え》の　手向《たむけ》くさ　幾代《いくよ》までにか　年の経《へ》ぬらむ〈一に云ふ、「年は経にけむ」〉　（巻一・三四）

日本紀に曰く「朱鳥四年庚寅の秋九月、天皇紀伊国に幸す」といふ。

左注の朱鳥四年（六九〇）という年紀によれば、持統四年（六九〇）の伊勢行幸の際の歌となる。巻九・一七一六に類似歌があるが、三四番歌とは逆に、題詞に「山上歌」、左注に「或いは云はく、川嶋皇子の御作歌」とある。川嶋皇子自身の作であれ、憶良の代作であれ、有間皇子の非業の死を想起させる歌である。しかし、既に指摘されているように、川嶋皇子の心境に立てば有間の死に大津の死が重ね合わさって映っていたであろうことは想像に難くない。(26)

五、大来皇女

この大津皇子謀反事件の悲劇性を一層高める働きをしているのが、『萬葉集』に見える大津皇子の姉、大伯皇女の歌である。

大津皇子、竊《ひそ》かに伊勢神宮に下りて上り来る時に、大伯皇女の作らす歌二首

吾《わ》が背子《せこ》を　倭《やまと》へ遣《や》ると　さ夜ふけて　暁露《あかときつゆ》に　吾が立ち濡れし　（巻二・一〇五）

二人行《ゆ》けど　行き過ぎ難《がた》き　秋山を　いかにか君が　ひとり越ゆらむ　（巻二・一〇六）

大津皇子の薨《こう》ぜし後に、大来皇女、伊勢の斎宮《いつきのみや》より京に上る時に作らす歌二首

神風《かむかぜ》の　伊勢の国にも　あらましを　なにしか来《き》けむ　君もあらなくに　（巻二・一六三）

見まく欲《ほ》り　吾《あ》がする君も　あらなくに　なにしか来けむ　馬疲《つか》るるに　（巻二・一六四）

大津皇子の姉、大来皇女は斎王として仕えるために伊勢に派遣されたが、天武二年まず泊瀬斎宮（桜井市脇本遺跡の七世紀後半の建物遺構が有力視されている）で身を潔斎し、翌三年十月に伊勢に向かった（天武紀）。天武の逝去にともない任を解かれ、帰京したのは朱鳥元年（六八六）十一月十六日のことで（持統称制前紀）、大津が刑死して約一ヶ月半後（二十六歳）のことであった。

一〇五・一〇六番歌の題詞によると、時期は不明であるが、大津皇子が「竊かに」伊勢神宮に向かったと伝える。大津の伊勢国下向のことは他の史料から確認できず、独自の史料である。題詞は歌と分かち難く結びつき作品を形成する。とりわけそれが事件と結びつくとき題詞のもつ意味は大きい。

大津皇子が「竊かに」伊勢神宮に行くこと、しかも神に奉仕する姉の大来皇女に逢うことは許されようもない。また当時の政治的状況からすれば、無断で東国へ行くこと自体謀反ととられかねない。ましてやそれが天武の殯の期間であったとすれば、ただちに謀反と断罪されても致し方ないであろう。

大来皇女の歌がたとえ相聞的要素をもっていたとしても、「竊かに伊勢神宮に」という題詞の作品に対してもつ規定性・限定性、あるいは方向性は、いずれのケースを想定してみても死を前提とすることなしには理解しがたい。歴史家の多くはこの題詞を疑いはすれど否定することはなかった。それゆえに大来皇女の歌に深沈悲痛な永訣の情を読みとり、姉を訪ねた大津の心に、回避しがたい絶望的な運命に身を横たえる諦念、いわば「死の美学」、「滅びの美学」を読みとってきた。しかし、果たして本当に大津が伊勢へ下向したのか、今一度検討してみる余地がある。

大津の無断での伊勢下向、ないし伊勢神宮参拝が私幣禁断に違犯するものとして謀反とされたのであれば[27]、姉の

大来皇女にもなんらかの処罰が及んでしかるべきと思われる。ところがそうした形跡はまったく認められない。このような点からも、題詞は大津皇子への同情から大来皇女の心情を強く訴えるために、劇的な姉弟の再会を作為した可能性がある。

大伯皇子宮　ところで、平成三年（一九九一）に行われた飛鳥池遺跡の第一次調査で藤原宮期の炭層・粗炭層から「大伯皇子宮物　大伴□　一品幷五十□」と書かれた木簡が検出された(28)。これ以前にも、昭和六十年（一九八五）に、飛鳥板蓋宮伝承地の飛鳥京跡一〇四次調査で東外郭の側溝から「辛巳年」（天武十・六八一）の紀年をもつ木簡が検出されたことがあり、その中に「大津皇（子）」、「太来」、「大友」、「伊勢国」などと書かれた木簡があった。天武十年三月には「帝紀及び上古の諸事」を記録させる記事があることから、天武紀、とりわけ壬申の乱の記述作業にかかわる木簡とみられる(29)。

『書紀』や『萬葉集』では「大来」は「大伯」とも記されるが、木簡においても両用の表記が確認されたことは興味深い。『書紀』では斉明紀のみが「大伯」と表記し、天武・持統紀では「大来」と書かれている。木簡に見る人名表記の用字は多様であるが、飛鳥京跡一〇四次調査で出土した「太（大）来」木簡の表記が天武紀の表記と合致することは、併出した木簡群が天武紀の記述とかかわる可能性をより高めるものである。

さて、飛鳥池遺跡で発見された「大伯皇子宮」木簡の「皇子宮」は「みこみや」と訓み、大伯皇女の宮をさす。「皇子（みこ）」の表記が皇子・皇女を問わず用いられたことは「長屋王家木簡」に竹田女王（皇女）を「竹田皇子」、山形女王（皇女）を「山形皇子」と書いた例などから知られる(30)。併出した木簡は、地方行政単位であるコオリを「評」と書いており、「郡」と表記するものがないことから大宝令以前の書式によると考えられる。またサトについては、「五十戸」と「里」の両用の表記がみられ、一部は天武朝に遡るものも含むと推定される(31)。「大伯皇子宮」は、大伯皇女が伊勢斎王の任を解かれたのちに独立して営んだ宮であろう。帰京後の大来皇女を知る貴重な史料である。

二上山

さて、巻二の題詞には大来が帰京すると、大津の屍を二上山に移葬したと伝えている。

大津皇子の屍《かばね》を葛城の二上山に移し葬《はぶ》る時に、大来皇女の哀傷して作らす歌二首

うつそみの　人なる吾《あれ》や　明日よりは　二上山を　弟《いろせ》と吾《あ》が見む　（巻二・一六五）

磯の上に　生《お》ふるあしびを　手折《たを》らめど　見すべき君が　ありといはなくに　（巻二・一六六）

右の一首は、今案《かむが》ふるに、移し葬る歌に似ず。けだし疑はくは、伊勢神宮より京《みやこ》に還《かへ》る時に、路《みち》の上に花を見て、感傷哀咽《あいえつ》して、この歌を作れるか。

隔絶した世界に去った弟大津を偲ぶ、姉大来の沈静した悲しみが伝わってくる歌である。この歌と出合うと二上山の特異な山容を思い浮かべる人も多いだろう。

題詞によると大津の屍は二上山に移葬（改葬）されたと伝える。このことは他の史料からは確認できないが、和田萃氏は二上山麓にある終末期の鳥谷口《とりたにぐち》古墳は、火葬骨・改葬骨を納めるために急場しのぎに築造された古墳で、大津皇子の墓の可能性が高いと指摘されている。(32) また、一六六番歌左注は、移葬時の歌とあるのを疑い、大来皇女が伊勢神宮から帰京したときの歌かとするが、すでに指摘されているように馬酔木は春に咲くので、伊勢神宮から帰京した十一月では季節があわないという。

そこで移葬された時期であるが、巻二はおおむね年代順に配列されているのでそれを目安とすれば、移葬歌の次は日並皇子（草壁皇子）の殯宮の挽歌群であることから、大来皇女の帰京した朱鳥元年（六八六）十一月十六日から、草壁が薨じた持統三年（六八九）四月十三日までの間としておくのが穏当であろう。

六、大津皇子と掃守寺

龍と化す大津皇子　陰惨な事件の記憶が薄れ、人々の悲劇への共感と同情が観念的なものとなるにつれ、その憤激の塊は大津皇子を龍と化して再生する。

寛元元年（一二四三）に書写された「薬師寺縁起」には、神亀二年（七二五）に大来皇女が天武のために伊賀国名張郡夏身に昌福寺（夏見廃寺）を建立したと伝え(33)、また大津皇子が龍となって祟るので、供養のために龍峯寺を建立したと伝える(34)。

大津皇子〈持統天皇四年庚寅正月、大津親王・山辺親王等を禁じ、即ち害殺せらるなり云々。〉今案ずるに、伝へて言う、「大津皇子世を厭い、不多神山（二上山）に籠居《ろうきょ》す。しかるに謀告に依りて掃守司《かにもりのつかさ》の蔵に禁ぜらるること七日なり。皇子忽《たちまち》に悪龍と成り、雲に騰《のぼ》り毒を吐き、天下静まらず。朝庭これを憂ふ。義淵《ぎえん》僧正は皇子平生の師なり。仍《すなわ》ち修圓《しゅうえん》に勅して、悪霊を呪せしむ。しかるに忿氣《ふんき》いまだ平《たいら》かならず。修圓空を仰いで呼びて曰く、「一字（宇カ）千金」と。悪龍承諾す。仍ち皇子の為に寺を建つ。名づけて龍峯寺《りゅうほうじ》と曰《い》う。寺は葛下郡に在り。掃守寺是なり……。

（醍醐寺本『諸寺縁起集』「薬師寺縁起」大津皇子条(35)）

「縁起」冒頭の注に持統天皇四年（六九〇）とあるのは持統の即位した年で、大津皇子の謀反事件があったのは朱鳥元年（六八六）である。持統の即位年を天武の崩年と考えたことから生じた混乱であろう。また、大津皇子が世を厭い、二上山に籠居したというのは、大津の屍が二上山に移葬されたという伝承から作り出されたとみられる。掃守司の蔵に七日間拘禁されたというのは、或いは「譯語田の舎」を掃守司の蔵とでもするような伝承があったのであろうか。

さらに「縁起」は大津皇子が龍と化したという。これは龍峰寺の名から考え出されたのであろう。また、義淵が大津皇子の師であったとしているが、他の史料からは確認できない。『扶桑略記』大宝三年三月乙巳条や『東大寺要録』本願章第一には、義淵は岡寺の開基で草壁皇子の師であったとされ、義淵は山岳信仰と結びついた五龍寺の開基とされている。掃守寺がその五龍寺の一つの龍峰寺であるいうことから義淵と結びつけられたのであろうか。また修圓は平安初期の人物であり、時代が合わない。龍峰寺（掃守寺）の創建が大津皇子に結びつけられたのは、何よりも大津皇子の墓が二上山麓に営まれたという伝承によるのであろう。

加守廃寺　ところで、平成六年（一九九四）、奈良県立橿原考古学研究所によって、奈良県北葛城郡当麻町加守に所在する加守《かもり》廃寺の第三次調査が行われ[36]、南遺跡から東を正面とする特異な細長い六角形の建物基壇が検出され、大津皇子の供養堂ではないかと報道された。加守廃寺のある二上山東麓一帯は藤原京の葬送地であった。

一・二次調査では加守廃寺の北遺跡から塔の基壇の一部と、それを取り囲む回廊を検出しており、出土瓦から塔の創建は八世紀半ばで、その後まもなく廃絶したと推定されている。

「正倉院文書」によると天平勝宝二年（七五〇）頃に「掃守寺造御塔所」という役所があったことが知られ（『大日古』25ノ一二〇～一二一）、塔の建立のための機関と考えられるが、出土瓦からうかがえる創建年代と合致する。こうしたことから加守廃寺は「薬師寺縁起」にみえる掃守寺で、掃守連の氏寺と思われる。

長六角形の建物遺構については、出土瓦から奈良時代前半に建てられ、平安時代まで存続したと推定されている。怨霊思想は奈良時代後半になって生まれたと推定されており、長六角形建物をただちに大津皇子と結びつけることは難しく、むしろ昭和二十年（一九四五）にその西南から発見された骨蔵器（東京国立博物館蔵）の被葬者との関連が注意される[37]。

加守廃寺は八世紀初頭に長六角形建物が造営され、八世紀半ばに塔が建立されたことになるが、発掘調査はまだ一部で、遺構の全貌は確認されておらず、長六角形建物遺構の性格についてもなお不明な点が多い。

七、おわりに

近年の文学研究においては、大津皇子にかかわる万葉歌の背後に、大津と大来姉弟の物語ともいうべき歌語り・歌物語を想定する論が有力となっている[38]。万葉歌は題詞と密接に結びつき作品を形成し、とりわけそれが事件とかかわるとき、新たな真実となって叫びを上げる。まさしく歌の表現のもつ力である。本章は歴史学の立場から考察を加えたが、文学作品を歴史の史料として対象化するとき、歌の力とどう対峙していくのか、筆力の及ばぬことの多い試論である。大方のご叱正をいただければ幸いである。

[注]

（1）平林章仁「有間皇子の変について」（『日本書紀研究』第一七冊、塙書房、一九九〇年）。
（2）石母田正「初期萬葉とその背景―有間皇子・間人連老・軍王の作品について」（同『日本古代国家論』第二部所収、岩波書店、一九七三年、初出一九五四年）。
（3）天智紀六年二月戊午［二十七日］条に「是の日、皇孫大田皇女を、陵の前の墓に葬す」と見える。
（4）小島憲之「近江朝前後の文学　その二―大津の臨終詩を中心として―」（『萬葉以前』岩波書店、一九八六年）。
（5）小島憲之・前掲注（4）。
（6）横田健一「『懐風藻』所載大友皇子伝考」（同『白鳳天平の世界』創元社、一九七三年）。
（7）岸俊男「皇子たちの宮」（同『古代宮都の探求』所収、塙書房、一九八四年、初出一九八一年）。

（8）　直木孝次郎「河嶋皇子の悩み—天武の宮廷に生きた天智の皇子—」（同『飛鳥—その光と影—』（吉川弘文館、一九九〇年、初出一九八七年一月）。
（9）　木村徳国氏は『上代語にもとづく日本建築史の研究』（中央公論美術出版、一九八八年）において、唯一の例外として反乱を起こした住吉仲皇子の宮をあげておられるが（一九八頁）、木村氏が底本とした日本古典文学大系『日本書紀』には「仲皇子宮」の表記は確認しえない。
（10）　木村徳国・前掲注（9）。
（11）　小島憲之・前掲注（4）。
（12）　濱政博司「大津皇子「臨終」詩群の解釈」（和漢比較文学叢書九『万葉集と漢文学』汲古書院、一九九三年）には類型詩が整理されている。
（13）　小島憲之「皇子大津の文学周辺」（『歴史と人物』一九七八年、八七号）、及び前掲注（4）。
（14）　和田萃『桜井市史（上）』（中央公論美術出版、一九七九年）。
（15）　千田稔「磐余と斑鳩」（同『古代日本の歴史地理学的研究』岩波書店、一九九一年）。
（16）　始祖が岩石から誕生する伝説としては『三国史記』高句麗本紀の朱蒙伝説などがある。
（17）『日本国語大辞典』、福井久蔵・山岸徳平『新訂増補枕詞の研究と釋義』（有精堂、一九八七年新訂）、土橋寛『古代歌謡全注釈日本書紀編』（角川書店、一九七六年）など。
（18）　阪下圭八「大津皇子辞世歌一首—枕詞「百伝ふ」のつくりだすイメージについて—」（『日本文学』一七ノ九、一九六八年九月）、近藤信義「ももつたふ—大津皇子と辞世歌」（同『枕詞論』おうふう、一九九〇年）などを参照した。
（19）　北山茂夫「持統天皇論」（同『日本古代政治史の研究』岩波書店、一九五九年）、直木孝次郎『持統天皇』（吉川弘文館、一九六〇年）、吉田義孝「大津皇子論—天武朝の政争とクーデタに関連して—」（同『柿本人麻呂とその時代』桜楓社、一九八六年）などを参照。吉田氏は大津の謀反計画を事実と認め、処分を最小限度に押さえたのは不満の拡大を防ぐ持統の措置とみる。
（20）「行心」と「幸甚」が同一人物であること、早く関晃氏の指摘がある。関晃「新羅沙門行心」（関晃著作集第三巻『古代の帰化人』（吉川弘文館、一九九六年、初出一九五四年）。

（21）家僧については新川登亀男『日本古代文化史の構想』（名著刊行会、一九九四年）、勝浦令子「古代の「家」と僧尼―八世紀の中央貴族層の公的「家」を中心に―」（『日本史研究』四一六号、一九九七年四月）などを参照した。
（22）直木孝次郎・前掲注（8）。
（23）早川庄八「律令制の形成」『岩波講座日本歴史（二）』（岩波書店、一九七五年）。
（24）拙稿「持統天皇」（『歴史を変えた女たち』別冊歴史読本、新人物往来社、一九八八年）。
（25）和田萃「殯の基礎的研究」（『日本古代の儀礼と祭祀・信仰』上、塙書房、一九九五年、初出一九六九年）。
（26）緒方惟章「天智系の皇子たち」（『作家と作品Ⅰ』万葉集講座　第五巻、有精堂、一九七三年）。
（27）岡田精司「古代における伊勢神宮の性格―私幣禁断をめぐって―」（同『古代祭祀の史的研究』塙書房、一九九二年、初出一九九〇年）。
（28）奈良国立文化財研究所『飛鳥・藤原宮発掘調査概報』（二二）一九九二年。奈良国立文化財研究所『飛鳥・藤原木簡概報』（一一）一九九三年。
（29）奈良県立橿原考古学研究所附属博物館『大和を掘る―一九八五年度発掘調査速報展Ⅳ―』一九八六年。
（30）奈良国立文化財研究所『平城宮木簡概報』21、一九八九年。
（31）花谷浩「飛鳥の銅工房」（『月刊文化財』一九九四年十一月号、第一法規）。
（32）和田萃「大津皇子の墓―鳥谷口古墳と加守寺跡の長六角堂―」（『日本古代の儀礼と祭祀・信仰（上）』塙書房、一九九五年）。
（33）昌福寺は名張市にある夏見廃寺に比定される。名張市教育委員会編『史跡　夏見廃寺』（一九八八年）を参照されたい。
（34）福山敏男「掃守寺（龍峰寺）」（『奈良朝寺院の研究』綜芸舎、一九七八年）。
（35）藤田経世編『校刊美術史料　寺院篇』上巻（中央公論美術出版、一九七二年）。
（36）奈良県立橿原考古学研究所附属博物館『大和を掘る』図録、同『加守廃寺』、近江俊秀「加守廃寺の発掘調査」（『仏教芸術』二三五号、一九九七年十一月）。
（37）和田萃・前掲注（32）、拙稿「長六角形の建物」（田辺征夫編『遺跡の語る古代史』所収、東京堂、一九九六年）。
（38）管見の限りでも阪下圭八「皇子・皇女の相聞」（同『初期万葉』平凡社選書、一九七八年、初出一九七一年一〇月）、都倉義孝

「大津皇子とその周辺—畏怖と哀惜—」『作家と作品Ⅰ』（万葉集講座第五巻、有精堂、一九七三年）、中西進「万葉の発想」（『万葉の時代と風土』角川書店、一九八〇年、初出一九七七年）、近藤信義「謀反—大津皇子の悲劇を中心として—」（古文芸の会『万葉の虚構』雄山閣、一九七七年、のち前掲書注（18）、多田一臣「大津皇子物語をめぐって」（犬養孝編『萬葉歌人論—その問題をさぐる—』明治書院、一九八七年）、三浦佑之「創られる悲劇の人—大津皇子—」（同『神話と歴史叙述』若草書房、一九九八年）などがある。

（補注1）『帝王編年記』巻十一・光仁天皇の宝亀六年条に「六年乙卯四月廿五日、井上皇后并びに他戸親王獄中に薨ず。現身龍と成る」とみえる。「薬師寺縁起」にみる大津皇子の化龍を参酌すると、奈良時代末から平安時代にかけて、怨霊の化龍の観念が発達していったことがうかがえる。

（追記1）橿原市教育委員会により東池尻の池之内遺跡の発掘調査が行われ、二〇一一年（平成二三）十二月に「へ」の字状に延びる堤とみられる遺構（全長三〇〇メートルのうち東側約二〇メートル部分）と大型建物跡（六世紀後半）などを出土した。また、二〇一四年（平成二十六）三月には堤が十二世紀後半に埋め立てられていたことが確認された（飛鳥資料館『飛鳥の考古学2015』二〇一六年）。

（追記2）上野誠氏によると、小島憲之氏は大津皇子の臨終詩に先行する作として、元興寺の釈智光の撰になる『浄名玄論略述《じょうみょうげんろんりゃくじゅつ》』に引用される「有伝」にみえる陳《ちん》の後主叔宝《しゅくほう》の詩をあげているが、金文京氏が「伝」は智光の師の智蔵が唐より伝え、陳後主の詩を改変して作ったものが大津皇子の臨終詩であったとする説（金文京「大津皇子『臨終一絶』と陳後主『臨行詩』」（京都大学人文科学研究所編『東方学報京都』第七十三冊、二〇〇一年）を紹介され、磐余池の堤は、悲劇の皇子の絶唱の舞台として、これに勝る舞台はなかったのではないか、としている（上野誠「賜死・大津皇子の歌と詩—磐余池候補地の発掘に寄せて—」（『明日香風』第一二三号、二〇一二年）。

＊「大津皇子とその周辺」（高岡市万葉歴史館編『伝承の万葉集』高岡市万葉歴史館論集2、笠間書院、一九九九年）に補訂を加えた。

第二章　藤原不比等
――その前半生について――

一、はじめに

藤原不比等が史上に初めて登場するのは持統三年（六八九）二月己酉〔二十六日〕のことで、『日本書紀』（以下『書紀』と略す）に竹田王以下九名の判事任命記事があり、そのうちの一人に「直広肆（従五位下相当）藤原朝臣史」とある。不比等三十一歳の時と推測される(1)（「不比等」の表記については『懐風藻』、『家伝』（上・下）にも「史」とあり、「史」が古態を表すと思われるが、以下、「不比等」と表記する）。不比等のこの後の活躍はめざましいものがあるが、これ以前については不明な点が多い。

しかし、薗田香融氏や上山春平氏が「国家珍宝帳」に記載される黒作懸佩の刀の由来に着目し、不比等が天武治世から草壁皇子に近侍した（大舎人）ことを証され、不比等の人物像に新たな光が照射されることになった(2)。本章ではなお不明部分が多い藤原不比等の前半生に再検討を加えてみたい。

二、中臣鎌足の生誕地「藤原之第」

『家伝（上）』鎌足伝は不比等の父鎌足について、「大和国高市郡人也」とし、父を中臣美気祜、母を大伴夫人としている。また、『尊卑分脈』は鎌足の母を「大伴久比子（咋子・囓）卿の女智仙娘」としており、『家伝（上）』の大伴夫人に相当しよう。父の中臣美気祜（御食子）は神祇祭祀担当氏族でありながら、推古天皇没後の田村皇子と山背皇子の皇位継承紛争に際しては群卿の一人として大臣蝦夷の命により調整の使者となっている（舒明即位前紀）。美気祜が崇峻・推古両治世に軍事・外交で活躍した大伴連囓の女と婚姻関係を持ったのは神祇祭祀担当氏族からの脱却を志向していたことをうかがわせる。

さて、『家伝（上）』鎌足伝は鎌足を中臣美気祜と大伴夫人（智仙娘）との間に推古三十四年甲戌（二十二年甲戌の誤り）に「藤原之第」に生まれたとし、薨じた場所を「淡海之第」としている。また、『家伝（上）』貞慧伝は、鎌足の長子貞慧（定恵）が亡くなった「大原之第」をまた「卒㆓於大原殿下㆒《大原殿の下に卒しぬ》」と記している。この場合の「大原殿」は単に飛鳥の大原の邸宅の意味ではなく、その邸宅の主人であった鎌足の下で亡くなった意と解せよう。鎌足が大原に邸宅を構えていたことは確実である。

さらに、『家伝（下）』武智麻呂伝は藤原不比等の長子武智麻呂誕生の地を「大原之第」としている。『家伝』は武智麻呂の母を「蘇我蔵大臣の女」としており、『尊卑分脈』には「右大臣大紫冠蘇我武羅自古（連）大臣之女娼子」とある。武智麻呂が母方で生まれたとすると「大原之第」はふさわしくないが、父方で生まれたとすれば不都合はない。とすれば不比等が「大原之第」を伝領していたことになる。ここではまず「大原之第」が鎌足—不比等と伝領されたであろうことを確認しておきたい。

ところで、『家伝（上）』の鎌足の居所に関する記述で注意されるのは、山背の「淡海之第」はともかく、「藤原之第」と「大原之第」とが書き分けられている点である。同一の居所の別表現ではなく、別個の居所である可能性が高いといえる。

鎌足生誕の地については『多武峰縁起』（十五世紀）に「生㆓於大和国高市郡大原藤原第㆒」とあることから、大原の藤原第とする見解が生まれた。『大和志料』（一八九四年）も「大原、今小原ニ作リ飛鳥村ノ大字ニ属ス。所謂藤原ハ其ノ内ニアリ、中臣氏世々ココニ住シ、鎌足連亦ココニ産ル」とするように、大原の内に藤原があるという理解が根強く、現在の明日香村小原に比定されている。上田正昭氏も「高市郡の大原（藤原）の地が鎌足らの居所となっていた」とされ、高島正人氏も「鎌足の本宅、飛鳥大原の藤原第」と解されている。また福原栄太郎氏も大原と藤原を同一地とみておられる。なお、土橋寛氏は藤原は大原の別名で、藤原宮の宮号は飛鳥の藤原の地名によるものとされている[3]。

しかし、藤原は香具山の西方、藤原宮の置かれた地とする説も看過しがたい[4]。推古紀には「藤原池」（十五年是歳条、十九年五月五日条）が見える。十九年五月五日の菟田野への薬猟記事では、薬猟への集合場所となっている。「藤原池」の地は広域の大原に含まれる地名とは思われない。鎌足生誕の地「藤原之第」は香具山の北、鎌足の父・中臣美気祜の居宅、もしくは美気祜の室・大伴夫人の居宅と推測される。

別に述べたが[5]大伴氏の拠点の一つは大伴旅人の歌に詠まれた「香具山の古りにし里」（巻三・三三四）、すなわち香具山の北東に広がる百済の原付近に所在した。壬申の乱に際し、大伴吹負は兵を「百済の家」に結集し、飛鳥寺の西にあった飛鳥古京の留守司の陣営を急襲したという（天武紀元年六月己丑［二十九日］是日条）。和田萃氏が指摘されているように[6]、旅人の「香具山の古りにし里」は吹負の「百済の家」をさすとみられる。

一方、平成九年（一九九七）に吉備池廃寺の発掘調査が開始され、それまで瓦窯と考えられていた遺跡が巨大な寺院跡であることが判明し、舒明天皇の百済大寺であることがほぼ確実となった[7]。従来、百済宮跡・百済大寺跡の比定地は北葛城郡広陵町とする説が有力視されていたが、これにともない香具山の北東一帯が百済の地に比定され、香具山の北には東に百済の原、西に藤井が原が広がっていたと推断される。即ち百済の地と藤原の地は隣接する地であり、「藤原之第」も香具山の北、もしくは北西部にあったのであろう。

三、「右大殿」木簡と「城東の第」

ところで、藤原宮東面北門前の南北溝で、東面外濠になるSD170から八世紀初頭の付札状の「右大殿□□〔芹カ〕」と書かれた木簡が出土している[8]。このような、官職＋建物呼称「殿」の形をとる尊称は「正倉院文書」にもみられ、地名・ウジ＋建物呼称「殿」の形をとる場合がある。建物とそこに住む住人とが未分化な状態で結びつき、建物呼称ともその建物に暮らす住人の尊称ともとれる状態から始まり、やがて尊称として定着していった[9]。先述した「大原殿」もその一例である。

「右大殿」の記載は右大臣の邸宅、ひいては右大臣自身を指す語である。この木簡は市大樹氏の指摘にあるように、宮外の右大臣宅に別勅賜物である芹を届ける際に使用された送り状であった可能性が高い[10]。

諸門から物資を搬出する場合の規定である宮衛令25諸門出物条には

凡諸門出レ物。無レ牓者。一事以上。並不レ得レ出。其牓。中務省付二衛府一。門司勘校。有二欠乗一者。随レ事推駮。別勅賜物。不レ在二此限一。

《凡そ諸門物出《いだ》さむ、牓《ばう》（門牓）無くは、一事（運搬物の単位）以上、並に出すこと得じ。其の牓は、中務省、衛府に付《さず》けよ。門司《もんじ》勘校《かむげう》するに、欠乗《かむじょう》有らば、事に随ひて推駮《すいはく》せよ。別勅に賜ふ物は、此の限に在らず。》

とある。物資の宮外への搬出には中務省の許可が必要で、門牓による照合が行われた。別勅賜物は「此の限に在らず」とあるが、当該木簡が出土したことからすると、それは事務手続き的には中務省の許可無く宮外に搬出が可能であるということで、実際には宮門における門司の照合は行われたとみられる。

市氏は大宝令の施行された大宝元（七〇一）・二年段階では令の規定通りに門牓木簡は宮城門で回収された後、門司が衛門府に送付していたが、大宝三〜慶雲三年（七〇六）のいずれかの時点で、衛門府に送付するのを止めるシステム変更があり、別勅賜物の送り状もそれに連動したと指摘されている。「右大殿」と記されたこの木簡が宮城東面外濠で破棄されていることからすると、システム変更以後の木簡であったために回収後に衛門府に送付されることなく、宮城門付近で破棄されたと推測される。

大宝三〜慶雲三年以後の右大臣としては大宝三年閏四月一日に薨じた阿倍御主人、大宝四年（慶雲元）正月七日〜慶雲四年の間右大臣であった石上麻呂、和銅元年（七〇八）三月十三日から養老四年に薨ずるまで右大臣であった藤原不比等がいる。このうちでは石上麻呂と藤原不比等の可能性があるが、市氏も述べているように、不比等の可能性が高いといえよう。というのは藤原京の不比等邸については次のような史料があるからである。

1、『扶桑略記』慶雲三年（七〇六）

丙午十月、淡海公城東第、初開二維摩法会一。屈二入唐学生智宝一。講二無垢称経一。

《丙午（七〇六）十月、淡海公（不比等）、城東の第に、初めて維摩法会を開く。入唐学生智宝に屈し、無《む》垢《く》称《しょう》経《きょう》（玄奘新訳の維摩経）を講ぜしむ。》

2、『政事要略』巻二十五、年中行事十月（興福寺維摩会始）

慶雲三年十月、大臣於二宮城東第一設二維摩会一。奉二為内大臣一令レ講二无垢称経一。自作二願文一云。

《慶雲三年（七〇六）十月、大臣宮城の東の第に維摩会を設く。内大臣（鎌足）の奉為に无垢称経を講ぜしむ。

自ら願文を作る」と云ふ。》

1、2いずれも不比等が行った維摩会に関連した記事で、不比等邸は「城東第」（『扶桑略記』）、或いは「宮城東第」（『政事要略』）と記されており、藤原宮の東に位置すると推測される。搬出に際して宮城十二門のうち東面北門が利用されたのは、市氏の指摘にもあるように不比等の邸宅が藤原宮の東方に位置したことによるとみられる。(11)

それでは不比等は何時城東の地に邸宅を構えたのであろうか。

藤原宮の宅地班給規定は、持統五年（六九一）十二月乙巳［八日］にみえる。遷都の三年前である。

詔曰、賜二右大臣宅地四町一。直広弐以上二町、大参以下一町、勤以下至二無位一、随二其戸口一。其上戸一町、中戸半町、下戸四分之一。王等亦准レ此。

《詔して曰はく、「右大臣に賜ふ宅地四町。直広弐（従四位下相当）より以上には二町。大参（直大参・正五位上相当）より以下には一町。勤《ごん》（六位以下）より以下、無位に至るまでは、其の戸口に随はむ。其の上戸《かみつへ》には一町。中戸《なかつへ》には半町。下戸《しもつへ》には四分之一。王等も此に准《なぞら》へよ」とのたまふ。》

この規定に従えば、持統五年時の右大臣は多治比真人島で、班給される宅地は四町、藤原不比等は持統三年（六八九）に直広肆（従五位下相当）であったことからすると一町ということになる。(12)しかし、不比等は平城京に遷都するまでに右大臣、従二位まで昇進しており、その間に宅地の広さの増加に伴い移転などはなかったのであろうか。変遷過程がまったく不明であるが、不比等に限って言えば当初から宮城の東の地に宅地の班給を受けたのではなかろうか。城東の地が確保できたのは、そこが鎌足生誕の「藤原之第」の地であったからではないか。不比等は既に大原に邸宅を構えていたが、律令制を領導する自負からも敢えて宅地班給を受けたと思われる。

先に述べた如く筆者は鎌足生誕の「藤原之第」は香具山の北、鎌足の父・中臣美気祜の居宅、もしくは美気祜の室・大伴夫人の居宅と推考している。香具山の北に中臣氏の拠点があったとするのも一案であるが、鎌足の母、大伴噛の女智仙娘の居所で鎌足が生まれた可能性も否定しがたい。鎌足の生誕地が百済の原に隣接する藤井が原にあったことから「藤原之第」と呼んだとみる余地がある。橿原市法花寺の地名は平城京の不比等の宅地と同じ位置にあり、後世の付加に由るにしても興味深いものがある。

四、壬申の乱と中臣氏

（一）中臣可多能祜（方子）三子の後裔たち

藤原不比等が持統三年まで歴史の表面に現れず、天武治世にいわば雌伏の時を送るのは、父の鎌足は内大臣として天智天皇の側近であり、また鎌足亡き後、氏上的位置にあった中臣金は近江朝廷側の右大臣で、壬申の乱後斬刑に処せられ、その子も流刑に処せられている（天武紀元年八月甲申［二十五日］条）、或いは不比等の養育に関わった田辺史一族の小隅が近江朝廷側の将として行動している（天武紀元年七月甲午［五日］条）、といった具合に一族の者が親近江朝廷派として活躍した政治情況があったことによるという見方がある[13]。果たしてこのような見方は妥当であろうか。

壬申の乱後、中臣氏で史上に最初に登場するのは中臣大嶋、ついで同時に藤原不比等、中臣臣麻呂である。大嶋は右大臣中臣金の弟、許米《こめ》の子で、天武十年（六八一）「帝紀及び上古諸事」の記定に従事、大嶋と平群臣子首《こくび》はみずから筆を執って記したという。同年十二月には小錦下（従五位相当）となり、天武十二年には国境確定事業に従事、天武十三年に中臣連は朝臣を賜り、天武十四年十二月辛酉［十八日］には、藤原朝臣大嶋ら十人に御衣袴を賜ったという。鎌足が授かった藤原を大嶋が称しているのは、この時期、大嶋が中臣連の氏上的地位にあったからであろう。また、直大肆（従五位上相当）藤原朝臣大嶋として、天武崩御に伴い朱鳥元年（六八六）九月には兵政官のことを誄し、持統二年（六八八）三月にも誄をしている。持統四年、五年には神祇伯中臣朝臣大嶋として天神《あまつかみの》寿詞《よごと》を読んでいる。持統紀七年三月庚子［十一日］条には「直大弐（従四位上相当）葛原《ふじはらの》朝臣大嶋に賻物《はぶりもの》を賜ふ」とみえるので、これ以前に亡くなっている。大嶋は浄御原令の施行に伴い神祇伯となったと推測される。ここでは大嶋が近江朝廷の右大臣中臣金の弟許米の子であるにもかかわらず、天武治世から活躍していることを確認しておきたい。

また、中臣臣麻呂（意美麻呂）は朱鳥元年（六八六）十月、大津皇子の謀叛に坐し、捕らえられたが、大津の処刑後に赦免されている。時に大舎人（推古称制前紀）。不比等が草壁皇子の教育係であったのに対して臣麻呂は大津皇子の教育係であった。その後、二人は持統三年（六八九）二月に同時に判事となっているが、不比等は直広肆（従五位下相当）、臣麻呂は務大肆（従七位下相当）である。大津皇子の謀反事件の影響を考慮しなくてはならないが、年齢的にはともかく、位階では不比等が臣麻呂の上位に位置している。臣麻呂はその後左大弁、鋳銭司長官などを経て和銅四年（七一一）閏六月乙丑［二十二日］に中納言正四位上兼神祇伯で卒している（『続日本紀』）。ここでは国子の孫の臣麻呂もまた天武治世から大舎人として出仕していたことを確認しておく。

ところで、大嶋が藤原朝臣、葛原朝臣、臣麻呂が葛原朝臣（持統紀七年六月）と表記されているように、鎌足が授かった藤原朝臣を称したのはいずれも中臣可多能祜（方子）の三子、御食子・国子・糠手子の血統（可多能祜三門）である。左に掲げた系図は、延喜六年（九〇五）勘造の「延喜本系解状」などに依拠した「中臣氏系図」を修正した青木和夫氏によるものである。(14)

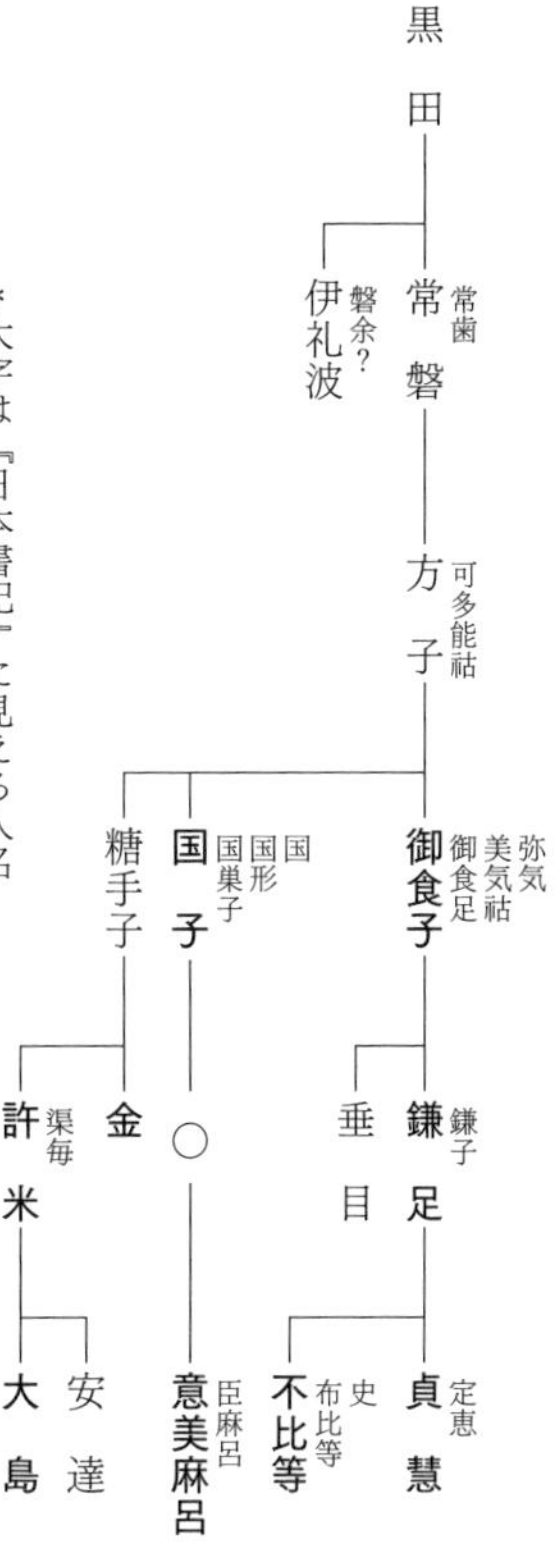

＊太字は『日本書紀』に見える人名

図5　中臣氏略系図
（青木和夫「藤原鎌足」による）

周知のように文武二年（六九八）以後は鎌足—不比等の血統のみが藤原朝臣を称し、臣麻呂らは神事を職掌として中臣に復することとなった。『続日本紀』文武二年（六九八）八月丙午［十九日］条には

詔曰、藤原朝臣所レ賜之姓、宜レ令ニ其子不比等承一之。但意美麻呂等者、縁レ供ニ神事一、宜レ復ニ旧姓一焉。

《詔して曰はく、「藤原朝臣（鎌足）賜はりし姓は、其の子不比等をして承けしむべし。但し意美麻呂らは、神《かみ》事《わざ》に供《つかへまつ》れるに縁りて、旧《もと》の姓に復《かへ》すべし」とのたまふ。》

とある。

中臣方子の三子の系統では金の後、大嶋が氏上的地位にあったが、大嶋が持統七年（六九三）に没すると、代わって不比等が氏上的地位に立ったと推測される。文武天皇即位の翌年に不比等のみが藤原朝臣を称したのは、持統太上天皇が族内での均衡を十分に配慮した上で、臣麻呂を神職に位置づけ、不比等を神職から独立させ、文武天皇の側近としての役割を期待したのであろう。

ところで、中臣大嶋についても他にも看過できない史料がある。現在、談山神社が所蔵する粟原寺《おうばらでら》伏鉢（国宝）

の銘文がそれである。それについては節を改めて述べよう。

(二) 粟原寺伏鉢銘

まず始めに釈文と読み下しを掲げておく。(15)

[釈文]

寺壹院四至〈限東竹原谷東岑　限南太岑
　限樫村谷西岑　限北忍坂川〉
此粟原寺者仲臣朝臣大嶋惶惶誓願
奉為大倭国浄美原宮治天下天皇時
日並御宇東宮敬造伽藍之尓故比賣
朝臣額田以甲午年始至於和銅八年
合廾二年中敬造伽藍而作金堂仍造
釈迦丈六尊像
和銅八年四月敬以進上於三重寶塔
七科鑪盤矣
仰願藉此功徳
皇太子神霊速証无上菩提果
　願七世先霊共登彼岸
願大嶋大夫必得佛果

寺壱院の四至〈東を限るは竹原谷の東の岑《みね》。南を限るは太岑。(西を)限るは樫村谷の西の岑。北を限るは忍坂川。〉

此の粟原寺は仲臣朝臣大嶋が惶惶《こうこう》(畏れかしこまって)誓願して大倭国浄美原宮 治天下《あめのしたしらす》天皇(持統)の時、日並《ひなめしの》 御宇《あめのしたしらす》 東《ひつぎの》宮《みや》(草壁皇子)の奉為《おほむため》に、敬みて造れる伽藍なり。故《かれ》、比売《ひめ》朝臣《まへつきみ》額田、甲午の年(六九四)を以て始め、和銅八年(七一五)に至る。合せて廿二年に中《あた》る。敬みて伽藍を造り、而して金堂を作る。仍りて釈迦の丈六の尊像を造る。

和銅八年(七一五)四月、敬みて以て三重の宝塔に七科(七層)の鑪盤《ろばん》を進上す。

仰ぎて願はくは、此の功徳《くどく》を藉《か》りて、

皇太子の神霊速かに无上の　菩提の果(悟り)を証せむことを。

願はくは七世の先霊共に彼岸(悟りの世界)に登らむことを。

願はくは大嶋大夫、必ず仏果を得むことを。

願及含識倶成正覺

――願はくは含識《がんじき》（生きとし生けるもの）に及ぶまで正覚《しょうがく》を成《じょう》ぜむ（悟りを得る）ことを。

　粟原寺跡は桜井市粟原に所在、塔跡に心礎と礎石、金堂跡に礎石が遺る。銘文の要旨は、粟原寺は仲臣朝臣大嶋が「浄美原宮治天下天皇時」、即ち持統天皇の治世に「日並御宇東宮」、即ち草壁皇子の追善を願って造営した（大嶋本願の）伽藍である。それ故、「比売朝臣額田」が（大嶋の意志を継ぎ）大嶋が亡くなった翌年、甲午の年（六九四）から和銅八年（七一五）まで二十二年間にわたって伽藍を造営した。金堂を作り丈六の釈迦像を造像安置し、和銅八年には三重塔に七層の「鑪盤」（露盤・相輪）を上げ、この功徳により皇太子（草壁）の霊、先祖の霊、「大嶋大夫」の霊の冥福を祈ったというものである。

　大嶋の意志を継いで寺院を建立した比売朝臣額田は、大嶋の室か女であろうが、女とすると母のことがまったく銘文に記されないのは不審である。大嶋とその室による造寺事業とするのが穏当であろう。また、この銘文により大嶋がこの地を拠点の一つとしていたことが知られるのである(16)。

　中臣大嶋が天武治世から史書編纂に携わっていたことは既に述べたが、この伏鉢銘によると、草壁皇子との密なる関係がうかがえる。大嶋もまた草壁皇子と深い繋がりをもった後見役の一人であったことが知られる。このようにみると、同族の中臣金が近江朝廷の右大臣であったにも拘わらず、壬申の乱の結果、特に中臣氏が排除された形跡は認めがたい。

　なお、この銘文をめぐっては論点が二つある。第一は「比売朝臣額田」をどう理解するかである。この点については東野治之氏が「朝臣」を官人や公事にたずさわる者の意であるトネ、「比売朝臣」をヒメトネと読まれた。ヒメトネの語は女官の総称の意味であり（『延喜式』中務省、女官季禄条）、『書紀』の古訓でも「内外命婦」（仁徳紀四十年）をウトノヒメトネ（寛文刊本）、ヒメトネ（前田家本）と読まれていることから、[17]「比売朝臣（ヒメトネ）額田」を「宮人である額田」と解すべきとされた。また、『諸寺縁起集』収載の西大寺縁起に引用される「薬師寺資財帳」にみえる「伊賀比売朝臣」を「伊賀ノヒメトネ（伊賀命婦）」と解され、「比売朝臣」を大宝令前の古い表記を襲っている可能性を指摘されている。[18]「刀祢」の語は藤原京右京七条一坊出土木簡に「四坊刀祢□」（『飛鳥藤原木簡概報』21・三三七号）とあり、併出木簡から出土木簡は大宝令制下とみられるが、確実に藤原京の時代（七一〇年以前）に遡る。このようにみると東野説は揺るぎないものと思われる。

ただ気になるのは、「内命婦」の『書紀』（北野本・兼右本）の古訓に「ひめまちきみ」（天武紀五年八月丁酉［二日］条、天武紀朱鳥元年九月甲子［二十七日］条）、「ひめまち」（持統紀五年春正月癸酉朔条）、『釈日本紀』巻二十一・秘訓六・天武下に「ひめまちきみ」（鎌倉時代）がある点である。これを日本古典文学大系『日本書紀（下）』（岩波書店）は「ひめまへつきみ」と訓じている。ヒメマチキミはヒメマヘツキミの転であろう。

『令集解』禄令9宮人給禄条の古記には「問、宮人、職員令六位以下称二宮人一。五位以上称二命婦一。此条宮人若為二分別一。答。此条无レ別。五位以上亦称二宮人一耳。《問ふ。宮人とは、職員令（官員令）に「六位以下を宮人と称し、五位以上を命婦と称す」と。此条の宮人若《いか》に分別を為さん。答ふ。此条別无し。五位以上を亦宮人と称するのみ。》」とあり、六位以下の女官を宮人と称し、五位以上を内命婦と称するが、五位以上をまた宮人と称するとしている。これに従えば、ヒメトネが女官の包括的概念（宮人）を表すのに対して、ヒメマヘツキミは小錦以上、もしくは五位以上（内命婦）という限定された概念を表す。官人の総称がトネ（朝臣）、小錦もしくは五位以上がマヘツキミ（卿）であるのと対概念になっている。ヒメトネの語を使用すれば女官として内命婦をも含み、特に区別する必要はなかったのかもしれないが、五位以上（内命婦）を意識した場合にはヒメマヘツキミの訓が生きてこよう。[19]

「比売朝臣」がヒメマヘツキミであるとすると、マヘツキミ（五位以上）たる仲臣朝臣大嶋（大嶋大夫）と対に並ぶにふさわしい表記といえよう。ヒメマヘツキミは「ひめまうち君」（『枕草子』「えせものの所得るをり」）となり生き続ける語である。「比売朝臣」をヒメマヘツキミ（内命婦）と訓む余地があろう。

第二は「比売朝臣額田」を万葉歌人額田王（額田姫王＝女王）に比定する説である。[20] 上述したように「比売朝臣額田」は仲臣大嶋の室とみられるので、これに従えば、天武天皇の妾であった額田王が仲臣大嶋と再婚したことになる。

直木孝次郎氏の『額田王』は歴史学の立場から万葉歌人の生涯を論じた数少ない労作であるが、氏は第一子出生年齢を十八歳と推定して額田王を舒明三年（六三一）生まれとされている。[21] 今これに従えば三重塔に露盤を挙げた和銅八年（七一五）には八十五歳となる。また、神田秀夫氏の舒明七年（六三五）誕生説[22]に立っても八十一歳である。あり得ないことではないが、可能性はきわめて乏しいように思われる。今は主題から離れるので年齢だけに留めておく。

以上要するに藤原不比等のみならず中臣大嶋も草壁皇子と近い関係にあり、また中臣臣麻呂も大津皇子に近侍しており、天武治世に中臣氏が政界から疎外されていたとは考えられない。

五、「大原殿」について

（一）藤原夫人（氷上娘と五百重娘）

『万葉集』には二人の藤原夫人がみえる。天武天皇の夫人であった藤原鎌足の女の氷上娘と五百重娘の姉妹である。

藤原夫人の歌一首〈浄御原宮御宇天皇の夫人なり。字を氷上大刀自と曰ふ。〉

朝夕《あさよひ》に　音《ね》のみし泣けば　焼き大刀《たち》の　利心《とごころ》も我《あれ》は　思ひかねつも　（巻二十・四四七九）

藤原夫人の歌一首〈明日香清御原宮御宇天皇の夫人なり。字を大原大刀自と曰ふ。即ち新田部皇子の母なり。〉

ほととぎす　いたくな鳴きそ　汝《な》が声を　五月《さつき》の玉に　あへ貫《ぬ》くまでに　（巻八・一四六五）

天武紀二年二月癸未［二十七日］条の后妃子女の一括記載には「夫人、藤原大臣（藤原鎌足）の女《むすめ》氷上娘、但馬皇女を生めり。次の夫人氷上娘の弟《いろど》五百重娘、新田部皇子を生めり」とあり、氷上娘が姉で五百重娘が妹であり、また氷上娘は氷上大刀自、五百重娘は大原大刀自と称されたことが知られる。

鎌足の二人の女については、母は不明、生年も未詳、いつ天武天皇の夫人になったかもはっきりしない。そこで、まず姉の氷上娘からみていこう。姉の氷上娘は天武紀十一年（六八二）正月壬子［十八日］条に「氷上夫人、宮中に薨《みまか》ります」とあり、天武十一年正月に薨じたことが知られ、同月「赤穂」に葬られている（正月辛酉［二十七日］条）。赤穂には十市皇女も葬られており（天武紀七年四月庚子［十四日］条）、桜井市の東南部赤尾に比定される。女の但馬皇女は高市皇子の妃でありながら穂積皇子に恋慕し、『萬葉集』に激しい情念を詠んだ歌を残しているので知られる。氷上娘に関する情報はこの程度で、生年を探る手がかりはあまりに少ない。

高市皇子は持統十年（六九六）七月に薨じているが（持統紀十年七月庚戌［十日］条）、享年には四十二歳説（『公卿補任』）と四十三歳説（『扶桑略記』）とがある。四十二歳説に立つと六五五年（斉明元）の生まれとなる。正妃には御名部皇女があり、いつ但馬皇女と婚したかは不明である。仮に高市皇子が天武三年（六七四）に二十歳で十五歳の但馬皇女と結婚したとすると、但馬皇女は斉明六年（六六〇）生まれとなる。また氷上娘が十八歳で但馬皇女を生んだとすると氷上娘は皇極二年（六四三）生まれとなり、鎌足が三十歳のときの子となる。さらに氷上娘が大海人皇子に十五歳で婚したとすると斉明三年（六五七）のこととなる。

多くの憶測を重ねたが、あくまで目安を得るためのやむを得ぬ一つの手段である。[23]結果として鎌足の生前（天智八年以前）に、鎌足の政略により大海人皇子との婚姻関係が成立した可能性も否定しがたい。

次に五百重娘であるが、五百重娘もまた生没年ともに不明である。子の新田部親王は文武四年（七〇〇）正月七日に浄広弐（従四位下相当）を授けられている（『続日本紀』）。この時仮に二十一歳とすると、天武九年（六八〇）生まれになる。五百重娘が十八歳で新田部親王を生んだとすると五百重娘は天智二年（六六三）の生まれ、十五歳で大海人皇子と婚したとすると天武六年（六七七）のこととなる。

また、新田部親王（天武の第七皇子）は天平七年九月に薨じている（『続日本紀』九月壬午［三十日］）。この新田部親王を弔問した舎人親王（天武の第三皇子）も同年十一月乙丑［十四日］疫病のために薨じており（『続日本紀』）、『公卿補任』に「年六十」とあることから、逆算すると天武五年（六七六）生まれとなる。新田部親王は舎人親王より若く、誕生はそれ以後となる。仮に舎人親王と同じ六七六年生まれとし、母の五百重娘が十八歳で新田部親王を生んだとすると、五百重娘は斉明五年（六五九）生まれで、十五歳で大海人皇子に婚したとすると天武二年（六七三）のこととなる。以上、二通りの推測を試みたが、五百重娘は不比等よりも若干年下で、大海人皇子に婚した時期は天武二年以後のこととなることは言えそうである。

以上憶測を重ねたが、不比等は斉明五年（六五九）生まれであるから、氷上娘は不比等よりもかなり年長であり、五百重娘は不比等よりも若干年少とみられる。天武夫人となったこの二人、特に氷上娘が鎌足亡き後の不比等を支えたのである。

また、右に鎌足の政略により氷上娘が大海人に嫁いだ可能性を指摘したが、注意されるのは『懐風藻』大友皇子伝によると、鎌足が大海人皇子のみならず大友皇子にも女（『本朝皇胤紹運録』の耳面刀自か）を嫁がせている点である。藤原氏の女を入内させて天皇家に密着する外戚政策の端緒が鎌足に認められるが、これを不比等が受け継いでいったのである。

（二）土器墨書「大原殿」

さて、『萬葉集』にはもう一首、藤原夫人の歌がある。天武天皇と藤原夫人（五百重娘）の贈答歌である。

天皇、藤原夫人に賜ふ御歌一首

吾が里に　大雪降れり　大原の　古《ふ》りにし郷《さと》に　降らまくは後《のち》　（『萬葉集』巻二・一〇三）

藤原夫人の和《こた》へ奉《まつ》る歌一首

吾が岡の　龗《おかみ》（水神）に言ひて　降らしめし　雪の砕けし　そこに散りけむ　（巻二・一〇四）

右の贈答歌により藤原夫人（五百重娘）の居宅が大原の地にあったことが知られ、五百重娘が大原大刀自とも称されたのは、居住した大原の地に由来することが判明する。また、柿本人麻呂が新田部皇子の宮の永遠であることを願った歌に依れば（巻三・二六一～二六二）、五百重娘の子、新田部皇子の宮が矢釣山の付近にあったことがうかがわれる。(24)

ところで、『飛鳥藤原京木簡（一）』によると飛鳥池遺跡北地区出土の墨書土器の中に「物了連縣子／献」、「少子了殿」、「大原殿」と書かれた墨書土器があることが紹介されている。(25) このうち「大原殿」と記された墨書土器は南北溝（SD1110）から出土している。(26)

北地区南北溝（SD1110）出土の木簡は、紀年木簡に「丁丑年」（天武六、六七七）があり、サト表記はすべて「五十戸」である。従って、この墨書土器も天武十年（六八一）以前のものと考えてよいだろう。

大原で想起される氏族はまず法隆寺近郊、平群郡坂門郷に本貫を置く大原史であるが、地理的には藤原不比等の「大原殿」が注目される。

鎌足が亡くなったのは天智八年（六六九）十月十六日、貞慧の亡くなったのはそれより以前、天智四年（六六五）十二月二十三日のことである。飛鳥池出土墨書土器の「大原殿」は天武十年（六八一）以前、併出の紀年木簡を目安にすれば天武六年（六七七）頃となるが、その頃には鎌足も貞慧もこの世の人ではない。

尊称とすると時期的には大原に居住した天武の藤原夫人（五百重娘、大原大刀自）（『万葉集』巻二・一〇三、巻八・一四六五）や藤原不比等が候補となる。天武六年とすると不比等は十九歳、五百重娘は天武の夫人となった頃である。先述の如く鎌足亡き後、「大原殿」は不比等が相続したと推測される。大原の旧鎌足邸には不比等や五百重娘らが居住したが、土器墨書「大原殿」はそうした大原の邸宅（包括概念）とその主人を意味したと考えられる。こうした点から大原の地の発掘調査が注目されるが、吉川真司氏は飛鳥池東方遺跡を大原第に関わるとされている(27)。

天武天皇の夫人となった鎌足の二人の女である藤原夫人（特に氷上大刀自）や中臣大嶋が鎌足没後の不比等を支え、やがて不比等が頭角を現し、その才能を天武・持統に認められて、草壁皇子のブレーン、さらには法制に精通した官僚として成長していったのであろう（天武紀二年五月条）。

六、藤原不比等と浄御原令

既述のように藤原不比等が史上に初めて登場するのは持統三年（六八九）二月己酉［二十六日］のことで、他の八名とともに判事に任命されている。

以浄広肆竹田王、直広肆土師宿禰根麻呂・大宅朝臣麻呂・藤原朝臣史、務大肆当麻真人桜井與穂積朝臣山守・

中臣朝臣々麻呂・巨勢朝臣多益須・大三輪朝臣安麻呂為判事。

《浄広肆竹田王、直広肆（従五位下相当）土師宿祢根麻呂・大宅朝臣麻呂・藤原朝臣史、務大肆（従七位下相当）当麻真人桜井と、穂積朝臣山守・中臣朝臣臣麻呂・巨勢朝臣多益須《たやす》・大三輪朝臣安麻呂とを以て、判事《ことわるつかさ》とす。》

この年六月、諸司に令一部二十二巻が班賜され、浄御原令が施行されたが（六月庚戌［二十九日］条）、判事任命はこれに備えたものであろう。浄御原令下の判事の職掌は明らかではないが、養老職員令30刑部省の大判事の職掌「掌らむこと、鞫《と》はむ状《かたち》を案覆《あんぷく》せむこと、刑名《ぎやうみやう》を断《ことわ》り定めむこと、諸の争訟を判《ことわ》らむこと」を参酌すれば、浄御原令の施行に伴い、起こるべく問題に裁定を下す実務派官僚としての抜擢であろう。[28] 浄御原律については編纂は行われたにしても律法典は未完成で、唐律が准用されたとみられている。このようにみると、判事に任命された九名は法令に精通した者であり、全員とまではいわないが、新羅使との折衝に当たり、故典（古法）と相違することを糺弾した土師根麻呂や撰善言司に任じられた巨勢多益須など、少なからず浄御原令編纂に携わった可能性が推測される。当然のことながら不比等は突如として判事に任命されたわけではあるまい。浄御原令の編纂が開始された天武十年（六八一）は草壁の立太子の年でもあり、不比等は時に二十三歳であった。浄御原令の編纂が草壁皇子の即位を見越したものとみられることからも、浄御原令の編纂に加わっていたとみてよいだろう。

『尊卑分脈』は不比等について次のように記す。

斉明天皇五年（六五九）に生まる。公（不比等）、避く所の事あり。便ち山科の田辺史大隅らの家に養ふ。其れを以て史と名づくなり。

右の記事を裏付ける史料はないが、藤原不比等は幼少の頃、「避く所の事」があって、山科（山背国宇治郡山科郷）の田辺史大隅の家で養育された、また不比等の名は「史」に由来するという。「避く所の事」については様々な推測が可能であるが、父鎌足は長男貞慧を留学させる一方で、不比等もまた神祇祭祀担当者ではなく政治家として育てるために田辺史大隅に預けて英才教育をしたのであろう。田辺史は渡来系氏族で文筆を業とする氏族であった。白雉五年（六五四）には遣唐判官として田辺史鳥が渡唐している（孝徳紀白雉五年二月条）。本拠は現在の柏原《かしわら》市国分町田辺（河内国安宿郡）(29)にあり、その地に田辺廃寺跡を遺しているが、山科にも拠点を構えていたとみられる。

文武四年（七〇〇）六月の大宝令編纂終了にともなう賜禄記事には、不比等と並んで田辺史百枝《ももえ》と田辺史首名の二名がみえる。二人が編纂事業に加わっているのはもとより田辺史が法制に通じていたからであろうが、二人の抜擢は不比等が田辺史に養育された縁によるものでもあろう。

このようにみてくると、浄御原令の編纂に不比等が加わったと推測するのもあながち的外れではなかろう。不比等の判事任命は決して異例の人事などではない。のちに不比等が唐令を積極的に継受して大宝律令の編纂を主導し、「令官」(30)（『法曹類林』巻一九七・公務五）として条文解釈の治定をなしえた前史が見えてくる。不比等の史上デビューが浄御原令の施行と共にあることはきわめて興味ぶかい。

七、不比等と「日本」

ところで、『書紀』が引用する高句麗僧道顕『日本世記』によると、不比等の父鎌足が薨じた際に、道顕が鎌足の死を悼む誄《しのびこと》を述べたという。

藤原内大臣薨。〈日本世記曰、内大臣、春秋五十、薨于私第。遷殯於山南。天何不淑、不憖遺耆。嗚呼哀哉。碑曰、春秋五十有六而薨。〉

《藤原内大臣薨《みう》せぬ。〈日本世記に曰はく、「内大臣《うちつおほおみ》、春秋《とし》五十にして、私第に薨せぬ。遷《うつ》して山の南に殯《もがり》す。天何《あめなに》ぞ淑《よ》からずして、憖《なまじひ》に耆《おきな》（老人）を遺《のこ》さざる。嗚呼《ああ》哀《かな》しきかな。碑《ゑりし》に曰へらく、『五十有六にして薨せぬ』といへり」といふ。〉》

（天智紀八年（六六九）十月辛酉［十六日］条）

道顕と藤原内大臣（鎌足）の親しい関係が読み取れる。この時、鎌足五十六歳、不比等は十一歳である。『書紀』には①斉明紀六年七月条、②同紀七年四月条、③同紀七年十一月条、④天智紀八年（六六九）十月条の四ヵ所に分注の形で高麗沙門道顕『日本世記』なる書が引用されているが、『日本世記』は道顕が列島を中心に当時の見聞を記録したものと考えられる。[31]『書紀』が『日本世記』を引用する最後のものは、右に掲げた天智八年の藤原鎌足の逝去の際の誄記事である。『日本世記』に特徴的な表記、「蓋金」、「紕解《くげ》」などの語、道顕の言などが認められる範囲もこれを超えるものはない。

道顕については、生年、列島に来朝した年代、没年等詳らかではない。『日本世記』についても、果して道顕の見聞・記録を道顕みずからがまとめ、『日本世記』と名づけたものか、あるいは他の者がまとめて『日本世記』と題したものか、不明といわねばならない。『日本世記』の文中には「東朝」とあるが、「日本」は使用されていない。従って「日本」の表記の成立の上限を天智八年としておく他はない。[32]

ここで注意しておきたいのは、道顕『日本世記』に父鎌足の誄が記載されていることからすると、「日本」の表記に接点をもち、かつ「日本」の語に強く関心を寄せたと思われる人物の一人に藤原不比等が挙げられるという点である。

近年、中国西安市で祢軍墓誌が発見されたが、東野治之氏はそこに記載される「日本」が、列島の国名ではなく、東方を意味すること、さらに道顕『日本世記』の「日本」も同様に東方を意味する可能性を指摘されている。[33] こうした見解を踏まえれば、東方を自認する（「日出づる国」）倭国にあって、「日本」の表記を列島の新たな国号に採用する契機は不比等にあったといえるだろう。

八、おわりに

日本の律令国家構築の立役者、藤原不比等の前半生については不明な点が多いが、天武治世から頭角を現し、大舎人として草壁皇子に近侍するかたわら浄御原令の編纂にも関わったとみられる。(34) そのような経験があったからこそ、のちに唐令を積極的に摂取した大宝律令編纂の主導者となり、また「令官」として条文解釈の治定にあたり得たのであろう。ちなみに、唐令の積極的摂取の契機の一つは対新羅関係の悪化にあり、持統紀三年五月甲戌［二十二日］条の新羅弔使に対する持統の詔にみられる新羅を属国視する激しい対抗意識に求められる。(35) 皮肉にも浄御原令の施行された持統三年は日本の律令制の転換点ともなった。

不比等が台頭し得た背景には父鎌足の婚姻策があった。鎌足亡き後、成長期の不比等を支えたのは氏上的立場にあった中臣大嶋や天武天皇の夫人となった二人の姉妹（氷上娘・五百重娘）であった。不比等は飛鳥の大原に拠点を構え、みずからが関わった浄御原令にもとづく藤原京の完成に伴い、官僚として鎌足生誕地と推測される城東の地に邸宅を持ったと推測される。

父鎌足が内大臣となり、また息子の房前も内臣となったが、不比等がいずれの称をも賜与されなかったのは、律令制定を主導し、律令制を実施した官僚としての自負であったと推測される。

以上、憶説を重ねつつ不比等の前半生を再検討した。残した問題は少なくないが、ひとまず擱筆する。

［注］

（1）藤原不比等の生年については二説ある。①『公卿補任』、『尊卑分脈』は「六十二歳」とする。逆算すると生年は六五九年（斉明五）となる。②『懐風藻』、『扶桑略記』に「年六十三」とある。逆算すると生年は六五八年（斉明四）となる。しかし、『懐風藻』の諸本中には「六十二」とするものがあり、①に従うのが穏当であろう。以下、不比等の生年については六五九年説に立つ。

（2）薗田香融「護り刀考」（同『日本古代の貴族と地方豪族』塙書房、一九九一年、初出一九六四年）、上山春平『埋もれた巨像』（岩波書店、一九七七年）。

なお、藤原不比等に関する論考としては、上田正昭『藤原不比等』（朝日新聞社、一九七六年）、黛弘道「『日本書紀』と藤原不比等（上・下）」（『歴史手帖』五ノ一二、一九七七年十二月、『歴史手帖』六ノ一、一九七八年一月）、のち同『律令国家成立史の研究』所収、吉川弘文館、一九八二年）、福原栄太郎「藤原朝臣不比等の登場」（続日本紀研究会編『続日本紀の時代』塙書房、一九九四年）、土橋寛《ゆたか》『持統天皇と藤原不比等』（中央公論社、一九九四年）、高島正人『藤原不比等』（吉川弘文館、一九九七年）、吉川真司「藤原氏の創始と発展」（同『律令官僚制の研究』塙書房、一九九八年）、大山誠一『天孫降臨の夢　藤原不比等のプロジェクト』（日本放送出版協会、二〇〇九年）、東野治之「藤原不比等伝再考」（『史料学探訪』岩波書店、二〇一五年、初出二〇一〇年）などを参照した。

（3）上田正昭・高島正人・福原栄太郎、土橋寛、いずれも前掲注（2）参照。

（4）青木和夫「藤原鎌足」（同『日本古代の政治と人物』吉川弘文館、一九七七年、初出一九六一年）、田村圓澄『藤原鎌足』（塙書房、一九六六年）、中西進『天智伝』（中央公論社、一九七五年。のち著作集二五、四季社、二〇一〇年）、前之園亮一「中臣氏について」（『東アジアの古代文化』三六号、一九八三年）、渡里恒信「地名藤原と藤原賜姓について」（同『日本古代の伝承と歴史』思文閣出版、二〇〇八年、初出一九九九年）など。

（5）本書第一部第三章参照。

（6）和田萃「百済宮再考」（『明日香風』一二号、一九八四年十月）。

（7）奈良文化財研究所編『大和吉備池廃寺―百済大寺跡』（吉川弘文館、二〇〇三年）。この百済大寺が造営された百済の原の西方に百済大宮が造営されたことになる。

（8）奈良文化財研究所編『藤原宮木簡（三）』一二三六号（八木書店、二〇一二年）。この木簡は当初「□大殿□□」（『飛鳥藤原宮発掘調査出土木簡概報（五）』七頁、一九七〇年）と釈読されたが、次いで「右大殿荷八」（『飛鳥藤原宮発掘調査出土木簡概報（二十二）』二一頁、二〇〇八年）と再釈読され、さらに「右大殿□《［芹カ］》□」と再々釈読された。

（9）拙稿「「殿」と「殿門」について」（『古代学論究』慶應義塾大学出版会、二〇一二年、初出一九九八年）。

（10）市大樹「門牓制の運用と木簡」（同『飛鳥藤原木簡の研究』塙書房、二〇一〇年、初出二〇〇七年）。

（11）市大樹「右大殿付札考」前掲注（10）。

（12）藤原京の発掘調査が進み、宅地の実態もわずかずつではあるが明らかになりつつある。木下正史『藤原京』（中央公論社、二〇〇三年）、竹田正敬「藤原京の宅地―班給規定と宅地の実相―」（奈良県立橿原考古学研究所編『橿原考古学研究所論集』十四、八木書店、二〇〇三年）、竹田正則「発掘調査が紐解く藤原京」（『日本最初の都城　藤原京』奈良県立橿原考古学研究所東京公開講演会資料、二〇一三年）など参照。

（13）上田正昭・高島正人、いずれも前掲注（2）、渡里恒信・前掲注（4）、吉川真司・前掲注（2）など。

（14）青木和夫・前掲注（4）。

（15）銘文の写真は文化庁監修『国宝』12考古（毎日新聞社、一九八四年）、奈良国立博物館編『図録　談山神社の名宝』（二〇〇四年）を、釈文は岡崎敬「日本の古代金石文」（『古代の日本』9研究資料、角川書店、一九七一年）、奈良国立博物館編『発掘された古代の在銘遺宝』（一九八九年）などを参照した。

（16）允恭皇后（忍坂大中姫命）の妹、衣通姫を召すために近江坂田まで迎えに往った中臣烏賊津使主の伝承は（允恭紀七年）、『日本書紀』にのみみえる伝承である。烏賊津は皇后の嫉妬を恐れ藤原の地に居住させたという。忍坂の近辺に拠点を持つ大嶋が『日本書紀』の筆録に直接関わっていることからすると、中臣烏賊津を登場させ藤原と結びつけたのは大嶋が関与した可能性がある。

（17）「命婦」の訓をヒメトネとする説は、角田文衛「後宮職員令」（律令研究会編『訳註日本律令』十、東京堂書店、一九八九年）、『時代別国語大辞典　上代編』（三省堂、一九九〇年）など。

（18）東野治之「大宝令前の官職をめぐる二、三の問題」（同『長屋王家木簡の研究』塙書房、一九九六年、初出一九八四年）。

（19）吉川真司氏に同様の指摘がある（同『律令官僚制の研究』塙書房、一九九八年、初出一九九〇年）一〇七頁注（5）。なお長屋王家木簡の「春日女旦臣」（『平城木簡概報』25・五頁上3）も「春日ノヒメトネ」もしくは「春日ノヒメマヘツキミ（命婦）」と訓む可能性がある。

(20)「比売朝臣額田」については①大嶋の室もしくはむすめとする説（福山敏男「粟原寺」（同『奈良朝寺院の研究』綜芸舎、一九七八年。原本一九四八年）、②大嶋のむすめとする説（藪田嘉一郎『日本上代金石叢考』（河原書店、一九四九年）、同「粟原寺塔銘について」（『考古学雑誌』三七ノ四、一九五一年）、岸哲男「「比売朝臣額田」について—粟原寺三重塔伏鉢銘の意味—」（『二松学舎大学論集（昭和五十一年度）』一九七七年三月）、③大嶋の室で、額田王が大嶋と再婚したとする説などがある。③には江戸末期、紀州藩の加納諸平《もろひら》「額田鏡王考」（野々口隆正『嚶々筆語《おうおうひつご》』日本随筆大成第一期9所収、吉川弘文館、一九七五年）を初めとして、尾山篤二郎「額田姫王攷」（『万葉集大成』九、一九五三年）、神田秀夫『初期万葉の女王たち』（塙書房、一九六九年）などがある。「朝臣」を姓と理解する点では共通する。

(21) 直木孝次郎『額田王』（吉川弘文館、二〇〇七年）。

(22) 神田秀夫・前掲注(20)。

(23) 右は年齢による可能性であるが、当然のことながら政治情勢が関係することはいうまでもない。例えば亀田隆之氏は二人の女が天武の室になったのは、天智七年（六六八）七月、酒宴で大海人皇子が長槍で敷板を貫いた事件で鎌足が大海人をかばって以後間もない天智九年（六七〇）頃とされる（亀田隆之『皇位継承の古代史』吉川弘文館、一九九六年、七四頁）。

(24) 奈良県明日香村に所在する竹田遺跡（字飛鳥・東山）は新田部皇子の宮の候補とされる（『飛鳥の考古学２００８』飛鳥資料館、二〇〇九年）。

(25) 奈良文化財研究所編『飛鳥藤原京木簡（一）飛鳥池・山田寺木簡』（吉川弘文館、二〇〇七年）。

(26) 飛鳥池遺跡から「少子了殿」、「大原殿」など「殿」と記載された墨書土器が出土していることを寺崎保広氏にご教示いただき、拙著に補注の形ではあるが気づいたことを覚書風に綴っておいた（前掲注(9)）。また今回、出土地点を奈良文化財研究所の山本崇氏にご教示いただいた。記して感謝申し上げる。なお、市大樹「木簡からみた飛鳥池工房」（市大樹『飛鳥藤原木簡の研究』塙書房、二〇一〇年）一八六頁註(19)参照。

(27) 吉川真司「飛鳥池遺跡と飛鳥寺・大原第」（直木孝次郎編『飛鳥池遺跡と亀形石—発掘の成果と遺跡に学ぶ』ケイ・アイ・メ

ディア、二〇〇一年)。

(28) 「判事」については東野治之・前掲注(2)「藤原不比等伝再考」、新川登亀男『道鏡をめぐる攻防―日本の君王、道士の法を崇めず』(大修館書店・一九九九年)を参照した。新川氏は法的裁定のみならず、個人の知識技能による判断が求められる任であったとされる。

(29) 加藤謙吉氏は鎌足・不比等と田辺史の人的交流に注目されているが、田辺史が不比等と県犬養三千代の女・安宿媛(光明子)の養育氏族であった可能性を指摘されている(加藤謙吉「初期の藤原氏と渡来人の交流」(佐伯有清編『日本古代中世の政治と宗教』吉川弘文館、二〇〇二年)。田辺廃寺については田辺征夫「古代寺院の基壇―切石積基壇と瓦積基壇―」(『原始古代社会研究』4、校倉書房、一九七八年)、同「瓦積基壇と渡来系氏族」(『季刊考古学』第六〇号、一九九七年)を参照。

(30) 新日本古典文学大系『続日本紀(一)』(岩波書店、一九八九年)補注2ノ四六(三〇九～三一〇頁)。

(31) 『日本世記』に関する戦後の研究としては、池内宏「百済滅亡後の動乱及び唐・羅・日三国の関係」(同『満鮮史研究　上世第二冊』吉川弘文館、一九六〇年)、志水正司「日本書紀考証二題」(同『日本古代史検証』東京堂書店、一九九四年、初出一九七二年)、國書逸文研究会編『新訂増補　國書逸文』(国書刊行会、一九九五年)、加茂正典「高麗沙門道顕『日本世紀』補考」(所功先生還暦記念会編『國書・逸文の研究』臨川書店、二〇〇一年)、三品泰子「釈道顕の予言と「日本世記」―『日本書紀』本文と「日本世記曰く」の関係をめぐって」(『古代文学』四一、二〇〇一年)、遠藤慶太「入唐僧貞恵と藤原鎌足―『家伝』と「日本世記」との接点」、榊原史子「『藤氏家伝』に見える道顕の文章と『日本世記』」(いずれも篠川賢・増尾伸一郎編『藤氏家伝を読む』所収、吉川弘文館、二〇一一年)などがある。

(32) 拙稿「国号「日本」の成立に関する覚書」(『古代学論究』二〇一二年、慶應義塾大学出版会、初出一九七六年二月)

(33) 東野治之「百済人祢軍墓誌の「日本」」(岩波書店『図書』第七五六号、二〇一二年二月)、東野治之「日本國號の研究動向と課題」(『東方學』第百二十五輯、二〇一三年一月)、その後いずれも前掲注(2)『史料学探訪』に所収。

(34) 浄御原令については諸説があるが、私はこれまでの研究を踏まえると、亡国の危機の中で制定された単行法令の集成である「近江朝廷の令」(『類聚三代格』所引弘仁格式序)を法源として改訂・体系化したもので、新羅をはじめとする朝鮮諸国・中国南北朝期の法制の影響を多分に受けたものであったと推測している。

(35) 新羅を蕃国と位置づけて優位に立つことは唐令のもつ帝国構造からも不可欠であった。新生「日本」への国号改称はまず新羅に告げられたと考えた(拙稿・前掲注(32))。なお、鐘江宏之「藤原京造営期の日本における外来知識の摂取と内政方針」(鐘江宏之・鶴間和幸編著『東アジア海をめぐる交流の歴史的展開』東方書店、二〇一〇年)は、朝鮮方式(浄御原令以前)から中国方式(大宝律令)への転換を主導したのは藤原不比等であると指摘されている。

＊「藤原不比等―その前半生について―」(三田古代史研究会編『法制と社会の古代史』慶應義塾大学出版会、二〇一五年)に補訂を加えた。

第三章　玄　昉
――入唐留学僧の栄光と挫折――

はじめに

『続日本紀』の僧伝の中で、玄昉と道鏡のみが「死」と記されており、悪僧の代表のように評されることがある。しかし、皇位をうかがうに至った道鏡はともかく、玄昉の場合は「沙門の行ひに乖けり」（『続日本紀』天平十八年六月己亥［十八］日条玄昉伝［以下、玄昉伝と略す］）とあるばかりで、「悪」の実態は霧に包まれている。玄昉は甲賀宮での盧舎那大仏造営が挫折し、平城京に還都した天平十七年（七四五）に、筑紫観世音寺の造営を口実に左遷され、翌年六月悲憤のうちに生涯を閉じた。世情では藤原広嗣の怨霊に殺害された（玄昉伝）、あるいは玄昉の首が興福寺唐院に落ちたという所謂「頭塔」の首塚伝説（『扶桑略記抄』天平十八年六月丙戌日［五日］条）まで生まれたが、悲憤のままに幽明をさまよっていたのは玄昉の方であった（「唐僧善意願経奥書」）。

玄昉については史料が乏しく謎が多いが、十七年間にわたる留学を終えて唐より帰国、天平九年の疫病流行の被害に直面した有能な留学僧としてあらためて玄昉像を再検討してみたい（1）。

一、入唐僧玄昉

はじめに玄昉伝に描かれた人物像をみておこう。

僧玄昉死す。玄昉、俗姓は阿刀《あと》氏。霊亀二年、入唐、学問しき。唐の天子、昉を尊み、三品に准《なずら》へて、紫の袈裟を着しめき。天平七年、大使丹治比真人広成に随ひて還帰りき。経論五千餘巻と諸の仏像とを賷《も》ち来れり。皇朝《すめみかど》も亦、紫の袈裟を施しこれを着す。尊みて僧正とし、内道場に安置《お》きたまふ。是より後、永寵日《えいちょうひび》に盛にして、稍《やや》く沙門の行に乖《そむ》けり。時の人これを悪《にく》めり。是に至りて、徙所《うつしどころ》にして死ぬ。世に相伝へて「藤原広嗣が霊の為に害《そこな》はれぬ」といふ。

（『続日本紀』天平十八年六月己亥［十八日］条）

玄昉の生年は不詳、俗姓は「阿刀氏」であるという。阿刀は河内国渋川郡跡部郷（現八尾市）の地名に由来する。[2]阿刀を称する氏族としては阿刀宿祢、阿刀連があるが、玄昉伝にはカバネを記していない。宿祢とすると、本宗はもと連を称し、天武十三年（六八四）に宿祢を賜った一族ということになる。大族ではないが、壬申の乱に従軍記録を残した阿刀連（宿祢）智徳《ちとこ》や、造東大寺司で活躍した下級官人阿刀宿祢雄足《おたり》、後述する僧正善珠《ぜんじゅ》、空海の母方の叔父で、伊予親王の侍講であった阿刀宿祢大足《おおたり》らが知られる。

さて、玄昉は留学僧として養老元年（七一七）の遣唐使に従い渡唐した。玄昉伝には「霊亀二年（七一六）入唐」とあるが、実際に出発したのは翌養老元年三月以降のことで（『続日本紀』）、唐に着いたのは同年十月であった（『冊府元亀』外臣部・褒異）。帰朝したのが天平七（七三五）年三月であるから、実に在唐十七年ということになる。玄昉は長期の留学僧であり、恐らく歳若くしてその才能を見込まれ、渡唐したと推測される。玄昉は天平十八年（七四六）六月十八日に大宰府で死去しているので、帰国してからは僅か十年余の生を燃焼したことになる。

留学中の玄昉の活動は明らかではないが、平安時代末の『七大寺年表』天平九年条に「法相宗、興福寺、阿刀氏、義淵弟子」とあり、続いて「霊亀三年入唐、智周大師に遇いて法相宗を学ぶ」とある。また、鎌倉時代の学僧 凝《ぎょう》然《ねん》の『三国仏法伝通縁起』にも、玄昉は基《き》（慈恩大師）・慧《え》沼《しょう》の学統を継ぐ樸楊《ぼくよう》大師智周《ちしゅう》に法相宗を学んだという。さらに、平安時代末の『七大寺巡礼私記』興福寺条に引用される玄昉『五台山記』によると開元十三年（七二五）四月に五台山を巡拝している。これによれば玄昉は武則天（則天武后）以後の五台山華厳の隆盛をまのあたりにしていたことになる。

玄昉伝によると、玄昉は在唐中に玄宗皇帝から三品に準じて紫衣を賜ったという。僧侶としては最高の栄誉である。しかし、残念ながら玄昉がどのような功績によって紫衣を拝領したのか、それを証する史料を見出しえない。

二、玄昉将来経について

玄昉は帰国に際して「経論五千余巻と諸の仏像とを」将来したという。玄昉が将来した経論五千余巻は、唐の智《ち》昇《しょう》が開元一八年（七三〇）に編纂した最新の漢訳経典目録である『開元釈教録《かいげんしゃっきょうろく》（全二〇巻）』の「現蔵入蔵目録」（巻十九・巻二十）所載の一〇七六部五〇四八巻を目途に集めたものとみられる（この点については後述する）。そこで次に、皆川完一、栄原永遠男、山下有美、山本幸男諸氏の研究[3]によりながら玄昉将来経について述べておこう。

「正倉院文書」中の「写経請本帳」（『大日古』7ノ五四～九〇、続々修十六ノ八）は、写経所が経典書写のために借用した経典の本経のリストを貼付いだものである。その冒頭には「自天平八年九月二十九日始経本請和上所《天平八年九月二十九日より始めて経本を和上の所に請う》」とある。大量の経典を所蔵する「和上」は玄昉以外に考えがたい。「和上所」は後述する隅寺（角寺）の玄昉の居所をさすのであろう。

光明皇后は天平初年から現存する経典の集成である一切経の書写事業を始めていたが、玄昉が経典を将来すると、玄昉将来経を本経（テキスト）として、「現蔵入蔵目録」に基づく一切経の書写に方針を転換したとみられる。

こうして光明皇后は新たに天平八年（七三六）九月二十九日から「五月一日経」と呼ばれる写経事業を開始した。ちなみに、書写された経典に、天平十二年五月以降、いずれも「五月一日」の日付をもつ願文を加えたことから「五月一日経」と呼ばれる。

ところで、この頃朝廷内では光明皇后の写経事業の他に、聖武天皇による一切経の書写事業も進められていた。聖武天皇発願一切経は願文に「天平六年歳《ほし》は在《やど》る甲戌始めて写す。写経司治部卿従四位上門部王」とあることから、写経司により天平六年頃から開始されたらしい。ところが、この内裏系統の事業においても、書写経典の本経として玄昉将来経を使用することに方針を変更をした。そこで当然のことながら本経の競合が生まれた。玄昉が将来した経典が、当時行われていた二つの写経事業の方針変更を促し、また競合を生むほどに重要視されたのである。

ところで、皆川氏によると、五月一日経は天平十四年十一月までに四五六一巻の書写を終えたところで一時中止した。『開元釈教録』所載の本経に行き詰まったためで、翌年五月からは「現蔵入蔵目録」にはない章疏にも範囲を広げて書写することになった(4)。玄昉伝にみえる玄昉の将来した経典「五千余巻」は、「現蔵入蔵目録」に収載された五〇四八巻という数に近似することから、これまでは文字通り「現蔵入蔵目録」所載の経典の数と考えられてきたが、皆川氏の研究によりそれを具備するものではなかったことが判明した。

このように玄昉の経典蒐集は『開元釈教録』所載の経典を具備するものではなかったが、膨大な、しかも体系だった経典を蒐集したのである。前述のように『開元釈教録』が成立したのは開元一八年（七三〇）のことであり、玄昉の帰国までわずか五年ほどである。恐らく玄昉は『開元釈教録』成立以前から広く経典を蒐集しており、『開元釈教録』が成立すると、ただちに入手して『開元釈教録』に従って体系化したが、すべてを蒐集するには至らなかったのであろう。彼がどのような手だてで蒐集しえたのかは明らかでないが、学識・人脈・資金といった蒐集手段や収集手腕に優れているというだけではなしえなかったであろう。そこに強靭な意志、使命感を感ずる。膨大な経典蒐集は玄昉留学の当初からの目的とされていたと思われる。

三、内道場僧玄昉の誕生

玄昉は帰国すると、翌天平八年（七三六）二月に封戸一〇〇戸、田一〇町、及び扶翼童子《ふよくのどうじ》（身辺を助ける童子）八人を賜った（『続日本紀』）。経典の収集など留学中の業績が高く評価されたのであろう。「五月一日経」の書写が開始されるのはその年の九月のことである。ついで翌天平九年八月には僧正に任命された（『続日本紀』）。聖武天皇が唐の玄宗皇帝にならい、玄昉に紫の袈裟を賜り、宮中に設けられた仏道場である内道場に安置したのは僧正任命にともなうものと推測される。そこには唐仏教を憧憬した光明皇后の意向が強く反映していよう。

同じ留学僧である道慈は、在唐十六年に及んだが、律師であり、施封は五〇戸、施田はなく、しかも玄昉とともに賜った扶翼童子は六人であった。このことからしても玄昉の待遇がいかに破格なものであったかがうかがい知れよう。

道慈は天平十九年の『大安寺伽藍縁起并流記資財帳』に「前律師」とあるように、天平十年（七三八）前後に律師を辞任している。道慈は興福寺（藤原寺）に居しており、[5]藤原氏と密なる関係にあったと推測されるが、藤原四子政権瓦解後の政府は玄昉を優遇し、道慈は玄昉の下位に立つことになった。中井真孝氏が指摘するように、道慈はこれを潔しとしなかったのであろう。[6]また、道慈は『愚志《ぐし》』一巻を著して「今日本の素緇《すし》（俗人と僧）の行ふ仏法の軌模を察《み》るに、全く大唐《だいたう》の道俗の伝ふる聖教《しやうけう》の法則に異なり。若《も》し経典に順はば能く国土を護らむ。如《も》し憲章に違はば人民に利あらず。一国の仏法万家修善せば何ぞ虚設《こせち》を用ゐむ。豈慎まざらめや」（『続日本紀』天平十六年十月条・道慈伝）と、日本と唐の仏教界との乖離を嘆いていることからすると、中国仏教の移入をめぐって二人の間に意見対立があったことも推測される。

ところで、玄昉が置かれた「内道場」の語は『続日本紀』では玄昉伝が初出となるが、横田健一氏の指摘にあるように、中国の制に由来する。[7]日本でも宮中に仏事の場が設けられたことは早く天智朝に「内裏仏殿」、「内裏西殿」（天智十年紀十月条）がみえるが、神亀四年（七二七）十二月の僧正義淵一族の岡連賜姓記事には「先帝の御世（元正）より朕《わ》が代（聖武）に迄《いた》るまで、内裏に供奉《つかへまつ》りて一つの咎愆《とがあやまち》も無し」（『続日本紀』）とある。義淵もまた大宝三年（七〇三）の僧正就任とともに内裏に近侍した（内供奉僧）と推察される。内裏供奉の場とは、のちの内道場に当たると考えられる。井上薫氏は天平五年に書写された薬師経などが進納された「内堂」（『大日古』7ノ六、続々修十二ノ三、天平三年「写経目録」）と内道場との語の類似から、内堂が内道場の起源になったと推定されている[8]が、僧正玄昉の近侍の場を中国の制、とりわけ武則天の制にならい「内道場」と呼んだのであろう。

さて、玄昉が僧正となった天平九年の十二月、皇后宮で皇太夫人宮子が玄昉を引見した。聖武の母、皇太夫人藤原宮子は精神状態が思わしくなく、聖武を出産して以来、わが子に会うことがなかった。『続日本紀』は「法師ひとたび看て慧然《けいぜん》として開晤《かいご》す」と記す。すなわち玄昉が看病するや宮子は正常な精神状態に戻ったというのである。その結果、宮子は念願の聖武との面会を果たすことができたのである。

この劇的な面会がなされた皇后宮の所在については、これまで平城宮の東に隣接する元藤原不比等邸（のち光明子邸、宮寺、さらに法華寺）と考えられてきた。しかし、渡辺晃宏氏は平城京跡出土の長屋王家木簡と二条大路木簡の分析から、神亀六年（七二九）の長屋王の変後、光明子の立后とともに、皇后宮が長屋王邸の地に設置された可能性が高いことを指摘されている。[9]

ところで、法相学の研究を残した僧正善珠の俗姓を『扶桑略記』は安都宿祢とし（延暦十六年卒伝）、『日本霊異記』も母方が跡連であったとしている（下巻・第三九）。善珠が玄昉と同じく阿刀氏であり、しかも玄昉が天皇家に近侍する看病禅師的存在であったということからであろうか、善珠は玄昉が皇太夫人藤原宮子に密通して生まれた子であるという風説まで生まれた（『扶桑略記』延暦十六年四月二十一日条善珠卒伝）。しかし、『日本紀略』延暦十六年（七九七）四月二十一日条に「善珠卒す年七十五」とあり、この享年に従い逆算すると養老七年（七二三）生まれとなる。玄昉の渡唐中のことであり、密通の余地などない。『扶桑略記』が同日条に「僧正善珠卒す。年七十五」とするのは自家撞着といわねばならない。それにしても、このような俗説が生まれるほどに、内裏に近侍する僧侶は、皇族と個人的な関係が生まれやすい情況にあったといえるのである。

夫人宮子の看護以後、聖武と光明皇后の玄昉に対する信任は絶大なものとなったであろうことは想像に難くない。高野山正智院蔵『仏頂尊勝陀羅尼経《ぶっちょうそんしょうだらにきょう》』の跋語には「天平十一年（七三九）五月四日、勅を奉《うけたまわ》りて、玄昉僧正疹《しん》疾《しつ》の為に、敬みて此の経一千巻を写す」とある。この頃、玄昉は病の床にあったのであろう。聖武は玄昉の疾病快癒のため、勅により『仏頂尊勝陀羅尼経』一千巻を書写させているのである。このことからも聖武がいかに玄昉に厚い信望を寄せていたかがうかがえよう。『仏頂尊勝陀羅尼経』（大正新修大蔵経巻十九・三四九）は五臺山を参礼した仏陀波利《ぶっだばり》が、文殊の化身の命を受け西国（インド）より将来した経典とされる（「経序」及び『入唐求法巡礼行記』巻二）。経典中には、重病にあったときこの陀羅尼を聞けば「永く一切諸病を離るるを得」ることができるといった文言があり、病気平癒を祈るにふさわしい。聖武はこのような由来を玄昉より学んでいたのであろう。

四、隅寺と玄昉

奈良市法華寺町に海龍王寺がある。法華寺の東北に隣接しており、西金堂内に安置される五重小塔で知られる。この海龍王寺はもと隅《すみ》（角）寺といい、のちに法号を海竜王寺（初見は貞観十年［八六八］十月四日太政官符、『類聚三代格』巻二）と称した。『七大寺巡礼私記』興福寺西金堂条には「件の寺、また角寺と号す〈法花寺の東北に在り〉。口伝に云ふ、海竜（王）寺は、光明皇后の御願《ごがん》なり。玄昉僧正入唐の時、求法《ぐほう》の志を遂げ、安穏に帰朝せしめんがため、皇后誓いを建て造立せらる所なり」とあり、玄昉と光明皇后の密接な関係を伝えている。

隅寺については『続日本紀』では天平十年三月三日に食封一〇〇戸を施入された記事が初見であるが[10]、福山敏男氏は隅寺で書写された「大宝積経」が、天平八年夏頃に書写されているので（天平三年「写経目録」）、隅寺の存在を天平八年まで遡上しうるとされている[11]。しかし、天平三年「写経目録」（『大日古』7ノ五〜三二）によると、天平六年「法華経十五部一百巻」の注記に「十二月角院読」とある。この「写経目録」は天平三年八月から九年十一月までの写経の記録を書き継いだものである。従って、右の注文を認めるならば、その存在は天平六年まで遡らせることができる。また、山下有美氏は、天平二年の「写書雑用帳」（『大日古』1ノ三九三〜五）や天平三年の「充経師紙筆墨注文」（『大日古』24ノ九〜一〇）に見える「寺」を隅寺と解し、また天平三年「写経目録」が隅寺での写経リストである可能性が高いことから、天平初年から隅寺で皇后宮職管下の写経が行われていたと推測されている[12]。今これに従えば隅寺の存在はさらに天平初年まで遡ることになる。

隅寺境内からは七世紀後半の瓦が採集されており、またこれまでの部分的発掘調査では中門、回廊、中金堂背面敷石、僧房の一部とみられる遺構のほかに、倉庫風の掘立柱建物跡などが検出されているが、時期的関係は明確ではない[13]。これらを勘案すると、和銅三年（七一〇）の平城遷都以前からあった寺が、遷都にともない藤原不比等邸に取り込まれてその東北隅を占め、さらに不比等亡き後は、娘の光明子の邸宅の一角を占めたことから隅（角）寺、隅（角）院などと呼ばれ、写経機関が置かれるようになったと推測される。寺域が平城京左京一条二坊と三坊にわたり、二坊大路が東にズレをみせるのもそのような推測を助ける。さらに、発掘された奈良時代の所用瓦の主体は八世紀半ば、天平十七年（七四五）の平城還都後のものとされており、同年「旧皇后宮（光明子邸宅）」が宮寺とされ（『続日本紀』五月十一日条）、ついで天平十九年に法華寺（「法華寺政所牒」『大日古』9ノ三二八）とされたのにともない、隅寺の寺観も整えられたものとみられる。

福山敏男氏は、『大和志料』所引の海龍王寺の縁起に「天平七年〈乙亥〉、玄昉及多治比広成等帰洛、齎㆓経論仏像等㆒来、献㆓尚書㆒、帝后歓悦、勅蔵㆓当寺㆒、賜㆓一切経蔵宸書之額㆒（中略）乃令㆔玄昉居㆓当寺㆓」とあることから、玄昉が将来した経典と仏像は勅によりこの隅寺に安置され、玄昉も居住したとされ、「内道場」を隅寺に比定しうる可能性を示唆されている[14]。「尚書に献ず」の「尚書」は、『扶桑略記』天平七年条に「太政官に献ず」とあるのを参酌すれば、「尚書省」（中央最高官庁）のことで太政官の意味であろう。

玄昉将来経については『七大寺年表』天平七年条の注記や『扶桑略記』天平十八年条には興福寺に安置したとある。将来経が保管された「僧正所」の所在、あるいは隅寺を内裏供奉の場である「内道場」に比定しうるのか、なお検討を要しよう。

五、玄昉の台頭と政界

ところで、天平九年（七三七）には疫病が猛威を振るい、四月から八月の四か月の間に、藤原不比等の息子の四兄弟、房前、麻呂、武智麻呂、そして宇合が相次いで死去し、藤原四子政権が瓦解する。玄昉は藤原四子の相次ぐ死を待つようにして僧正に勅任され、(15)内道場に置かれたが、留学僧玄昉を待ち受けていたのは、教学の振興よりも社会不安の解消（国家鎮護）と、病死の恐怖からの解放という極めて現実的な課題であった。密教への傾斜傾向が認められるように、仏教の呪術的効験への期待がきわめて大きかったのである。玄昉はこうした要請に積極的に応え、天皇家と密着することになるが、玄昉の栄光と挫折は、帰国から連年と続いた疫病の流行と飢饉、とりわけ天平九年の藤原四子の相次ぐ病死という社会的・政治的情況に運命づけられたといっても過言ではない。

藤原四子の後、政界の首班の地位に就いたのは、皇族から臣籍降下した橘諸兄（もと葛城王）であった。諸兄の母は橘三千代である。三千代ははじめ美濃王と結婚し、葛城王を儲け、のち藤原不比等と結婚して光明子を儲けた。諸兄と光明皇后は異父兄妹にあたる。諸兄政権・天皇家と密着する玄昉の関係は比較的順調であったと思われる。

さて、内道場に置かれた僧正玄昉の顧問的、看病禅師的職務は官司機構の枠外にあり、その地位は政治権力の動向に左右されるものであった。玄昉に対する「悪」認識もそうしたところから生まれたと推測される。玄昉とともに帰国した下道真備（吉備真備）は唐朝にその名を広めた俊才であり、帰国後、大学助を経て皇太夫人藤原宮子の僚司である中宮僚の亮（次官）と右衛士督《うえじのかみ》を兼ねた。宮子の玄昉引見は真備の関与するところと思われる。二人が隠然とした力を持つようになると、それだけにかえって玄昉、真備への反感も大きかったであろうことが推察される。

天平十二年（七四〇）八月、大宰府に左遷されていた藤原広嗣が上表して時政の得失を指摘し、僧正玄昉と下道真備を排除するように要求して反乱を起こした。玄昉伝の「永寵《えいちょう》日《ひび》に盛にして、稍《やや》く沙門の行に乖《そむ》けり。時の人これを悪《にく》めり」といった評言が、こうした情況を端的に示しているであろう。(16)

この広嗣の乱のさなかに、突如聖武は疫病に汚れた平城京を離れて東国に行幸し、続いて恭仁宮を造営、さらに清浄なる地を求めて天平十四年（七四二）には紫香楽の地に離宮を造営して、難波宮と諸宮の間を往来したのである。

恭仁宮の造営には橘諸兄の力が大きかったとみられるが、その背後には玄昉や真備の唐の東都洛陽の知見があったと思われる。複都の設置はまた天武が主張したところでもある。恭仁宮は洛水を挟んで立地する唐の東都洛陽に擬せられたのであろう。聖武はさらに紫香楽宮を造営するが、これは光明皇后と天平十五年に参議になる藤原仲麻呂の画策と推測される。

この間、玄昉は国分二寺の建設を建策したと思われる。国分寺制は唐の諸州官寺制である武則天の大雲経寺、玄宗の開元寺、とりわけ武則天の大雲経寺を模した可能性が高く、道慈、もしくは玄昉が建議したと推測されている。ただし、大雲経寺が武則天の即位を正当化する大雲経を配置したのに対して、あくまで国分二寺は護国経典の読誦により国家安寧、五穀豊穣を祈願する呪術的な思想に基づくものであった。僧・尼寺併置という点では隋の文帝が州県に命じて僧尼二寺を建立させた先蹤が注意される（「詔立僧尼二寺記」『金石萃編』巻三八）[17]。

天平十三年、国分二寺造営の詔の出された時点でいえば、前述したように道慈は天平十年頃に律師を辞しており直接的な影響力は薄い。しかも、国分寺造営の詔の発布された五ヶ月後の七月十五日、玄昉がみずから発願した『千手千眼陀羅尼経《せんじゅせんげんだらにきょう》』残巻（京都国立博物館蔵）の跋語には「聖法《しょうほう》の盛んにして、天地と与《とも》に永く流《つた》え、擁護の恩を被《こうむ》り、幽明に被り、恒《つね》に満たさしめんことを」とみえる。この文言は国分二寺造営の詔にも認められるものであり、造営詔にみられる文言を引用したとも考えられないことはないが、共通の文言からすると、国分二寺造営の建策者が玄昉である可能性が高いといえよう[18]。

六、玄昉左遷

天平十七年（七四五）十一月、玄昉は突如大宰府に左遷される。『続日本紀』には「玄昉法師を遣して筑紫観世音寺を造らしむ」（十一月二日条）とあり、続いて「僧玄昉の封物を収む」（十一月十七日条）とある。天平十七年七月の「納櫃本経検定並出入帳」の、同年十月十日には「昉玄（玄昉）師物検使所」（24ノ一七三）とある。この箇所は墨抹されているが、この頃玄昉の経典は「検使所」の監督下にあり、玄昉が処罰されたらしいことがうかがえる。いったい何があったのか。

ひるがえってみるに、国分二寺の造営に続く盧舎那大仏の造営は、天平十二年に河内国大県郡の知識寺で『華厳経』の説く盧舎那仏を礼拝して以来、聖武天皇、光明皇后、そして阿倍皇女（のちの孝謙天皇）の念願となった。これに続いて『華厳経』の講説が開始される。

延暦十三年（七九二）頃の成立とされる『円融要義集』[19]によると、華厳経の講説は良弁の夢枕に現れた「紫衣青裙の神僧」の夢告を契機として、天平十二年に新羅で華厳学を学んだ審祥（詳）によって開始されたと伝える。華厳経講説の契機が神秘化されて語られているが、堀池春峰氏が指摘されたように「紫衣青裙の神僧」は玄昉の名を憚った所から生まれた屈折した伝承と認められる[20]。玄昉は密教の呪術者のように思われがちであるが、このような仏教界の伝承を勘案すると、その学殖ははかりしれないものがある。しかし、運命は皮肉なことに、大仏造営が具体化するとともに、玄昉は仏教界・政界から見放されていくことになる。

別に述べたように[21]、光明皇后や聖武天皇は玄昉の知見をもとに、恭仁宮の東北方の山深い仙境、紫香楽の地を菩薩常居の五台山に擬し、そこに離宮（宮殿）と盧舎那大仏を造営して仏教王都を築こうとした。

天平十五年十月、紫香楽宮で盧舎那仏造営の詔が発布される。盧舎那仏の造営は修法者と人民がともに菩薩行を実践することにより国土を理想の蓮華蔵世界に化すという華厳経や梵網《ぼんもう》経の理想に基づくもので、いわば国家的な規模での知識寺の造営であった。

この間、僧尼統制策に一大変化が現れる。恭仁宮造営の労働力となった行基集団の力は政府の属目するところとなり、天平十三年を境に弾圧方針を一変し、行基集団の取り込みがはかられた。また、聖武や光明皇后は大仏造営に際し、華厳経の教説と合致する、知識集団とともに菩薩の利他を実践する行基を重要視するようになる。聖武や光明皇后は仏教王都実現に向けて、玄昉に代わり新たに行基を得たのである。

天平十六年閏正月十三日、折しも聖武の皇子安積親王（母は夫人県犬養広刀自）が急逝し、光明皇后・仲麻呂派と元正太上天皇・諸兄派の対立が表面化する。(22) 二月には元正とともに難波宮にあった左大臣橘諸兄が、聖武不在（紫香楽宮行幸）のまま難波宮を皇都とする勅を宣する。そうした状況下の九月、突如、僧綱に専権の振る舞いがあるとして、僧綱の印を大臣（治部省）のもとに置き、仏教界の政務も太政官の指揮下に置けという命令が下される。

詔して曰く、今聞く、僧綱、意に任せ印を用いて制度に依らず、と。その印を進《たてまつ》らしめて、大臣の所に置かしむべし。今より以後、一《もは》ら前《さき》の例に依れ。僧綱の政もまた官に申して報《こたへ》を待て、と。

（『続日本紀』天平十六年九月三十日条）

当時、僧綱のトップは僧正玄昉であるが、翌年正月には玄昉の上に行基を大僧正に任じていることからすると、この僧綱抑圧策は左大臣橘諸兄と玄昉の亀裂を端的に示すものであり、玄昉排斥の一環とみることができる。

ところで、元正太上天皇は聖武の母にも擬せられる立場にあり、(23) 光明皇后とは擬制的には姑と嫁の関係にある。光明皇后が宮内に居住しなかったのは、人臣として藤原氏の血統を自認する、例えば「皇后藤原氏光明子」（五月一日経）、「藤三娘」（「楽毅論」）、「藤三女」（天平十五年五月十一日経）などにみられる光明皇后の意志と、元正の光明皇后忌避が重なったことによるのであろうか。

それはともあれ、紫香楽宮（光明皇后）と難波宮（元正太上天皇）と二極対立の様相を呈した十一月、紫香楽で盧舎那仏の体骨柱が建てられると、その四日後に難波にあった元正が突如として紫香楽宮に至る(24)。この元正の行動には様々な解釈の余地があるが、筆者は玄昉や光明皇后のすすめによる聖武の受戒・出家を思い止まらせようとしたものと憶測している。神格を帯びた天皇の受戒・出家は前例のないことであり、譲位問題をはらむものであった。

聖武は紫香楽に宮（甲賀宮）と寺（甲賀寺）とを一体とする仏教王都を建設するとともに、出家・受戒しようとしていたのではないか。そのように憶測するのは、聖武は元正の崩御を待つかのごとく天平二十一年（七四九）正月十四日に行基から菩薩戒を受戒したという記録（『扶桑略記』）があることによる。この時点での行基授戒説には疑問があるが、聖武が「皇帝菩薩」を志向していた反映ではないかと思われる(25)。

ともあれ、翌天平十七年、聖武は正月に王都とした甲賀宮（紫香楽宮）を、反対派の放火や美濃大地震により五ヶ月後には放棄して平城還都を決断する。聖武も光明皇后も盧舎那大仏の紫香楽での造営を断念、平城の地での造営をめざすことになる。

この間に玄昉排除の方向は決定的なものとなっていたが、その一方で玄昉は天平十五年に『法華摂釈《ほけしょうしゃく》』一部四巻、及び『法華経』五〇部四〇〇巻（『大日古』8ノ一八六〜七）、また翌天平十六年には『弥勒経』一〇〇部三〇〇巻という大部の経典書写を発願し、金光明寺写経所に依頼している（『大日古』2ノ三五一）(26)。このうち『法華摂釈』は詳しくは『法華経玄賛摂釈《ほけきょうげんざんしょうしゃく》』といい、玄昉の師の智周が法相宗の立場から慈恩大師の『法華玄賛』に注釈を加えたものである。また、『弥勒経』は現存しないが、同様に法相宗の重視した経典である。天皇家に関わる写経と推測されるが、玄昉は誰のために何を願ってこの私願経を発願したのであろうか。

玄昉が大宰府で失意の内に亡くなったであろうことは、留学以来玄昉に従った唐の従僧善意が師の玄昉の一周忌に、紛身砕骨、私財を擲ってでも玄昉の「幽霊」を慰めようと『大般若経』を発願書写[27]していることからも推察される。玄昉の側からすれば玄昉の怨霊の祟りがあっても不思議ではないが、玄昉伝は明らかに広嗣の立場にあって、流言では広嗣の怨霊によって玄昉は殺されたとしている。玄昉が「悪」とされるのも内臣の地位を新帰朝者に奪われた藤原氏をはじめとする官人（貴族）層の立場に立つものであろう。

七、おわりに

本章では①天平九年の疫病の流行・飢饉と藤原四子政権の瓦解というきわめて深刻な社会的・政治的情況が、帰国した玄昉を運命づけた。②帰国した玄昉に期待されたものは仏呪による社会不安の鎮静であり、玄昉の不運はこのような要請に積極的に応え、僧正・内道場僧として天皇家と結びついた点にあった。③玄昉の僧正・内道場僧としての地位は政局に左右され、玄昉伝に見る玄昉像は官人・僧侶の利害の所産である。④玄昉は道鏡と並び看病禅師的に捉えられやすいが、玄昉の修学はのちに法相宗の祖の一人とされるにふさわしい学殖をそなえたものであった[28]。⑤玄昉失脚の要因は皇位問題に波及しかねない聖武の受戒・出家をすすめた責にあるとみられること、等々を指摘した。大方のご教示、ご叱正をいただければ幸いである。

［注］

（1）　玄昉の生涯については、堀一郎「玄昉法師の死―寧楽仏教史考覚書―」（『宗教研究』一二―二、一九三五年）、根本誠二「玄昉の内と外」（同『奈良時代の僧侶と社会』雄山閣出版、一九九九年）、他に堀池春峰「奈良時代仏教の密教的性格」（同『南都仏教史の研究』（下）所収、法藏館、一九八二年、初出一九六〇年）、牧伸行「『続日本紀』玄昉伝考」（水野柳太郎編『日本古代の史料と制度』岩田書院、二〇〇四年）、林陸朗「僧玄昉」（同『奈良朝人物列伝―『続日本紀』薨卒伝の検討―』思文閣出版、二〇一〇年）などを参照した。

（2）佐伯有清『新撰姓氏録の研究　考證篇』三・四（吉川弘文館、一九八二年）。

（3）皆川完一「光明皇后願経五月一日経の書写について」（坂本太郎博士還暦記念会『日本古代史論集　上巻』（吉川弘文館、一九六二年）、栄原永遠男『奈良時代の写経と内裏』（塙書房、二〇〇〇年）、山下有美『正倉院文書と写経所の研究』（吉川弘文館、一九九九年）。山本幸男「玄昉将来経典と「五月一日経」の書写」（同『奈良朝仏教史攷』法蔵館、二〇一五年、初出二〇〇六年、二〇〇七年）。

（4）皆川完一、前掲注（3）論文。

（5）森下和子「藤原寺考―律師道慈をめぐって」（『美術史研究』第25冊、一九八七年）。

（6）中井真孝「道慈の律師辞任について」（『続日本紀研究』二〇〇、一九七八年一二月）。

（7）横田健一『道鏡』（吉川弘文館、一九五九年）。中国の内道場については高雄義堅「支那内道場考」（『龍谷史壇』一八、一九三五年）、直海玄哲「則天武后と内道場」（『仏教史学研究』三四―二、一九九一年一〇月）などを参照。

（8）井上薫『奈良朝仏教史の研究』（吉川弘文館、一九六六年）一四〇〜一四一頁、薗田香融「わが国における内道場の起源」（仏教史学会『仏教の歴史と文化』同朋舎出版、一九八〇年）などを参照。

（9）渡辺晃宏『平城京左京二条二坊・三条二坊発掘調査報告』（奈良県教育委員会、一九九五年）。

（10）『新抄格勅符抄』寺封部にも「角院寺百戸〈天平十年施　出雲五十戸　播万（磨）五十戸〉」とある。

（11）福山敏男「角寺（海龍王寺）」（同『奈良朝寺院の研究』綜芸舎、一九七八年、原本一九四八年）。

（12）山下有美　前掲注（3）。

（13）石井則孝「海竜王寺境内の発掘」（『奈良国立文化財研究所年報―一九七〇年―』）、森郁夫・村上訒一「海竜王寺の発掘（二）」（『奈良国立文化財研究所年報―一九七一年―』）、山本・岡本・綾村・中村「海竜王寺北方の調査」（『奈良国立文化財研究所年報―一九七六年―』）など。

（14）福山敏男・前掲注（11）。林陸朗氏は隅寺は写経の行われるところであり、内道場とすることに疑問を呈せられている（「僧玄昉」同『奈良朝人物列伝―『続日本紀』薨卒伝の検討―』（思文閣出版、二〇一〇年）。なお、山本幸男氏は玄昉は興福寺の僧侶であり、『扶桑略記』天平十八年六月条に「所持の経論は悉く興福寺に納め」とあることから、将来経が保管される「僧正所」は興福寺内にあり、経典の出納は同時の実務僧が行っていたとされる（前掲注（3）・山本幸男『奈良朝仏教史攷』）。

（15）律師以上の僧綱については、奏任から勅任へ移行したとする中井真孝説（「奈良時代の僧綱」、井上薫教授退官記念会編『古代国家と宗教』上、吉川弘文館、一九八〇年）と大宝令施行直後から勅任であったとする早川庄八説（「任僧綱儀と任僧綱告牒」同『日本古代官僚制の研究』岩波書店、一九八六年、初出一九八四年）がある。なお、鷺森浩幸「奈良時代の僧綱の展開」（『日本史研究』二九四、一九八七年）を参照。

（16）中西康裕氏は玄昉の悪人像は『続日本紀』が玄昉を排除した広嗣の正当性を主張するところから生まれたとされているが、正鵠を射たものであろう（「『続日本紀』と奈良時代の政治事件」同『続日本紀と奈良朝の政変』吉川弘文館、二〇〇二年）。

（17）塚本善隆「国分寺と隋唐の仏教政策並びに官寺」（塚本善隆著作集6『日中仏教交渉史研究』大東出版社、一九七四年、初出一九三八年）。

（18）速水侑「奈良朝の観音信仰について」（『続日本紀研究』一一六・一一七、一九六三年九月）。

（19）『奈良六大寺大観（補訂版）』第十巻（岩波書店、一九六八年）九九頁。

（20）堀池春峰「華厳経講説より見た良弁と審詳」（同『南都仏教史の研究（上）』所収、法蔵館、一九八五年、初出一九七三年）。

（21）拙稿「紫香楽宮について」（『古代学論究』所収、慶應義塾大学出版会、二〇一二年、初出二〇〇六年）。

（22）横田健一「安積親王の死とその前後」（同『白鳳天平の世界』創元社、一九七三年、初出一九五九年）、直木孝次郎「天平一六年の難波遷都をめぐって―元正太上天皇と光明皇后―」（同『飛鳥奈良時代の研究』塙書房、一九七五年、初出一九七〇年）などを参照。

（23）東野治之「元正天皇と赤漆文欟木厨子」（同『日本古代史料学』岩波書店、二〇〇五年、初出一九九八年）。

（24）直木幸次郎、前掲注（22）。

（25）聖武天皇は天平二十一年四月「三宝の奴と仕え奉る天皇」（第十三詔）と称しており、閏五月に「太上天皇沙弥勝満」と自称している。七月の譲位以前の「太上天皇沙弥勝満」という自称はきわめて異例である。筆者は聖武は当初「菩薩戒皇帝」を志向したが、神格を帯びる天皇が在位したまま出家するという前代未聞の事態に反対にあい、譲位を決意して「太上天皇沙弥勝満」と称したと推測している（拙稿「聖武天皇の出家と受戒をめぐる臆説」『古代学論究』所収、初出二〇〇四年）。
(26) 鷺森浩幸「玄昉発願法華経・法華摂釈の書写について」（『続日本紀研究』二五五、一九八八年一月）。
(27) 「幽霊」の語は『梁高僧伝』仏図澄伝に依るか。なお、唐僧善意願経願文については本書第二部第三章付を参照されたい。
(28) 玄昉の教学については知る手がかりが乏しいが、直接的には玄昉の発願経が手がかりとなろう。拙稿「僧正玄昉の教学について」（『古代学論究』所収、初出二〇〇六年）を参照されたい。

＊「玄昉―入唐留学僧の栄光と挫折―」（佐藤信編『古代の人物2奈良の都』清文堂、二〇一六年）をベースとし、体裁を改めて注を付した。入稿から刊行までに十余年の歳月が掛かったために、入稿後の研究を充分に活かせなかったことが危惧される。

第三章　付　唐僧善意願文にみえる「粉身碎骨」の語について

一、はじめに――唐僧善意願経――

唐僧善意は僧正玄昉が唐に留学していた時からの弟子で、玄昉の帰国に際して随伴したと推測される。(1)「唐僧善意願経」は、天平十八年六月己亥［十八日］に逝去した玄昉の一周忌に際して、弟子の善意が『大般若経』六百巻を発願書写したものである。是澤恭三氏によると、『大般若経』六百巻の内、巻五十六、巻五十七、巻百九、巻百十、巻二百十七の五巻が伝存しているという。(2)

現在、根津美術館が所蔵する『大般若波経』巻第五十七の奥書写真は是澤恭三『写経』、三重県西来寺が所蔵する『大般若経』巻第百九の同文奥書写真は京都国立博物館『古写経』展図録（二〇〇四年）八九頁で見ることができる。

はじめに是澤恭三『写経』の写真により巻五十七題跋の発願文の釈文と読み下しを掲げておく。(3)

［釈文］

1奉為

2大師故僧正大和尚、敬寫大般若経一部
3六百巻、意者夫四時改變、八節推移。俄頃
4須臾一周已度、且俗礼有限、不敢固違、
5毎想提奨之教、則頓絶無期、念愍育之言、
6則更何恃怙、今縦粉身碎骨、以酬恩徳
7無過、罄用私財、依憑般若、故今繕寫奉
8翊幽霊、因此勝因、果成妙果

天平十九年歳次丁亥十一月癸酉朔八日庚辰大唐弟子僧善意記

《大師、故僧正大和尚の奉為《おおんため》に、敬《つつし》みて大般若経一部六百巻を写す。意は、夫《そ》れ四時改変し、八節推移す。俄頃須臾《がきょうしゅゆ》（歳月は早く）、一周已《すで》に度《わた》る。且つ俗礼限り有り。敢へて固違《こい》せず。毎《つね》に提奨《ていじょう》（励まし導く）の教を想へば、則ち頓絶《とんぜつ》に期無し。愍育《びんいく》の言を念《おも》へば、則ち更に何ぞ恃怙《じこ》（頼みとする）せむ。今縦《たと》ひ粉身砕《ふんしんさい》骨《こつ》し（身を粉にし骨を砕き）、以て恩徳に酬《むく》ゆるも、過ぐること無し。私財を罄用《けいよう》して（尽くして）、般若に依《え》憑《ひょう》す。故に今繕写《ぜんしゃ》（浄書）して幽霊を翊《たす》け奉る。此の勝因に因り、果して（結果として）妙果《みょうか》を成《じょう》ぜむ。

天平十九年（七四七）歳次丁亥、十一月癸酉朔八日庚辰、大唐の弟子、僧善意記す。》

僧正玄昉の失脚、そしてその死をめぐっては謎に包まれている。『続日本紀』は玄昉は「藤原広嗣が霊の為に害」されたという風聞を記す（天平十八年六月己亥［十八日］条）。しかし、善意願文に依れば玄昉は一年が経過してもなお幽明にさまよえる状態であったという。玄昉にとっては不本意な、憤怒に満ちた死であったろうことが想像される。玄昉を尊崇・追慕する善意は、「粉身砕骨」の想いで師僧の恩に報い、その「幽霊」[4]を慰めるために『大般

若経』の書写を発願した。

二、「粉身砕骨」

そこで、まずこの善意の願文に見える「粉身砕骨」の語に着目したい。「粉身砕骨」は師玄昉の恩に報いようとする善意の深い追慕・忠義の想いの形容であり、ひいては師の恩の深さを表現するものである。

東野治之氏は「粉身砕骨」の語と類同の語句である「砕骨挑髄」の語について、仏典に起源をもつ報恩の努力を表す表現で、奈良・平安時代に使用された語であることを指摘されている。(5) 東野氏によると次のような例があるという。

①七〇〇年頃建立「那須国造碑」

砕骨挑髄、豈報前恩。《骨を砕き髄を挑ぐとも、豈前恩に報いむや。》

②宝亀十年（七七九）書写『大般若経』巻一七六跋語（唐招提寺蔵）

……厚恩、撫育の慈み、高きこと須弥を踰え、擁護の悲しみ、深きこと大海に過ぐ。生を経《へ》、劫《ごう》を累《かさ》ね、身を砕き命を捨つるも、何ぞ報ゆるを得むや。

③平安時代初期撰『東大寺諷誦文稿』

薄《うすぎぬ》を解《ぬ》ぎ、甘きを推し、頭より踵に至るまで摩《な》でたまひし恩は、丘山よりも重く、沢は江海よりも深し。身を屈め骨髄を砕くとも、何ぞ酬い奉らむ。（第七五行以下）

何の世にか某仏の大御恩に報い奉らむ。両《ふた》つの肩に荷負《にな》ふとも何ぞ酬い奉らむ。骨髄を砕くとも何ぞ窮め奉らむ。（第一七七行以下）

このうち①の「砕骨挑髄」の語について、新川登亀男氏は『大般若経』（巻三九八、初分常啼菩薩品）の「破骨出髄」に由来するとされているが、(6)報恩とは直接結びつかない。

そこで、あらためて報恩のための努力を形容する表現である「粉身砕骨」及び類同の語句を求めてみよう。

まず漢訳仏典では、唐の善導『観念阿弥陀仏相海三昧功徳法門《かんねんあみだぶつそうかいさんまいくどくほうもん》』（以下『観念法門』と略す、全一巻）(7)に「連劫累劫、粉身砕骨、報謝仏恩由来《劫を連ね劫を累ね、身を粉にして骨を砕き、仏恩の由来に報謝し》」とする例がある。②の跋語ときわめて類似している。

また、『旧唐書』巻九一・桓彦範伝の彦範の上疏中に「昌宗無徳無才。謬承恩寵。自宜粉骨砕肌。以荅殊造。《昌《しょう》宗《そう》（張昌宗）は無徳無才にして恩寵を謬承《びゅうしょう》す。自ら粉骨砕肌《さいき》して、以て殊造に荅ふべし。》」が見える。同じく『旧唐書』巻一六六・白居易伝には「唯思粉身以荅殊寵。但未獲粉身之所耳。《唯だ身を粉にして殊寵に荅ふるを思う。但だ未だ粉身の所を獲ざるのみ。》」の例がある。「粉身砕骨」の四字句には熟していないが、この「粉身」も報恩のために忠誠・努力を尽くす形容の一例とすることができる。

さらに、『三国史記』新羅本紀に「粉身砕骨」とその類同の語句が認められる。(ア)文武王十一年（六七一）秋七月条「大王報書」中の「粉身砕骨」、(イ)同新羅本紀・文武王十二年九月条の文武王の上表文中の「粉身糜骨《びこつ》」、(ウ)同新羅本紀・聖徳王三十五年（七三六）夏六月条の聖徳王の上表文中の「粉骨糜身《びしん》」の三例がそれである。

(ア)『三国史記』新羅本紀、文武王十一年（六七一）条、「大王報書」

栄寵之極。夐古未有。粉身砕骨、望尽駆馳之用。肝脳塗原。仰報㆓萬分之一㆒。

《（唐高宗の）栄寵の極み、夐古《けいこ》（遙か昔から）未だ有らず。粉身砕骨（身を粉にして骨を砕き）、駆馳《くち》の用を尽くし、肝脳原に塗り（死を賭して）、仰ぎて萬分の一を報いんことを望む。》

文武王十一年（六七一）秋七月条には、唐の行軍摠管薛仁貴の文武王宛て書翰と、それに対する文武王の返書

（「大王報書」）が収載されている。

六六八年、唐・新羅連合軍は高句麗を平定したが、やがて朝鮮半島の支配をめぐって両者の対立が始まる。薛仁貴は水軍の力を背景に、文武王に対して書面をもって唐に叛する行為をやめ、唐皇帝（高宗）に事情を説明するように求めた。これに対する文武王の「大王報書」は、年次を追って記述され、「略々冤枉《えんおう》を陳べ、具に叛無きを録」したものであり、新羅の軍事行動の正当性を主張するものである。

『三国史記』の薛仁貴の書翰と文武王「大王報書」（以下「文武王報書」と呼ぶ）は中国史書に対応する記事がなく、オリジナリティをもった史料として注目される。(8) 史料(ア)は文武王報書の一節である。

(イ)『三国史記』新羅本紀、文武王十二年（六七二）条、文武王上表文

　昔臣危急、事若倒懸、遠蒙拯救。得免屠滅、粉身糜骨、未足上報鴻恩。

《昔臣危急、事倒懸《とうけん》の若し。遠く拯救《じょうきゅう》を蒙り、屠滅を免るるを得。粉身糜骨《びこつ》（身を粉にし、骨を糜《くだ》く）も、未だ鴻恩（唐高宗の恩）に上《む》報《く》ゆるに足らず、》

(イ)の文武王上表文は、(ア)の文武王報書と同様に対応する中国史書の記事をもたない孤立史料である。両者には共通して唐皇帝に対する忠誠を強調する文脈の中で「粉身砕骨」、「粉身糜骨」の語句が用いられている。文武王史官に特徴的な筆法といえる。このことはまた『三国史記』のこの部分の記事に、原史料が比較的忠実に採られていることを証していよう。

(ウ)『三国史記』新羅本紀、聖徳王三十五年（七三六）夏六月条、聖徳王上表文

　臣奉絲綸之旨、荷栄寵之深、粉骨糜身、無由上答。

《臣、絲綸の旨を奉り、（唐玄宗皇帝の）栄寵の深さを荷《う》けて、粉骨糜身（骨を粉にし、身を糜《くだ》きて）も、上答《こたふる》に由無し。》

七三五年二月、渤海と対立を深めた唐の玄宗皇帝は勅して新羅の浿江以南の領有を認めた。翌年、新羅の聖徳王は上表して陳謝した。右の文はその折の聖徳王の上表文の一節である。玄宗の恩顧に対する忠誠、報恩の言辞であり、『冊府元亀』巻九七一、外臣部一・朝貢四にほぼ同文の上表文が収載されている。(ア)、(イ)と同様に「粉骨糜身」の語が、唐皇帝への忠誠を強調する文脈の中で使用されていることを勘案すると、書表の作成に当たった通文博士が、文武王代の外交文言の先例に依拠したとみることができる。[9]

『三国史記』は一二世紀半ばの編纂になるが、「粉身砕骨」とその類語は文武王の報書や上表文に使用されており、七世紀末から八世紀にかけて使用された文言と認められる。その使用時期は、日本での用例とほぼ同じくする。ところで、善導の『観念法門』の成立時期は明らかでなく、善導の亡くなった六八一年（開耀元）を下限とするにとどまる。しかし、報恩の努力の表現である「粉身砕骨」の語が『観念法門』に由来するとみられることからすると、その成立時期を文武王報書の記された文武王十一年（六七一）以前に溯らせることができる。

さて、善導の『観念法門』は『観無量寿経』（『観経』）、『観仏三昧海経《かんぶつざんまいかいきょう》』、『般舟三昧経《はんじゅざんまいきょう》』等の経典を引用し、阿弥陀仏を観念する行相の作法とその功徳を述べ、称名念仏へと導いたものである。[10] 日本では善導の浄土教関係の経典が天平期から書写されており、その影響の強さが指摘されているが、[11]『観念法門』の天平期の書写は確認できず、承和六年（八三九）に帰国した円行により将来されており（『霊岩円行和尚将来目録《れいがんえんぎょうおしょうしょうらいもくろく》』）[12]、一〇世紀末の源信の『往生要集』に引用がある（巻中、巻下末）。

また、新羅では、七世紀後半に『観無量寿経』を中心とする阿弥陀信仰の受容が指摘されているが、[13] 新羅の華厳系の学僧として著名な元暁（六一七～六八六）は、同時に浄土教の先駆者ともされる。元暁の浄土教に関する著作に着目すると、『観念法門』に引用される経典に関わる『両巻無量寿経宗旨《りょうかんむりょうじゅきょうしゅうし》』、『般舟三昧経略記《はんじゅざんまいきょうりゃくき》』（天平二十年六月十日付「写章疏目録」『大日古』3ノ八五、八六）、『無量寿経疏』（『義天録』）、『阿弥陀経義疏』（『義天録』）、『般《はん》舟三昧経疏《じゅざんまいきょうしょ》』(『義天録』)などの注疏がある。[14] 新羅における『観念法門』の受容の姿を直接跡づけることはできないが、元暁の浄土教関係の注疏に着目すると、その関心の度合いからも『観念法門』を参照していたであろうことが推測される。

　このようなことからすれば、「粉身砕骨」、もしくは類似の語句が報恩のための努力を形容する語として、文武王以後の新羅の史官に好んで用いられたのは、善導の『観念法門』の影響であり、善導の浄土教が新羅社会に影響を及ぼした証とみることもあながち不当ではあるまい。また、史官として僧侶が関与した可能性も推測される。

　そこで想起されるのが①の那須国造碑に「砕骨挑髄、豈報前恩」とあることである。那須国造碑は新羅に類例の多い笠石形の碑石が使用されていることなどから、下野(下毛野)の那須の地に移住した新羅系帰化人によって製作されたと推測される(持統紀三年四月庚寅[八日]、同四年八月乙卯[十一日]条)。下野に移住した新羅帰化人に沙門詮吉《せんきち》が含まれていたとみられることからすると(持統紀四年二月戊午[十一日]条)、碑文選定にこの沙門詮吉が関与した可能性が高い。[15] 碑文末尾には『管子』巻第十・戒篇の「無翼而飛者声也。無根而固者情也《翼無くして而も飛ぶ者は声なり。根無くして而も固き者は情なり》」を踏まえた「述三蔵聖教序」(『広弘明集』巻二十二、『全唐文』巻十五「述異記」)の「以名無レ翼而長飛、道無レ根而永固《名は翼無くして長く飛び、道は根無くして永く固く》」を出典とする文がある。加えるに、ここに新羅僧を媒介に善導浄土教の影響を列島の東方、下野の那須の地に認めることができるのである。こうした点からも「韋提」の表記が『観念法門』や『観無量寿経』などに見える「韋提希《いだいけ》」、「韋提」にひかれた可能性がきわめて高いといえる。

　右のようにみてくると、報恩の努力を表す「粉身砕骨」と類似の語句は善導の『観念法門』に由来するとみられるが、唐僧善意についてはその経歴がまったくわからない。願文の「粉身砕骨」の表現は、師僧の玄昉が法相宗の僧侶であることからするとただちに『観念法門』と結びつけるのは躊躇されるが、唐代社会に周知の報恩表現として用いられたのであろうか。

［注］

（1）玄昉については拙稿「玄昉の学問について」（『古代学論究』慶應義塾大学出版会、二〇一二年）を参照されたい。
（2）是澤恭三『寫経』（根津美術館、一九八四年）。
（3）釈文については『大日古』2ノ七一三〜七一四（巻百十）、『寧楽遺文』中・六二〇頁（巻五十七）を参照されたい。
（4）日本の文献での「幽霊」の語の初見と思われる。「幽霊」の語は多くの漢訳仏典に見えるが、「幽霊を翊《たす》け」の語法に沿うのは諸橋『大漢和辞典』が挙げている『晋書』仏図澄伝の「将軍天挺神武、幽霊所レ助」《将軍、天挺神武、幽霊の助くる所》がふさわしい。しかし、同文は『梁高僧伝』巻九、仏図澄伝（大正新修大蔵経、第五十巻、No. 2059、三八三頁）にもあり、善意が僧侶であることからすると『梁高僧伝』に拠る可能性が高いと推考される。
（5）東野治之「那須国造碑」（同『日本古代金石文の研究』岩波書店、二〇〇四年、初出二〇〇二年）。
（6）新川登亀男「『那須国造碑』と仏教」（『日本歴史』五三二号、一九九二年）。繰り返しになるが、ここで問題にするのは報恩のための努力表現であり、例えば『続日本後紀』承和七年（八四〇）五月辛巳［六日］条、淳和上皇の遺命「今宜砕骨為粉、散之山中《今、宜しく骨を砕き粉と為し、之を山中に散ずべし、と。》」といった散骨の表現などは考察の対象としない。
（7）『観念阿弥陀仏相海三昧功徳法門』（大正新修大蔵経、巻四七、諸宗部四、No. 1959）。
（8）『三国史記』は『新唐書』日本伝に依拠して文武王十年（六七〇）以後を「倭」から「日本」に改めているが、原史料の表記が見え隠れしている。例えば文武王十一年所引「文武王報書」には「此時**倭国**船兵、来助二百済一。**倭船**千艘」、「外託征二伐**倭国**一」などと見えており、「文武王報書」が原史料に基づいていることがうかがえる。
（9）濱田耕策「聖徳王代の政治と外交—通文博士と和典をめぐって—」（同『新羅国史の研究』吉川弘文館、二〇〇二年、初出一九七九年）。
（10）『仏書解説大辞典（縮刷版）』（大東出版社、一九九九年）、一七四〜一七五頁。
（11）井上光貞「律令時代における浄土教」（同『日本浄土教成立史の研究』井上光貞著作集第七巻、岩波書店、一九八五年、初出一九五六年）。

（12）『霊岩円行和尚将来目録』（大正新修大蔵経、第五十五巻、No. 2164）。

（13）新川登亀男・前掲注（6）。

（14）源弘之「新羅浄土教の特色」（金知見・蔡印幻編『新羅仏教研究』山喜房仏書林、一九七三年）を参照。

（15）今泉隆雄「銘文と碑文」（日本の古代14『ことばと文字』中央公論社、一九八八年）。東野治之・前掲注（5）。

（補注1）是澤恭三氏は善意の識語のある『大般若経』は巻五十六、巻五十七、巻百九、巻百十、巻二百十七の五巻が伝存しているとするが、稲城信子氏は巻五十六、巻五十七、巻百九、巻百十一、巻二百十七の五巻とし、十二世記に書写された三重県伊賀市（旧上野市）坂之下区有の巻二百十二には奈良朝の善意願経を藍本とした識語があると指摘している（稲城信子「三重県上野市坂之下区有（同市・楽音寺旧蔵）大般若経について」、元興寺文化財研究所編『元興寺文化財研究所創立三十周年記念誌』一九九七年）。「巻百十」と「巻百十一」の異同については未確認である。

（補注2）「幽霊」の語は「張玄墓誌銘」（中国法書ガイド26『墓誌銘集・下　北魏・隋』二玄社、一九八九年）などにもみえる。

（追記）宮川久美氏により善意願経の注釈がなされた。宮川氏は「奉翊」の「翊」を、亡くなった玄昉は仏菩薩となって幽界で衆生済度のために働いており、その働きを大般若経書写の功徳によって助けたい、といった意味に理解されている（宮川久美「上代写経識語注釈（その十三）大般若経巻五十七（善意願経）」『続日本紀研究』第三九七号、二〇一二年四月、のち上代文献を読む会編『上代写経識語注釈』勉誠出版社、二〇一六年）。傾聴すべき見解であるが、私の仏教史研究のスタンスからは、玄昉が死後仏菩薩となって幽界で衆生済度のために働いているのを写経の功徳により翊けたいといった宮川氏の解釈とは一線を画しておきたい。私は玄昉は不本意な境遇に亡くなっており、善意は『大般若経』書写の功徳により、幽界の玄昉の悲憤を慰め、鎮めようと写経を行ったと考える。

＊「僧正玄昉の周辺二題―唐僧善意願文の「粉身砕骨」・「唐鬼」木簡―」（針原孝之編『古代文学の創造と継承』新典社、二〇一一年）の前半部を補訂し、「唐僧善意願文にみえる「粉身砕骨」の語について」と題した。

第三部　古代越中の諸相

第一章　「傳厨」考

——富山県高岡市美野下遺跡出土墨書土器について——

一、はじめに

川人駅と川合駅　近年、高岡市の周辺では古代交通に関わる遺構・遺物の発見が相次いでいる。高岡市の西に隣接する小矢部市桜町遺跡（産田地区）では七世紀後半に整備されたとみられる側溝と波板状凹凸面をもつ幅約六メートルの道路遺構が(1)、また高岡市麻生谷《あそうや》新生園遺跡でも三時期の道路遺構が検出されており、そのうち第一期（八〜九世紀）の遺構は側溝をもつ幅約六・五メートル以上の直線路と推定されている(2)。これらの遺構が古代北陸道とするならば、官道は歴史的・政治的要件のみならず地形的・地理的条件により広狭の幅をもつことになる。

さらに越中国の第二駅、川人（川合）駅は高岡市石堤、福岡町赤丸付近に比定されている。推定地付近には墨書土器や骨蔵器の蓋、土馬などを出土した石堤長光寺遺跡や麻生谷遺跡がある。

高岡市麻生谷遺跡第二区からは八世紀後半から九世紀代の掘立柱建物跡九棟、井戸跡二基が検出され、井戸跡からは斎串などが出土している。建物群には総柱建物を含み、しかも企画性が認められることから、川人駅家に関わるのではないかと推定されている。興味深いのは、第二区二基の井戸跡のうち、木組井戸上部埋没土から「人長」

と墨書された須恵器杯が検出されていることである。「人長」の二文字の意味するところは人名など多様な解釈が可能であるが、麻生谷遺跡が川人駅家に関わるとするならば、木下良氏(3)や『麻生谷遺跡・麻生谷新生園遺跡調査報告』(4)が指摘するように、川人駅の駅長の略記とみる可能性もあながち否定できない。

『延喜式』巻二十八・兵部省駅伝馬条に記載される駅名「川人」については、九條家本・内閣文庫本などの写本が「川人」とする一方、国史大系本『延喜式』は底本とする享保版に従い「川合」としており、揺らぎがある。大系本が「川合」を採用しているのは、川人駅のある礪波郡に川合郷（『和名類聚抄』）があることによるかと思われる。そもそも越前（加賀）側から「坂本川人曰理」と続く駅名であれば伝写間に「坂本川合曰理」といった誤写も生じ易いといえる。なお、『越中国式社等旧社記』（承応二年・一六五三年）によれば、福岡町赤丸の論社式内礪波郡浅井神社は近世まで川人明神と呼ばれていた(5)。

美野下《みのか》遺跡　ところで、高岡市伏木に所在する勝興寺は伏木中部台地上に位置し、越中国府の中枢である国庁の推定地となっている。その勝興寺の南に隣接した地に美野下《みのか》遺跡がある。西側は白鳳期の瓦を出土することから寺院址と推定されている御亭角《おちんかど》遺跡が占めている。

美野下遺跡の発掘調査は、昭和六〇年（一九八五）に行われ、埋没谷の二次堆積層から七世紀後半から十世紀の土器、あるいは瓦・土製品などが出土した。注意されるのは陶硯片が六点（円面硯三点・風字硯一点・瓦の転用硯二点）出土している点である。これらの出土品からは官衙や寺院との関連が推測されるが、特に注目されるのは「傳厨」と墨書された須恵器杯である(6)。

二年後の昭和六十二年には、美野下遺跡の北側の勝興寺南接地区で調査が行われ、八世紀から一〇世紀にかけての企画性をもつ大型掘立柱建物址群九棟、陶硯（円面硯片）などが検出されている(7)。

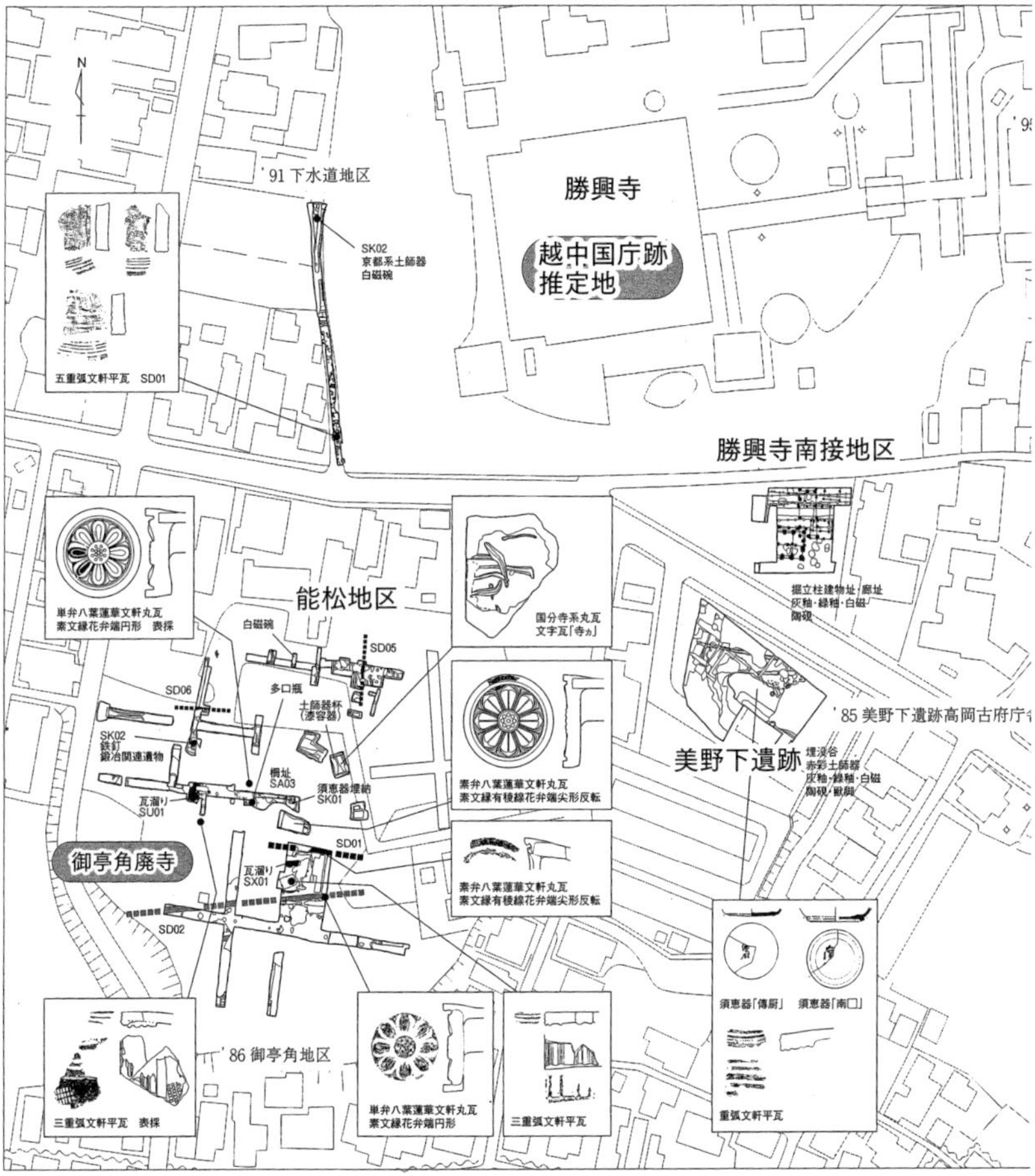

図 6 越中国府関連遺跡全要調査地区

（高岡市教育委員会『市内遺跡調査概報 XVIII』2009 年より、部分）

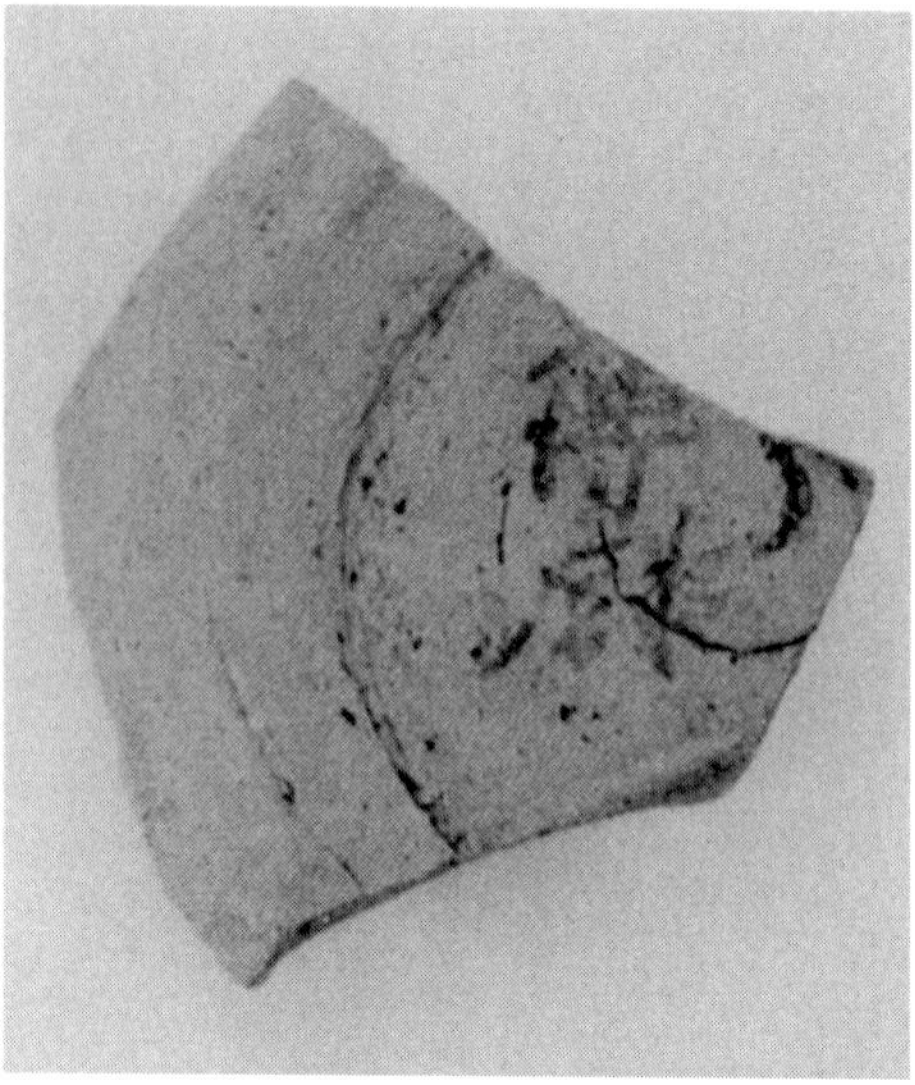

図７　美野下遺跡出土「傳厨」墨書土器
（高岡市教育委員会『富山県高岡市美野下遺跡調査概報』）

このように美野下遺跡とその周辺からは、官衙や寺院に関連するとみられる遺構・遺物が出土しているが、出土した土器墨書「傳厨」はいったいどのような意味を持つのか、その語句について検討を加えてみたい。

二、「厨」墨書土器

「傳厨」墨書土器の検討に入る前に、「厨」墨書土器をめぐる問題点などを簡単に述べておきたい。

「厨」墨書土器は京（平城京、長岡京）や国府・郡家・城柵（秋田城・胆沢城など）・集落遺跡などに及んで出土している。厨は厨房及び食料調達・収納機関のことであるが、「厨」の墨書は、一般的には土器の外側底部に「厨」字のみ一字記される場合、あるいは二字以上記される場合がある。墨書土器の中でもとりわけ二字以上の「厨」に関わる墨書土器が注目されるのは、「厨」に伴う墨書の多くが宮都・国府・郡家などの諸官衙と関わり、その遺跡・遺構の性格を考える上で重要な手懸かりを与えてくれるからである。

はじめに「厨」墨書土器の若干の例を挙げておこう。

ア、「兵部厨」（平城宮出土）

平城宮南面の外堀（二条大路北側側溝）の壬生門近くから出土した。「兵部厨」は兵部省の厨を意味している。

この墨書土器は平城宮諸官衙のうち、兵部省の位置を確定する手がかりとなり、その後の調査により壬生門の東に式部省、西に兵部省が並ぶことが検証された(8)。

イ、「国厨」（栃木市田村町下野国府跡出土）

下野国庁（国府政庁）の北西の竪穴住居跡覆土、及び西側の八世紀末の土坑から出土している。「国厨」は国庁の供膳にあたった厨をさすと考えられる(9)。賊盗律に「国厨」（盗節刀条）、儀制令集解に「国郡厨院」（21凶服不入条「古記」）などの語が見える。

ウ、「鹿嶋郡厨」、「鹿厨」（茨城県鹿嶋市神野向遺跡出土）

鹿嶋市神野向遺跡は常陸国鹿島郡家と推定されている。九世紀後半代に比定される土器で、「鹿嶋郡厨」は郡名＋厨の型をとる。文字通り鹿島郡家の厨、「鹿厨」はそれを略記したものであろう。「介」と記された墨書土器が併出しているのが注意される(10)。饗応の対象を示すかとも思われる。

エ、「大厨」（新潟県八幡林遺跡出土）

八世紀末から九世紀半ばの地層から「石屋大領」、「大家驛」などの墨書土器とともに出土した(11)。「大厨」は大家駅の厨をさすと思われるが、大領の厨の意である可能性も無しとはいえない。

以上、「厨」墨書土器の若干例をみてきたが、官衙名や郡名が記される場合には、官衙名や郡名が略記されるのが特徴といえる。また、「厨」墨書土器は、官衙など諸施設の所在を推定する有効な手懸かりになることも諒解されよう。近年報告された事例では、官衙以外の神社に関係するとみられる「厨」墨書土器も出土している。

オ、「宮厨」（石川県羽咋市寺家遺跡）

九世紀前半の遺構から出土。一点は須恵器蓋内側、一点は須恵器杯外面底に「宮厨」と記されている。近接して鎮座する能登気多神社の厨を意味していると考えられている(12)。併出して祭祀関係の遺物が出土していることから、祭祀後の直会と関わると推察される。

ところで、これらの「厨」墨書土器は、これまで厨房内の土器に施設名を付記し、土器の保管・管理のために帰属先を表示したものと考えられてきた。しかし、「厨」と墨書された土器は、出土した土器全体の中で考えると、その占める割合はきわめて少なく、保管・管理の上で墨書土器をどのように活用したのか、その使用方法については疑問の点が少なくない。

こうした点を踏まえて「厨」関係墨書土器を再検討された平川南氏は、

①「厨」関係墨書土器は、基本的には国府・郡家等の官衙内外における恒例行事や臨時行事、あるいは接客などに対して饗饌《きようせん》のために「国厨之饌」、「郡厨之饌」等の意味において「国厨」、「郡厨」と記銘した。

②墨書土器の出土地点は、饗饌の場における廃棄場所、またはそれらの饗饌を弁備する厨施設と想定しうる。

③墨書土器は多様な動態を特色とする

などの点を指摘されている。(13) 平川氏の見解はきわめて示唆に富むものといえよう。

三、越中の饗宴と「厨」

そこで、あらためて『萬葉集』により饗宴の様相をみておこう。周知のように『萬葉集』には大伴家持の越中守時代に催された国府内外での数多くの饗宴の記録が残されており、その様相をうかがい知ることができる。(14) 饗宴が催された場所は国庁・守の館・属領の館などであり、時には野外であったりもする。

次に掲げるのは天平勝宝三年（七五一）七月、家持が少納言となって平城京へ帰任することとなり、翌八月に行われた餞別の饗宴の姿である。その題詞に注目したい。

便ち大帳使に付し、八月五日を取りて京師に入るべし。これに因りて四日を以て、国厨の饌を介内蔵伊美吉縄万呂が館に設けて餞す。ここに大伴宿祢家持が作る歌一首

しなざかる 越に五年 住み住みて 立ち別れまく 惜しき夕かも

（巻十九・四二五〇）

五日平旦に上道す。仍りて国司の次官已下の諸僚皆共に視送る。時に射水郡大領安努君広島、門前の林中に予め餞饌の宴を設けたり。ここに大帳使大伴宿祢家持、介内蔵伊美吉縄万呂が盞を捧ぐる歌に和ふる一首

玉桙の 道に出で立ち 往く我は 君が事跡《ことと》を 負ひてし行かむ

（巻十九・四二五一）

四二五〇番歌の題詞に依れば、八月四日の餞別の宴は「国厨の饌を介内蔵伊美吉縄万呂が館に設けて餞す」とあるように介内蔵縄万呂の館で行われた。「国厨」はすでに見たように国府付属の厨房（調理・供膳）のことである。題詞の意味するところは、国厨の膳部を介（次官）内蔵縄万呂の館に用意して送別の宴会を行ったというのであろう。

この場合、国厨で膳（酒・料理など）を整えて、それを介の館に運ぶといった場合や、国厨の人・ものが介の館の厨に移動して膳を整えるといった場合が想定されるが、ここで注意しておきたいのは、いずれの場合を想定しても「国厨の饌」が、当然のことながら使用する土器を伴なって、国庁付属の厨から介の館に移動しているという点である。

また、四二五一番歌の題詞によると、翌五日に家持は属僚に見送られたが、その時に射水郡大領安努君広島が門前の林中で餞別の宴を行っている。安努君は「射水郡安努郷」（『和名類聚抄』、現氷見市）を本拠とする豪族で、大領として射水郡家に居していたのであろう。安努君に関しては「古江郷戸安努君具足」（天平宝字三年［七五九］「射

水郡鳴戸開田図」）があり、奈良時代に安努郷・古江郷に勢力をもったことが知られる。題詞からすると、国守館と射水郡家は比較的近接した位置関係にあることが推測される。この時の膳部は射水郡家（郡庁）の厨で用意され、その門前の林中の宴の場に運ばれたのであろう。(15)

右に家持の送別の宴の姿をみたが、「遷任」で想起されるのは、家持の父旅人のことである。『萬葉集』巻四には大宰少弐石川朝臣や大宰師大伴旅人が遷任した際に「筑前国の蘆城《あしき》の駅家」（現筑紫野市阿志岐付近）で餞別の宴が行われたことが記されている（巻四・五四九題詞、五六八～五七一題詞）。また、旅人が重体に陥った時には、旅人を見舞った駅使を送って、大宰府の大監大伴百代、息子の家持らが「夷守《ひなもり》の駅家」に至り、餞別の宴を行っている（巻四・五六六～七左注）。駅家もまた饗宴の催される場の一つであった。

このように饗宴は目的により様々な場所で催される。従って饗宴の際の厨の膳部はその目的により饗応主体の厨から別の場所へ移動することがあるのである。饗宴の饌の移動に伴う「厨」墨書土器の動的性質はつとに平川南氏が強調されたところであり、土器の廃棄場所を考える上でも重要な視点である。

ところで、静岡県藤枝市の遺跡からは次のような「厨」墨書土器が出土している。(16)

「志太厨」、「志厨」、「益厨」（静岡県藤枝市御子ケ谷遺跡出土）

「益厨」、「安厨」（藤枝市郡遺跡出土）

藤枝市御子ケ谷遺跡は出土した多量の墨書土器から駿河国志太《しだ》郡家と推定されている。「志太厨」は志太郡家の厨、「志厨」はその略記であろう。「益厨」は「志厨」の例からすれば、東に隣接する益頭《ましず》郡家の厨の略記とみることができる。注意されるのは土器が郡域を越えて運ばれている点である。

また、藤枝市郡遺跡は益頭郡家と推定されている。「益厨」は右に述べたように益頭郡家の厨の意、「安厨」も阿倍郡家の厨を意味していよう。ここでも郡域を越えて土器が運ばれている姿をみることができるのである。(17)

これらの墨書土器は指摘されているように伝使の往来や国司巡行などの際に、接待・饗応するために使用されたと考えられる。しかし、「志大領」・「志太少領」・「主帳」など郡司の官職名を記す墨書はみられるのに、饗応の対象となる国司の官職を記した墨書はみられない。

「厨」関係墨書土器は、平川氏が指摘されたように郡家の饌として饗応に使用されたのであろう。しかし、墨書の機能は多様なものが想定される。

土器外側底部に墨書された文字は賓客からは見えない。とするならば、この墨書は料理などの配膳の際に活用されたのではないか。また、饗宴が終わった後、使用された土器が直ちに廃棄されたわけではなかろう。土器を回収・管理するとなれば、やはり所属の明示が必要不可欠となろう。まして、郡域を越えて土器が使用されるとなればなおさらのことである。このようにみると、土器墨書の機能は多様な使途・役割をもっていたと推定される。

また、御子ケ谷遺跡（志太郡家）から出土した「益厨」と書かれた墨書は、一般的にみられる土器外側底部にではなく、表側側面に記されているという(18)。この表記の位置は土器を使用する際に目に付く部位である。このような位置にわざわざ書かれた墨書は、他郡の土器であることを識別するだけでなく、賓客に供献主体をアピールする役割をもっていたと考えられる。

四、美野下遺跡出土「傳厨」墨書土器

それでは美野下遺跡出土の「傳厨」の場合はどうであろうか。美野下遺跡は国庁推定地に隣接する遺跡であるが、冒頭にも述べたようにその性格は不分明である。

越中国は奈良時代には最大八郡であった。射水郡・礪波郡・新川郡・婦負郡の越中四郡と能登郡・羽咋郡・鳳至

郡・珠洲郡の能登四郡であるが、「傳」字に関わる郡名はない。同様に郷名、庄名、寺社名などにも関わりをもつものを見出せない。とするならば、「傳厨」は伝制に関わると考えるのが穏当であろう。(19)

律令国家の交通体系は、非常の場合の駅制と通常平時の伝制からなり、成立過程を異にする二重構造をもつ交通システムを駅伝制と呼称しているが、九世紀中頃以降、国司のもとに駅伝の一元化がはかられて再編成されていく。ところで、駅制の駅は「駅家」、あるいは「駅家院」などと呼ばれているが、もう一方の伝制の施設がなんと呼ばれていたかはよくわからない。『萬葉集』には山上臣の作とする次の歌が見える。

射水郡駅館之屋柱題著歌一首《射水郡の駅館《やくわん》の屋《や》の柱に題著《しる》せる歌一首》

朝開き　入江漕ぐなる　楫の音《おと》の　つばらつばらに　我家《わぎへ》し思ほゆ　（巻十八・四〇六五）

右一首、山上臣作。不ㇾ審ㇾ名。或云、憶良大夫之男。但其正名未詳也。

《右の一首、山上臣の作。名を審《つばひ》らかにせず。或《ある》は云《い》はく、憶良大夫《だいぶ》の男《こ》、といふ。但し、其の正しき名未詳なり。》

右の歌の大意は、朝早く船出して入り江を漕いでいる楫の音がしきりに聞こえるように、しきりにわが家が思い出される、といったところである。この歌からは射水郡駅館が射水川（現小矢部川）河口付近にあったことがイメージされる。駅館の屋の柱に記された歌であるからまずは実景を詠んだものであろう。問題は「射水郡駅館」である。一つは「射水郡駅館」を射水郡に置かれた駅制の駅家、すなわち越中国第三駅、日理駅とする解釈である。日理駅については射水川の西岸、もしくは東岸とする説がある。後者は射水市（旧新湊市）の六度寺付近とする説が有力であるが、これは地名「六度寺」を根拠とするものである。しかし、小矢部川の河口付近であり渡河点としては難点もある。近年は久々忠義氏らにより古代の自然地形の復元研究が進められており、東岸一帯の高岡市牧野地区一帯で大きく蛇行して海に注ぐ小矢部川の旧河道（射水川）が確認されており、(20)「入江」という表現がふさわ

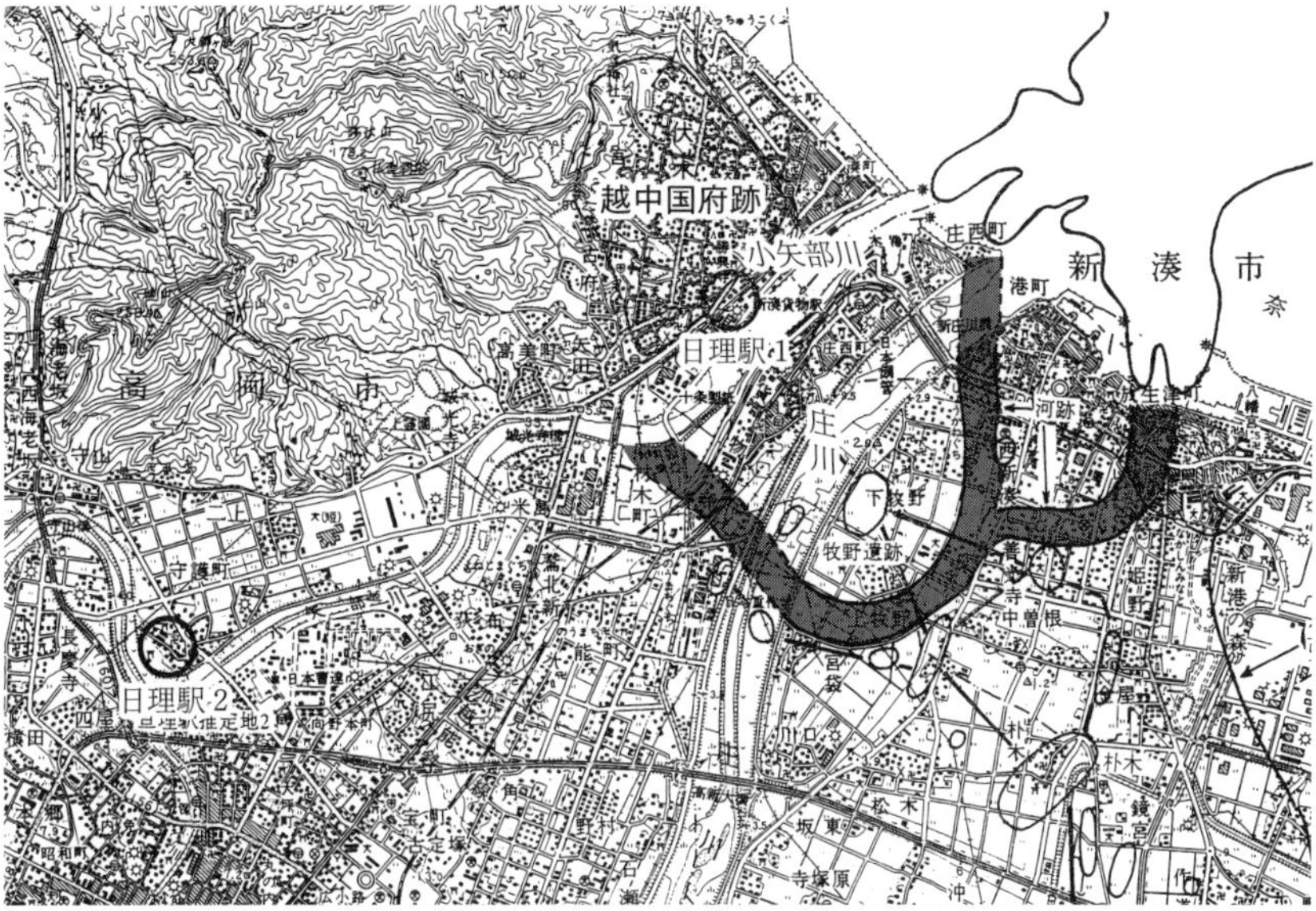

図 8　古代射水川の流路
（久々忠義ほか『大境』第 18 号より、部分）

しい景観があったとみられる。

「射水郡駅館」については、射水郡家に付帯する伝制施設の建物を意味しているとも考えられる。『朝野群載』巻二十二「国務条々事」をみると、「勘官舎」の割注に「神社、学校、孔子廟堂、弁祭器、国庁院、共（弁か）郡庫院、駅館、厨家、及諸郡院、別院、駅家、仏像」が挙げてある。ここには国郡に関わる官舎が列挙されているが、「駅館」は「駅家」とは別に記されているので、原秀三郎氏が指摘されているように[21]、「駅館」が郡家に置かれた伝制の駅の呼称かと思われるが、四〇六五番歌題詞にわざわざ「射水郡駅館」と記されているのは伝制の駅の呼称を考察する上であらためて重要な意味を持つ。

『日本後紀』大同元年（八〇六）五月十四日の勅によると「勅すらく、備後・安芸・周防・長門等の国の駅館は、本より蕃客に備えて、瓦葺《がしゅう》・粉壁をなす。……但し、長門国の駅は、近く海辺に臨み……」とある。興味深いことに、山陽道諸国の駅館が瓦葺き・塗り壁の建築であったことが知られる。

この勅の中には「駅館」と「駅」の二つの語が見えるが、「駅館」を伝制の施設、「駅」を駅制の施設と、二つの語を使い分けているとは思えない。蕃客の迎送のために「瓦葺・粉壁」に荘厳された駅館は当然のことながら駅制の駅家であろう。

ひるがえってみるに、天平宝字元年（七五七）には「頃者《このごろ》、上り下れる諸使、惣て駅家に附《よ》ること、理に於て穏《おだひ》にあらず。亦、駅子を苦しめむ。今より以後、為に令に依るべし」（『続日本紀』五月乙卯［八日］条）と、駅馬の乱用を禁じる勅が出され、駅馬の使用は令の規定によることが重ねて確認された。ところが山陽道では、その後神護景雲二年（七六八）三月に、山陽道巡察使藤原雄田麿によって「本道は、郡伝（郡の厩）、路遠にして、多く民の苦しみを致せり。乞はくは、復駅に隷きて迎送せむことを」（『続日本紀』）という奏言がなされ、駅の使用が許可されている。

このようにみると、「駅館」の語は駅制、伝制に限らず、駅施設の建物をさす呼称として用いられたと考えるのが穏当のようである。従って、伝制の駅施設の呼称は不明瞭で、今のところはその建物が四〇六五番歌題詞により「郡駅館」と呼ばれていたことが確認されるにとどまる。

なお、仮寧令集解12外官聞喪条に引く「古記」には「邸舎、謂国司館舎并駅館舎等之類是也《邸舎とは、謂は国司館舎并びに駅館舎等の類是なり》」とある。原秀三郎氏は「古記」に見える「駅館舎」を郡家に所属する使人の宿泊施設と解し、郡家内の宿泊施設を古くは「駅館舎」、降っては「駅館」と呼んだと指摘されている。(22) しかし、「国司館舎」と並立して例記された「駅館舎」を直ちに郡家の宿泊施設とは断案しがたい。前述した駅家での餞別の宴などを考えるならば、駅家の館舎とみる余地もあろう。

このように伝制の駅施設の呼称は不分明であり、「傳厨」の語はまったく孤立した表記となるが、この孤立した表記の意味を探る手懸かりがまったくないわけではない。

弘仁十三年（八二二）閏九月二十日付「太政官符」（『類聚三代格』巻六）には、給食の対象となる徭丁として「厨長」や「駅伝使舗設丁」、「伝馬長〈郡別一人〉」、「伝使厨人」、「伝馬丁」などが挙げられている。このうちの「伝使厨人」は伝制施設の厨で伝使の食事の準備などにあたった徭丁を指すのであろう。

この「伝使厨人」の語を踏まえるならば、「伝厨」は伝制施設の利用者に食事を供給するための厨と解せるのであり、(23)郡家の伝制施設として「伝使館」などと呼ばれた客館の存在が想定されるのである。(24)

ところが長元三年（一〇三〇）に作成された「上野国交替実録帳」（『平安遺文』第九巻、四六〇九号）郡衙項により郡家の建物をみると、(25)正倉・郡庁・館（宿屋・副屋・厩など）・厨家から構成されているが、「伝使客館」、「伝使館」などの語はまったくみえない。

新任国司などの伝使の供応・接待は郡家が行ったが、伝使のための特別の施設がみえないのは、伝馬の交代には郡家の館の厩が利用され、饗応は厨家が行ったものと推定される。「上野国交替実録帳」からうかがえる郡家の姿は、平安時代の郡家の様相を伝えるが、これは恐らく郡家に付帯する伝制施設の機能を吸収してしまったか、本来郡家の機能に宿泊と接待の機能を含んでいたためと思われる。(26)

「正税帳」の研究によると、郡家の駅を利用した者は、伝符を持った正式な伝使は少なく、むしろ国司巡行など伝符を持たぬ利用が多かったことが指摘されている。(27)こうしたことからも後者の見解が有力視されるが、「伝厨」の墨書土器はそれに反して伝使のための厨の存在を主張するのである。

「伝使厨人」はいわば臨時雇いで、伝使来着の折りにだけ厨業務にたずさわったと考えられる。山中敏史氏が指摘されているように、伝使厨人は郡家厨家の一組織として厨長の管轄下に置かれたのであろう。(28)しかし、伝使厨の存在形態を考えるならば、当初は郡家に伝使厨を備えた「郡駅館」と呼ばれるような客館施設が存在したのではないかと推察される。

ともあれ「傳厨」墨書を、右のように伝制に関わるものと解することが容認されるならば、美野下遺跡の近辺に射水郡家の所在を求めることもあながち不当ではあるまい。先述したように『萬葉集』巻十九・四二五一番歌の題詞によると、家持が帰任する際に、射水郡大領安努君広島は（郡庁の）門前の林中で餞別の宴を行っている。「傳厨」墨書は国庁に近接して射水郡家が存在したことの傍証となる。

『出雲国風土記』に見える出雲国庁・意宇郡家・黒田駅は近接した位置関係にあったことが推測されている。射水郡家の場合も国庁近くに存在したとみられ、さらに越中国第三駅の日理駅や日理湊も、国庁・郡家に近接して設置されていたと推測されるのである。

以上、平川南氏の研究に負いながら、「厨」墨書のもつ文字の多機能性、「傳厨」墨書の提起する問題などを述べた。七世紀後半から十世紀という長い時間の幅の中で、孤立した表記について論じることは妄説になりかねないが、不明な点の多い伝制の実体や射水郡家の所在論に文字史料からせまる糸口になろうか。論じ尽くせぬことが多いが、大方のご教示をいただければ幸いである。

［注］

（1）伊藤隆三「古代北陸道の発掘調査―富山県小矢部市桜町遺跡産田地区―」（『古代交通研究』第四号、一九九五年）など。

（2）高岡市教育委員会『市内遺跡調査概報Ⅷ―平成九年度麻生谷新生園遺跡の調査他―』一九九八年。

（3）木下良「越中における北陸道2古代」（富山県教育委員会『富山県歴史の道調査報告書―北陸街道―』一九八〇年）。また近年の古代道路については、木下良「古代の交通体系」（『岩波講座日本通史』第五巻・古代四、岩波書店、一九九五年）、木下良編『古代を考える　古代道路』（吉川弘文館、一九九六年）などを参照した。

（4）高岡市教育委員会『麻生谷遺跡・麻生谷新生園遺跡調査報告』一九九七年、及び前掲注（2）。

（5）木倉豊信・橋本澄夫「古代の交通」（福岡町史編纂委員会『福岡町史』福岡町役場、一九六九年）。

（6）高岡市教育委員会『富山県高岡市美野下遺跡調査概報―高岡古府宿舎建設に伴う調査―』一九八六年三月。美野下遺跡からは他に「南」と書かれた墨書土器が出土している。

（7）高岡市教育委員会『越中国府関連遺跡調査概報Ⅱ―昭和六二年度勝興寺周辺地区の試掘調査―』一九八八年。

（8）奈良国立文化財研究所『平城宮出土墨書土器集成Ⅱ』一九八九年。なお平城宮の墨書土器については森公章「平城宮跡の墨書土器」（『月刊文化財』三六二号、第一法規出版、一九九三年）などを参照。

（9）栃木県教育委員会『下野国府跡Ⅲ―昭和五五年度発掘調査概報―』一九八一年、同『下野国府跡Ⅳ―昭和五六年度発掘調査概報―』一九八二年、栃木県文化振興事業団『下野国府跡Ⅶ』一九八七年など。

（10）鹿島町教育委員会『神野向遺跡』一～五（一九八一～一九八五年）。

（11）田中靖「八幡林遺跡の時代的変遷」（『木簡研究』一七号、一九九五年）。

（12）石川県埋蔵文化財保存協会『石川県出土文字資料集成』一九九七年。

（13）平川南「「厨」墨書土器考」（同『墨書土器の研究』所収、吉川弘文館、二〇〇〇年、初出一九九三年）。

（14）例えば加藤友康「国府と郡家」中の越中における家持饗宴の一覧などを参照（『新版古代の日本』第七巻・中部、角川書店、一九九三年）。

（15）田中広明氏は安努君広島の門前の林中での餞饌の宴の場を、越中と越前との国境とする。田中氏はそこは「安努君広島の家の門前であった」とするが、射水郡大領安努君広島の家が越中と越前との国境、すなわち礪波郡にあったとする論拠は示されていない（田中広明『国司の館―古代の地方官人たち―』学生社、二〇〇六年）。

題詞の「於ㇾ時射水郡大領安努君広嶋、門前林中預設二餞饌之宴一」を通説では《時に射水郡大領安努君広島が（の）門前の林中に予め餞饌の宴を設けたり》と読んでいる。これに対して、大川原竜一氏は「時に射水郡大領安努君広島、（駅家の）門前の林中に予め餞饌の宴を設けたり」、すなわち「門前」を越中国府近在の駅家、曰理駅、もしくは川人駅の門前という説を提起されている（高岡市万葉歴史館『万葉を愛する会だより』第七一号、二〇一四年八月）。「門前の林中」を広島の邸宅と切り離したのは卓見であり、駅家で餞別の宴を行ったことは本稿でも述べた通りである。しかし、この題詞には「射水郡大領安努君広島門前林中」とあり、広島で区切り主体を明示しても、次の門前を突如「（某駅家の）門前林中」と読むのは唐突感を免れない。広島に導かれる門前は、やはり射水郡庁の門前の可能性が高いと思う。
(16) 藤枝市教育委員会『国指定史跡志太郡衙跡出土の文字資料―木簡と墨書土器―』一九八二年、静岡県『静岡県史』資料編四古代、一九八九年。
(17) 松村恵司「墨書土器」『古代史研究最前線』(新人物往来社、一九九八年)など。津野仁氏は御子ケ谷遺跡の南側低地では祭祀を行っていた可能性を指摘されている(「地方官衙の墨書土器」『月刊文化財』三六二号、第一法規、一九九三年)。
(18) 平川南・前掲注(13)。
(19) 山中敏史『古代地方官衙遺跡の研究』(塙書房、一九九四年)九四頁。木下良「古代交通制度と万葉びとの旅」(高岡市万葉歴史館叢書九『萬葉びとと旅』一九九八年)
(20) 青木一彦・井上都・久々《くぐ》忠義・宮融子・多賀令史「射水平野の遺跡―古代北陸道を探る―」富山考古学会『大境』第十八号、一九九六年十二月
(21) 原秀三郎「郡家小考」(岸俊男教授退官記念会編『日本古代政治社会史研究(中)』(塙書房、一九八四年)。
(22) 原秀三郎・前掲注(21)。
(23) 山中敏史・前掲注(19)。
(24) 足利健亮氏は、伝馬は郡家から離れて駅路沿いに設置されたと考え、「伝馬所」とも呼ぶべき施設を想定されており(「駅制及び駅路概観」藤岡謙二郎編『古代日本の交通路Ⅰ』大明堂、一九七八年)、森田悌氏もこの伝馬所説をとり、この語を用いている(森田悌「伝馬制の考察」『続日本紀研究』二八五号、一九九三年四月)。なお、伝馬制については佐々木虔一「律令駅伝制の再検討―伝馬制の本質について―」(『律令制と古代社会』竹内理三先生喜寿記〇念論文集上巻、吉川弘文館、一九八四年)、永田英明「七道制と駅馬・伝馬」(『古代交通研究』第七号、一九九七年)を参照。
(25) 「上野国交替実録帳」については、前沢和之「『上野国交替実録帳』郡衙項についての覚書」(『群馬県史研究』七号、一九七八年)を参照。
(26) 吉田晶「評制の成立過程」(同『日本古代国家成立史論』塙書房、一九七三年)、原秀三郎・前掲注(21)、平川南・前掲注(13)。

(27) 柳雄太郎「駅伝制についての若干の考察」(井上光貞博士還暦記念会編『古代史論叢』中巻、吉川弘文館、一九七八年)、大日方克己「律令国家の交通制度—逓送・供給をめぐって—」(『日本史研究』二六九、一九八五年一月)、原秀三郎・前掲注(21)、大津透「唐日律令地方財政管見—館駅・駅伝制を手がかりに—」(笹山晴生先生還暦記念会『日本律令制論集』上巻、吉川弘文館、一九九三年)など。なお、『延喜式』主税下・1正税帳条「伝使并将従」の項参照。

(28) 山中敏史・前掲注(19)。

(追記1) 平成十九年(二〇〇七)の御亭角遺跡能松地区の発掘調査により、中世城郭遺構の下層から古代の遺構も確認され、土器類・瓦類などが出土した。その出土品の一つに焼成後に「寺」と刻書された軒丸瓦片があった。八世紀半ば～後半のものとされている。従来、多量の瓦が出土していたが寺院遺構は未検出であった。しかし、これにより御亭角遺跡の下層に寺院遺構があった可能性が極めて高くなってと言えるのではないだろうか(高岡市教育委員会『市内遺跡調査概報XⅧ』高岡市埋蔵文化財調査概報第67冊、二〇〇九年)。発掘調査を担当された山口辰一氏の国府解明への執念を感じる。

(追記2) 補訂に際して伝制と伝馬制について、永田英明「律令国家における伝馬制の機能」(『交通史研究』28、一九九二年、のち同『古代駅伝馬制度の研究』所収(吉川弘文館、二〇〇四年)、馬場基「駅と伝と伝馬の構造」(『史学雑誌』一〇五ノ三、一九九六年)、市大樹「律令交通体系における駅路と伝路」(『史学雑誌』一〇五ノ三、一九九六年)、同『日本古代都鄙間交通の研究』塙書房、二〇一七年)に接したが、今はこのままとして後考を期したい。

(追記3) 大宰府で餞宴が行われた蘆城駅、夷守駅については松村博一「駅家と餞宴—蘆城駅家と夷守駅家をめぐる一考察—」(『九州歴史資料館研究論集』40、二〇一五年三月)が出された。夷守駅については福岡県粕屋町の内橋坪見遺跡に比定されている。

＊「「傳厨」考」(『高岡市万葉歴史館紀要』第九号、一九九九年三月)に補訂を加えた。

第二章　気多大神宮寺木簡と「難波津の歌」木簡
——高岡市東木津遺跡出土木簡について——

一、高岡市東木津遺跡出土木簡について

平成十一年（一九九八）に富山県高岡市木津・佐野地区に所在する東木津遺跡から一〇点ほどの木簡が検出された。それらの釈文については既に『木簡研究』第二一号（一九九九年）に紹介されている（「富山・東木津遺跡」）。

東木津遺跡は高岡市の中央部、小矢部川と庄川に挟まれた微高地に位置し、庄川が形成した扇状地の末端部にあたる。発掘調査にあたった高岡市教育委員会の山口辰一、荒井隆両氏、調査員の岡田一広氏のご教示によれば、調査地区は三区からなり、第一区は東端の自然地形の落ち込みで、後述する「神宮（のちに「気多大神宮寺」と訂正）」木簡一点（史料①）、「悔過」と記された墨書土器二点などが出土している。遺物は弥生時代から中世までのものを含むが、八世紀半ば～九世紀末を中心とする遺跡であるという。『木簡研究』二二号（二〇〇〇年）に紹介された木簡五点は、この自然地形の落ち込みの北地区から検出されたものである。

第二区と第三区では大溝をはさんで、計画性をもって配置されたとみられる掘立柱建物址が十数棟検出されている。大溝とその周辺からは円面硯、転用硯などの須恵器、木簡八点、斎串、人形、琴形などの木製品、神功開宝

（銅銭）、墨書土器「悔過」二点、「宅」、「竹原」、「石見」、「林」などが出土しており、第一区と同様に八世紀半ば～九世紀末の遺物が大半であるという。また直上の包含層から木簡一点が出土している（史料②）。時期的にはほぼ同時期であるが、十世紀に及ぶ可能性がまったくないとはいえないという。

さて、この東木津遺跡から注目される木簡が二点出土している。第一は第一区自然地形の落ち込みから出土した「神宮」（史料①）と記された木簡である。『木簡研究』第二一号では次のように釈読されている。

①・「□□神宮□涅槃浄土□米入使　」
　・「□　九月五日廿三枚入□〔御〕師［　］」　154×21×5

第二は大溝の直上の包含層から出土した短冊型の、二五センチほどの木簡で（史料②）、釈文は次のようである。

②　「は□□□□くや□のは□」　250×34×15

木簡①は『木簡研究』第二一号の「報告」では「□師」を「御師」と読まれ、御師の存在から「神宮」は伊勢神宮であろうとされ、鎌倉時代の木簡とされている。しかし、『木簡研究』第二一号の掲載写真や高岡市教育委員会から提供いただいた写真からすると、裏面下部の□師の□は「御」字ではなく、「布」字の可能性が高く、また表面第二字の残画は「勢」字とは思われず、「伊勢神宮」と解するのは尚早であろう。「布師」とすれば射水郡には布師郷もあり、当地の神社、神仏習合に関わる貴重な史料と推察される。

また、木簡②については「かな文字が記されており、内容は不明」と報告されているが、八～九世紀の仮名文字は例が少なく、しかも墨痕の残存字数からすれば「難波津の歌」に関わると推測され、これもまた貴重な史料である。

八世紀半ば～九世紀末の遺物が大半であるにもかかわらず、当初、出土木簡は、あり得ないことはないということから鎌倉時代の遺物とされた。もどかしいことに、木簡は保存処理中で観察することはできない情況にあるという。そこで、筆者は発掘担当者に木簡の保存処理が終わった段階での再調査を要請した。

二、東木津遺跡出土木簡の再読

（一）「気多大神宮寺」木簡について

高岡市教育委員会は木簡の保存処理終了後、奈良文化財研究所に再調査を依頼した。以下の釈文は『木簡研究』第二三号に掲げられた保存処理後の再読によるものである（「釈文の訂正と追加　富山・東木津遺跡」）。なお、写真が巻頭「図版四」に掲載されている。

③・氣「〓」神宮寺涅槃浄土「〓」米入使
・□暦二年九月五日廿三枚入布師三□　　154×21×5　　（『木簡研究』第二三号）

再読の結果、冒頭部分は「氣多大神宮寺」と訂正され、「御師」は筆者の釈読通り「布師」であった。この木簡は中程左右に互い違いに切り込みがある。表側の「〓」米については、「幣米」、もしくは「紙」の異体字「帋」で「紙米」かと思われたが（『木簡研究』第二一号）、下半部は微妙で「布」字と思われる。「多大」を詰めて「〓」と合字で書いていることからも「紙」と「布」とを別字に解した。なお、このように解した場合、「紙布」は布紙をさすとも考えられなくはないが、「紙・布・米」と解しておくのが穏当であろう。「廿三枚」という助数詞を勘案すると、そのうちの紙を奉納した意であろうか。

木簡冒頭に「氣多大神宮寺涅槃浄土」とあるのは、九月五日という日付からすれば二月十五日の涅槃会に関わるものではなかろう。氣多大神宮寺に「涅槃浄土」への往生を祈願するための奉幣と解しておく。

「布師三□」（□は門構えが判読できる）は、布師を地名、『和名抄』にみえる射水郡布師郷に由来する氏名と解せる。『新撰姓氏録』によると、越前の豪族である生江氏は武内宿禰を祖としているが（左京皇別上）、この生江氏と同祖とする布師首（左京皇別上）、布忍首（河内国皇別）がいる。また、建内宿禰の子である葛城（木）襲津彦を祖とする布敷首（摂津国皇別）、布師臣（和泉国皇別）がいる。「布師」、「布忍」、「布敷」はいづれも「ぬのし」と訓まれている(1)。

この木簡の年代を考える上で障害となるのは、裏面冒頭の年号、「□暦」の第一字目が判読しがたい点である。「□暦二年」の第一字目は写真では判読不能であるが、直接判読された奈良文化財研究所の見解では「正」らしき残画が認められるということであった。第二字目に「暦」をもつ年号は延暦、天暦、正暦、長暦、治暦、承暦、康暦、元暦がある。

第一字目は、残画からすると「正」字の可能性が高いとのことであるが、提供いただいた写真からは確認できない。「正」字と誤りやすい文字としては「延」字（異体字「𢌞」）があげられる。延暦二年だと七八三年、正暦二年は九九二年で、二〇〇年ほどの開きがある。年号を判断する上では遺跡の年代が決め手となろう。

東木津遺跡は八世紀後半から九世紀前半を中心とする遺跡で、その前後、八世紀前半、九世紀後半の遺物を若干含むもので、一〇世紀以降のものは極めて少ないという。

木簡が出土した層位は、出土遺物からすると、八世紀後半から九世紀前半の層位であるという。右の考古学的年代を勘案するならば、「□暦二年」は「延暦二年」として誤りあるまい。これによって気多大神宮寺が七八〇年代初頭には創設されていたことが確実となった。なお、渡辺晃宏氏から西大寺食堂院井戸跡出土の木簡に、文字としては「正暦」であるが、「延暦」を意図して書いた例、いわば「延」の異体字としての「正」があることをご教示いただいた（奈良文化財研究所編『西大寺食堂院・右京北辺発掘調査報告』二〇〇七年）。

また、表面冒頭の「氣多大神宮寺」は能登の気多神社の神宮寺のことと思われる。越中国府にも「気多神社」が勧請されているが、この時期の越中・気多神社の神宮寺については定かでない。

ちなみに、越中国の気多神社は、十世紀初頭、延長五年（九二七）に撰進された『延喜式』神名帳に越中国射水郡十三座の一つとして見えるのが初見で、能登国羽咋郡の気多神を勧請したのはそれ以前のことであるが、時期は明らかではない。可能性としては越中国が能登国四郡を併合・管轄し、遠方の神社の維持管理を行わねばならなかった天平十三年（七四一）十二月十日から天平宝字元年（七五七）五月八日までの十五年余の間の可能性が高いと思われる。

しかし、文献的には一条家所蔵の『延喜式』五十冊を元和三年（一六一八）に書写・校合を終えた「土御門本」の頭注に「延喜八年（九〇八）八月十六日乙卯、以二越中気多大神一、預二官幣一」とあるので、ひとまず勧請の時期は九世紀に遡るにとどまる。

ところで、釈読上の問題を離れると、この木簡の最大の問題はこの木簡が東木津遺跡から発見、すなわち破棄されていることである。供物を奉納するための荷札木簡であれば気多大神宮寺で破棄されてしかるべきである。当地に一旦集積されたのであろうか。中央左右にある切り込みは転用された痕跡とも考えられる。或いは納入されたのちに転用されたのであろうか。遺跡の性格と併せて大きな問題である。

さて、『延喜式』神名帳に見える能登国気多神社は、『萬葉集』に大伴家持が天平二十年（七四八）の能登巡行の際に神拝したことがみえ、「氣太神宮」（『元暦校本』）と表記されている。

赴二参気太神宮一、行二海辺一之時作歌一首《気太神宮に赴《おもぶ》き参り、海辺を行く時に作る歌一首》

之乎路《しをぢ》から　直《ただ》越え来れば　羽咋《はくい》の海　朝なぎしたり　船梶《ふねかぢ》もがも　（巻十七・四〇二五）

「神宮」は神社と区別された表記で、新羅の祭天の儀を行う祭殿の呼称に由来し、その表記を借りたものである。[2]

神宮と表記されたのは『延喜式』では伊勢大神宮、香取神宮（下総国香取郡）、鹿嶋神宮（常陸国鹿嶋郡）の三神宮であり、その他でも石上神宮、出雲大神宮など朝廷と関わる限られた神社であった。(3) 家持は越中国府から「之乎路」を越えて気多神社に向かう。「之乎路」は越中国府と管下の羽咋郡家とを結ぶ地方幹線道路であった。

気多神社は『続日本紀』神護景雲二年（七六八）十月二十四日条に「能登国気多神」とあるのが初見であるが、神護景雲四年（七七〇）八月二日には、称徳天皇不予により中臣葛《かどの》野《の》連飯麻呂が派遣されて越前気比神と能登気多神に奉幣が行われ、延暦三年（七八四）三月十六日には気多神は従三位から正三位に昇叙され、また貞観元年（八五九）に至り従一位に叙せられている（『三代実録』正月二十七日条）。その間の承和元年（八三四）には「気多大神宮」（『続日本後紀』同年九月癸酉［二十六日］条、『類聚国史』同年十一月条）と記されている。

『萬葉集』四〇二五番歌題詞の「氣太神宮」という表記を大伴家持の筆になると考えるならば、能登の気多神社を越前の気比神宮と肩を並べる北陸の有力神とみた家持の認識を示したものであろう。このような中央官人の認識があったからこそ称徳不予の際に両社に幣帛が奉られたのである。

同じ北陸の越前気比神社に早く神宮寺が建設されたことは、『家伝（下）』藤原武智麻呂伝にみえるが、八世紀になり神仏習合、すなわち神々の神身離脱、仏教帰依の現象が生まれる。(4) 能登の気多神社にも神宮寺が造営されたことは『文徳実録』斉衡二年（八五五）の記事から確認できる。

五月辛亥［四日］、詔二能登国氣多大神宮寺一。置二常住僧一。聴二度三人一。永々不レ絶。
《能登国氣多大神宮寺に詔す。常住僧を置き、度を三人に聴《ゆる》せ、永く絶やさざれ、と。》
（『文徳実録』斉衡二年五月辛亥［四日］条）

気多神社の神宮寺は「氣多大神宮寺」と記されており、現在検討を加えている東木津遺跡出土木簡の表記と合致するのが注意される。常住僧が配置され、年分度者（年間の得度者）三人が許されている。木簡に記される「氣多大神宮寺」は能登国の気多大神宮寺と考えて誤りあるまい。

能登の気多神宮寺については、石川県羽咋市の寺家遺跡や柳田シャコデ廃寺の発掘調査の成果から考察が進められている。(5) 当該木簡は気多神宮寺の信仰圏や信仰の実態を探る上で重要な史料となろう。

かつて浅香年木氏は防疫神である漢神（韓神）に考察を加え、称徳天皇不予の宝亀元年（七七〇）頃には気多神社に神願寺（神宮寺）が成立したと推測されているが、(6) 当木簡は浅香説を裏付けるものといえよう。

能登国は仲麻呂政権下の天平勝宝九歳（七五七）五月に越中国から分置されたが、分置後も気多神社、ないし気多大神宮寺の信仰が越中に根強く及んでいたことが知られるのである。

（二）東木津遺跡出土「難波津の歌」木簡について

次に木簡②について、奈良国立文化財研究所の再調査による釈文を次に掲げるが、筆者の推測通り「難波津の歌」の下句であった。

「はルマ止左くや古乃は□　　　」

はじめてこの「難波津の歌」木簡の写真を観察した時に、これは僧侶の手になるのではないか、というのが第一印象であった。書風は硬く、訓点資料にみる仮名を想起した。

第二字目の「ル」は「流」を字源とする片仮名であるが、終画が現在使用されている右上に跳ね上がる形ではなく、右斜めに下がっており、早く平安初期の訓点資料にみる。「マ」は日本では松江市岡田山一号墳出土大刀銘が初見で、「部」の旁の略体とされ、藤原宮木簡、御野国戸籍（大宝二年［七〇二］）、平城京木簡などにも使用されている訓仮名である。高岡市須田藤の木遺跡出土の「布師郷」木簡にも「丈マ」とある。「止」を「と」にあてるのは中国の上古音（古韓音）によるもので、藤原宮木簡や正倉院仮名文書乙種など多くの使用例をみるが、『古事記』、

『日本書紀』、『萬葉集』の歌謡や訓注にはまったく用いられなかったとされている。(7) これも平安初期訓点資料に認められる表記である。「古」字については後述する。最後の□は「奈」の第二画の部分の残画の可能性が高い。訓点資料では「セ」や「ナ」として用いられている。或いは漢式数字の「七」の訓仮名の可能性も捨てがたい。『萬葉集』では「志賀尓安良七國《しがにあらなくに》」(巻三・二六三)、「渡七六《わたらなむ》」(巻九・一七八一)などの例がある。

総じて『地蔵十輪経』(聖語蔵及び東大寺図書館蔵)元慶七年(八八三)点の訓点字体にきわめて近似しているといえる。

以上、木簡の字体について気がついた所を述べたが、本章の残された課題は東木津遺跡出土「難波津」木簡の書かれた時期を文献史学の立場から措定することである。

(1)「難波津」木簡中の位置

そこで、はじめに東野治之氏の研究に導かれつつ「難波津の歌」関連資料を掲げてみたい。(8)

1、奈良県山田寺跡出土ヘラ書き瓦(七世紀後半)

奈尓波

(『奈良国立文化財研究所年報　一九九四』)

2、徳島県観音寺遺跡出土木簡(七世紀末)

「『奈尓』　『矢己』

奈尓波ツ尓作久矢己乃波奈×

観音寺遺跡は阿波国府推定地である。

(『木簡研究』二一、二〇五頁)

3、法隆寺五重塔初層天井組子落書(和銅四年[七一一]以前)

奈尓

奈尓波都尓佐久夜己　　（福山敏男「法隆寺五重塔の落書の和歌(9)」）

4、平城京左京三条一坊出土木簡（八世紀半ば）

・奈尓波□□□本□　　（『平城木簡概報（三十四）』二一頁）

東一坊大路西側溝から出土。併出紀年木簡に宝字五年（七六一）、六年のものがある。

5、平城宮跡出土木簡（奈良時代）

・「□請請解謹解謹解申事解□奈尓波津尓」

・「佐久夜己乃波奈□〔布カ〕□□」　　（『木簡研究』九、一三頁）

内裏東方の南北に走る東大溝から出土、解文の習書途中で難波津歌の落書に移っている。

6、平城宮出土土器墨書（奈良時代）

「　」尓波都

奈」　　（『平城宮出土墨書土器集成Ⅰ』六二八号、『木簡研究』八、一五〇頁）

東面外堀から出土。奈良時代の土師器杯外面の墨書。

7、平城宮出土土器墨書（奈良時代）

「奈」「尓」「佐」「久」「夜」「九」　　（『平城宮出土墨書土器集成Ⅰ』一三〇号、『木簡研究』八、一五〇頁）

5と同じく内裏東方東大溝から出土。「九」は別筆。

8、平城宮出土土器墨書

「奈尓尓」　　（『平城宮発掘調査報告』Ⅵ）

9、平城宮跡出土木器墨書（天平末～延暦年間）

「奈尓波」　　（『平城木簡概報（十）』四頁）

内裏東北部の井戸から出土した曲物の底板に書かれていた。

10、平城宮跡出土土器墨書（弘仁年間［八一〇～八二三］頃）

「□〔川カ〕尓佐
波奈尓
久□□〔夜己カ〕

（『平城宮発掘調査報告』Ⅳ、『平城宮出土墨書土器集成Ⅰ』一四号、『木簡研究』八、一五〇頁）

推定第一次大極殿院地区の北方官衙地区井戸跡から出土した。

11、平城京右京一条三坊出土木簡（天長年間［八二四～八三三］頃）

・］仁彼波川仁佐
・仁彼川仁佐久□〔己カ〕

（『平城宮発掘調査報告』Ⅵ）

平城京東三坊大路東側溝から出土。天長年間の木簡（告知札）が併出している。

12、滋賀県野洲郡中主町湯ノ部遺跡出土木簡（八世紀半ば～九世紀半ば）

「奈尓波□尓佐」

（『木簡研究』一九、九九～一〇〇頁）

13、滋賀県宮町遺跡出土木簡（八世紀半ば）

a奈邇波ツ尓
b［　］□夜古

（『木簡研究』二二、一一〇頁）

14、醍醐寺五重塔初層天井板落書（天暦五年［九五一］頃）

「奈尓
那那那　いま」

（伊東卓治「初層天井板の落書」(10)）

「難波津の歌」木簡の畿外での出土は滋賀県湯ノ部遺跡出土木簡、徳島県観音寺遺跡出土木簡が知られていたが、これにあらたに高岡市東木津遺跡出土の木簡が加えられることになった。畿外で三例目である。湯ノ部遺跡では七世紀後半から八世紀前半にかけての鍛冶関連工房跡が検出されている。また、観音寺遺跡は阿波国府の推定地である。「難波津の歌」は、七世紀後半から京や国府の官人、あるいは中央、地方の工人たちの間で習書されていたことになる。

ところで、「難波津の歌」をめぐる問題の一つに下句の問題がある。従来発見された「難波津の歌」のうち、下句が知られるのは天暦五年（九五一）頃の醍醐寺五重塔初層天井板落書であり、それ以前の時期では下句が記された事例はなかった。[11]ところが平成十二年（二〇〇〇）に甲賀宮（紫香楽宮）推定地である滋賀県甲賀市宮町遺跡で、八世紀半ばの遺跡から「難波津の歌」の下句が記された木簡が発見された。[12]その結果、東木津遺跡の「難波津の歌」は下句として三例目ということになる。

さて、東木津遺跡出土の「難波津」木簡の用字で問題となるのは「古」の字である。というのは奈良時代の出土例では「己」の字が使用されており、上代特殊仮名遣いでは乙類に属する。「此の花」であれ「木の花」であれ、いずれも乙類であるのに対して「古」字は甲類である。

上代仮名遣いの研究によれば、甲乙二類の区別は平安時代初頭に失われたと考えられているが、「こ」と「ご」については平安時代初期、九世紀初頭の成立とみられる『弥勒上生経賛（上）』（朱点）、西大寺本『金光明最勝王経』、『日本霊異記』、『東大寺諷誦文稿』、さらには『新撰字鏡』の和訓仮名などにみられるとされている。[13]このうち『新撰字鏡』は昌泰年間（八九八～九〇一）の成立とされるが、用いた資料が平安初期のものと考えられている。このような国語学的知見に照らせば、東木津遺跡の難波津木簡は「こ」の甲乙の区別の無くなった平安時代初期以降のものということになる。

そこで、次に平安時代前半の主要な仮名資料をみてみたい。

（2）仮名資料としての位置

(ア)九世紀後半の主要例

平安時代前期の仮名資料は、訓点資料に比して少ない。

(a)貞観九年（八六七）二月十六日付の「讃岐国司解」の端書である「藤原有年申文」（『平安遺文』一・一五二号）。

(b)これとほぼ同時期の「多賀城跡出土漆紙文書」（『宮城県多賀城跡調査研究所年報一九九一　多賀城跡』）。

(c)「東寺千手観音内刳《うちぐり》部発見檜《ひ》扇《おうぎ》橋《ほね》落書」（元慶元年［八七七］）

(d)これとほぼ同時期の円珍（八一四〜八九一）の「病中言上書」(14)

(e)富山県高岡市東木津遺跡出土難波津木簡

(イ)十世紀の主要例

(f)承平年間（九三一〜九三八）の「因幡国司解案紙背仮名消息」

延喜五年（九〇五）の「因幡国司解案」の紙背に書かれた承平年間頃の仮名消息。

(g)平安宮左兵衛府跡出土仮名書き（和歌）墨書土器（十世紀前半）

(h)「清涼寺釈迦如来像胎内納入文書」（僧奝然《ちょうねん》誕生記、承平八年［九三八］）

(i)「醍醐寺五重塔初層天井板落書」（天暦五年［九五一］頃）、

(j)「石山寺蔵本虚空蔵念誦《こくうぞうねんじゅ》次第紙背仮名書状」（康保三年［九六六］）

などがある。(15)

九世紀後半の平仮名資料には草化が認められ、一部には連綿も認められる。これに対して東木津遺跡の木簡は、草化が進み、平仮名や片仮名が認められるが、連綿は認められない。前述のように平安初期訓点資料に近似した硬い書風である。

難波津木簡の出土したのは第二区と第三区の間の大溝の最上層である。調査の結果、この溝の出土遺物も八世紀後半から九世紀前半頃を中心とするとするもので、その前後、八世紀前半、及び九世紀後半のものも一部含むとされる。

仮名資料を概観したが、当該木簡は地方出土の木簡であり、文字遣いや音韻体系の上で興味深い内容を含むが、ここでは遺跡の年代観や字体を勘案して、ひとまず九世紀後半のものと考えておきたい(16)。

（3）難波津木簡（全句）の出土

ところで、二〇〇一年は難波津木簡の当たり年であった。藤原京跡と平城宮跡で下句まですべてを記す木簡が相継いで検出された。

①藤原京跡左京七条一坊西南坪出土木簡

・奈尓皮ツ尓佐久矢己乃皮奈泊留己母利□〔異カ〕真波ゝ留部止
　佐久□□□□□□職職
・　奈尓皮職職職馬来田評　　387×34×4　（『飛鳥藤原京』2・一六一三号）

朱雀門の南の一等地から出土、併出の紀年木簡は大宝元年（七〇一）、大宝二年である。しかし、裏面に「馬来田評」と、大宝令以前の表記がなされていることが注意される。「馬来田評」はのちの上総国望陀《もうだ》郡にあたる。『萬葉集』巻十四「上総国歌」に「宇麻具多能《うまぐたの》」（三三八二、三三八三）とある。

習書であり、行政に関わる文書ではないので、一概には論ぜられないが、大宝以前に遡る可能性が高い。習書にみる難波津歌については、奈良時代に書かれた下句をみないことから、果たして『古今和歌集』仮名序にみえる難波津歌と同一の歌か疑問視するむきもあり、また難波津歌を平安時代以降の成立とする見解も出された。

しかし、右の木簡の出土により八世紀初頭、もしくはそれ以前に成立していたことが確実となった。

用字をみると、『記』『紀』や『萬葉集』に使用例のない「皮」、或いは「矢」という訓仮名が使用されていることなどが注意される。また「ふゆこもり」とあるべきが「泊留己母利」とあるのは[17]、習書の性格を考慮すれば、記憶違いとばかりはいえず、駄洒落の類の想定も必要かと思われる。

②平城宮跡出土木簡

・□〔児カ〕矢己乃者奈夫由己□〔利カ〕伊真者々留部止

・□〔夫カ〕伊己冊利伊真役春部止作古矢己乃者奈　(251)×20×13　(『平城宮発掘調査出土木簡概報』36)

第一次大極殿院の西北隅部、佐紀池の南の溝から出土、同じ溝から和銅六年(七一三)の年紀木簡が出土しており、遷都間もない時期のものである。

歌の冒頭をとばし、途中から書き始めている。表面「己□利」の不明部分は、裏面四字目の「冊(册カ)」と同一の字で「毋」を誤ったものか。同様に裏面八字目「役」は「彼」の誤字であろうか。また、表面冒頭「児矢」、裏面「作古矢」、「夫伊己冊利」は「さくや」、「ふゆこもり」を訛ったものか。さらに、「はる」を音仮名でなく「春」と書いてしまったのは、日常的に「春」を「はる」とよむ訓が広く定着していたことを示していよう。

ところで、右の二例を加えると管見の限り、難波津歌関連資料は一七例になるが、徳島県観音寺遺跡出土の習書木簡は、天武朝あるいはそれ以前に遡るとされている。[18]これらの習書された難波津歌をみると、奈良県山田寺出土ヘラ書き瓦にみる「奈尓皮」は、難波津歌の習書とみて誤りあるまい。この出土瓦は七世紀第3四半期(六五〇〜六七五)の時期のものであり[19]、焼成前にヘラで書かれたものである。一字一音で書かれた歌が七世紀後半には認められるのである。

東野治之氏が早く指摘されているように、滋賀県北大津遺跡の大津宮の時期(六六七〜六七二)とされる字書木簡にみる、「詮」（「誣」の異体字カ）字に対する「阿佐ム加ム移母」のような漢文訓読の文脈中の訓[20]や、難波津歌の習書からすると、柿本人麻呂の創始とされる古体歌や新体歌の表記のもつ意味が改めて問われることになろう[21]。

また、②の平城宮出土木簡にみる訛については、「可良己呂武《からころむ》」（巻二十・四四〇一）、「宇都久之気《うつくしけ》　麻古我弖波《まこがては》奈利《なり》」（巻二十・四四一四）など『萬葉集』の防人歌などの例が知られていたが、訛言（方言）の問題にも新たな資料が提供されることになった。平城京における訛言の存在は、言語の上からも平城京の都市的性格を示すものとして捉えることができよう。

難波津歌は常用仮名の手本とされたが、繰り返しをもつ多分に歌謡的要素を含んだこの歌は、親しみやすいものであったろう。この歌を暗誦し、仮名を覚えるという行為は、単に仮名練習という範囲に留まらず、とりわけ七世紀代においては短歌形式の普及に大きな役割を果したであろうことが推測される。また、地方の人々にとっては畿内の言語に触れる機会でもあった。

三、おわりに

東木津遺跡は斎串が出土していることから祭祀が行われたことがうかがわれるが、周辺からは油煙の付着した土師器・須恵器が出土している。「悔過」と記された墨書土器を勘案すれば、灯明を灯す仏教行事である燃燈供養が行われていたのである。

当地は東大寺領須加荘推定地と鳴戸荘推定地の中間地帯であり、南は礪波郡との郡境も近い位置にある。遺跡の性格は正式報告書の作成中でもあり、ここで性急に推測を述べることは差し控え、今後の調査を待ちたい。

以上、高岡市東木津遺跡出土の木簡二点について気づいた点を述べた。木簡の再読により、気多神宮寺に関わる新史料、さらには貴重な仮名資料を得ることができたことは望外の喜びである。

［注］

（1）『大日本地名辞書』は射水郡布師郷を、小矢部川北岸の、現在の地名でいえば高岡市伏木、二上、守山地区に比定している。従来、伏木の地名は、国府が置かれた地の意味で「府敷き」であるとか、布師郷に城柵が置かれたことに由来すると説かれてきたが、布師郷の表記の一つである「布敷」から「ふしき」の地名が生まれた可能性もあながち否定できない。

（2）拙稿「八世紀の神仏関係に関する若干の考察」（加藤謙吉編『日本古代の王権と地方』大和書房、二〇一五年）。

（3）三宅和朗『古代の神社と祭り』（吉川弘文館、二〇〇一年）。

（4）辻善之助『日本仏教史』第一巻・上世篇（岩波書店、一九四四年）、義江彰夫『神仏習合』（岩波新書、一九九六年）などを参照。

（5）『寺家遺跡発掘調査報告Ⅱ』（石川県立埋蔵文化財センター、一九八八年）など。

（6）浅香年木「古代の北陸道における韓神信仰」（『日本海文化』六、一九七九年）。

（7）大野晋「上代語の訓詁と上代特殊仮名遣」（『仮名遣と上代語』岩波書店、一九八二年）。

（8）「難波津の歌」の用例については、東野治之「平城京出土資料よりみた難波津の歌」（『日本古代木簡の研究』塙書房、一九八三年、初出一九七八年九月）を参照した。

（9）福山敏男「法隆寺五重塔の落書の和歌」（同『日本建築史研究　続編』墨水書房、一九七一年）。

（10）伊東卓治「初層天井板の落書」（高田修編『醍醐寺五重塔の壁画』吉川弘文館、一九五九年）。

（11）筆者は「難波津の歌」を古歌と考えたが、高岡市万葉歴史館研究員・新谷秀夫氏（現学芸課長）は「難波津の歌」は「難波曲」の歌で、『古今和歌集』仮名序の「難波津の歌」の枕詞・被枕詞の関係に、「冬こもり」が直後に「春」を伴う用例に偏る点で後世（平安初期）に定型化されたとされる。この論に立てば、奈良時代の難波津歌に下句がないのは当然ということになる（新谷秀夫「難波津の〈歌〉の生成―古今集仮名序をめぐる一断章―」『日本文藝研究』五一・二、一九九九年九月）。

(12) 木簡学会『木簡研究』二十二号（二〇〇〇年）。宮町遺跡出土の「難波津の歌」木簡には当初の発表では「古」の字が使用されており、釈読に誤りがなければ仮名遣い違いの例となったが、栄原永遠男氏の再検討により、一方に「難波津の歌」、もう一方に「安積香山の歌」が書かれていたことが判明し、仮名遣い違いの問題は解消した。宮町遺跡出土の「歌木簡」については本書第三部第五章「越中の大伴家持」を参照されたい。

(13) 伊東卓治・前掲注（10）、築島裕『仮名』（日本語の世界五、中央公論社、一九八一年）、小林芳規『図説日本の漢字』（大修館書店、一九九八）など参照。

(14) 円珍「病中言上書」については、東京国立博物館・京都国立博物館・名古屋市博物館編『三井寺秘宝展』図録（日本経済新聞社、一九九〇年）を参照した。

(15) 中田祝夫『古点本の国語学的研究』（講談社、一九五四年）、同『改訂新版　東大寺諷誦文稿の国語学的研究』（風間書房、一九六九年）、大野晋「音韻の変遷（1）」（『岩波講座日本語（五）音韻』岩波書店、一九七七年）などを参照した。

(16) 東木津遺跡出土の「難波津の歌」木簡について、当初は鎌倉時代の木簡とする見解もあったために、慎重を期して九世紀後半から十世紀前半にかけてのものとしたが、木簡の再読に伴う再検討の結果、遺跡の年代観からも九世紀後半としてよいかと思われる。なお、東野治之氏からも私信で(d)円珍「病中言上書」に似た雰囲気をもっており、九世紀後半でよいと思います、というご教示をいただいた。

(17) 内田賢徳氏は併出紀年木簡から八世紀初頭のものとされているが、それ以前に遡る可能性があることは右述した。また、「ふゆこもり」を「春こもり」とする矛盾を犯しているのは、その用途が歌自体を記すことになかった証左とされる（内田賢徳「定型とその背景―短歌の黎明期―」『國語と國文学』九三六号、二〇〇一年十一月）。この点については、「歌の座」の視点に立つ犬飼隆氏の論も参照されたい（犬飼隆「七世紀木簡の国語史的意義」（『木簡研究』第二三号、二〇〇一年）。

(18) 藤川智之・和田萃「徳島・観音寺遺跡」（『木簡研究』第二一号、一九九九年）。

(19) 東野治之「出土資料からみた漢文の受容―漢文学展開の背景」（『國文學―解釈と教材の研究―』四四―一一、一九九九年九月）。三字目は「波」とされていたが、さんずいが左下に偏っていない限り、東野氏が指摘されるように「皮」でよいと思われる。

(20) 東野治之「金石文・木簡」（『漢字講座』五、明治書院、一九八八年）、同「最古の万葉仮名文」（『書の古代史』岩波書店、一

九九四年）

（21）稲岡耕二『人麻呂の表現世界―古体歌から新体歌へ―』（岩波書店、一九九一年）、西條勉「文字出土資料とことば―奈尓波ツ尓作久矢己乃波奈」（『國文学』四五―一〇、二〇〇〇年八月）など。

（追記1）その後、能登の気多神宮及び神宮寺については、吉岡康暢「末松廃寺をめぐる問題」（文化庁『史跡末松廃寺跡』埋蔵文化財発掘調査報告・第八、二〇〇九年）、牧山直樹・中野知幸編著『寺家遺跡―発掘調査報告書　総括編―』（羽咋市教育委員会、二〇一〇年）が刊行された。吉岡康暢氏は「気多大神宮寺」木簡を検討し、東木津遺跡を郡家別院とみて、ここに一旦集積の上、国府から奉納した可能性を想定されている。

（追記2）「難波津の歌」木簡のその後の出土例については、森岡隆「安積山の歌を含む万葉歌木簡三点と難波津の歌」（『木簡研究』三一号、二〇〇九年）などを参照されたい。また、その後、平安時代前期の出土仮名資料の発見が相継いだ。主要なものだけでも二〇一〇年に富山県射水市赤田遺跡出土の皿形土師器の墨書（鈴木景二「平安前期の草仮名墨書土器と地方文化―富山県赤田Ⅰ遺跡出土の草仮名墨書土器―」『木簡研究』第三一号、二〇〇九年）、二〇一一年に平安京右京三条一坊六町（京都市中京区）の藤原良相邸（西三条第）跡出土の皿形土師器の仮名墨書などがある（京都市埋蔵文化財研究所・京都市考古資料館『リーフレット京都』No. 287、二〇一二年、No. 289、二〇一三年）。さらに二〇一三年には堀河院跡出土の十三世紀前後の皿形土師器に「いろは歌」全文の墨書が確認され、話題となった。これらを含めてみると東木津遺跡出土の仮名書きは草化の未成熟な固い書風・書体であることが際だつ。

＊「「越」木簡覚書―飛鳥池遺跡出土木簡と東木津遺跡出土木簡―」（『高岡市万葉歴史館紀要』十一号、二〇〇一年三月）と「気多大神宮寺木簡と難波津歌木簡について―高岡市東木津遺跡出土木簡補論―」（『高岡市万葉歴史館紀要』十二号、二〇〇二年三月）とをベースにして再構成した。

第二章　付　東木津遺跡出土「助郡」墨書土器について

一、東木津遺跡出土「助郡」墨書土器

高岡市東木津遺跡の調査で倉庫とみられる総柱建物跡二棟が検出され、また溝状遺構から底外面に「助郡」と墨書された九世紀前半の須恵器杯片などが出土したという。『東木津遺跡調査概報Ⅱ』（以下、『調査概報Ⅱ』）の図版赤外線写真を参照すると、須恵器杯の墨書の釈文は「助郡」で誤りないと思われる。[1]

『調査概報Ⅱ』はこの「助郡」について

(ア)「助」とあることから、「補佐する」または「補完する」などの意味にとらえる。この場合は郷や里、その他郡司クラスの有力者が自ら直接統治した地域を対象とする可能性

(イ)『三国志』魏書・巻十六鄭渾《ていこん》伝に見える「助郡」は三国時代から南北朝期にかけての領地内の豪族の軍隊を統括する「助郡都尉」という官職のことで、「助郡」を地方豪族の私的軍隊を表す可能性

という二つの方向性を示されている。

しかし、まず(ア)についていえば、「助」字からなぜ郡司クラスの有力豪族が直接統治した地域という意味が導き

出せるのか納得しがたい。また、(イ)の『三国志』魏書・巻十六鄭渾伝に見える「助郡」であるが、鄭渾伝には「太祖使二夏侯淵一就助レ郡撃之《太祖、夏侯淵をして就《おもむ》かしめて、郡を助けてこれを撃つ》」とある。「助郡」の語は確かにあるが「助郡都尉」という官職を指すものではない。何かの誤解であろう。

さらに『調査概報Ⅱ』は『宋書』志第八・礼五に見える「助郡都督」を領地内における豪族の軍隊を統括する官職と解され、「助郡」に地方豪族の私的軍隊を表す可能性を探ろうとされているが、自ら述べられているように、東木津遺跡からはこれまでに軍事・兵士・武力に関わるような遺物はまったく検出されていない。『調査概報Ⅱ』が提示した二つの解釈の方向性はいずれも無理がある。

二、墨書「助郡」をめぐって

それにしても、日常的世界に属する土器墨書の「助郡」の意味は、中国史書の知識を必要とするような難解なものなのだろうか。そこで、私は難解な中国史書にではなく、墨書土器の性格から日常的な世界にその意味をさぐってみたい。

古代の地方識字層の日常的世界での「助」といえばまずカミ、スケ、ジョウ、サカンという四等官の次官（スケ）が想起される。郡司の四等官は大領、少領、主政、主帳である。今「助郡」を素直に訓めばスケノコホリであり、郡の次官（コホリノスケ）の意味に解せる。「助郡」とは即ち郡司の次官である「少領」を意味する別表記と思われる。このように解してよければ、この杯は少領饗応用の杯であった可能性もあろう。

ところで、孝徳紀大化二年正月条、いわゆる大化改新詔の第二条に「大領」の古訓として「コホリノミヤツコ」、少領に「スケノミヤツコ」がみえる。「少領」の奈良時代の訓は不明で、『西宮記』巻三「郡司読奏」にはスケノミヤツコ、スナイノミヤツコとある。「スケ（スナイ）ノミヤツコ」で想起されるのは評の次官である「助督」（『続日本紀』文武天皇四年六月庚辰［三日］条、『皇太神宮儀式帳』）や「助造」（『神宮雑例集』巻一所引「大同本紀」）である。恐らくは国造（クニノミヤツコ）や「評造」（コホリノミヤツコ［妙心寺鐘銘、『常陸国風土記』多珂郡条］）に由来するのであろう。(2) 国造の和訓クニノミヤツコの呼称の影響の大きさがうかがえるが、地方支配における国造の伝統的な支配力の大きさを反映したものであろう。

ちなみに「正倉院文書」の「海上国造他田日奉部直神護解」（『正集』四十四、『大日古』3ノ一四九、『寧』下・九四七頁）にみえる「大領司」・「少領司」は当代にあっては「督」・「助督」とあったものを解文の際に当時の呼称表記で表したものと推測される。(3)

東木津遺跡出土の「助郡」墨書土器もこのような語の系譜にあり、「助郡」を郡の次官、少領の別表記と解することが許されるならば、「助郡」をスケ（スナイ）ノミヤツコと訓む可能性を視野に入れておくべきであろう。

東木津遺跡は荘家、もしくは地方官衙の出先機関と推測されるが、いまだその性格を決定する決め手がない。そうした意味で「助郡」墨書は貴重な史料の一つといえる。「助郡」は郡の次官、少領の別表記であり、「スケ（スナイ）ノミヤツコ」を表記した可能性があるとする私案を提示しておきたい。

［注］

（1）高岡市教育委員会『東木津遺跡調査概報Ⅱ』（高岡市埋蔵文化財調査概報　第五三冊、二〇〇三年八月）

（2）「評造」の理解については（ア）官名説、（イ）地位的呼称説とがある。薗田香融氏による（イ）地位的呼称説（「国衙と土豪との政治関係―とくに古代律令国家成立期における―」『古代の日本』九、角川書店、一九七一年、のち『日本古代財政史の研究』所収、塙書房、一九八一年）やそれを支持する鎌田元一説（「評の成立と国造」、初出一九七七年、のち『律令公民制の研究』所収、塙書房、二〇〇一年）が有力と思われるが、諸説を整理された森公章氏は妙心寺鐘銘の「評造」については官職（長官か）の別表現とされる（「評の成立と評造―評制下の地方　支配に関する一考察―」『古代郡司制度の研究』吉川弘文館、二〇〇〇年）。

（3）「評」の官制は右にみたように長官を「督」、次官を「助督」と呼んだが、浜松市伊場遺跡出土木簡に「己亥年……評史川前連」（一〇八号）がある（『伊場遺跡総括編（文字資料・時代別総括）』浜松市教育委員会、二〇〇八年）。「己亥年」は六九九年と推測される。「評史」は「督」（長官）、「助督」（次官）に続く実務官で、三等官制をとっていたとみるむきもあるが、時期的には大宝令制定の直前であり、評史はのちの佐官（第四等官）に相当する可能性もある。

（追記）そもそも「評」の表記は朝鮮三国に倣ったものである。『三国史記』雑志（職官下・外官）に新羅の地方行政区画である州官の長官である都督、次官である州助がみえる。真興王昌寧碑（辛巳年、五六一）には真興王の巡守に従った地方長官である「四方軍主」がみえるが、その一つ「比子伐軍主」とともにみえる「比子伐停助人」は恐らく次官で、東野治之氏の指摘にあるように「州助」にあたろう（東野治之「四等官制成立以前における我国の職官制度」初出一九七一年、『長屋王家木簡の研究』所収、塙書房、一九九六年）。

日本の評制では右に述べた評の長官「評督」と次官である「助督」（『続日本紀』文武天皇四年六月庚辰〔三日〕条）、「督領」と「助督」（『皇太神宮儀式帳』）などの例が知られが、「助郡」を含めたこれらの表記の淵源は朝鮮半島の用例に窺える。

＊「〈覚書〉高岡市東木津遺跡出土「助郡」墨書土器について」（『高岡市万葉歴史館紀要』第十五号、二〇〇五年三月）に補訂を加えた。

第三章　古代越中（越中・能登）地名雑考

一、はじめに

本章では古代越中の地名に関わる四つの問題を採り上げた。第一に『萬葉集』巻十六「越中国の歌」に見える「大野路」（巻十六・三八八一）について、礪波郡大野郷に関わる地名とみる立場に立ち、その位置を改めて検討した。第二には射水郡に置かれた東大寺領四荘のうち「椙田荘」の読みに考察を加えた。椙田は音で読むのか訓で読むのかも明確ではない。音ではウタ、ヲタと読むことは誤りないが、訓では「クボタ」、「コテダ」などと読む諸説がある。小稿では訓で読む場合に依拠した平安時代の辞書『類聚名義抄』に立ち返り、「椙田荘」の訓みに再検討を加えた。第三は高岡市須田藤の木遺跡出土「布師郷」木簡に検討を加え、射水郡布師郷について考察した。第四には延喜兵部式にみえる難解駅、能登の「撰才駅」についての研究の現状と問題点について述べた。

二、大野路について

『萬葉集』巻十六「越中国の歌四首」のうちに次のような一首がある。

大野路者《おほのぢは》　繁道森徑《しげちしげみち》　之気久登毛《しげくとも》　君志通者《きみしかよはば》　徑者広計武《みちはひろけむ》

（巻十六・三八八一）

冒頭の大野を広大な野地と解せば越中のどこにあっても不思議ではない地名である。しかし、「大野路」は「之乎路」（巻十七・四〇二五）などの例からしても固有名詞化した語であり、「大野路」は大野へ行く道、あるいは大野の道の意であろう。

東大寺開田図を見るときわめてローカルな道の名も記載されているが、「越中国の歌」に収められている歌であることからしても、大野の地を探る手がかりはまずは郷名に求められるべきであろう。そこで、越中国の最大領域を考慮して越後四郡（頸城郡、古志郡、魚沼郡、蒲原郡[1]）と能登四郡を含めて大野郷の地を『和名類聚抄』に求めると、礪波郡大野郷が唯一例である。

鴻巣盛廣『北陸萬葉集古蹟研究』[2]が、「大野路」を礪波郡大野郷への道と解し、小字として残る大野を手がかりに西礪波郡（現高岡市）福岡町三日市付近に比定する説を支持して以来、ほとんどの注釈、万葉研究者はこれに従っている。米沢康氏によると、この福岡町三日市付近説は五十嵐篤好あたりに始まるらしいが、この説に論拠が乏しいことは米沢氏の指摘にあるとおりである[3]。そこで、改めて礪波郡大野郷についてみてみたい。

はじめに長屋王家木簡中の「大野里」の例を掲げておく。

・利波郡大野里　（108）×（30）×5

（『平城木簡概報―長屋王家木簡四―』27、一九九三年五月）

長屋王家木簡は和銅三年（七一〇）から霊亀三年（七一七）までの間の木簡である。「利波郡大野里」という郡里制に基づく表記は、霊亀三年頃に「郡郷」に替わるが、右の木簡は「郡里」の表記がなされており、八世紀初頭の木簡として誤りない。

さて、大野郷（里）が八世紀初頭に遡って確認できる地名であることが明らかになったが、次に問題となるのは大野郷の地理的位置である。

周知のように礪波郡の東大寺領荘園については、伊加留伎村、石粟村、杵名蛭村、井山村四村の田図が伝存している。東大寺開田図に記載される越中国の荘園の位置は条里プランによって表示され、東西関係を条の数詞で示し、数詞は西から東へと付されている。

今、条の数詞をみると、伊加留伎村は二五～二六条（神護景雲元年図）、石粟村は二七条～二九条（天平宝字三年図）、井山村は二五条～二七条（神護景雲元年図）、杵名蛭村は二二条～二三条（神護景雲元年図）にわたっている。東西関係でいえば伊加留伎村、石粟村、井山村の三村は二五条～二九条の範囲におさまる。

次に南北関係であるが、越中国の開田図には南北関係を示す里の表示には数詞が無く、固有名詞が記されている。このために複数の現地比定案が提起されることにもなる。

越中の開田図はこのような問題を含むが、大野郷の地理的位置を検証する上では四至の記載が重要な手がかりを提供してくれる。そこで次に三村の四至を示しておく。

(ア)　天平宝字三年（七五九）図

石粟村　（四至記載は無いが、田図中の記載に「南　伊加留伎村」とある。）

伊加流伎野地　東　岡山

南　利波臣志留志地

西　神窪并故大原真人麻呂地
北　寺田

(イ) 神護景雲元年（七六七）図
・伊加留伎村
東　岡
南　同寺墾田地井山村
西　恵美比多比野地［　］地
北　同寺墾田地石粟村
・井山村
東　岡并山
南　蝮部千對地
西　神窪并門部王所
北　同寺地
・杵名蛭村
東　杵名蛭川
南　建部百済治田
西　石黒川
北　百姓口分田

(ウ) 神護景雲三年（七六九）「礪波郡司買売券分」
井山庄
東　岡
南　蝮部公千対地
西　小長谷部若麻呂墾田并伊波田王墾田

北　即寺地　大野郷井山村百廿町

四至記載をみると、石粟村の南に伊加留伎村が、伊加留伎村の南に井山村が位置することが判明する。つまり、石粟村、伊加留伎村、井山村の三村は、南北に隣接しているのである。また、東の記載に注目すると、伊加留伎村・井山村二村の東側はいずれも岡乃至山である。条の数詞からすると、最も東に位置するのは伊加留伎村二六条、井山村二七条であるが、その東方が岡乃至山とすると、この二村の東端が砺波平野の東端ということになる。このことは二七条を単純計算すると約一八キロであり、砺波平野の東西の距離とほぼ符合することからも証せられよう。

この二村のうちの井山村については、既に指摘があるように、天平宝字三年図では「利波臣志留志地」となっており、神護景雲元年（七六五）に志留志が東大寺に献上した「墾田一百町」（『続日本紀』同年三月二十日条）の地と推測される。

また、この井山村は、承和八年（八四一）二月十一日付「某家政所告状案」に「礪波郡大野郷井山庄邊弁宇治虫足之保者」とあり[4]、また右の四至記載に掲げた、大治五年（一一三〇）三月十三日「東大寺諸荘文書幷絵図等目録」に引用される神護景雲三年（七六九）の「礪波郡司買売券文」[5]に「大野郷井山村百廿町」とあることから、井山村（荘）は大野郷の地の一部を形成していたことが知られる。井山村が大野郷の地にあったとすると、井山村が砺波平野の東端に位置することから、大野郷もまた砺波平野の東端に所在したことになる。

この三村の位置の現地比定については金田章裕氏の歴史地理学からの研究があるのでそれに譲るが[6]、金田氏は井山村（荘）を庄川右岸、砺波市徳万西部に求めておられる。金田説に従えば、大野郷もこの付近ということになる。ちなみに『砺波市史』は井山村を金田説よりも南の雄神橋辺（庄川町）から三谷（庄川町・砺波市）にかけての庄川本流を含めた地域としている[7]。

大野郷は現地比定に揺れがあるにしても砺波平野の東端であることは動かない。『萬葉集』にみえる「大野路」

を礪波郡大野郷と関わると考える限りにおいては、高岡市（旧福岡町）三日市説は成立しがたい。この結論は米沢氏の指摘以来久しいが周辺学の成果が万葉研究に生かされることを期待したい。

三、越中国射水郡樮田荘の読みについて

越中国射水郡に東大寺領荘園として須加、樮田、鳴戸、鹿田の四荘が置かれた。このうちの「樮田荘」は天平宝字三年（七五九）十一月十四日「越中国諸郡荘園惣券第一」[8]に「樮田村」、同日「樮田開田地図」に「樮田野地」[9]、天平神護三年五月七日「越中国司解」（惣券第三）[10]に「樮田荘地」と記載され、「惣券第一」に依れば七条〜十条に位置し、東西北は百姓の口分田であり、南は礪波郡と射水郡の郡界という地であった。その位置が確定できれば、射水郡の諸荘園の所在地解明の突破口となる可能性を秘めた重要な荘園である。

しかし、この樮田荘は、まずその荘園の名を何と読むのかさえよく分からない。早く木倉豊信氏は「樮田」をウタ、ないしヲタと読まれた[11]。また、弥永貞三・亀田隆之・新井喜久夫三氏による「越中国東大寺領庄園絵図について」では、「樮は類聚名義抄によると（仏下本八八）「杇〈正〉樮〈或〉」とあることから、樮田は「クチダ」と訓むべきか」とされている[12]。「杇」字を「朽」と同義と判断されたのであろうか。

その後、相継いで地名辞典が刊行されたが、『富山県』（角川日本地名大辞典16、角川書店、一九七九年）の「樮田庄」の項では「クボタ」と訓んでいる。この大辞典を再編集した『古代地名大辞典（本編）』（角川書店、一九九九年）でも同様に「クボタ」としている。また、『国史大辞典』第四巻（吉川弘文館、一九八四年）をみると、執筆者は米沢康氏で、「樮田」を「クボタ」と訓んでおられる。

一方、『富山県の地名』（日本歴史地名大系16、平凡社、一九九四年）は、「樮田庄」を「こてだのしょう」と訓んで

いる。「一般にはクボタノショウともよばれる」とするが、「コテダ」説を採っている。

以上、主要な地名辞典の読みを紹介したが、『国史大辞典』の米沢氏以外は執筆者が不明である。管見の限りでは右のように①音によるヲタ・ウタ説、以下訓による②クチダ説、③クボタ説、④コテダ説の四説がある。訓による三説は同根異説で、カギは『類聚名義抄』の理解に関わっているといえる。

『類聚《るいじゅ》名義抄』は十二世紀に成立したとみられる辞書で、原撰本系（図書寮本《ずしょりょうぼん》、音義系辞書）と改編本系（東寺観智院本、部首引き辞書）の二系統があり、多くの先行辞書の影響が指摘されている。

「⿰木吴田」をクボタと読んだのは恐らく和田一郎氏『高岡市史（上）』（高岡市、一九五九年）であろう。和田氏は観智院本『類聚名義抄』（正宗敦夫校訂、風間書房、一九八六年。以下『名義抄』と略す）の「杅」字（仏下本八八）の解説に依拠されてクボタ説を提起された。米沢氏もこの和田説に賛同されたものと思われる。

左に観智院本『名義抄』の「杅」字の部分を掲げておくので参照いただきたい。なお、図書寮本にこの部分は残存しない。

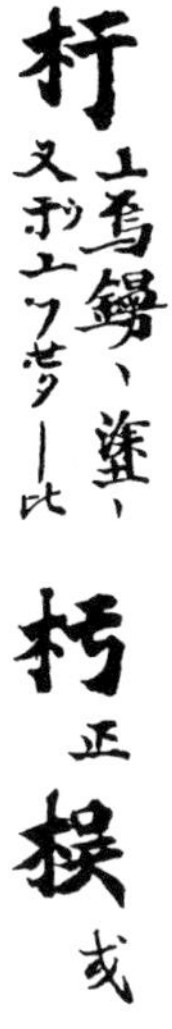

図9　観智院本『類聚名義抄』（仏下本八八）部分

和田氏は、荘園の名の表記にわざわざ「⿰木吴」という変わった字を用いていることから、「⿰木吴田」を音ウ、またはヲで訓むのでなく、「桑田里」といった地名などと同じく訓で読むべきだとされた[13]。そして『名義抄』について、次のように述べておられる。

　杅は「水のみ」、「ゆあみだち」で水をたたえる器、塗は「ふさぐ」、「みずびたりの地」、「湿地」の意であって、名義抄も「塗」の下に「クホツ」、「クホム」と註しているから、もはや疑いはない。「⿰木吴田」は地勢に因って名付けた地名であって、「くぼた」である。

まず、和田氏は冒頭で「杅は「水のみ」、「ゆあみだち」で水をたたえる器、塗は「ふさぐ」、「みずびたりの地」、「湿地」の意」とされているが、この部分は『名義抄』にはない字義説明である。恐らく『大漢和辞典』などにより、「杅」、「塗」字の字義を述べられたのであろう。和田氏が「杅」（音ウ）字をこのように理解したことはそれ自体誤りではない。これは日本の例ではないが、新羅の王都慶州の路西洞一四〇号墳出土の青銅製の器には「乙卯年國罡上広開土地好太王壺《こう》杅十」と鋳込まれており、器の名称として「壺杅」がみえる(14)。

しかし、『名義抄』は「杅」字について、まず音を「烏」とし（「丄」は音の省文）、次に「鏝也、塗也」と、その字義を説明している（「鏝」、「塗」に続く「丶」は「也」の略符号）。確かに和田氏が指摘されるように「杅」字の音価は双行左の二字目の「于」の傍字にウとあるようにウもしくはヲである。そして続けて『名義抄』は字義を「鏝」（土壁などを塗る道具のコテ）、「塗」（塗る、泥湿地などの意）と説明している。和田氏は「杅」字を、水をたたえる器を意味するとしているが『名義抄』にはそのような説明はない。それでは『名義抄』は「杅」字をどのように説明しているのであろうか。

『名義抄』が「杅」の正字を「杇」、或いは「槾」としているのが注意されよう。原本系『玉篇』所引『字書』に「于は今亏字なり」、また明代の『正字通』に「亏は于の本字なり」としていることからも知られるように、「杅」字はコテの意味をもつ「杇」字の通用字（異体字）である。「杇」の音もウ、もしくはヲである。

つまり、「杅」字には(a)水をたたえる器の意味と、(b)「杇」字の通用字という二種の用字法があるのであるが、『名義抄』の「杅」の説明は(b)の「杇」の通用字のケースの説明であり、従って字義も「杇」字の説明「鏝也、塗也」となっているのである。

九世紀前半に空海によって編纂されたとされる『篆隷萬象名義《てんれいばんしょうめいぎ》』（高山寺蔵本(15)）の「鏝」の訓詁に「莫干反鐵杅」、

すなわち莫干の反切で音はマン、字義は鉄の杅《こて》とある。「杅」を「杇」の通用字とみることは『説文解字（説文）』に「鏝」は「鐵杇也」とあることも傍証となる。(16) また『新撰字鏡《しんせんじきょう》』（享和本）にも「鏝」は「槾字同、謂₂之杅・鏝₁」《槾字に同じ、之を杅・鏝と謂ふ。》とし、「己天」（こて）という訓を附している。(17)

さて、続けて和田氏は「名義抄も「塗」の下に「クホツ」、「クホム」と註している」とされておられる。しかし、『名義抄』にそのような説明はない。双行左側には「又」として次に「于」字を掲げ、右側に小さく傍字で「ウ」と音を示し（その下の「亠」は「音」の省文か）、「フセク」という訓を掲げている。「于」「フ」「せ」の左側の「・」は声点《しょうてん》（アクセントの符号）。「フセク」の「ク」字は「タ」とも読めそうであるが、「フセタ」は隠田の意味であり、「杅」の字義とはかけ離れてしまう。『五本対象類聚名義抄和訓集成（四）』(18)も「杅」の訓を「フセク」と読んでおり、「フセク」と読んで誤りなかろう。和田氏は漢字の「又」をカタカナの「ク」と読まれ、次の「于」（傍字ウ）を「ホ」と読まれたのであろうか。

右述のように『名義抄』は「杅」字は「杇」が正字、或いは「⿰木吴」としている。『大漢和辞典』によると『集韻』に「杇は、『説文』に塗る所以《ゆえ》なり。或は⿰木呉に作る」とあるという。これを参照すれば「杇」はまた「⿰木呉」と書いたのである。「⿰木呉」の音もウ、またはヲであり、字形の類似からすると「⿰木吴」字は「⿰木呉」の通用字、もしくは異体字とみることができよう。『五体字類』をみると、欧陽詢《おうようじゅん》の「温彦博碑《おんげんはくひ》」に「呉」字を「吴」と書く例があり、「⿰木吴」は「⿰木呉」の通用字とみてよい。

図10　『五体字類』「呉」

「⿰木吴田」を敢えて訓もうとするならば、「フセギタ」が一案であるが、適切な語義が浮かばない。やはり、「杅」

字の説明に「杇、楧（榠）」が挙げられていることからも「コテダ」と訓み、ぬかるみ・泥湿地の田の意に解しておくのが穏当であろう。

なお、①の「楧田」をウタ、ヲタと音で読む可能性も否定できない。その場合、想起されるのは「塢《ウ》」、『魏書』や『隋書』に散見する「村塢」である。防御的村落、流民による新たに作られた村落説などがある。中国の史家・陳寅恪は理想郷のモデルとみたという（谷川道雄『世界帝国の形成』講談社）。また、韓国の慶北大学校博物館が所蔵する「戊戌塢作碑銘」の「戊戌年」は五七八年（新羅・真智王三年）に比定されているが、碑銘には高い「塢」（堤・土手）を築いた功績を讃える文言が記されている。[19] しかし、この「塢」を念頭に置いて同音・同義をもつ「楧」字を採用して「楧田」という呼称を生み出したとは思われない。ヲタ・ウタと読んだ可能性は否定しがたいが、今は一応訓で「コテダ」と読んでおく。

以上、「楧田」の訓みについて整理すると、

(ア)③の和田氏のクボタ説は『名義抄』の誤解・誤読に基づくもので、クボタ説は成立しがたい、

(イ)②のクチダ説は恐らく「杇」字を「朽」字と理解したところから生まれた説と思われるが、右述の理解からすると成立しがたい。

(ウ)『名義抄』にみえる「杅」字は「杇」の通用字（異体字）であり、また「楧」字も「榠」字の通用字（異体字）である。これをヲタ・ウタと音で読んだ可能性も否定しがたいが、訓で読むならば④のコテダ説、即ち『富山県の地名』（日本歴史地名大系16、平凡社）の説が妥当であることを述べた。

和田氏の『高岡市史』は秀れた地域史であり、それだけに影響力も大きい。金田章裕氏『古代荘園図と景観』[20]や杉本一樹氏「絵図と文書」[21]などでもクボタ説がとられている現状からも、敢えて専門外の訓みの問題に踏み込んだが、筆者の解釈にもなお誤解・誤読があるのではないかと危惧される。大方の御叱正を切望するものである。

四、高岡市須田藤の木遺跡出土「布師郷」木簡について

（一）射水郡の郡郷

越中国射水郡は富山県西部を占める郡である。『和名類聚抄』には射水郡管下の郷として阿努《あの》、宇納《うなみ》、古江、布西《ふせ》、三島、伴、布師《ぬのし》、川口、櫛田、塞口《せきぐち》の一〇郷が記載されている。郡域は明確ではないが、現在の氷見市、高岡市、新湊市、射水郡、富山市西部の地域に比定されている。

周知のように、この一〇郷のうち、古江郷、布西郷、三嶋郷、川口郷、櫛田郷、塞口郷の七郷については正倉院文書や木簡・土器墨書などの資料により奈良時代に遡ることが確認できる。

ただし、このうちの塞口（寒江）郷は問題のある郷である。というのは天平勝宝四年（七五二）十月十八日付「正倉院紙箋墨書」に「越中国射水郡寒江郷戸主三宅黒人戸牒」（『正倉院寶物銘文集成』(22)）とあり、『和名類聚抄』記載の一〇郷にみえない寒江郷という郷名がみえるからである。恐らく『和名類聚抄』にみえる「塞口」は、「寒江」の誤写であろう。「塞」字と「寒」字の揺れは、例えば『萬葉集』巻二・二〇三の穂積皇子歌中の「塞為巻尓」（諸古写本）と「寒為巻尓」（金沢本）からもうかがえる。

寒江郷の地は中世以降には婦負郡に属すので、射水郡の東端部（富山市内、呉羽丘陵の北側）に位置するとみられる。

（二）須田藤の木遺跡出土「布師郷」木簡

ところで、一九九九年（平成十一）、高岡市五十里《いかり》にある宗円寺《そうえんじ》の南西の「須田藤の木遺跡」から新たに「布師郷」と記された木簡が検出された。

・布師郷戸主丈部□□□□

・　　十月十日

「須田藤の木遺跡発掘調査報告」によると、五棟の掘立柱建物跡（うち一棟は東と北に庇をもつ）や土器のほか硯、灯明皿、大刀の足金具などが出土しており、遺跡は出土遺物から七世紀後半、及び八世紀中頃から十世紀前後の二時期からなると推定されている。

この地は金田章裕氏が天平宝字三年（七五九）「越中国射水郡須加開田地図」、神護景雲元年（七六五）十一月十六日「越中国射水郡須加村墾田地図」などにみえる東大寺領須加荘の地に比定されており、[23] 発掘調査を担当した根津明義氏も金田説に従い須加荘の一部にあたるとされているが、[24] その可能性は高いといえる。

出土した「布師郷」木簡は、その記載から霊亀三年（養老元・七一七）の郷里制以降のものであり、遺跡の二期目に相応する遺物である。判読不明な点があるが、郷名＋戸主（人名）＋進上物＋月日の形式をとる。平城宮出土の貢進米木簡の多くが、国郡郷（里）を明記するのと大きな違いがある。国名や郡名が記されていないのは、国名・郡名を書く必要のない、木簡に介在する人と人、もしくは人と機関にとって、郷名のみで用途が達成しうることを示しており、木簡が破棄された場所を中心とする地域社会で完結する内容であったと推定される。

このことから、木簡の「布師郷」は射水郡布師郷であることは確実である。従って、この木簡によって布師郷が奈良時代に遡って存在したことは誤りないと思われる。

ところで、田令2田租条によれば「九月の中旬より起こりて輸せ。十一月の三十日より以前に納れ畢れ」とある。木簡の「十月十日」という時期からすると地子米の進納の可能性もあろう。

そこで想起されるのが、富山県下新川郡入善町じょうべのま遺跡から出土した進上米荷札木簡(25)のことである。じょうべのま遺跡は平安前期の遺跡と推定されており、東大寺領丈部荘、もしくは西大寺領佐味庄の荘所に関わるとみられている。そこから出土した進上米木簡にも郡郷名がまったく記されていない。これも木簡の廃棄場所を中心とする地域社会で完結する木簡であるとみることができる。

・丈部吉椎丸上白米五斗

・　　十月七日

この木簡では、人名＋進上物（白米）＋数量＋月日という形式をとっている。注意されるのはこの木簡の月日が「十月七日」となっている点である。須田藤の木遺跡出土の「布師郷」木簡と同時期であり、このことからも地子米進納の可能性が高いといえよう。

さて、「布師郷」木簡によると布師郷に丈部が居住したことが知られる。丈部は「はせつかべ」と訓み、「使部」、「杖部」などと表記する場合がある。本来、宮廷における警護・駆使を職掌としたとみられており、その分布は東国から陸奥にかけて濃密である。(26)

北陸道にも丈部が散見するが、越中においては新川郡に「丈部郷」（『和名類聚抄』(27)）、「丈部村」（天平宝字三年十一月十四日「越中国諸郡庄園総券一」『大日古』家別十八・東大寺文書之二、五四一号）、「丈部荘」（天平神護三年五月七日「越中国司解」『大日古』家別十八・東大寺文書之二、五四二号）などの地名、及び右に掲げたじょうべのま遺跡出土木簡の「丈部吉椎丸」、越中国（郡名不明）の仕丁とみられる「丈部山」（『大日古』25ノ一二一）らの人々が知られるだけであった。「布師郷」木簡により新川郡以外ではじめて丈部の居住が確認されることになった。

(三) ヌノシの表記と布師郷の所在

既に前章第二節で述べたことであるが、『新撰姓氏録』によると、ヌノシを称する氏族には布師首（左京皇別上）、布忍首（河内国皇別）、布敷首（摂津国皇別）、布師臣（和泉国皇別）らがおり、ヌノシの表記に「布師」、「布忍」、「布敷」の三通りがあることが知られる。

高岡市東木津遺跡出土の「氣多大神宮寺」木簡の裏面に「布師三□」とあり、「布師」はウジ名とみられる。ヌノシは射水郡の郷名の一つでもあるが、本章に見るように高岡市須田藤の木遺跡出土木簡に「布師郷」と表記されていた。また、二〇〇一年（平成十三）六月に東木津遺跡から出土した須恵器横瓶には胴部外面に「布忍郷」とヘラ書きされていた。時期的には八世紀後半から九世紀前半のものであるという[28]。こうした発見により射水郡布師郷は八世紀に遡り存在したことが確実となった。

郷名表記においても「布師郷」（藤の木遺跡出土木簡）、「布忍郷」（東木津遺跡出土ヘラ書き土器）と多彩で、『新撰姓氏録』にみる三通りの氏姓表記のうちの二通りの表記が確認された。

従来、『和名抄』射水郡布師郷の現地比定については、吉田東伍『大日本地名辞書』（冨山房）が「今の伏木町弁に二上村、守山村にあたる、二上山の下、小矢部川・庄川の北岸」としており、私もこの説を支持してきたが、近年は東木津遺跡からヌノシに関わる文字史料が出土していることから、東木津遺跡の地を布師郷に比定する見解も出されている。しかし、前章でも述べたように、東木津遺跡の性格を含め、なお慎重な検討が必要であろう。

五、能登国「撰才駅」について

（一）越前（加賀）から越中へ

北陸道は越前国（後の加賀国）田上駅、深見駅、そして北陸道本道から分岐して北陸道能登路へ入り、横山駅を経て能登国撰才駅・越蘇駅へと至る。一方、越前（加賀）から越中へと進む北陸道本道は、近年深見駅から倶利伽羅峠を越えて越中国坂本駅に至るコースが確実となった。第一に倶利伽羅峠の古道探索の進展が認められること、(29)第二には富山県小矢部市桜町遺跡産田地区の発掘調査による道路遺構の検出がある。(30)さらに第三には石川県津幡町北中条遺跡から「深見駅家」と記載された墨書土器が出土していることが挙げられる。(31)この北中条遺跡付近に（北中条遺跡の南に近接し、官衙風建物遺構を検出している太田シタンダ遺跡もある）深見駅家があったとすると、深見駅の北（北中条遺跡の北）の地点と能登路沿線の津幡町加茂遺跡、そして倶利伽羅峠の三者を結ぶ位置に北陸道本道と能登路の分岐点が求められることになろう。加茂遺跡を深見駅とみる見解もあるが、その場合は分岐点をその北側に求めることになり、地理的に無理がある。鈴木景二氏が分岐点を津幡市街地中心部に求めたことは首肯されるべき見解であろう。

（二）「撰才」と「與木」

能登国は大宝令制下では越前国に属していたが、養老二年（七一八）五月二日に羽咋・能登・鳳至《ふげし》・珠洲の四郡を割いて能登国が置かれた。しかし、天平十三年（七四一）十二月十日に能登国は越中国に併合され、天平勝宝九年（七五七）五月八日に越中国より再度能登国が分立するという複雑な経緯をたどる（以上『続日本紀』）。ここではまず(ア)能登国は七一八年～七四一年の間、及び七五七年以後に存在したこと、(イ)七四一年十二月十日～七五七年五月八日の間は越中国に属したことを確認しておく。

能登国府の所在は、七尾市に古府町《ふるこ》などの地名が遺存することから七尾市付近に比定されているが、第一次立国の時期からこの地に所在したかは未詳である。

延喜兵部式には能登国に「撰才、越蘇《えそ》」の二駅が見え、各五疋が置かれた。これは北陸道能登路の駅ということになるが、十世紀前半には能登国には二駅しかなかったことになる。能登路でいえば越前国横山駅―能登国撰才駅―越蘇駅となる。このうちの越蘇駅は『和名類聚抄』に「恵曽《えそ》」と見え、現七尾市江曽町がその遺称地とされている。この北陸道能登路の駅については『日本後紀』大同三年（八〇八）十月十九日丁卯条に駅廃止記事が見える。

能登国能登郡越蘇・穴水、鳳至郡三井・大市・待野・珠洲等六箇駅を廃す。要ならざるを以てなり。

『日本後紀』が珠洲駅を鳳至郡としているのは、珠洲駅の前に珠洲郡と記すべきを脱したのであろう。『加能史料』は待野駅をも珠洲郡としているが[32]、『和名類聚抄』鳳至郡に待野郷が見え、従いがたい。このようにみると、所属郡には混乱があるが、能登国には大同三年以前には少なくとも「（能登郡）越蘇、穴水、（鳳至郡）三井・大市・待野、（珠洲郡）珠洲」の七駅があったことが知られるのである。

越蘇駅の場合は大同三年にいったん廃止され、その後再置されたものと推察されるが、羽咋郡の駅や撰才駅については記載がまったくない。大同三年に廃止の対象とならなかったのは、その後も存続したか、駅が存在しなかったかのいずれかになる。

「撰才」駅は延喜兵部式、及び高山寺本『和名類聚抄』（巻十「駅」）に見えるが、郡郷名などに見えず、まったく孤立した駅名である。延喜兵部式の「撰才、越蘇」の順からするならば、「撰才」は越蘇より加賀寄りに求められなくてはならないが、前述の如く大同三年の駅廃止記事にみえず、撰才駅のみが存続したのかも不明である。

この「撰才駅」の撰才について、主要な見解は次の二説である。

(ア)「撰才」を「よき」と訓み、『和名類聚抄』能登郡の郷名に「與木〈與岐〉」（元和古活字本）、「与木」（高山寺

本)、「與岐」（東急本）とある與木郷に比定する説

(イ)「撰才」を「しお」と訓み「之乎路」（『万葉集』巻十七・四〇二五）の「之乎」（現羽咋郡志雄町）に比定する説

まず(ア)説であるが、多くの地名辞書は撰才駅を與木郷に比定しているが、「撰才」と「與木」との関係については触れていない。管見の限りでは①『日本地理志料』のみが、撰才の「才」字を「木」の誤写とし、「撰」字を撰擇の訓を〈衣良夫〉、約して〈衣留〉、〈與留〉というと説き起こし、音訓が混ざって與木となったとしているが[33]、説得力が乏しいように思われる。また、②『石川県史』（第一編）も「才」字を「木」の誤り、すなわち「撰木」として、與岐と訓むべしとしている[34]。③『角川日本地名大辞典17　石川県』（一九八一年）は「撰才」を後述する平城宮跡出土木簡の「翼倚」、或いは『和名類聚抄』の「與木」の別表記として誤字説はとっていない[35]。果たして「撰才」を「よき」と読むのか疑問が残る。④『石川県の地名』（平凡社、一九九一年）は「撰才駅」を「撰木駅」とし、与木郷所在駅としている。②の『石川県史』同様に「撰才」を「撰木」の誤りとしてヨキと読ませているとみられる[36]。

次に(イ)の「シオ」説であるが、『萬葉集』によると、大伴家持は天平二十年（七四八）の春、出挙のために能登に巡行するが、その際に羽咋郡に所在する気多神社に神拝したことがみえる。

赴㆓参気太神宮㆒行㆓海辺㆒之時作歌一首《気太神宮に赴《おもぶ》き参り、海辺を行く時に作る歌一首》

之乎路《しをぢ》から　直《ただ》越え来れば　羽咋《はくい》の海　朝なぎしたり　船梶《ふねかぢ》もがも　　（巻十七・四〇二五）

家持は越中国府と管内羽咋郡家を結ぶ「之乎路」（のちの「臼が峰往来［御上使往来とも］」か）を通って気多神社に向かったことが知られる。かつて邑知潟が巨大な潟湖をなしていたとする見解があった[37]。ために歌中の「羽咋の海」を邑知潟とみる説も生まれたが、吉崎《よっさき》・次場《すば》遺跡などの発掘調査により邑知潟地溝帯の海退現象は早く、弥生時代には地溝帯上に集落が形成されていたことが判明した[38]。従って、「羽咋の海」を邑知潟に比定する説は成立し

がたく、家持の詠んだ「羽咋の海」が外海を指すことはほぼ誤りない。

能登路と越中国府と羽咋郡家を結ぶ「之乎路」（巻十七・四〇二五）の分岐点の北側に羽咋郡家、さらには気多神社へと北進する道が存在したであろうことが想定される。

「撰才」を「シオ」と訓む説は芦田伊人氏によるが、撰才を「指方」の誤写とするもので釈然としない(39)。木倉豊信氏は芦田説をうけ「才」を「於」の略として「指才（於）」とし、「撰才」の「指才（於）」誤写説を提起され、シオ説を強化している(40)。また黒川総三氏も「撰才」をシオに充て、子浦駅家を想定するが、「撰才」とシオの関係が不明である(41)。

「撰才」についてはこのような研究情況であるが、そこで注目されるのが平城宮跡第一次大極殿院西辺佐紀池から出土した次のような荷札木簡である。

・越前国登能レ郡翼倚［

・庸米六斗　和銅六年［

（『平城出土木簡概報』10、『平城宮木簡（七）』一二七五二号、『木簡研究』第二六号）

能登郡が和銅六年（七一三）には越前国に属していたことを証する木簡である。「登能」の「能」字右脇に転倒符が付いている。「翼倚」は『和名類聚抄』に見える「能登郡與木郷」（元和古活字本）、「与木郷」（高山寺本）、「與岐郷」（東急本）の別表記で、和銅六年の好字二字に依る表記以前の表記とみることができよう。この木簡の出土により『和名抄』を離れて與木郷が八世紀初頭から存在することが明らかとなり、また、與木郷は「翼倚」、「與木」、「与木」、「與岐」などと表記されていたことが知られる。これを「撰才」の文字と比べると、「與」と「撰」、「木」と「才」は誤りやすい字体の文字といえよう。

このようにみると、延喜兵部式記載の難解駅「撰才」は「與木」の誤写で、「與木」の伝写間の誤りから生じた與木郷所在の駅名とみられる。史料の文字の恣意的な訂正は許されないが、右の推定は穏当なものと思われる。高山寺本『和名抄』が「撰才」駅とするのは延喜兵部式を参照した可能性がある。

（三）與木駅の所在

それは小林健太郎氏が指摘された駅家間の距離の問題である。

「撰才」を「與木」の誤写とすることで、ひとまず表記上の問題は解決されたかに見えるが、なお問題が残る。

與木駅については

①羽咋郡押水町（現在の宝達志水町）に比定する説（『大日本地名辞書』、井上通泰『上代歴史地理新考』[42]）、

②羽咋市大町説（『日本地理志料』、『石川県史（第一編）』[43]）、

③七尾街道沿いの羽咋市酒井、四柳（小林健太郎「能登国」）などの諸説がある。[44]

①説は撰才駅を能登郡與木郷ではなく、羽咋郡に求めたもので、志雄町大字敷浪《しくなみ》の地名が宿並《しゅくなみ》に通ずることに着目して、近接する押水町（現宝達志水町）大字宿《しゅく》の地に比定したものである。②説は「撰才」を「與木」と解して、與木郷の目安として式内餘喜比古神社が鎮座する大町に着目したもので、邑知潟地溝帯の東に位置する。③の小林説は餘喜比古神社周辺の駅家の立地として、七尾街道を古代能登路に想定し、邑知潟地溝帯の東岸にあたる酒井・四柳付近に比定したものである。近年、四柳町の四柳白山下《よつやなぎはくさんした》遺跡からは掘立柱建物や「大町」、「大海」と記された墨書土器を出土している点が注目される。[45]

「撰才駅」を「與木駅」誤写説をとらず、羽咋郡に求めるならば、羽咋郡家・気多神社方面と北陸道能登路（七尾街道）の分岐点の南の宝達志水町宿《しゅく》に駅家を想定する①説や、前述(イ)説の北陸道能登路と「之乎路」の分岐点付近の子浦《しお》付近に駅家を求める説の着眼点はみるべきものがある。また、③の酒井・四柳付近説を取ると「撰才駅」を「與木駅」と解するにふさわしいが、羽咋郡には駅家が置かれなかったことになり、また前駅横山駅から與木駅

間の間隔が大きくなるという難点もある。廃止駅が存在した可能性もあるが、或いは羽咋郡家が補完的役割を果たしたのであろうか（郡家の宿泊機能については第三部第一章参照）。

［注］

（1）米沢康「越中国をめぐる二、三の問題—律令国郡制との関係を中心として—」（『北陸古代の政治と社会』法政大学出版局、一九八九年）。

（2）鴻巣盛廣『北陸萬葉集古蹟研究』（うつのみや、一九八〇年復刻版、初版一九三四年）。

（3）米沢康「越中国歌の『大野』について」（『北陸古代の政治と社会』法政大学出版局・一九八九年、初出一九六九年）。なお、米沢氏に先行して木倉豊信氏が大野路を雄神・般若村付近としている（木倉豊信「東大寺墾田地を主とした呉西平野の古代地理（中）」『富山教育』二八七号、一九三七年）。

（4）『平安遺文』1ノ六〇頁。

（5）『平安遺文』5ノ一八六三頁。

（6）金田章裕「古代荘園図の景観表現」（『古代荘園図と景観』東京大学出版会・一九九八年）。

（7）『砺波市』（一九八四年）。なお、三谷付近とする先行説としては木倉豊信「東大寺墾田地を主とした呉西平野の古代地理（上）」（『富山教育』二八〇号、一九三六年）及び前掲注（3）論文がある。井山村を庄川右岸流域に求める説は、名越仁風『東大寺庄園の復原とその環境』（一九五七年）、弥永貞三・亀田隆之・新井喜久夫「越中国　東大寺領庄園絵図について」（『続日本研究』五〇号別冊、一九五八年）などがあるが、諸説南北の位置に相違をみせる。

（8）「東南院文書」三櫃二十八（『大日古』4ノ三七五～三九二、『大日古』家別十八・東大寺文書之二、五四一号）。

（9）「東大寺射水郡楔田開田図」（『大日古』家別十八・東大寺文書之四、一〇）。

（10）「東南院文書」三櫃二十九（『大日古』5ノ六八五～六九一、『大日古』家別十八・東大寺文書之二、五四二号）。

（11）木倉豊信「東大寺墾田地を主とした呉西地区の古代地理（上）」（『富山教育』二八〇号、一九三六年）。

（12）弥永貞三・亀田隆之・新井喜久夫・前掲注（7）、第一節注2。
（13）和田氏は木倉豊信氏が前掲注（11）論文で、『類聚名義抄』を手がかりに「楔田」を「ヲタ」、または「ウタ」と読んだ可能性を指摘されているのを念頭に置いておられたのであろう。
（14）黄寿永編『韓国金石遺文』（一志社、一九七六年）、二八二。
（15）『弘法大師空海全集』第七巻（筑摩書房、一九八四年）による。永久二年（一一一四）書写。
（16）『篆隷萬象名義』は『説文』、もしくは『説文』を引用することが多い『玉篇』に拠っていると推測されるが、この部分の原本系『玉篇』は残存せず確認できない。
（17）京都大学文学部国語学国文学研究室編『天治本　新撰字鏡』（臨川書店、一九六七年）による。
（18）『五本対象類聚名義抄和訓集成（四）』（草川昇編、汲古書院、二〇〇一年）。
（19）前掲注（14）、二一。
（20）金田章裕『古代荘園図と景観』東京大学出版会、一九九八年）。
（21）杉本一樹「絵図と文書」（文字と古代日本2『文字による交流』吉川弘文館、二〇〇五年）。
（22）松下順正篇『正倉院寶物銘文集成』（吉川弘文館・一九七八年）。
（23）金田章裕「越中国射水郡東大寺領荘園図」（同『古代荘園図と景観』所収、東京大学出版会、一九九八年）。
（24）『須田藤の木遺跡調査報告』（高岡市教育委員会、二〇〇〇年三月）。この報告書には何も記されていないが、木簡の理解については筆者の見解が採り入れられている。
（25）下新川郡入善町教育委員会『入善町じょうべのま遺跡発掘調査概要（三）』一九七五年。
（26）大塚徳郎「丈部・吉弥侯部について」（『歴史』五・一九五三年三月）、同「阿倍氏について（上）」（『続日本紀研究』三四号・一九五六年十一月）、同「阿倍氏について（下）」（『続日本紀研究』三五号・一九五六年十一月）、岸俊男「稲荷山鉄剣銘と丈部――万葉歌からみた新しい遺物・遺跡（一）――」（『日本古代文物の研究』塙書房・一九八八年）などを参照。
（27）『和名類聚抄』「東急本」に「大部」とあるのは「丈部」の誤写による。
（28）高岡市埋蔵文化財調査報告第七冊『石塚遺跡・東木津遺跡調査報告』（高岡市教育委員会、二〇〇一年）。

(29)　西井龍儀「倶利伽羅峠の古道」(『交通史研究』七、一九九七年)。
(30)　伊藤隆三「小矢部市内で発掘された古代道」(『古代交通研究』創刊号、一九九二年)、小矢部市教育委員会「桜町遺跡(産田地区)」(『平成五年度小矢部市埋蔵文化財発掘調査概報』一九九四年)。
(31)　鈴木景二「加賀郡牓示札と在地社会」(『歴史評論』六四三号、二〇〇三年十一月)。なお、分岐点を深見駅に求める論考として宮森俊秀「古代加賀の交通結節点にみる歴史的景観」(『日本海地域史研究』14、一九九八年)、山本和幸「加賀国の交通路」(水野柳太郎『日本古代の史料と制度』岩田書店、二〇〇四年)がある。
(32)　加能史料編纂委員会『加能史料(奈良平安一)』(石川県、一九八二年)。
(33)　邨岡良弼・濱田敦『日本地理志料』(臨川書店、一九六六年、一九〇三年刊行復刻版)。
(34)　『石川県史(第一編)』(石川県図書協会、一九七四年)。
(35)　『角川日本地名大辞典17石川県』(角川書店、一九八一年)「余喜〈羽咋市〉」の項、九四〇頁。
(36)　日本歴史地名大系17『石川県の地名』(平凡社、一九九一年)、「能登国与木郷」の項、六四九頁。
(37)　鴻巣盛廣・前掲注(1)。
(38)　羽咋市史編さん委員会編『羽咋市史・原始古代編』(一九七三年)。
(39)　芦田伊人「北陸道古駅路新考」(『歴史地理』八三・一、一九五二年)。
(40)　木倉豊信「越中万葉余考」越中万葉顕揚の会編『越中の万葉』北日本新聞社、一九七一年)。
(41)　黒川総三「砺波路と之乎路」(『萬葉』九二、一九七六年八月)、同「羽咋の海考」(『上代文学』五五、一九八五年十一月)。なお、芦田論文の所在については黒川総三氏のご教示による。
(42)　井上通泰『上代歴史地理新考(一)』(三省堂、一九四一年)、のち『井上通泰上代関係著作集13』所収、秀英書房、一九八六年)。
(43)　邨岡良弼・濱田敦・前掲注(33)。
(44)　小林健太郎「能登国」(藤岡謙二郎編『古代日本の交通路Ⅱ』大明堂、一九七八年)。なお、撰才駅を四柳周辺とする論考に山本和幸「古代能登国の駅路」(『歴史研究』42)があるが、撰才駅と與木郷との関係は不明。三浦純夫氏の論考「古代の道」(石川県教育委員会『歴史の道調査報告書第三集　能登街道Ⅱ』一九九七年）については未見。

（45）川畑誠「四柳白山下遺跡概要」（石川県地域史研究振興会編『加能史料研究』第九号、一九九七年）は、これまでの調査では、撰才駅に比定する説を直接的に証明するような遺構・遺物は確認されていないとする。

＊『和名抄』については、京都大学文学部国語学国文学研究室編『諸本集成倭名類聚抄　外篇』（臨川書店・一九六六年）によった。

（追記）木下良氏は撰才駅の読みは不明で、対応郷名も遺称地名もないとされ、誤記説をとるには慎重でなければならないとされている（木下良『事典　日本古代の道と駅』吉川弘文館、二〇〇九年）。武部健一氏によると、木下良氏は国道四一五号を「之乎路」（志雄越え）に比定され、撰才駅を距離のバランスと交通上の要衝の二つの点から「之乎路」と七尾街道との交点である羽咋市飯山町に比定されているという（木下良監修、武部健一『完全踏査　古代の道』吉川弘文館、二〇〇四年）。国道四一五号は直線的な道路であるが、果たして「之乎路」に比定しうるのか疑問である。

＊第二節「大野路について」は、「古代地名と万葉集―播磨のアカシと越中大野路―」（『高岡市万葉歴史館紀要』第十三号、二〇〇三年三月）をベースに、そのうちの越中国「大野路」に補訂を加えた。第三節「越中国射水郡榠田荘の読みについて」は「古代の表記に関する覚書二題―「獲加多支鹵」「榠田」―」（『高岡市万葉歴史館紀要』第十七号、二〇〇七年三月）のうち「榠田」の部分を補訂した。第四節「高岡市須田藤の木遺跡出土「布師郷」木簡について」と第五節「能登国「撰才駅」について」の二本は「古代史雑考二題―山海経と越中・能登木簡―」（『高岡市万葉歴史館紀要』第十号、二〇〇〇年三月）をベースに、補訂・加筆したもので、四題を総じて「古代越中（越中・能登）地名雑考」とした。

第四章　「荊波の里」についての覚書

――地図に描かれた道と表示記載の書字方向についての試論――

一、荊波の里

越中守大伴家持が墾田地検察に出かけ、その出先で風雨にあい、「荊波《やぶなみ》の里」にあった礪波郡主帳多治比部北里の家に泊まることになったのは天平勝宝二年（七五〇）二月十八日のことであった（巻十八・四一三八題詞）。

墾田地を検察する事に縁りて、礪波郡の主帳多治比部北里が家に宿る。時に忽ちに風雨起り、辞去すること得ずして作る歌一首

夜夫奈美能《やぶなみの》　佐刀尓夜度可里《さとにやどかり》　波流佐米尓《はるさめに》　許母理都追牟等《こもりつつむと》　伊母尓都宜都夜《いもにつげつや》

荊波の　里に宿借り　春雨に　隠り障むと　妹に告げつや

二月十八日に、守大伴宿祢家持作る　（巻十八・四一三八）

その前年の天平二十一年（七四九）四月、諸寺の墾田保有許可の勅がだされ、七月に保有墾田地の限度額が定められたが、東大寺はいち早く占墾地使僧平栄を北陸の地に派遣し、五月には越中で（巻十八・四〇八五番題詞）、閏五月には越前で野地占定を終えている（天平神護二年［七六六］十月二十一日付「越前国司解」『大日古』5ノ五七四）。

天平勝宝二年二月の家持の墾田地検察はこうした動きに連動したものであろう。

さて、礪波郡の東大寺領荘園は四ヶ所、そのうちの石粟、伊加流伎、井山の三荘は、その条数により、砺波平野の東部に位置することは確実であり、また木倉豊信氏や金田章裕氏により田図中の記載からこの三荘がほぼ南北に列なることが明らかにされている。(1) このうち伊加流伎荘は天平二十一年（七四九）の土地占定により成立したが、石粟荘は橘奈良麻呂の没官地を施入したものであり、井山荘は利波臣志留志が寄進したものであった。奈良麻呂の所有地が没官地とされたのは奈良麻呂の変に起因すると推定されるが、石粟の地に奈良麻呂の所有地が設定された直接的契機は天平勝宝二年（七五〇）の家持の墾田地検察にあったと思われ、その経営に多治比部（蝮部）北里が関与したと推測される。天平二十年（七四八）三月に左大臣橘諸兄の使者として造酒司令史田辺福麻呂が来越しているのも（巻十八・四〇三二題詞）このことと無関係ではなかろう。なおこの点については後述する。

天平宝字三年（七五九）十一月十四日付「越中国礪波郡石粟村官施入田地図」（以下、「石粟村官施入田地図」と略す）をみると、南西隅二十七条黒田上里四行五に「荊波神一段七十二歩」、南中央部二十八条黒田東上里三行一に「荊波神一段」と神田が記され、また神護景雲元年（七六七）十一月十六日付「越中国礪波郡井山村墾田地図」（以下、「井山村墾田地図」と略す）にも二十六条井山里五行一に「荊波神分四段」とある。荊波神は荊波神社の祭神と推定され、この神田の記載から石粟村・井山村の近辺に「荊波」の地があったと推測される。

また、「石粟村官施入田地図」の北側には東西路と溝が描かれており、北辺に沿って「従㆓利波㆒往㆓婦負㆒横路幷溝際」という記載あるが、「道幷溝」に関わるものと考えられる。また、東側には「従㆓荊波㆒往㆑紆道」と記され、荊波と紆を結ぶ南北道が描かれている。利波と婦負の位置関係については西側が礪波郡であり、東側が婦負郡であるので「利波より婦負へ往く」の位置関係ははっきりしている。ところが、石粟村の東辺の南北路である「従㆓荊波㆒往㆑紆道」については、南北関係が必ずしも明確ではなく、解釈に苦しむところである。

そこで、次に諸説を整理しておこう。

A説……紵を北とし、荊波を南とする説。

河合久則氏は『砺波市史』（一九六五年）において、「紵《からむし》」を「井山村墾田地図」に見える「辛虫村《からむし》」と同所で、麻の栽培地域を称したものとされ、現高岡市中田の麻生に比定し、石粟村の北に「紵」を、南に荊波という位置関係を提言された。この主張は『砺波市史　資料編1』（一九九〇年）でも同様である。堅田理氏が「問題の荊波は石粟荘の東南の方向、井山荘の東方にほぼ比定することができる」とされた(2)のは、この『砺波市史』の見解を踏まえたものであろう。

B説……荊波を北とし、紵を南とする説。

木倉豊信氏は石粟・伊加流伎（狩城）・井山三荘は庄川以東、梅檀野村以南とし、田図の四至記載、地形の現状から梅檀野村芹谷（現砺波市芹谷）・池原から雄神村三谷にかけての地に比定され、荊波は石粟荘（芹谷・池原）の近在、紵は芹谷の南の梅檀村浅谷が遺名か(3)、とされている。「浅谷」は「あさんだに」と呼ばれている。

藤井一二氏は「荊波の里は、石粟荘の東（岡・山側）を南北に通じる道の延長方向にあり、蝮部北里の同族（蝮部千足《ママ》・蝮部三□）が南の井山荘の周辺に墾田地を所有していたことからみて、石粟荘の南方に位置したと理解する」とされ(4)、「紵」を河合氏同様に「井山村墾田地図」に見える「辛虫村」と同所とみるが、石粟荘の南、井山村の北方向とまったく逆方向に考えられている(5)。

また、金田章裕氏は、「従荊波往紵道」は庄川東方の芹谷野段丘崖下をたどった道とされ、荊波の地は石粟村や井山村内に荊波神と神田が記されていることから、さほど遠くない所とされ、その位置は石粟村比定地の北側ないし東側付近であった可能性が高く、「紵」はその南方、伊加流伎野の東付近、芹谷野段丘の現砺波市福岡付近、ないし池原付近とされている。また、金田氏は論文付載の「景観の概要地図」に、石粟村の東側の南北道の北方向に

「至荊波」、南方向に「至紵」と明記されている。(6) これもA説とちょうど逆の理解となる。

二、「従二荊波一往レ紵道」の記載について

右に荊波の里に関する主要な学説を見たが、A説、河合氏の立論の根拠は紵（辛虫村）を高岡市麻生に比定する点にある。カラムシをイラクサ科の多年草（紵麻）、茎から繊維をつくる、もしくは織った布の意とするのに異論はないが、そこから高岡市麻生の地に比定しうるのかどうか、問題の余地を残す。そうした意味では「浅谷」も有力候補と言えよう。佐藤美術館所蔵の「越中国絵図屏風」（近世初頭）には「麻谷」と記されているという（『角川日本地名大辞典16富山県』一九七九年）。また、B説では荊波神社の神田の記載を根拠にして荊波を北、紵＝辛虫村を南に位置するとされるが、神田の位置からは荊波の位置を特定するまでには至らない。

そこで、もう一度田図に立ち戻り、田図を読み解いてみたい。田図中に描かれた道（路）の方向を考える場合、「〇〇道」という表示の記載位置が重要な意味をもつことはいうまでもないが、「従――往――」という表示の場合は、記載位置、及び書字方向が重要ポイントとなると思われる。道の方向と記載位置・書字方向とがまったく関係なく、無原則に記載されているとは思われないからである。そこで、道と記載位置・書字方向とに着目してその関係を考えてみたい。

天平宝字三年「伊加流伎開田図」は東を上にした地図で、荘域内の記載はすべて東を頭にして書かれている。南北に走る道には南寄りに東を頭にして「木波道」という記載があり、伊加流伎の南に木波があることを示していると解せる。この田図の場合には道の方向と書字方向の関係は見いだしがたいが、記載位置により南に木波の地が存在することを表示している。

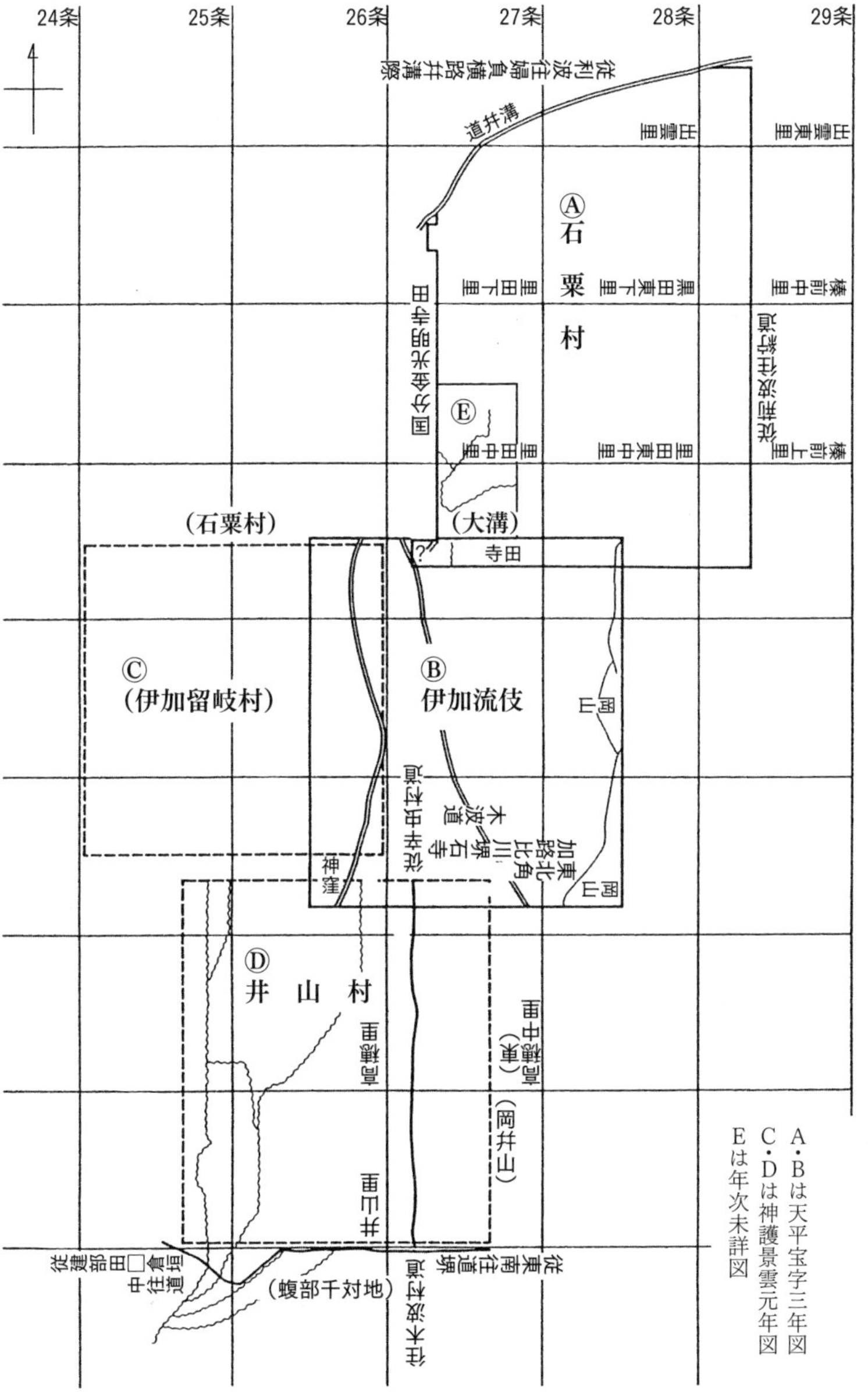

図 11　石粟村・伊加流伎（伊加留伎村）・井山村各図の道の書字方向
（金田章裕原図を改変）

また、神護景雲元年「井山村墾田地図」は越中国七荘を七図一幀とした絵図の一枚で、東を上にした地図であるが、図中の記載は原則として南を頭にした書字方向をとる。南北道の、南の荘域外に「往木波村道」、北の荘域外に「往辛虫村道」という記載があるが、記載位置により、木波村は書き出しである南方向にあり、辛虫村の場合には北方向に、換言すると書字方向の末方向に辛虫村があると読みとれる。

この田図では南を頭にする記載の原則に反する例が三つある。そのうちの二つは東を頭にした書字方向をもつ「東北角加路比川堺石寺」と「従二東南一往二道堺一」という記載である。前者は東北角に加路比川が流れており、石寺と堺をなしているという意味であろうか。また後者、「従二東南一往二道堺一《東南より道堺に往く》」という記載は、書字の末方向（西方向）に道堺があることを示していると思われる。またもう一つは西を頭とする「従二建部田一□〔院〕倉垣中往道」という表示であるが、「建部田従り」は藤井氏が指摘されているように、杵名蛭村の四至記載にある「南建部百済治田」と関わると思われ(7)、西にある建部百済の治田から東にある「院倉」（郡の郷倉院の意味か）の垣の中へ往く道を表示しているとみられる。この場合は書字の末方向に「院倉」があることになる。「井山村墾田地図」の「従――往――」の記載では、往く先が書字方向（書字の末方向）にあることを示していることになる。

さて、天平宝字三年「石粟村官施入田地図」は東を上にした絵図で、原則として荘内の記載は東を頭にした書字方向をとる。例外は荘域外東の「従二荊波一往レ紵道」と西の「国分金光明寺田」という記載で、南を頭にした書字方向をとる。

この田図の北側には前述のように東西に走る「道并びに溝」が描かれ、坪内の記載原則と同様に東を頭にして「従二利波一往二婦負一横路并溝際」と記載されている。「利波より婦負へ往く横路」は西の利波郡家より東の婦負郡家に向かう横路の意味で、郡家と郡家とを結ぶ幹線道路と思われる。ここで注意しておきたいのは、この「石粟村官施入田地図」では「従――往――」という記載は、書字の頭の方向（東）が往く先である婦負を示しており、書字の末の方向（西）が利波であることを表示しているという点である。そこで、この表示方法に従って、南を頭にして書かれている「従二荊波一往レ紵道」を読むと、頭の（南）方向が往く先である「紵」を示し、書字の末（北）方向が荊波であることを示していることになる。

開田図の記載には個性があり一律には論じ得ないが、とりわけ「従――往――」という表示を読み解く場合には、その記載の特徴に従い、記載位置、書字方向に着目して読む方法は有効性をもつと思われる。荊波と紵との位置関係は北に荊波、南に紵となり、B説が妥当となる。

従って、「荊波の里」は第一に多治比部北里の同族（蝮部千対・蝮部三□）が井山荘の周辺に墾田地を所有していたこと、第二に石粟村や井山村内に荊波神の神田が記されていることから石粟村や井山村の近辺にあったと推測されること、第三に「石粟村官施入田地図」の「従二荊波一往レ紵道」の記載の書字方向から石粟村の東側の北方一帯に比定されるが、金田氏の指摘にもあるように射水郡との郡境以南、庄川右岸、和田川水系の砺波市東保・宮森付近から池原に及ぶ一帯に比定しえよう。和田川水系の地は中世には増山城などが建設され、大きな環境変化があったと推測される。

以上からすると、式内荊波神社は早く木倉豊信氏が指摘されたように、庄川右岸、砺波市池原に現社地のある荊波神社がふさわしいといえる。

三、多治比部北里

神護景雲元年「井山村墾田地図」によれば、荘地坪内に「小井郷戸主蝮部三□戸某」の治田があり(8)、荘域の南には蝮部千対の地があった。また、大治五年（一一三〇）三月十三日付「東大寺諸荘文書并絵図等目録」(9)の神護景雲三年三月二十八日「礪波郡司買売券文」の四至記載に「大野郷井山村」とあり、井山村は大野郷に属していることが知られる。従って、蝮部の居住は大野郷、小井（意斐）郷に確認できるが、小井（意斐）郷は井山村（大野郷）からさほど離れた場所ではなかろう。多治比部（蝮部）北里の根拠地である「荊波の里」が石粟村の北方向とすると、小井郷は大野郷の北ないし北東に位置する可能性がある。

多治比部北里は『萬葉集』に礪波郡の主帳、すなわち郡司の第四等官として立ちあらわれるが、石山寺蔵『官倉納穀交替記』には、多治比部北理とあり、天平勝宝三年（七五一）には主帳外大初位下、天平宝字元年（七五七）には主政外大初位上であったことが知られる。また、神護景雲元年（七六七）「井山村墾田地図」に署名している田使に「礪波郡副擬主帳蝮部公諸木」がいる。しかし、その後郡司に多治比部（蝮部）氏は姿を見せない。藤井氏の指摘にもあるように、『官倉納穀交替記』意斐村の宝亀二年（七七一）、延暦三年（七八四）の郡司の署名に多治比部（蝮部）氏が姿を見せないのは、史料の残存の偶然とばかりとはいえない。

ひるがえってみるに、礪波郡の郡司となった多治比部（蝮部）氏は部姓氏族であり、郡領（大領・少領）になることはなく、主政・主帳クラス止まりで、公姓をもつ蝮部公諸木でさえも副擬主帳である。郡司とはいえ基盤は脆弱で利波臣氏のような在地に圧倒的な力をもつ譜第の豪族ではなかった。

利波臣志留志は天平十九年（七四七）九月二日に米三千石を東大寺に寄進し、外従五位下に叙せられ、さらに道鏡政権下の神護景雲元年（七六七）三月二十日には越中員外介に任ぜられ、また墾田百町を献上したことにより従五位上に叙せられた（『続日本紀』）。この墾田百町が井山村の土地であり、井山荘に発展したが、志留志が砺波平野東部に勢力を伸長していたことがうかがえる。志留志はその後、東大寺の寺田検校を担当する「(専当国司）員外介」としての任に当たるが、その地位を利用して八世紀後半から芹谷野の増山、福山一帯に展開する須恵器生産、鉄生産の開発に関与したと推測される。

多治比部（蝮部）氏の勢力後退について、藤井氏は在地の政治情勢や東大寺荘園をとりまく経営環境の変化、とりわけ利波臣志留志の越中員外介から伊賀国守への転出とほぼ時期を等しくしている点に注目されている。(10)志留志が伊賀守に任命されたのは宝亀十年（七七九）二月二十三日のことであり、これを最後に史上から姿を消す。しかし、在地における政治的変化は志留志の伊賀国守任命を待つまでもなく、もっと早い時期におとずれたと考える。

北理の本拠地の荊波里は礪波、射水二郡の郡界近くに位置するが、前述の如く意斐（小井）郷に属する可能性が高い。この付近一帯は、小矢部川左岸の郡家管轄下にあった窯跡群に対置される、礪波郡東北部の古代の生産遺跡群（梅檀野窯《せんだんのよう》）の中心的位置を占め、八世紀後半から十世紀にかけて生産活動が行われたとみられている。(11)多治比部（蝮部）氏の衰退現象は、生産活動の開始時期、及び志留志の越中員外介任命とほぼ時期を同じくするのであり、律令国家の地方支配機構にとりついた志留志の勢力伸長に起因するとみられる。

［注］

（1）木倉豊信「東大寺墾田地を主とした呉西平野の古代地理（中）」（『富山教育』第二八七号、一九三七年）、金田章裕「東大寺領荘園の景観と開発」（『古代の地方史』4、朝倉書院、一九七八年）。なお、礪波郡の東大寺領荘園について、弥永貞三・亀田隆之・新井喜久夫「越中国東大寺領庄園絵図について」（『続日本紀研究』第五十号別冊、一九五八年）、藤井一二「初期荘園の立地と村落―越中国礪波郡石粟荘を中心として―」（同『東大寺開田図の研究』塙書房、一九九七年、初出一九八一年）、石上英一ほか編『日本古代荘園図』（東京大学出版会、一九九六年）などを参照した。

（2）堅田理『日本の古代社会と僧尼』（法蔵館、二〇〇七年）一一〇頁。

（3）木倉豊信・前掲注（1）。「浅谷」もまた麻に関わる地名とみることができる。なお、「荊波の里」についての研究史は米沢康「「夜夫奈美能佐刀」考」（同『北陸古代の政治と社会』法政大学出版局、一九八九年）を参照されたい。

（4）藤井一二「貴族の土地所有と官施入田地図―「越中国礪波郡石粟村官施入田地図」の歴史的性格―」（同『東大寺開田図の研

究』塙書房、一九九七年、初出一九九四年）一一二頁注16。
（5）藤井一二「「越中国礪波郡井山荘絵図」の史的世界」（同『東大寺開田図の研究』、初出一九八七年）。
（6）金田章裕「越中国礪波郡東大寺領荘園図」（『古代荘園図と景観』東京大学出版会、一九九八年）。
（7）杵名蛭村は礪波郡二十二条・二十三条に位置するが、①荘域内（坪内）の記載に高瀬神がみえないこと、②足（葦）原田が多いこと、③七図一幀の神護元年図の署名者に着目すると、全図に署名している利波志留志を別にすれば、杵名蛭村は射水郡須加・鳴戸村と同一グループ（田使僧明典、伝燈満位僧憬龍）になること、以上の点から杵名蛭村は射水郡に近い位置に所在したと考える。
（8）「小井郷戸主蝮部三□戸治田……」の記載は、戸主蝮部三□の戸の治田某々とあるべきものが、戸口の名前が欠落（未記載）したものであろう。
（9）『平安遺文』5ノ二二五六・二二五七号（東京堂出版）一八六二～三頁。
（10）藤井一二・前掲注（1）、二四四頁。
（11）砺波市史編纂委員会『砺波市史資料編1考古、古代・中世』（一九九〇年）考古編を参照した。
＊「「荊波の里」についての覚書―地図に描かれた道と表示記載の書字方向についての試論―」（『高岡市万葉歴史館紀要』第十八号、二〇〇八年三月）を補訂・加筆した。

第五章　越中の大伴家持

一、はじめに

大伴家持は天平十八年（七四六）六月二十一日に越中守に任ぜられ（『続日本紀』）、天平勝宝三年（七五一）七月十七日に少納言に遷任されるまでの（『万葉集』巻十九・四二四八～九題詞）足かけ六年間を越中国で過ごした。越中時代の家持については膨大な研究の蓄積がある。(1)本稿では筆者の関心事から第一に萬葉集形成史において有力視される、家持の越中赴任前夜である天平十七年の「十五巻本萬葉集」及び「附録（のちに巻十六）」編纂説に立脚し、そこから派生する問題を採り上げたい。第二には越中守任命時の政治情勢から、当時国司に課題とされた大仏塗金の為の採金問題が、家持にどのように波及したかを検討したい。また、第三に国司は勧農政策の一環として雨乞いに関わったとみられることから家持の「雨乞い歌群」について検討を加え、家持赴任時の国司の置かれた政治状況や経済的状況を考えてみたい。

二、大伴家持の天平十七年――越中国赴任前夜――

（一）『萬葉集』の形成と家持

今日見る二十巻本『萬葉集』の形成史は複雑で、その構成については契沖『万葉代匠記惣釋』「雑説」[2]以来、大略巻一から巻十六を第一部、巻十七から巻二十の末四巻を第二部とする二部構成とみる説が有力であり、歌を部立てにより分類する巻十六までと、巻十七以降の部立てのない、歌を年代順に並べた大伴家持の歌日記的な末四巻とが異質なものであることは、今日、多くの学者の認めるところである。

また、巻一から巻十六までの作歌年次の記載は天平十六年（七四四）七月二十日が最後となる。巻十七以降では、巻十七冒頭に天平二年から天平十六年の歌が二十三首あるが、これを除くと天平十八年以降の歌になる。このことから巻十七冒頭の二十三首は、巻十六までの補遺的位置にあると考えられている。従って天平十七年と記された歌が一首もないことになり、巻一から巻十六までは天平十六年の夏から十七年にかけて、或いは天平十七年から数年の間にまとめられたと考えられている[3]。

しかし、巻十六については問題が残されている。伊藤博氏は天平十七年の段階で「十五巻本萬葉集と附録（「由縁有る雑歌」一巻）」が成立したとされる[4]。現存の巻十六は

第一部　三七八六〜三八一五番歌（三十首）
第二部　三八一六〜三八五四番歌（三十九首）
第三部　三八五五〜三八八九番歌（三十五首）

の三つの部分に大別されるが、このうちの第三部はもともと「附録」にはなかった歌群である。第一部は悉く由縁を記す題詞、もしくは左注をもつ。問題は第二部であるが、由縁を記す二十一首（三八一六～三八二四、三八三五～三八三九、三八四四～三八四五、三八四八～三八五〇、三八五三～三八五四）が天平十七年段階で「由縁有る雑歌」とされた部分、残りは追補であったと推測される。すなわち、第一部三十首、第二部二十一首、計五十一首が大伴家持たちが編纂した歌群とみるのである。なお、後述する「安積香山の歌」（巻十六・三八〇七）は左注に由縁が述べられる第一部に属する歌である。

これに従えば、巻十六に収載される「能登国の歌三首」（巻十六・三八七八～三八八〇番）や「越中国の歌四首」（巻十六・三八八一～三八八四番）は、第三部に属し、家持たちの手を経ず後に増補された部分ということになる。「越中国の歌」は越後国蒲原郡の弥彦神社が越中国に属していた大宝二年（七〇二）以前の歌群とみられる。また「能登国の歌」にしても、家持が赴任した頃の越中国は能登を含む広大な国で、題詞にわざわざ「能登国」と記すのは家持の越中国守時代ではない時期の歌資料である。従って能登の第一次立国期（七一八～七四一年）、もしくは第二次立国（七五七年）以後の歌であり、「越中国の歌」が古歌であることを勘案すると、第一次立国期の歌である可能性が高い。「能登国の歌三首」の採取時期は、①巻十七以降に、すなわち末四巻に収載されていないこと、②「越中国」と無く「能登国」とあること、以上の二点から、家持の越中国守時代ではない可能性が高く、これらの歌の採取を安易に家持の部内巡幸と結びつけることはできない[5]。

伊藤氏はこれらの歌が増補された時期は七五七年（天平勝宝九・天平宝字元）以降、天平神護から宝亀の初めあたり（七六五～七七〇年）、附録歌巻に追補・増補がなされて巻十六として完成するのは天応元年（七八一）から延暦二年（七八三）頃とされており、その経緯の複雑さが窺えよう。

（二）宮町遺跡出土の歌が記された木簡

ところで、天平十七年（七四五）正月七日、大伴家持は従五位下に叙せられ、貴族の仲間入りを果たした。『続日本紀』天平十七年正月乙丑［七日］条には、「天皇、大安殿に御《おは》しまして、五位巳上を宴したまふ。詔ありて、……外従五位下紀朝臣広名・紀朝臣男楫《をかじ》、正六位上石川朝臣名人・縣犬養宿祢須奈保《すなほ》・大伴宿祢古麻呂・大伴宿祢家持に並に従五位下」とあるように、家持は従兄弟の古麻呂とともに昇叙された。聖武天皇はこの正月一日に大きな楯と槍《ほこ》を樹て、甲賀宮（紫香楽宮）を新京としている。(6)とするならば、家持は甲賀宮の大安殿（内裏正殿）で従五位下を授位されたのであるが、『続日本紀』には任官記事がみえない。

家持の任官記事の初見は翌天平十八年三月十日の宮内少輔、ついで六月二十一日の越中守となる。恐らく家持は宮内少輔が初任であり、その間、家持は散官であったとみられる。こうしたことから家持が三月の宮内少輔任官まで、或いは都を離れて越中国に赴任する七月までは「十五巻本萬葉集と附録一巻」の編纂にたずさわっていた可能性が推測されている。(7)

ところで、家持が叙位された甲賀宮（紫香楽宮）は、恭仁宮遷都後、離宮として建設されたが、盧舎那大仏造営にともない天平十七年（七四五）正月には「新京」を甲賀宮と称した。しかし、遷都への反対運動や美濃大地震が起こり、五月には再び平城に還都した。周知のように甲賀宮（紫香楽宮）は家持にとっては貴族の仲間入りを果たした記念すべき宮都であったはずであるが、一首の歌も残していない。

この甲賀宮（紫香楽宮）は発掘調査により滋賀県甲賀市信楽町の宮町遺跡であることが確定しているが、平成十二年（二〇〇〇）にこの宮町遺跡で歌が書かれた木簡断片二片が発見された。この木簡は天平十六年の暮れから十七年の初めに破棄されたと推定されている。

当初は断片二片として、(a)奈邇波ツ尓、(b)［　］□夜古（『木簡研究』二二号、二一〇頁、二〇〇〇年一一月）と、ついで二片が一つに繋がるとして「奈迩波ツ尓……［　］夜古」（『宮町遺跡出土木簡概報2』二〇〇三年三月）と釈読された。

その後、平成十九年（二〇〇七）になって栄原永遠男氏による再検討がなされ、片面だけではなく、表裏に歌句が記されていたことが判明した。その結果、A面に「難波津の歌」が、B面には『萬葉集』巻十六・三八〇七番の「安積香山の歌」と同一の歌句が記されているという衝撃的な発見があった。(8)これまで「［　］夜古」と判読されていた箇所は同一面ではなく、B面「安積香山の歌」の歌句であったことが判明し、また「流夜真」と釈文が改められた。報告書からはそれまで誰もが片面だけに「難波津の歌」が書かれていると考えていたが、実際にはA面とB面の両面にそれぞれ別の歌が書かれていたのである。

再読された木簡二片の釈文を次に掲げておこう。

A面1「奈迩波ツ尓」　A面2「…久夜己能波…由己母…」

B面1「阿佐可夜…」（79×22×1）　B面2「………………流夜真……」（140×22×1）

A面の歌句は「難波津にさくやこのはなふゆこもり今は春べと咲くや木の花」（『古今和歌集』仮名序）という著名な「難波津の歌」の一節である。「迩」や「能」字が使用されているのが注意される。

B面の歌句は『萬葉集』巻十六にみえる「安積香山の歌」の一部である。左注にこの歌の由縁が記されている。

安積香山《あさかやま》　影副所見《かげさへみゆる》　山井之《やまのゐの》　浅心乎《あさきこころを》　吾念莫国《わがおもはなくに》

（『萬葉集』巻十六・三八〇七）

右の歌、伝へて云はく、葛城王、陸奥国に遣はされける時に、国司の祇承《しじよう》（接待）、緩怠《くわんたい》なること異甚《はなは》だし。ここに王の意《こころ》、悦《よろこ》びずして、怒りの色《おもへり》面《おもて》に顕《あらは》れぬ。飲饌《いんざん》（宴会）を設けたれど、肯《あ》へて宴楽せず。ここに前《さき》の采女あり、風流《みや》びたる娘子《をとめ》なり。左手に觴《さかづき》を捧《ささ》げ、右手に水を持ち、王の膝を撃《う》ちて、この歌を詠む。

すなはち王の意《こころ》、解《と》け悦《よろこ》びて、楽飲すること終日《ひねもす》なり、といふ。

この二首の歌は延暦五年（九〇五）に成立した『古今和歌集』仮名序に「この二歌は、歌の父母のやうにてぞ手習ふ人の初めにもしける」とあるように、歌の父母であると伝えられ、手習をする人が真っ先に習った歌とされる、即ちこの二首は、和歌や書の入門の手本とされたというのである。前に「衝撃的な発見」と記したが、この二歌が出土した木簡の表裏に記されていたのである。そして、さらに衝撃的であったのは木簡B面の「安積香山の歌」は現在みる『萬葉集』の訓字主体表記とは異なり、一字一音の仮名で表記されていた点である。

さて、「安積香山の歌」は多くの注釈書が歌語りとしているが、左注はこの歌をいつ頃詠まれた歌とみているのであろうか。左注の「前の采女」、「葛城王」の語に着目すると、陸奥国で采女の貢進が始まったのは大宝二年四月以後、養老六年（七二二）閏四月迄の間であり、この養老六年閏四月には蝦夷との対立が激化し、陸奥国出身の兵衛や采女らの故郷への放還が命ぜられている（『続日本紀』大宝二年四月壬子［十五日］条、養老六年閏四月乙丑［二十五日］条）。また、葛城王が橘宿祢を賜姓されたのは天平八年（七三六）のことである。従って、左注に信を置く限り、この歌が詠まれた時期は養老六年（七二二）から天平八年（七三六）の間に絞られる（9）。また、この時期の陸奥国府は宮城県郡山遺跡第二期、もしくは多賀城に置かれていたとみられる。

この「安積香山の歌」が天平十七年前後には一字一音の仮名で木簡に記されていたのである。当初から一字一音の歌として伝えられてきたものか、この時たまたま一字一音で記されたものかは不明である。出土した木簡は前述の如く天平十六年の暮れから十七年の初めに破棄されたと推測されている。ともあれ仮名序の成立より約一六〇年前に、歌の父母とされるこの二つの歌が木簡の表裏に書かれていたのである。時期的には十五巻本『萬葉集』と附録（天平十七年段階で「由縁有る雑歌」とされた部分）とが編纂されたと推測される時期と重なる。この時期に「安積香山の歌」は附録「由縁有る雑歌」に収載されたことになるが、収載時には訓字主体表記が採られたのであろうか。

また、天平十七年前後に破棄された木簡の表裏に「難波津の歌」と「安積香山の歌」が記されていたにも拘わらず、なぜ「安積香山の歌」は附録「由縁有る雑歌」に収載され、「難波津の歌」は収載されることがなかったのであろうか。

「難波津の歌」は七世紀半ばから手習い歌として確認され、しかも歌が記される対象も瓦、土器、木簡、建物の天井板など多様であり、そこにヘラ書き、墨書などによって記されている。七世紀後半以後に確認される「難波津の歌」の習書は、漢字の学習とともに三十一音（文字）の短歌形式の普及に大きな役割を果たしたと推測される。「難波津の歌」が『萬葉集』に収載されなかった理由の一つは、余りにも手習い歌として人口に膾炙したものになっていたためではなかろうか。

栄原氏は宮町遺跡出土の歌の記された木簡に詳細な検討を加え、A面「難波津の歌」が先に書かれ、何らかの儀式・歌宴で手に持って朗詠された後、持ち帰られてB面に「安積香山の歌」が書かれ、別の場で使用されたと推測されている。また、木簡の厚さは僅か一ミリではあるが、充分に使用に耐えるとされる(10)。しかし、どう考えても厚さ一ミリというのはいかにも脆弱である。ましてや儀式・歌宴の場で用いるとなれば尚更である。厚さ一ミリというのはあくまで習書の結果であり、朗詠に使用するために一ミリにしたとは思われない。

結果としてこの二つの歌が表裏に記されていたという事実は看過できない。この時期にこの二つの歌は「歌の父母のやうにてぞ手習ふ人の初めにもしける」といった習書としての姿を現出したに過ぎないのでは無いだろうか。確かに残存部分には同一文字の繰り返しなどは認められない。しかし、それだけで習書ではないと言いきれるものではなかろう。

（三）「歌木簡」

周知のように現在みる『萬葉集』から導き出された和歌の表記形式には少なくとも三形式がある。「人麻呂歌集」にみられる二つの表記形式、①付属語を文字化した新体歌（非略体歌とも、訓字主体表記）、②付属語（助詞や助動詞）を文字化することの少ない詩体歌（略体歌とも、漢詩のような総訓字表記）、そして、③旅人・憶良による音仮名表記の歌である。稲岡耕二氏は①の新体歌（非略体歌）は天武九年（六八〇）以前に生まれたとされたが、万葉歌と同じ歌句が記された七世紀木簡はいずれも万葉仮名による表記で、確実な訓字主体表記の歌は見つかっていない。また、稲岡氏は③の旅人と憶良の神亀五年（七二八）頃に生まれた音仮名表記の作品は、日本の「言」のかたちに即したあらたな表記の創造であったと結論されているが[11]、一字一音の音仮名表記による七世紀半ばの歌木簡が難波宮跡から出土している。この稲岡耕二氏の説については第四部第二章、書評『山上憶良』を参照願うこととして、ここでは和歌の表記形式の三類型を確認しておきたい。現在みる『萬葉集』の表記は表記が選択されたか、もしくは推敲された結果とみることができる。

栄原氏は、二尺ほどの材の片面に、一行で歌を書いた木簡を「歌木簡」（1類）とされ、それを手に持って、典礼の場で歌を詠み上げるのに使用したとされる。筆者は既述の如く宮町遺跡出土の歌が記された木簡については習書と考えるが、栄原氏が指摘されるように、典礼の場で木簡を使用することはありえる想定である。

自分の歌を自分で木簡に書いて朗詠する場合には自分の好きな表記形式を選択すればよいはずである。にも拘わらず基本的に一字一音、一行書きで、二尺強の木簡に画一化される木簡があるのは一体どのような意味を持つのであろうか。一字を約二センチ、一行で書けば、三十一文字で六十二センチ、いやでも二尺強になる。約二センチという字の大きさは自分で読むのがせいぜいで、栄原氏も指摘されるように、衆人に示すものでは無く、詠み手のためにあるといえよう。

ここで想起されるのが山上憶良の「好去好来の歌」（巻五・八九四）で、歌句「勅旨」に「反云二大命一」、「船舳尓」に「反云二布奈能閇尓一」といった具合に訓義を注している点である。この歌は遣唐大使多治比真人広成に献呈されたが、憶良が自分の歌が披露される際に読み誤りを恐れた為に注を付したとみられる。

このようなことからすると、①や②の訓字形式ではなく、③の一字一音を基本として記されたのは読み誤りを防ぐことが第一義であったからであろう。宴や儀礼の場で、本人ではなく、第三者が朗詠する場合に、歌を一字一音で書いた木簡が読み札として使用されたのではなかろうか。当たり前すぎる推論であるかもしれないが、試案として掲げておきたい。

なお、犬飼隆氏は「大型の材に書くのはとなえる歌句に権威をもたせる意図」で、「一字一音式一行書きは、距離を隔てても歌句が認識できる配慮」であるとして、「多くの人が集まって掲げられた歌句を唱和するのに適した規格」とされている。また、『萬葉集』に収録されなかったのは、「七・八世紀の公的行事に汎用の祝典歌であって、文学作品とはみなされていなかった」ためとされている。[12]

（四）家持の天平十七年

家持が越中に赴任する直前の天平十七年は、家持にとっては貴族の仲間入りを果たし、さらに「十五巻本萬葉集」と「附録」の編纂にたずさわったとみられる充実した年であったが、不穏な政局は絶えず家持につきまとっていた。

橘奈良麻呂の変の際の佐伯全成の自白によると、天平十七年の難波行幸で聖武天皇が重体に陥ったとき、橘諸兄の子息・奈良麻呂は黄文王を立てて天皇とする謀反を企てていたという。奈良麻呂は『尊卑分脈』に従い享年三十七歳説に立てば、逆算すると養老五年（七二一）生まれとなり、家持より三歳ほど若いことになる。天平十七年には家持二十八歳、奈良麻呂二十五歳である。家持と親交のあった奈良麻呂の血気盛んな企ては、前年の天平十六年（七四四）閏正月十三日に、聖武天皇の、存命していた唯一の皇子であった安積親王（母は夫人県犬養広刀自）が急逝したことが引き金になったとみられる。このように家持越中赴任前夜にはきわめて緊迫した政治情勢があった。

三、家持の越中国赴任と採金問題

（一）国司の役割変化

さて、天平十八年三月十日に宮内少輔に任ぜられた家持は、三ヶ月後の六月二十一日に越中守に遷任される（『続日本紀』）。この中央官から地方官への突然の異動の背景に、元正太上天皇・橘諸兄派と光明皇后・藤原仲麻呂派の政治対立を想定する直木孝次郎氏の見解がある[13]。

天平十八年正月は聖武天皇の病が癒えなかったためか廃朝とされた。折からの大雪に左大臣橘諸兄は太政官首脳部、在京の五位以上の官人二十二人を率いて元正太上天皇の御在所に参入し、雪掃きに奉仕、肆宴を賜った（巻十七・三九二二～三九二六題詞）。直木氏は天平十八年の任官例は七十四例と異例の多さを示すが（通常は三十数例で多い）、「三月からはじまるこの大規模な任官は、八省の卿以下の文官の大幅な異動をめざしたもの」とされる。そして元正太上天皇の雪見舞いの肆宴に加わった五位以上の官人に、その後地方官に任命されている者が多いことから、左大臣橘諸兄の権力誇示に対しての藤原仲麻呂の報復人事と推測されている。しかし、両派の対立があったにせよ、直木氏自身述べておられるように、三月五日に仲麻呂は民部卿から人事権を握る式部卿となったが、仲麻呂が人事のすべてをとり仕切れたわけではない。大伴家持についていえば、家持の越中守赴任は諸兄の期待の人事とする見解が有力である(14)。

ここで注意されるのは、第一に国分寺や大仏造立といった国家荘厳費の増大に伴い、天平十五年（七四三）頃に地方政治に大きな変化が生まれたことである。

天平十五年五月には、十月に発布される大仏造立詔の前提として墾田永年私財法が出され、墾田の拡大と把握による増収がはかられ、開発地の占定には国司の許可を必要とするなどの附帯条件が加えられた。天平勝宝元年（七四九）四月には寺院の墾田地も許可され、貴族・大寺社による土地開発が活発に進められた。また天平十七年（七四五）十月には国衙財政の適正化をはかり、論定出挙、すなわち正税出挙の国別定数（基準額）が定められ、十一月には正税の欠損補塡と残余の国司への配分を目的とする公廨稲《くげとう》が設置されるなど、国司の政治的役割の重要性が一段と増したのである。

『萬葉集』によると、大伴家持は天平二十年に春の出挙のために国内巡行に出かけ（巻十七・四〇二一～四〇二九左注）、また天平勝宝二年（七五〇）にも「季春三月九日に、出挙の政《まつりごと》に擬《あた》りて、旧江《ふるえ》の村に行く」（巻十九・四一五九題詞）とあるように、春三月に出挙のために旧江村（古江村とも記す。現氷見市神代《こうじろ》・堀田・矢方一帯）に出かけている。いずれも春の出挙である。ところが、天平十年度の駿河国や周防国の正税帳をみると、春・夏の官稲貸付には掾・目・史生など国府の下級役人があたり、秋の利稲収納に際しては守があたっている。右に見た守の家持が春の出挙（貸付期）に出かけた例は異例のことになる。このような背景には、右に述べた如く天平十年から二十年の間に地方政治に大きな変化があり、財政においては公出挙の占める重要性が増し、とりわけ天平十七年の論定出挙により、貸付が重要視されるようになったことがあろう(15)。おぼろげながら垣間見る大伴家持の国司としての姿に地方財政の変化がよく反映されているといえよう。

第二には、天平十七年五月、聖武天皇が甲賀宮での大仏造営に挫折して平城京に還都するものの、八月には平城京東郊の地で大仏造営を再開した点が注意される。大仏造営に際しては税収の確保もさりながら、鍍金のための金の不足をどう克服するかが重要課題となっていた。聖武天皇が「此の大倭国は天地《あめつち》開闢《ひら》けてより以来《このかた》に、黄金《くがね》は人《ひと》国《くに》より献ることは有《あ》れども、斯《こ》の地《くに》には無き物と念《おも》へるに」（『続日本紀』天平勝宝元年四月一日宣命第十二詔）と述べているように、当時日本では金は採れないと認識されていたのである。

筆者は聖武天皇の大仏造立への執念から産金問題が国司の当面する緊急の課題となり、国衙財政の適正化の問題とあわせて大々的な人事異動が行われた要因と考える。そこで産金問題について節を改めて検討しよう。

（二）石上乙麻呂の遣唐使派遣計画

『懐風藻』石上乙麻呂伝によると「天平年中に、詔して入唐使を簡《えら》ばしめたまふ。元来此の擧《きょ》、其の人を得ること難《かた》し。時に朝堂に選ぶに、公《きみ》が右に出づるもの無し。遂に大使に拝《め》さる。衆僉《ひとみな》は悦び服《したが》ふ。時に推《お》さゆること、皆此の類なり。然《しか》すがに遂に往かずありき。其の後、従三位中納言を授けらる」とある。

新羅との緊張関係が増大したことから、新羅に対する牽制と併せて大仏鍍金のための金の輸入を意図して、乙麻呂を大使とする遣唐使派遣が計画されたとみられる[16]。東野治之氏はこの乙麻呂派遣の時期について、「経師等調度充帳」（「続々修」四十四帙十、『大日古』8ノ五七八〜五八一）末尾に「天平十八年正月七日召大唐使已訖也《大唐使を召すこと已に訖るなり》」とあることから、天平十八年（七四六）正月七日までには大使に任命されたと指摘されている[17]。これに従えば、遣唐使派遣計画は遅くも天平十七年には進められていたことになる。

ところで、石上乙麻呂は久米若売（藤原宇合未亡人）を姧した罪で土佐国に配流後、天平十五年五月に従四位上、同十六年九月に西海道巡察使、同十八年三月七日に治部卿従四位上、同年四月一日に常陸守、四月二十一日に正四位下、九月二十日に右大弁、同二十年二月従三位、同年四月元正太上天皇大葬の御装束司となっている。天平十八年正月七日に遣唐大使に任命されているとすると、三月以降の矢継早の選任は兼任か、三月以前に大使を辞任、もしくは解任されていたということになろう。

右の石上乙麻呂伝によると、大使の人選は難航したらしく、「遂に大使に拝《め》さる。衆僉《ひとみな》は悦び服《したが》ふ」とある。『懐風藻』の筆法は一見賛辞ともとれるが、死を賭しての渡海に人選が難航し、流刑から赦免された乙麻呂にお鉢が回ってきたというのが実情であったかと思われる。このような事情からすると大使解任時期がやや早すぎる感があるが、三月七日の治部卿任命以前に解任されていたとみるのが穏当であろう。

十月に安芸で船二艘が造られているのは遣唐使派遣事業の一環とみられ（『続日本紀』十月丁巳［九日］条）、派遣計画自体は中止されてはいない。旧稿では乙麻呂の遣唐大使選任が難産の結果であったことを重視し、乙麻呂の選任時期を遅らせて考えたが[18]、甲賀宮での大仏造営の一端の頓挫、平城での再開といった情況から遣唐使派遣計画を進める一方で、国内での黄金産出に力点を置く政策への転換がはかられたとみるべきであろう。旧説を撤回しておきたい。

弘仁十二年（八二一）八月十五日付太政官符（『東大寺要録』四、八幡宮の項）や『扶桑略記抄』天平二十一年条所引「或記」には大仏鍍金用の金を輸入するために遣唐使派遣を計画したが、日本から金が出るので派遣の必要はないという宇佐神宮の託宣があったと伝える。この遣唐使派遣計画は遅くも乙麻呂が従三位となった天平二十年二月以前には中止されたとみてよい。国内での金の採取にある程度の見通しが立ったのであろう。

ここでは大仏鍍金用の金の不足が問題化し、天平十七年から翌年にかけて遣唐使派遣までが計画されていたこと、その時期はまさにあの大規模な人事異動の時期と重なることなどを確認しておきたい。

（三）国司と採金問題

そこで次に金の採取問題と国司の異動との関連をみてみたい。この時期に家持同様に激しい異動に見舞われた官人がいる。天平十八年（七四六）、家持の越中守任命（六月）の三ヶ月後、九月十四日に従五位下百済王敬福《きょうふく》は陸奥守に任じられた。敬福はこの年の四月一日に上総守に任命されたばかりで、五ヶ月ほどでの異動である。敬福は天平十年に陸奥介として赴任して以来通算六年ほど陸奥の国司（天平十五年六月に陸奥守）を務めている。敬福の異動の背景には、陸奥大掾余足人をはじめとする百済系渡来人のネットワークによる金採取への期待があったとみられる。敬福はその期待に見事にこたえ、天平勝宝元年（七四九）四月二十二日、陸奥国小田郡から黄金九百両を献上した(19)。

また、陸奥国の産金で見過ごされがちであるが、翌天平勝宝二年（七五〇）三月には駿河国が黄金を貢上している。その時の駿河守は雪見舞い肆宴の参列者のひとり楢原東人で、天平十九年三月十日に駿河守に任命されている。『続日本紀』天平勝宝二年三月戊戌［十日］条には

　駿河守従五位下楢原造東人ら、部内廬原《いほはら》郡多胡浦の浜に黄金《くがね》を獲《え》て献《たてまつ》る。練金《ねりがね》（精錬した金）一分。沙金《しやきん》（砂金）一分。〉是《ここ》に東人らに勤臣《いそしおみ》の姓を賜ふ。

とある。東人は駿河国廬原郡多胡浦の浜で採金に成功し、練金と砂金とを献上し、その功により「勤臣」の姓を賜った。

また、『延喜式』民部下63交易雑物には、下野国に「砂金百五十両、練金八十四両」、陸奥国に「砂金三百五十両」、同内蔵寮式・諸国年料供進には下野国の供進物として「砂金百五十両」（交易雑物の収納）がみえる。駿河国が見えないが、埋蔵量が少なかったのであろうか。

下野国の産金については伊勢神宮系の石山寺創建の縁起に、陸奥国より早く天平十九年（七四七）十二月に下野国から金が産出したことが見え、この採金に功績があった大神宮祢宜《ねぎ》外従八位上（『続日本紀』に従七位下）神主《かんぬしの》首名《おびとな》は天平勝宝元年に外従五位下に昇叙したという（『東大寺要録』巻一、天平十九年条所引「大神宮祢宜延平日記」）。下野国の産金のことは『続日本紀』に見えないが、神主首名の外従五位下への昇叙は確認できる（天平勝宝元年四月五日条）。

また、下野国の砂金については次の史料から那須郡武茂郷から産出したことが知られる。

　下野国武茂神に従五位下を授け奉る。此神は沙金を採《と》る山に坐《いま》す。

（『続日本後紀』承和二年（八三五）二月戊戌［二十三日］条）

武茂神は『和名抄』の下野国那須郡武茂郷（現栃木県那珂川町一帯）に所在する式内社の健武山《たけむやま》神社の祭神である。八溝山の南に位置する。下野国の砂金はこの武茂郷から産出された。

天平十九年の時点での下野守は天平十八年九月一日に任命された渡来系の外従五位下秦忌寸大魚とみられる。この時期に大魚が起用されたのは、那須郡武茂郷での金の採取に、下野国に移住した新羅系渡来人を活用しようという意図からであろう。那須郡への新羅文化の影響は那須国造碑からもうかがえる。後任は天平二十年三月十二日に任命された従五位下巨勢朝臣君成であるが、『続日本紀』には両人ともに採金の事績は伝わらない。

ともあれ大神宮祢宜神主首名の功績により陸奥国より早く下野国から金を産出したという延平の主張は俄に信用しがたいが、そのように主張しえたのは大仏鍍金問題を契機に各地で金の採取が試みられたという背景があったからだろう。国司に任じられた者は、百済王敬福や楢原東人に限らず、鍍金のための黄金の産出地の発見が重要使命とされたのである。

天平十八年・十九年の両年に国司に選任された者の中に紀清人（武蔵守）と高丘河内（伯耆守）がいる。高岳河内の旧姓は楽浪、百済系渡来人の子孫である。二人は文章に通じ、聖武天皇の皇太子時代の教育係・ブレーンであった（『続日本紀』養老五年正月）。「宿儒」と称された楢原東人（駿河守）とともに、奇しくも雪見舞いの肆宴に列席しているが、この時期に彼らが国司に遷任されたのは、聖武天皇の意向により、その学職、能力を買われてのことと推察される。

限られた例であるが国司の課題とされた鍍金用の金の採取についてみたが、それでは越中に赴任した大伴家持に採金問題との関わりを認めることができるであろうか。

（四）家持の能登巡行と採金

前述の如く家持は天平二十年（七四八）に春の出挙のために国内巡行に出かけている。その旅程で誰もが不思議に思うのは能登巡行の折に鳳至《ふげし》郡の饒石川《にぎしがわ》（現仁岸川）に行っていることである。

鳳至郡にして饒石川を渡る時に作る歌一首

妹《いも》に逢《あ》はず　久《ひさ》しくなりぬ　饒石川《にぎしがわ》　清き瀬《せ》ごとに　水占《みなうら》はへてな　（巻十七・四〇二八）

家持は越中国府から之乎路《しおじ》を経て羽咋《はくい》郡家へ向かい、「気太《けた》神宮」を参拝して、さらに能登郡家へ向かった。香《か》島津《しまづ》から海路熊来《くまき》村へ渡り（巻十七・四〇二五題詞、四〇二六～七題詞）、そこから鳳至郡家へは北陸道能登路を穴水駅、三井駅、大市駅（鳳至郡家）へと北上するコースをとらず、西に向かい、山越えをして饒石川を渡っている。どのような道をたどったのかよくわからないが、いずれにしても難コースである。春の出挙の一環として、何故家持が敢えてこのような難コースを採ったのか理由は明らかでない。それ故饒石川への巡行を創作上のこととする向きもあるが、この饒石川への巡行を砂金鉱床探索情況の視察と考える余地もあろう。[20]

（五）家持と陸奥国出金

天平二十一年二月二十二日、陸奥国小田郡から黄金産出の報が届くと、聖武天皇の感激はひとしおで、四月一日には大仏に報告、感謝の言葉を述べ（宣命第十二詔）、また人々とともに産金を喜び、年号に「感宝」を加えることを告げ（宣命第十三詔）、四月十四日に改元した。奇しくもこの第十三詔を宣読したのは、かつて遣唐大使に選任された石上乙麻呂であった。

この第十三詔（陸奥国出金詔書）の中で、大伴・佐伯両氏は「内の兵」として代々天皇の護衛に当たった功績を「海行かば」の言立てとともに讃えられた。越中にいた大伴家持はこのことを知って、五月十二日に長歌「陸奥国に金を出だす勅書を賀《ほ》く歌」と反歌三首を作った（巻十八・四〇九四〜九七）。出金詔書が家持の創作活動に与えた影響は多大なものがあったが、家持が黄金の産出という課題を負った国司のひとりであり、採金への強い思いを懐いていたという背景も看過できない。

天平十八年の異例ともいえる大規模な人事異動は、参議・式部卿藤原仲麻呂が朝廷から左大臣橘諸兄の勢力を排除し、みずからの勢力を扶植する結果を生み出したとみられている。しかし、この人事は仲麻呂派であれ、諸兄派であれ、地方財政制度の大きな変化、聖武天皇を悩ます大仏鍍金のための黄金の産出など、当面する緊急の政治的課題に応えようとした結果といえるのであり、そこには聖武天皇の意志が大きく作用したとみられ、必ずしも仲麻呂の報復人事、いやがらせとはいえない面があると思われる。

四、国守家持の雨乞いをめぐって

（一）律令国家の雨乞い

国司の職掌は多岐にわたるが、そのうち勧農は最も重要な職務の一つであった。農業生産には自然災害の脅威がつきまとうが、ここでは勧農に関わる奈良時代の国司の雨乞い（降雨・止雨）についてみてみたい。

雨乞いというとレインメーカーたる皇極天皇を「至徳天皇」と讃えたこと（皇極紀元年）がよく知られているが、旱魃に際して中央政府が雨乞いを行うことは、天武治世に神々への祭祀と仏教による読経とを両輪として開始され(21)、持統治世には臨時祭として執り行われる形式が整う。

雨乞いには日照りのときの降雨の祈願（祈雨）と、雨が続いたときの止雨《しう》の祈願の両面があるが、いずれも農業生産の根幹に関わる問題であり、律令国家にとっては勧農政策の上からも重要視され、一定の地域、地方に特定される日照り、長雨といった気象現象に対応すべく柔軟に執り行われたと推測される。

神祇令に規定された公的祭祀でもっとも重要視された祈年祭を補完するものとして『延喜式』神祇三（十世紀前半に成立）に臨時祭が位置づけられているのもそうした結果であろう。

律令国家の行う雨乞いについては三宅和朗氏の研究があり、詳細は三宅氏の研究に委ねるが(22)、奈良時代の雨乞いの特色を述べておこう。

①中央政府による雨乞いは、基本的には神祇官を通じて京師・畿内を中心とする神社に幣帛を奉って降雨・止雨を祈願するという形態をとる。

②天平四年以後は『続日本紀』に仏教による雨乞い記事がみえなくなり、政府の行う祈雨は神々への祭祀が中心となる。平安時代には雨乞いを行う神社として貴布祢社（山城国）と丹生川上（河上）社（大和国吉野郡）が重視されるようになるが、丹生川上社への祈雨奉幣は天平宝字七年五月には確認される
といった点にある。

『延喜式』神祇三・臨時祭条には祈雨神祭を行う神社として畿内の神社八十五座が挙げられているが、奈良時代の中央政府の行う雨乞いも京師・畿内をシフトするものであった。そこで次に国司の雨乞いをみてみたい。

（二）奈良時代の国司による雨乞い

勧農政策を推進する国司の民政支配の政治理念は「百姓の患《うれ》へ苦しぶ所を知り、敦《あつ》くは五教を喩《さと》し、農功を勧め務《つと》めしめよ」（戸令33国守巡行条）に端的に示されている。[23] そうした理念に立つ国司は当然雨乞いを行ったと推測されるのであるが、後述の如く平安時代には確認されるものの奈良時代の具体例はない。そこで、はじめに国司の職掌に雨乞いとの関連性を探ってみたい。

ア、職員令70大国条

守一人。〈掌。祠社。戸口簿帳。字二養百姓一。勧二課農桑一。……〉

《守一人。〈掌らむこと、祠社《しゃ》のこと、戸口の籍帳、百姓を字養せむこと、農桑を勧め課《おほ》せむこと……〉》

国司の職務のうちに「祠社」がある。「祠社」とは祭祀、神社の維持管理などをさすが（職員令69摂津職義解）、祭祀は国司の勧農と分かちがたいものであり、国守の重要な職務であった。

イ、『令集解』職員令1神祇官「掌神・祭祀」跡記

跡記云、此祭祀者。神祇令所レ謂。仲春年祈祭以下。季冬道饗祭以上諸祭是也。不レ及二諸国祭祀一。但班二諸国社

幣帛二之日。亦掌行耳。
《跡記に云はく「此の祭祀は、神祇令に謂ふ所、仲春の年祈祭以下、季冬の道饗祭以上の諸祭是れなり。諸国の祭祀に及ばず。但し、諸国の社に幣帛を班つの日、亦た行を掌るのみ」と。》

跡記に神祇官の祭祀は祈年祭以下の恒例の行事（祭祀）であり、また社への幣帛の班布の日以外は「諸国の祭祀に及ばず」とあることからも国司の祭祀と觝触することはない。国司の祭祀が中央政府の命を待たずに独自に行われていたことがうかがえる。

ウ、『続日本紀』天平元年（七二九）八月癸亥［五日］条

又た諸国の天神《あまつかみ》・地祇《くにつかみ》は（国司の）長官をして祭を致さしむべし。若し限りの外に祭るべき山川有らば、祭ることを聴《ゆる》す。即ち祝部《はふり》（神職）の今年の田租を免《ゆる》す。

諸国の天神・地祇は長官（国守）が祭れ、また祭るべき山川（山口の神、水分の神）があればそれを許す、としている。跡記が指摘するように、神祇官の行う祭祀以外は国司が独自に祭祀を執り行っていたことはほぼ誤りない。

右のように奈良時代に国司が独自に祭祀を行っていたことはおぼろげながらうかがえるのであるが、雨乞いについては具体性がきわめて乏しい。そこで、平安時代の史料をみてみたい。

（三）平安時代の国司の雨乞い

1、『日本紀略』所引『日本後紀』逸文、大同四年（八〇九）七月辛酉［十七日］条、

勅、頃来亢旱為レ災、水陸焦枯。若非二禱祈一、何済二斯難一。云々。宜二国司斎戒、依レ例祈雨一。云々。
《勅すらく、「頃来亢旱《こうかん》災を為し、水陸焦枯《しょうこ》す。若し禱祈《とうき》するに非ざれば、何ぞ斯《こ》の難を済《すく》わん。云々。宜しく国司斎戒《さいかい》し、例に依りて祈雨すべし。云々」と。》

2、『日本後紀』弘仁五年（八一四）七月庚午［二十五日］条

勅、畿内・近江・丹波等国、頃年旱災頻発、稼苗多損、国司黙然、百姓受レ害、其孝婦含レ冤、東海蒙二枯旱之憂一。能吏行レ県、徐州致二甘雨之喜一、然則禍福所レ興、必由二国吏一、自レ今以後、若有レ旱者、官長潔齋、自祷二嘉澍一、務致二粛敬一。不レ得二狎汚一。如不レ応者、乃言二上之一。立為二恒例一。

《勅すらく、畿内、近江、丹波等の国、頃年旱災《かんさい》頻りに発《おこ》り、稼苗《かびょう》（穀物の苗）多く損《そこな》わる。国司黙然《もくぜん》として、百姓害を受く。『其の孝婦冤《うらみ》を含みて、東海は枯旱《こかん》の憂を蒙《こうむ》り、能吏県に行きて、徐州（江蘇省）は甘雨《かんう》の喜を致す。』然らば則ち禍福《かふく》の興る所は、必ず国吏に由る。今より以後、若し旱《ひでり》有らば、官長潔斎《けっさい》して、自ら嘉《か》澍《じゅ》（ほどよい雨）を祈り、務《つと》めて粛敬《しゅくけい》（つつしみ敬う）を致し、狎《な》れ汚すことを得ざれ。如《も》し応《こた》えざれば、乃ち之を言上せよ。立てて恒例と為せ」と。》

史料1、2は嵯峨天皇が日照りに際して国司に雨乞いをするように命じた勅である。嵯峨天皇は「旱災」が防げるかどうかは国司にかかっており、国司が潔斎（斎戒）して降雨を祈願するようにと命じている。史料2の「畿内・近江・丹波等国」のうち、畿内の国々は中央政府による雨乞いがシフトされている地域である。この勅は政府の命を待たず、国司が独自の判断で雨乞いすることを期待したものであろう。嵯峨天皇の勅によって国司による雨乞いが行われるようになったとする見解もあるが[24]、史料1の「例に依りて祈雨すべし」を文字通り解釈すれば、国司による雨乞いは奈良時代に遡って行われていた可能性が高い。

また、国司の雨乞いの具体例としては肥前国司や讃岐守菅原道真の「城山の神を祭る文」が知られる。

3、『三代実録』仁和元年（八八五）十月九日庚申条

先レ是、大宰府言上。管肥前国、自二六月一澍雨不レ降。七月十一日、国司奉二幣諸神一。延レ僧転レ経。十三日夜、陰雲晦合、聞如二雨声一。遅明見下雨二粉土屑砂一、交下中境内上。水陸田苗稼、草木枝葉、皆悉焦枯。俄然降レ雨、洗二

去塵砂一、枯苗更正。
《是より先、大宰府言上す。管肥前国、六月より澍《じゅう》雨降らず。七月十一日、国司諸神に奉幣したまひ、僧を延いて経を転ず。十三日夜、陰雲《いんうん》（雨雲）晦合《くわいごう》（暗く合わさり）、雨の如き声を聞く。遅明《ちめい》（夜明け方）、粉土屑砂《せっさ》に雨ふり、交りて境内に下るを見る。水陸田苗稼《べうか》（穀物の苗）、草木枝葉、皆悉く焦枯《しょうこ》す（枯れる）。俄然（にわかに）雨降り、塵砂を洗い去り、枯苗《こべう》更正す。》

大宰府の言上によると、仁和元年（八八五）、管下の肥前国では六月より雨が降らず、七月十一日に国司が降雨を願って諸神へ奉幣祈願し、僧をひきいて経を転読した。その結果、十三日の夜になって雨が降り、枯れかけていた苗が息を吹き返したという。国司は神祭と仏教による祈雨を行っている。

4、「城山《きやま》の神を祭る文」

（『菅家文草』巻七祭文、及び『朝野群載』巻二十二、諸国雑事、臨時祭文に収載、以下『菅家文草』巻七による。(25)）

城山《きやま》の神を祭る文。〈讃岐守として祭れり。〉

維仁和四年歳次二戊申一、五月癸巳朔、六日戊戌、守正五位下菅原朝臣某、以二酒菓香幣之奠一。敬祭二于城山神一。四月以降、渉レ旬少レ雨、吏民之困。苗種不レ田。某忽解二三亀一、試親二五馬一。分レ憂在レ任、結レ憤惟悲。嗟虖、命之数奇、逢二此愆序一。政不レ良也。感无レ徹乎。伏惟、境内多レ山。茲山独峻。城中数社。茲社尤霊。是用二吉日良辰一。祈請昭告。誠之至矣。神其察之。若二八十九郷、二十万口一、一郷无レ損、一口无レ愁、敢不下蘋藻清明、玉幣重疊、以賽二応験一、以飾中威稜上。若甘澍不レ饒、旱雲如レ結、神之霊无レ所レ見、人之望遂不レ従。斯乃俾二神无レ光。俾二人有レ怨。人神共失、礼祭或疎。神其裁。勿レ惜二冥祐一。尚饗。

《維れ仁和四年（八八八）歳《ほし》は戊申に次《やど》る五月癸巳の朔、六日戊戌、守正五位下菅原朝臣某、酒菓香幣の奠《てん》を以て、敬《つつし》みて城山の神を祭る。四月より以降《このかた》、旬（十日）に渉りて雨少《まれ》なり。吏民の困《くるし》み、苗種も田《うえられ》ず。某忽ちに三亀を解ち、試みに五馬を親《うつく》しぶ。憂を分《わかたむ》こと任に在り。憤を結《つながむ》こと惟れ悲し。嗟虖《ああ》、命の数奇《さちなき》、此の愆《あやま》れる序《ついで》に逢へり。政、良からざる也《か》。感徹《とほる》こと无き乎《か》。伏して惟みれば、境内山多けれど、茲《こ》の山のみ独り峻《さが》し。城中に数《あまた》の社あれども、茲《こ》の社のみ尤も霊《みかげ》あり。是に吉日良辰（吉時）を用《もち》て、祈り請ひ昭《あきらか》に告ぐ。誠の至りなり。神、其れ察《つばびらか》にせよ。若し八十九郷、二十万口、一郷も損すること无く、一口愁《うれ》へ无《なから》せば、敢へて蘋藻《ひんそう》（質素な献げもの）清明にし、玉幣重畳して、以て応験《おうげん》（ききめ）に賽《さい》（お礼）して、威稜《いりょう》を飾らざらまし。若し甘き澍《そそ》き饒《ゆたか》ならず、旱《ひでり》の雲結ばるるが如くあらませば、神の霊見る所无し。人の望み遂に従はざらむ。斯れ乃ち神をして光り无《な》から俾《し》め、人をして怨み有ら俾《しむ》るなり。人神共に失して、礼祭或いは疎《おろそか》になりなむ。神其れ裁《ことわ》れ。冥祐を惜しむなかれ。尚《こいねが》はくは饗《うけ》よ。》

仁和四年（八八七）五月六日、讃岐守であった菅原道真は、四月以降日照りが続いたため、「酒菓香幣の奠（供え物）」を奉って霊験あらたかな城山の神に降雨を祈願した。城山は国府のすぐ西に位置する。城山の神は国府の置かれた阿野郡の城山《きやま》神社の祭神であろう。『延喜式』神名帳に阿野郡三座のうちの一つに「城山神社〈名神大〉」とある。現社地は国府の西、城山の東裾部に鎮座する。

菅原道真が讃岐国に着任する二年前の仁和二年も旱であったことは『菅家文草』262「国分寺の蓮池の詩」に「丙午之歳（仁和二年、八八六年）、四月七日、……今茲《ことし》自レ春不レ雨、入レ夏無レ雲、池底塵生、蓮根気死《今茲、春より雨ふらず、夏に入りて雲無し、池底に塵生じ、蓮根気《かれ》死ぬ。》」とあることからも知られる。日照との取り組みは着任時からの課題であった。

道真は祈雨に良い日時を占い、祭文を言挙げした。道真は城山の神の霊験を誉め讃え、讃岐国の人民（「八十九郷、二十万口」は讃岐国の郷数と人口の概数）が救われれば信仰は厚く、ますます「威稜（神秘的な威力）」は増すと言う一方で、もし降雨がなければ神の威光は失墜するだろうと甘い言葉と威しにより冥助を請うている。

右に平安時代の国司による雨乞いの例をみたが、国司による雨乞いは奈良時代に遡る可能性が高い。平安時代の国司の雨乞いでは、国司が潔斎して諸神に降雨を奉幣祈願する、或いは吉日吉時を占い、地元の有力神に奉幣祈願するといった形が認められるが、平安時代に突如として現れたものではなく、奈良時代に既に行われていたと推測される。

こうした観点からすると、『萬葉集』巻十八に収載される越中守大伴家持の「雲の歌」は奈良時代の国司の雨乞いに関わる注目される歌である。そこで、次にこの家持の「雨乞い歌群」を検討したい。

（四）家持の「雨乞い歌群」

天平感宝元年（七四九）閏五月六日より以来《このかた》、小旱《せうかん》を起し、百姓の田畝《でんぽ》稍《やや》くに凋《しぼ》む色あり。六月朔日に至りて、たちまちに雨雲の気《け》を見る。よりて作る雲の歌一首〈短歌一絶〉

天皇の　敷きます国の　天の下　四方《よも》の道には　馬の爪《つめ》　い尽くす極み　船《ふな》の舳《へ》の　い泊《は》つるまでに　いにしえよ　今のをつつに　万調《よろづつき》　奉《まつ》るつかさと　作りたる　その生業《なりはひ》を　雨降らず　日の重《かさ》なれば　植ゑし田も　蒔《ま》きし畑も　朝ごとに　しぼみ枯れ行《ゆ》く　そを見れば　心を痛み　みどり子の　乳乞《ちこ》ふがごとく　天《あま》つ水《みづ》　仰《あふ》ぎてそ待つ　あしひきの　山のたをりに　この見ゆる　天《あま》の白雲　海神《わたつみ》の　沖つ宮辺《みやへ》に　立ち渡り　との曇《ぐも》りあひて　雨も賜《たま》はね　（巻十八・四一二二）

反歌一首

この見ゆる　雲ほびこりて　との曇《ぐも》り　雨も降らぬか　心足《だ》らひに　（巻十八・四一二三）

右の二首、六月一日の晩頭《ひのぐれ》に、守大伴家持作る

雨の落《ふ》るを賀《ほ》く歌一首

わが欲《ほ》りし　雨は降り来《き》ぬ　かくしあらば　言挙《ことあ》げせずとも　稔《とし》は栄《さか》えむ　（巻十八・四一二四）

右の一首、同じ月四日に、大伴宿祢家持作る

「雲の歌」の題詞によると、天平感宝元年（七四九）閏五月六日から六月にかけて越中国では小旱、すなわち日照り気味であったという。(26)六月一日に降雨の気配があり、そこで家持は雨雲に降雨を願う歌を作った。六月一日は現行暦（グレゴリオ暦）の七月二十三日に当たる。四一二二〜三番歌の効果により六月四日に落雨を得た喜びを四一二四番で歌う。家持は四一二二番歌で、天皇の支配領域である天下を「馬の爪《つめ》い尽くす極み　船の舳《へ》い泊《は》つるまでに」と表現しているが、これは雨乞いの歌にふさわしく、収穫を願う祈年祭の祝詞「舟の艫《へ》ノ至り留まる極み、……馬の爪の至り留まる限り」をふまえたものであり、既に指摘されているように山上憶良の作品（巻五・八〇〇）に学んだものであろう。家持がそこで天皇が支配する時空において、最上の貢納物は農作物であるとしているのが注目される。雨乞い歌の前提ともいえる、国司としての家持の農業認識、勧農観がうかがえて興味深い。

注意されるのは四一二四番歌に「言挙《ことあ》げせずとも」とある点である。「言挙げ」は「神など超越的存在に向かって願望や祈りを述べ立てること」(27)とされるが、この四一二四番歌の「言挙げ」は何をさしているのであろうか。

伊藤博氏は「家持にとっては、四一二二〜三の歌における神に対する言挙げが有効に働いたことになるわけで、その間の満足感を述べたのが、四一二四の短歌である」とされている。つまり四一二二〜三の歌を神に対する「言挙げ」とし、天皇の代行者としての国守の立場を披瀝した作とみるのである。(28)また、中西進氏も「家持は、自分はあのように言挙げをしたけれども、言挙げをしなくてもおのずから国は栄えるだろう」と解釈されている。(29)

このように伊藤、中西両氏は四一二二〜四一二三番歌を「言挙げ」したとみておられるが、その一方で武田祐吉氏は、雨を願う歌を詠み、その甲斐あって雨が降ってきた。「このようにあるなら、祈願の言葉を捧げないでも、

穀物は豊作だろう(30)」、久松潜一氏も同様に「わたくしの望んでいた雨は降ってきた。このように降ったから、言葉に出して祈らないでも今年は豊作であろう(31)」と解釈されている。

これに従えば、四一二二～三番の歌を「言挙げ」したわけではなく、「言挙げ」する唱え言、祈願の言葉は別にあると考えられる。この点鮮明なのは窪田空穂『萬葉集評釋』で、四一二四番歌は「神に対する信仰と信頼の上に立っての心で、私が願っていたことは神々が知っていらして、このように雨を降らして下された。言挙げはすべきではない、せずとも然るべくお計らい下さるといふのである」とされている(32)。また小野寛氏も、家持は国守のつとめとして雨乞いの儀式を行い、歌の呪力により雨を降らせた。「この雨に豊年間違いなし、豊年のための祈祷などはもう必要なしというのだろう」と述べておられる(33)。

そこで改めてこの歌をみてみよう。伊藤博氏は、題詞に「天平感宝元年」と年号を表示しており、また左注に「守大伴宿祢家持」と明記し、反歌一首を「短歌一絶」と漢文式に記しているのも、国守としての公的な立場を意識したもので、旱魃に際しては天皇の代理人として国を支配するクニノミコトモチが祈雨を行うという観念が認められるとされている(34)。

確かに家持の「雲の歌」は、出金詔書の感動とその余波を受けて、国司という公的な立場を意識した形式をとり、窪田『評釈』に家持の「代表作といえるもの」といわしめた格調ある作品である。しかし、題詞には「たちまちに雨雲の気《け》を見る。よりて作る雲の歌」とあって、どのような場で詠まれたかについては何も語らない。「あしひきの　山のたをりに　この見ゆる　天《あま》の白雲　海神《わたつみ》の　沖つ宮辺《みやへ》に　立ち渡り　との曇《ぐも》りあひて　雨も賜《たま》はね」という末句は、国庁や国司館からの家持の視線を感じさせるが、潔斎して二上神など在地の神（神社）に幣帛を奉り、祈願文（歌）を奉るといった雨乞いの儀式の場で詠まれたとは思われない。

題詞の脚注に「短歌一絶」とあることからすると長歌は賦になぞらえていたのであろうか。池主との贈答に「敬みて布勢の水海に遊覧する賦に和する一首〈幷せて一絶〉」（巻十七・三九九三・九四題詞）などとあるのが想起される。こうした点からすると、中国の祈雨に関わる漢詩を意識した作品と思われるが、結果として「言挙げせずとも稔《とし》は栄《さか》えむ」としているのは、歌のもつ呪力、霊力の有効性、優位性を誇らしげに詠んだものとして注目される。

家持は「小旱」という気象現象に触発されて、国司として祭祀、勧農に関わる立場から中国の漢詩作品を意識して雨乞いの歌を作った。(35) 歌の呪力・霊力（言霊の力）により天つ神（天の白雲）や海つ神に降雨を祈願したものと推測される。家持の国司としての政治的官僚的発意は文学的営為を通して実現されたのである。(36)

五、おわりに

以上、①越中赴任前夜の大伴家持が置かれた政治状況、併せて家持と『萬葉集』編纂、特に「十五巻本萬葉集」と「附録」との関わり、及び宮町遺跡出土「安積香山の歌」木簡について言及した。②天平十八年の家持の越中遷任を含めた異常ともいえる人事異動については、橘諸兄・元正太上天皇派と藤原仲麻呂・光明皇后派の両派の対立に起因するとする見解があるが、聖武天皇の念願の大仏造営事業における財源の確保、鍍金用の黄金不足といった当面する緊急課題に対応した措置とみる余地のあることを述べた。③『萬葉集』に見る家持の越中国守としての姿は言い尽くされた観があるが、家持の「雨乞い歌群」から国司は勧農のために祭祀（雨乞い）を行うという認識が強くうかがわれる。文学作品である歌を史料の対象とすることは困難をともなうが、奈良時代の国司が雨乞い（祈雨・止雨）を行っていたことはまず誤りあるまい。

［注］

（1）高岡市万葉歴史館編『越中万葉百科』（笠間書院、二〇〇七年）収載の「越中万葉研究文献目録」を参照されたい。

（2）契沖『（精選本）万葉代匠記惣釋「雑説」』（契沖全集第一巻、岩波書店、一九七三年）。

（3）橋本達雄「編纂」（『国文学　解釈と教材の研究』第三十巻十三号、学燈社、一九八五年十一月）、伊藤博『萬葉集釋注』八（集英社、一九九八年）、『萬葉集釋注』十一・別巻（集英社、一九九九年）など。

（4）伊藤博、前掲注（3）『萬葉集釋注』十一・別巻。以下、伊藤説はこれによる。

（5）巻十六「能登国の歌三首」の採取時期について、森田喜久男氏や鈴木景二氏が家持の部内巡幸時の採取とするのは一考を要しよう（森田喜久男「律令制下の国司巡行と風俗―越中守大伴家持と能登熊来―」林陸朗・鈴木靖民編『日本古代の国家と祭儀』雄山閣出版、一九九六年。鈴木景二「国府・郡家をめぐる交通」『日本古代の交通・交流・情報1制度と実態』吉川弘文館、二〇一六年）。

（6）拙稿「紫香楽宮について」（『古代学論究』慶應義塾大学出版会、二〇一二年）。『続日本紀』は天平十六年十一月癸酉［十四日］条以後、紫香楽宮を「甲賀宮」と記す。主都「甲賀宮」の表記を離宮紫香楽宮に遡及させたものであろう。

（7）伊藤博氏は「十五巻本万葉集」及び付録の「由縁有る雑歌」（のちに巻十六となる）編纂の中心に家持があったと推測し、「装幀も浄書もいまだ完全には終わっていない状態であったとは推測されるものの、はるばる越中へと急ぐ家持の心は。歌人としての充足感に溢れていたことであろう」とされている（伊藤博、前掲書注（3））。

（8）栄原永遠男「歌木簡の実態と機能」（『木簡研究』第三〇号、二〇〇八年十一月）、栄原永遠男『万葉歌木簡を追う』（和泉書院、二〇一一年）

（9）問題は「安積香山の歌」の舞台である。歌中に安積香山が詠まれていることからこの歌の舞台は安積郡付近、現在の福島県郡山市付近とする見解がある。その場合、国司は養老二年に（七一八）に設置された石背国の国司と考えるのであろうが（新編日本古典文学全集『萬葉集』）、養老五年廃止説があるように石背国が置かれたのは極めて短期間であり、国司の任命は確認できない。磯貝正義氏のように安積郡家、ないし芦屋駅とせざるを得ないが（磯貝正義「陸奥采女と葛城王」『郡司及び采女制度の研究』吉川弘文館、一九七八年）、左注は「陸奥国」としている。

安積郡に陸奥国府が設置されたとみる向きもあるが、この時期の陸奥国府は宮城県郡山遺跡第二期、もしくは多賀城に置かれていたとみられる。左注に「陸奥国」とあるのに従えば、安積香山は領内の名所（歌枕）として詠まれた可能性がある。かつて赤松景福氏が「国司庁饗宴なれば、浅香山の位置は問題にならず、領内山名を挙げたるのみ」と指摘されたのが想起される（赤松景福『万葉集創見』東京堂、一九三九年）。葛城王が陸奥国府（郡山遺跡第Ⅱ期、もしくは多賀城）での饗宴で「前の采女」が「浅い」を暗示する陸奥国の地方色である安積香山を取り込んで詠んだ歌と考えて不都合はない（大久間喜一郎「安積香山の詠とその縁起」『古代歌謡と伝承文学』塙書房、二〇〇一年、初出一九七八年）。

（10）栄原永遠男・前掲注（8）。

（11）稲岡耕二『人麻呂の表現世界―古体歌から新体歌へ』（岩波書店、一九九一年）、同『山上憶良』（吉川弘文館、二〇一〇年）。

（12）犬飼隆「木簡に歌を書くこと」（『木簡研究』第三一号、二〇〇九年十一月）。犬飼氏は七世紀の訓字主体表記の和歌は出土していないとされる（『木簡から探る和歌の起源』笠間書院、二〇〇八年）。

（13）直木孝次郎「橘諸兄と元正太上天皇―天平十八年正月の大雪の日における―」（『国文学』二三ノ五、学燈社、一九七八年四月）、「天平十八年の任官記事をめぐって―天平期政争史の一面―」（『続日本紀研究』二〇〇号、一九七八年十二月）、のちにいずれも『夜の船出』所収（塙書房、一九八五年）。

（14）川崎庸之氏はこの広汎な地方官の異動を諸兄の積極性とみた（「大仏開眼の問題をめぐって」『川崎庸之著作選集1記紀万葉の世界』（東京大学出版会、一九八二年）四五七頁、初出一九五四年。また、米沢康「越中守大伴家持の立場」（『越中古代史の研究』越飛文化研究会、一九六五年）は天平十八年前後の越前・越中に対しては、大伴氏を軸とした橘氏政権の布石が打たれたとし、家持もそれに答え国司としての律令的権威を発揮したと指摘されている。

（15）直木孝次郎「出挙雑考三題」（『奈良時代史の諸問題』塙書房、一九六八年）。

（16）鈴木靖民『懐風藻』石上乙麻呂伝の一考察」（『続日本紀研究』一三七号、一九六七年十一月）。

（17）東野治之ａ「天平十八年の遣唐使派遣計画」（『正倉院文書と木簡の研究』塙書房、一九七七年、初出一九七一年）。

（18）拙稿「天平十八年の遣唐使派遣計画と黄金伝説」（『高岡市万葉歴史館紀要』第一〇号、二〇〇九年三月）、同「大伴家持の越中赴任」（木本秀樹編『古代の越中』高志書院、二〇〇九年）では、乙麻呂の大使選任事情にこだわりすぎたが、遣唐使派遣を視野に入れつつ、国内での黄金産出に力を注ぐという柔軟な政策が執られたと理解しておきたい。

(19) 後のことであるが、陸奥国は小田郡の他に白河郡でも産金。承和三年（八三六）正月乙丑［二十五日］には、遣唐使の持参資金のために砂金を平常の倍も産出させた功績から、式内社・八溝嶺《やみぞみね》神社の祭神とみられる従五位下勲十等八溝黄金《くがね》神に封戸二烟が充てられている（『続日本後紀』）。八溝嶺神社の現社地は福島・茨城・栃木三県の県境にある八溝山の頂上に所在する。産金問題については佐々木茂楨《しげもと》「陸奥国小田郡の産金とその意義」（高橋富雄編『東北古代史の研究』吉川弘文館、一九八六年）などを参照した。

(20) 大伴家持の饒石川への巡行については、中葉博文・針原孝之・松尾光・藤田富士夫氏らの見解がある。中葉博文「能登の川瀬―家持の饒石川巡行―」（高岡市万葉歴史館編『水辺の万葉集』論集1、笠間書院、一九九八年）、針原孝之「大伴家持と越中巡行―光と影―」（高岡市萬葉歴史館叢書20『奈良時代の歌びと』二〇〇八年三月）、松尾光「越中守・大伴家持の寄り道―饒石川を渡る―」（全国歴史研究会『歴史研究』五九一号、二〇一一年五月）、藤田富士夫「大伴家持が見た饒石川の景」（『敬和学園大学研究紀要』第二十一号、二〇一二年二月）。

中葉・針原両氏はいわば製鉄炉視察説、藤田氏は饒石川巡行を饒石川と妻大伴坂上大嬢を思い起こさせる吉野川との景観の類似に求める。松尾氏は家持の巡行について「出挙」という名目にこだわる厳格な解釈をされ、家持の饒石川への巡察を目的から逸脱したものとみる。しかし、あくまで春の出挙に伴う巡行の一環であり、どうしてそこから「国司があてどなく部内をさまよう」といった事態を想像されるのか理解しがたい。

私見は天平十七年・十八年の国司の異常な人事を、大仏塗金用の金の不足から生じた異例の事態、尋常ならざる事態と考えた。このような認識があって初めて饒石川への巡行の意味が解せると思う。

(21) 天武紀五年（六七六）是夏条、「是夏、大旱、遣使四方、以捧幣帛、祈諸神祇。亦請諸僧尼、祈于三寶《是の夏に、大《おほ》きに旱《ひでり》す。使を四方《よも》に遣して、幣帛《みてぐら》を捧《ささ》げて、諸《もろもろ》の神祇《かみがみ》に祈らしむ。亦た諸《もろもろ》の僧尼を請《ま》せて、三宝に祈らしむ。》」。律令政府のとった日照りに対する対応策が天武五年頃に姿をみせる。一つは勅使を諸国に派遣して幣帛を神々に捧げて降雨を祈願するというものであり、一つは僧尼を屈請し、読経により降雨を祈るというもので、神仏を両輪とするものである。奈良時代には、政府の行う祈雨は神々への祭祀が基本となる。

(22) 三宅和朗「日本古代の「名山大川」祭祀」(同『古代国家の神祇と祭祀』吉川弘文館、一九九五年)。
(23) 亀田隆之「古代の勧農政策とその性格」(弥永貞三編『日本経済史大系1古代』一九六五年、東京大学出版会)。
(24) 武光誠「日本古代の雨乞いについて」(同『律令制成立過程の研究』雄山閣出版、一九九八年、初出一九九三年)。
(25)『菅家文草』は川口久雄『菅家文草・菅家後集』日本古典文学大系72、岩波書店、一九六六年)五三四〜五頁を参照した。
(26)『続日本紀』などの史料からはこの時期が日照りであったことは確認できない。閏五月六日以降に作られた歌をみても切迫感はない。
(27) 伊藤博『萬葉集釋注』九(集英社、一九九八年)。
(28) 伊藤博『萬葉集全注』巻第十八(有斐閣、一九九二年)二二四〜二二五頁。伊藤博、前掲注(27)『釋注』九も同様、五八一頁。
(29) 中西進『越路の風光』(大伴家持4、角川書店、一九九五年)。
(30) 武田祐吉『増訂萬葉集全註釈』十二(角川書店、一九五七年)。
(31) 久松潜一「雨降らず日の重なれば—大伴家持の歌—」(『国文学』六ノ一二、一九六一年九月)。新日本古典文学大系『萬葉集』4(岩波書店、二〇〇三年)も同様な解釈をしている。
(32) 窪田空穂『萬葉集評釋』第十巻(東京堂出版、一九八五年)。
(33) 小野寛『孤愁の人　大伴家持』(新典社、一九八八年)。
(34) 伊藤博・前掲注(28)『萬葉集全注』巻第十八。
(35) 中国文学の喜雨の作品については東茂美「大伴家持の喜雨賦」(『国語と教育(長崎大学)』一六、一九九一年十一月)を参照。
(36) 佐藤隆氏は「雨乞いの歌」(四一二二〜三)は現実的な雨乞いの言挙げ歌ではないとされ、「雨乞いの歌」と「落雨を賀く歌」(四一二四)は「ともに現実的な時候や気候に触発され、中国文学を意識し暦日意識も取り込んで高い文芸意識によって制作された作品とされている(佐藤隆「雨乞いの歌、落雨を賀く歌」『セミナー万葉の歌人と作品』第九巻・大伴家持(二)、和泉書院、二〇〇三年)。

＊「大伴家持の越中赴任」（木本秀樹編『古代の越中』高志書院、二〇〇九年）に加筆・訂正を加え、「越中の大伴家持」と改題した。執筆時に筆者の関心事であった萬葉集形成論、宮町遺跡出土の歌が書かれた木簡に関する部分は課題から離れるために割愛したが、この機会に復活させた。

第五章　付　天武・持統治世の雨乞いについて

一、地さへ裂けて

『萬葉集』巻十・夏の相聞に「日に寄する」と題する歌がある。

六月《みなづき》の　地《つち》さへ裂《さ》けて　照る日にも　我が袖乾《ひ》めや　君に逢《あ》はずして

（巻十・一九九五）

作者は不明、歌意は夏六月の大地が裂けるほどに照りつける日の強さにも、どうして私の袖は乾くことがありましょう、あなたに逢えないので、といった意。六月は一年を通じて酷暑の時期と考えられていたらしい。袖の涙もあっという間に乾いてしまうほどの日の強さなのに、あなたに逢えない悲しさに袖は濡れたまま乾くことがないと歌う。　越中国守大伴家持が祈雨を願う「雲の歌」（巻十八・四一二二～四一二三）を作ったのは天平感宝元年（七四九）六月一日、「雨の落《ふ》るを賀《ほ》く歌」（巻十八・四一二四）を詠んだのは六月四日で、同様に六月のことであった。

『萬葉集』には右のような降雨を願う歌のほかに止雨を願った歌もある。大伴家持の作である。

霖雨《ながめ》の晴れぬる日に作る歌一首

卯《う》の花を　腐《くた》す霖雨《ながめ》の　始水逝　縁《よ》る木積《こづみ》なす　寄らむ児《こ》もがも

（巻十九・四二一七）

季節は夏、天平勝宝二年（七五〇）五月の歌である。歌意は、卯の花を腐らす長雨の「始水逝」(1)に寄る木屑のように、寄ってくる娘がいないものかといったところ。

霖雨の晴れた日、家持が詠んだ歌は恋の歌であった。一年前の「雲の歌」を詠んだ、国司として、公人としての意識は薄れ、稲の生育への関心はみられない。家持の想念は相聞の世界にのめり込んでいる。憶良とは異なる家持の歌世界といえよう。

とまれ、右のように雨乞いには日照りのときの降雨の祈願（祈雨）、雨が続いたときの止雨《しう》の祈願の両面があるが、いずれも農業生産の根幹に関わる問題であり、律令国家にとっては勧農政策の上からも重要視され、一定の地域、地方に特定される日照り、長雨といった気象現象に対応すべく柔軟に執り行われたと推測される。

神祇令に規定された公的祭祀でもっとも重要視された祈年祭を補完するものとして『延喜式』（十世紀前半に成立）に臨時祭として祈雨神祭が位置づけられているのもそうした結果であろう。

二、天武紀の雨乞い

中央政府による祈雨祭祀は天武治世に始まる。『日本書紀』には天武五年（六七六）から連年のように雨乞い記事がみえる。

1、天武紀五年（六七六）是夏、大旱。遣㆓使四方㆒、以捧㆓幣帛㆒、祈㆓諸神祇㆒。亦請㆓諸僧尼㆒、祈㆓于三寶㆒。然不㆑雨。由㆑是、五穀不㆑登。百姓飢之。

《是の夏に、大《おほ》きに旱《ひでり》す。使《つかひ》を四方《よも》に遣して、幣帛《みてぐら》を捧げて、諸《もろもろ》の神祇《かみがみ》に祈らしむ。亦た諸《もろもろ》の僧尼を請《ま》せて、三宝に祈らしむ。然れども雨ふらず。是に由りて、五穀登《みな》らず。百姓飢《いひう》ゑす。》

2、天武紀六年（六七七）五月。是月、旱之。於京及畿内雩之。《是の月に、旱《ひでり》す。京《みやこ》及び畿内《うちつくに》に雩《あまごひ》す。》
3、天武紀八年（六七九）六月壬申［二十三日］、雩。七月甲申［六日］、雩。
4、天武紀九年（六八〇）七月戊寅［五日］、……是日、雩之。《……是の日に、雩す。》
5、天武紀十年（六八一）六月乙卯［十七日］、雩之。
6、天武紀十二年（六八三）七月庚子［十五日］、雩之。
7、天武紀十二年（六八三）七月、是月始至八月、旱之。百済僧道蔵、雩之得雨。
《是の月より始めて八月《はつき》に至るまでに、旱す。百済の僧道蔵《だうざう》、雩して雨を得《え》たり。》
8、天武紀十三年（六八四）六月甲申［四日］、雩之。
9、朱鳥元年紀［天武十五年（六八六）］六月庚辰［十二日］、雩之。

天武紀の雨乞い記事の多くは「雩す《あまごひ》」とのみあり、具体的な雨乞い祭祀の様相は不明であるが、日照りの際に中央政府が行う雨乞いは、史料1、2に見るように、一つには勅使を京及び畿内の諸国に派遣して、幣帛（供物）を神々に捧げて降雨を祈願するといった神祇祭祀、一つには僧尼を屈請し、読経により降雨を祈るという仏教による祈雨祈願といった方法をとったとみられる。史料7は百済僧道蔵が祈雨祈願を行い成功した例である。天武治世の雨乞いは神祇祭祀と読経（仏教）とを両輪として行われた。

三、天武紀の祈雨記事と「雩物」木簡

天武紀の祈雨記事の特徴は「雩」という表記が用いられている点にある。『日本書紀』においては「雩」の用字は天武紀に集中して八例用いられおり、他では持統二年紀に一例、『続日本紀』でもわずか四例であり、そのうち

天平四年（七三二）六月己亥〔二十八日〕条は「雩祭」と表記されている。同意の語としては「祈雨」、「請雨」があり、「祈雨」は皇極紀に二例、持統紀に三例、「請雨」は持統紀に七例がみえる。

ところで、藤原宮域に南接した藤原京右京七条一坊西北坪北半部での調査で（第六三―一二次調査）、土坑SK7071から次のように書かれた木簡が出土した。[2]

①・符雩物□□〔持カ〕　(91)×19×3
　・今卌人　阿布□

②・□□□□〔右京職解カ〕　(95)×(7)×4

竹本晃氏は②木簡を「右京職解」と釈読され、①木簡により右京職が雩《あまごひ》祭祀に関与していた可能性を指摘されている。[3] 併出の木簡に紀年木簡はないが、「正八位上」、「進正七」などと記されたものがある。右京職関係の木簡とすると、京職の「大進」（第三等官）は従六位下が相当位、「少進」（第三等官の次席）は正七位上が相当位であり、「進正七」は「少進正七位上」と記された一部分と推測される。下限が不明であるが、八世紀初頭、大宝令制下の木簡とみてよかろう。

京職と祭祀との関係については竹本氏が採り上げた天平七年（七三五）の「左京職符」（『大日古』1ノ六四一、『正集』四〔正倉院古文書影印集成一・五〇頁〕）が参考になる。

職符　東市司
　奉神幣帛五色〈絁〉各一丈
　　布参端　鰒一連　堅魚
　　一連　海藻一連　塩一尻〈折櫃一口〉
右件之物等、以利銭買、限

今日内進上職家、符到
奉行
　大進大津連船人
　少属衣縫連人君
　　天平七年□〔閏十一カ〕□月九日
《(左京)職符す東市司
神に奉る幣帛、五色〈絁《あしぎぬ》〉各一丈、
　布参端、鰒《あわび》一連、堅魚《かつお》一連、海藻《め》一連、塩一尻、折櫃《おりひつ》一口
右、件の物等、利銭を以て買ひ、今日の内を限り(左京)職家に進り上ぐ。符到らば奉行せよ。
　大進大津連船人・少属衣縫連人君
　天平七年(七三五)□□月九日》

東市を所管する左京職に関わる祭祀である。どのような場合の祭祀の幣帛かは不明であるが、左京職が絁、布、鰒、堅魚、海藻、塩、折櫃などの幣帛の品々の調達を東市司に命じている。①木簡の「雩物《あまごひのもの》」はこのような幣帛の品々に当たろう。京職がどのように祈雨祭祀に関わったかは明らかではないが、祈雨祭祀への関与は確実である。

今、ここで注意したいのは天武紀の編者は雨乞いを「祈雨」、「請雨」と表記せず一貫して「雩」と表記している点である。これは中国史書、古典・漢詩文に造詣のある者の表記、あるいは唐の高祖の武徳令(武徳七年、六二四)に「毎歳孟夏、雩、祀昊天上帝於圜丘云々《毎歳孟夏(四月)に雩《あまごひ》す、昊天上帝《こうてんじょうてい》(天帝)を圜丘《えんきゅう》(円丘の祭壇)に祀らしむ。》」(『通典』巻四三・礼三吉二郊天下、『旧唐書』巻二一・礼儀志)とあることから、法的知識に通じている者の表記ではないかと推測される。八世紀初頭の木簡に「雩」という表記がみられることは、『日本書紀』編者の

みならず、官人の間にこのような中国の雨乞い祭祀の知識が普及していたことを意味しよう。

ところで、森博達氏は『日本書紀』の編修をα群、β群、持統紀に三類され、α群がβ群に先行して編修されたとされている。森説によると天武紀（巻二八・二九）はβ群に属し、その述作は、文武朝、それも七〇二年の大宝令頒下以後に始まるとされている。(4)「雩」木簡が八世紀初頭のものとみられることからすると、右京職の官人に使用されていた同時期の文字表記が天武紀の述作に反映していることが確認されるのである。

四、持統紀の雨乞い

続いて持統紀の雨乞い記事をみてみたい。

10、持統二年（六八八）秋七月丁卯［十一日］、大雩。旱也。
《大《おほ》きに雩《あまごひ》す。旱《ひでり》なればなり。》

11、持統二年（六八八）七月丙子［二十日］、命㆓百済沙門道蔵㆒請雨。不崇朝、遍雨㆓天下㆒。
《百済の沙門《ほふし》道蔵を命《め》して請雨《あまひき》す。不崇朝《あしたごろにもあらざる》に（朝食前に）、遍《あまね》く天下《あめのした》に雨ふる。》

12、持統四年（六九〇）四月戊辰［二十二日］、始祈㆓雨於所々㆒、旱也。
《始めて所所《ところどころ》に祈雨《あまごひ》す。旱《ひでり》なればなり。》

13、持統六年（六九二）五月辛巳［十七日］、遣㆓大夫・謁者㆒、祠㆓名山岳瀆㆒請雨。
《大夫《まへつきみ》・謁者《ものまうしひと》を遣《まだ》して、名山岳瀆《なあるやまかは》を祠りて請雨《あまごひ》す。》

14、持統六年（六九二）六月壬申［九日］、勅㆓郡国長吏㆒、各禱㆓名山岳瀆㆒。
《郡国《くにぐに》の長吏《このかみつかさ》に勅《みことのり》して、各《おのおの》名山岳瀆を禱《いの》らしむ。》

15、持統六年（六九二）六月甲戌〔十一日〕、遣㆓大夫・謁者㆒、詣㆓四畿内㆒、請雨。
《大夫・謁者を遣して、四畿内《よつうちつくに》に詣《いた》りて、請雨す。》
16、持統七年（六九三）夏四月丙子〔十七日〕、遣㆓大夫・謁者㆒、詣㆓諸社㆒祈雨。
《大夫・謁者を遣して、諸社《もろもろのやしろ》に詣《まう》でて祈雨《あまごひ》せしむ。》
17、持統七年（六九三）七月辛丑〔十四日〕、遣㆓大夫・謁者㆒、詣㆓諸社㆒祈雨。
18、持統七年（六九三）七月癸卯〔十六日〕、遣㆓大夫・謁者㆒、詣㆓諸社㆒祈雨。
19、持統九年（六九五）六月丁丑朔己卯〔三日〕、遣㆓大夫・謁者㆒、詣㆓京師及四畿内諸社㆒請雨。
《大夫・謁者を遣して、京師《みやこ》及び四畿内《よつうちつくに》の諸社《もろもろのやしろ》に詣《まう》でて請雨《あまごひ》せしむ。》
20、持統十一年（六九七）五月丙申朔癸卯〔八日〕、遣㆓大夫・謁者㆒、詣㆓諸社㆒祈雨。
21、持統十一年（六九七）六月癸卯《（ママ）》、遣㆓大夫・謁者㆒、詣㆓諸社㆒祈雨。※六月癸巳、もしくは五月癸卯

百済僧の道蔵は天武十二年七月から八月にかけての日照りに雨乞いを行い雨を降らせた（史料7）。その実績が買われたのであろうか、持統二年七月の日照りに再度、道蔵が雨乞いに起用された（史料11）。仏典読経の功徳によるものか、或いは他の呪的な方法によるか、確かなことはわからない。道蔵はその後、養老五年（七二一）に「法門の袖領《じゆりやう》、釈道の棟梁」、すなわち仏教界の指導者として賞せられ、沙門行善《ぎやうぜん》と並んで優遇措置を得ている（『続日本紀』六月二十三日条）。こうしたことからすると仏典読経の功徳によるとみられる。

また、史料13の「遣大夫・謁者、祠名山岳瀆、請雨」、史料14の「勅郡国長吏、各祷名山岳瀆」の文は『後漢書』順帝紀によっていることが指摘されている(5)。

『後漢書』順帝紀、陽嘉元年（一三二）二月条、

京師旱。庚申、勅㆓郡国二千石㆒、各祷㆓名山岳瀆㆒（史料14）、遣㆓大夫・謁者㆒、詣㆓崇高、首陽山㆒、并祠㆓河、

洛一、請レ雨（史料13）。戊辰、雩。

《京師《みやこ》に旱《ひでり》す。庚申、郡国の二千石に勅して各々名山岳瀆《めいざんがくとく》に禱《いの》らしめ、大夫と謁者《えつしゃ》を遣して崇高《すうこう》、首陽山に詣《いた》り、幷せて河、洛を祠《まつ》って雨を請わしむ。戊辰、雩《あまごひ》す。》

持統治世において、史料11にみる持統二年の百済の僧道蔵の雨乞い以後は、祈雨は勅使（大夫・謁者）を派遣し、幣帛を奉って降雨を祈願するという神祇祭祀を基本として整備された。史料13以降の、雨乞い記事で注意されるのは、「遣大夫・謁者（使者）＋詣（祈願の場所）＋祈雨（請雨）」といった文章構成になっている点である。例外は史料14で、直接「郡国長吏」に祈願を命令したものである。「郡国長吏」は『後漢書』順帝紀に照らせば「郡国二千石」に相当する語である。「二千石」が太守（郡守）の異称であることからすると、地方官である「国宰」（のちの国司）を潤色したものとみられ、畿外諸国は「国宰」により雨乞いが行われた可能性がある。

奈良時代の政府の行う祈雨は、持統治世に形成された神々への祭祀が基本となる。平安時代に雨乞いの神社として貴布祢《きぶね》社（山城国）と並んで重視された丹生《にう》川上（河上）社（大和国吉野郡）への祈雨奉幣も天平宝字七年（七六三）五月には確認される（『続日本紀』）。丹生川上社は、現在、奈良県東吉野村小《おむら》に鎮座する丹生川上中社に比定されている。[6]

『延喜式』臨時祭には祈雨の祭儀を行う神社として畿内の神社八十五座があげられ、絹、薄絁《うすぎぬ》をはじめとする幣帛も定められた。

座別《ごと》に絹五尺、五色の薄絁各一尺、絲一絇《く》。綿一屯。木綿《ゆう》二両。麻五両。裹薦《つつみこも》半枚。社毎《ごと》に調布二端。〈軾《ひざつき》の料。〉夫一人。丹生川上社・貴布祢社には各黒毛の馬一疋を加え、自余の社には庸布一段を加えよ。其れ霖雨《りんう》止まざるときの祭料も亦た同じくせよ。但し、馬は白毛を用いよ。

丹生川上社・貴布祢社には祈雨の際の幣帛として黒毛の馬、止雨の際には白毛の馬が加えられたのである。

五、奈良時代の国司による雨乞い

筆者は第五章本論で奈良時代の国司による雨乞いについて検討を加えた。しかし、奈良時代の国司による雨乞いに関する具体的な手がかりはなく、平安時代の讃岐守菅原道真による雨乞いの例や戸令33国守巡行条に端的に示される国司の民政支配の政治理念(7)、職員令70大国条にみる国司の職掌などから、奈良時代にも国司は勧農政策を推進する立場からその一環として雨乞いを行ったと推測した。大伴家持の雨乞い歌群（巻十八・四一二二〜四一二四）は文学的営為の所産であるが、雨乞いを国司の職掌とする認識を前提として生まれたものであろう。

その後、このような推測を裏付ける貴重な発見があった。それが前述の藤原京出土の「雩」木簡である。竹本氏が指摘されるように、京職が雨乞いの祭祀に関与した可能性はきわめて高い。従って史料14の持統紀六年の記事と併せて考えると、七世紀末から八世紀初頭、藤原京の時代には、中央政府の行う祈雨祭祀の他に、京職や国宰（国司）による雨乞いが行われていたと推測され、奈良時代にも同様のことがいえそうである。

また、平安時代の史料であるが

大同四年（八〇九）七月辛酉［十七日］、勅。頃来亢旱為レ災、水陸焦枯。若非二禱祈一、何済二斯難一、云々。宜二国司斎戒、依レ例祈雨一、云々。

《勅すらく、「頃来亢旱《こうかん》災を為し、水陸焦枯《しょうこ》す。若し禱祈《とうき》するに非ざれば、何ぞ斯《こ》の難を済《すく》わん、云々。宜しく国司斎戒《さいかい》し、例に依りて祈雨すべし、云々」と。》（『日本紀略』）

夏を過ぎ秋七月に入っての日照りであるが（七月十七日は現行グレゴリオ暦に換算すると九月四日）、嵯峨天皇は国司に斎戒して「例に依りて」、つまり慣例に従い祈雨をするように命じている。

このようにみてくると、奈良時代の国司による雨乞いを語る直接的な史料はないが、国司によって雨乞いが行われたことはほぼ誤りないように思われる。

以上を通覧するに、奈良時代の中央政府による雨乞いは、神祇官を通じて畿内の神社にシフトされ（『延喜式』臨時祭条では畿内八十五座）、それ以外では京職や国司による雨乞いが行われていたとみることができよう。雨乞いにみる臨時祭の本質は地域的な気象現象という理由のみならず畿内政権の固有の性格に根ざすものとみることができるのではなかろうか。

［注］

（1）契沖は「始水逝」を「始水邇」の誤りとする（契沖『万葉代匠記』）。これに従い「始水《はなみず》に」（出水の先端に）と解する説がある。

（2）奈良文化財研究所『飛鳥・藤原木簡概報』21、二〇〇七年十一月、木簡学会『木簡研究』第二九号・三四頁、二〇〇七年。

（3）竹本晃「京職と祈雨祭祀―藤原京右京七条一坊西北坪出土の木簡―」（『奈良文化財研究所紀要』二〇〇八年）。

（4）森博達「日本語と中国語の交流」（岸俊男編『日本の古代14　ことばと文字』中央公論社、一九八八年）、同『日本書紀の謎を解く』（中央公論社、一九九九年）。

（5）河村秀根『書紀集解』、なお、日本古典文学大系『日本書紀（下）』（岩波書店）五一五頁頭注36参照。

（6）和田萃「古代の祭祀と政治」（『日本の古代7まつりごとの展開』中央公論社、一九八六年）。

（7）戸令33国遣行条（国守巡行条）については亀田隆之「古代の勧農政策とその性格」（彌永貞三編『日本経済史大系1古代』一九六五年、東京大学出版会）など。

＊「大地裂ける夏から稔りの秋へ―国司の雨乞いと稲種をめぐる二題―」（高岡市万葉歴史館編『四季の万葉集』高岡市万葉歴史館論集12、笠間書院、二〇〇九年）の前半部を補訂し、収載した。

第四部　書　評

一、市大樹著『飛鳥藤原木簡の研究』

本書は二〇〇一年〔平成一三〕一月から二〇〇九年三月まで奈良文化財研究所にあって、主に飛鳥・藤原地域の発掘調査と出土木簡の整理・保存、釈読成果の報告などに従事してこられた著者のひとたびの研究総括である。遺跡・遺構の中に木簡を位置づけ、材質、形態、書体、用字、さらには木簡自体のライフサイクルを考慮しつつ釈読し、そうした基礎作業に立脚して加えた考察の集積・労作である。その内容構成は以下の如くである。

第9章　飛鳥藤原木簡の諸相
第Ⅲ部　飛鳥藤原木簡の周辺
第10章　慶州月城垓字出土の四面墨書木簡
第11章　西河原遺跡群の性格と木簡
第12章　平城宮・京跡出土の召喚木簡
終章　まとめと今後の課題

いまさら言うまでもなく、飛鳥・藤原地域は七世紀には列島の政治・文化の中心地であった。本書の考察の対象はそうした飛鳥・藤原地域の七世紀代の木簡が中心となるが、飛鳥藤原木簡を相対化するために同時期の地方木簡、韓国出土木簡にも考察が及んでいる。七世紀前半の木簡出土例は少なく、第4四半期に至って飛躍的に増加する。七世紀末から八世紀を「木簡の世紀」とすれば、著者の研究は「木簡の世紀」以前の木簡との格闘の足跡でもある。

七世紀史は六〇〇年の遣隋使派遣（『隋書』）によるカルチャーショックに幕を開ける。『日本書紀』はそのショックを覆い隠して中国文化摂取の開始を告げ、列島に律令を範とした法制とそれにともなう行政機構を整備し、律令国家を確立していく過程として七世紀史を描いている。こうした『日本書紀』の描く七世紀史を再構成する試みは、かつて郡評論争に端を発した大化改新論争を生んだが、郡評論争は藤原宮跡出土木簡により終止符を打ち、『日本書紀』の記述は多分に大宝律令の潤色が加えられていることが明らかにされた。

そして今、七世紀後半の木簡の出土例の増加にともない新たな七世紀史の再構築の条件が整いつつある。著者の木簡釈読に加えた考証と問題提起は、そうした新たな潮流を生み出す原動力となり、古代史のみならず、国語学、国文学など広い分野にわたり生気を吹き込むこととなった。著者の研究成果はきわめて広範にわたる。ここでは、評者の関心事にそって論点を絞らせていただくことをあらかじめご海容いただきたい。

1、推古朝遺文の再検討

著者は七世紀木簡の特徴の一つとして文字を省画する事例が多いこと、古韓音の使用例が多いことなどをあげている（第一章第一節）。そのことは「部」字を「マ」と表記するのをはじめ部姓表記に端的に示される（第九章第四節）。一見些細に見えるがその指摘の及ぼす影響は大きい。

推古朝遺文とされる資料には、中国の上古音を反映した漢字音があり、推古朝の遺音と呼ばれた。推古朝という言葉を文字通り七世紀前後と解する向きもあったが、主に五世紀から八世紀初頭にみられる用字である（黛弘道「継体天皇の系譜についての再考」、同『律令国家成立史の研究』所収、吉川弘文館、一九八二年）。これらの語が欽明紀六年、十四年の「弥移居」（官家）など『日本書紀』朝鮮関係記事にみられることから、中国上古音が朝鮮半島に伝わり定着し、古韓音として列島に及んだと推定されてきた。

ところが、朝鮮半島での金石資料、木簡資料など一次資料の増加にともないこのような推定の検証が可能な時代となった。評者は五世紀には朝鮮南部の表記体系の位相が渡来系史官を媒介にして列島に及んでいたことを検証したが（拙稿「倭王武の上表文」、荒野泰典ほか編『日本の対外関係1　東アジア世界の成立』所収、吉川弘文館、二〇一〇年）、古韓音も同様の表記体系の位相にあると考えられる。

天寿国繍帳銘には「等已弥居加斯支移比弥」（トヨミケカシキヤヒメ）などの推古朝の遺音が認められることから、その成立を七世紀前半とする学説が有力であったが、金沢英之によれば、銘文には儀鳳暦が使用されているという。これに従うならば、七世紀末以降の成立となる（金沢「天寿国繍帳銘の成立年代について」『国語と国文学』七八―一一、二〇〇一年）。推古朝遺音（古韓音）が使用されている史料は古様を示すが、時期の特定にはならない。七世紀木簡に認められる古韓音は推古朝遺文の見直しを大きく迫ることとなった。

2、飛鳥池遺跡の性格をめぐって

飛鳥寺の東南部に位置する飛鳥池遺跡は「天皇」と記された木簡や富本銭を出土し一躍注目を集めた。遺跡は南北二地区に大別され、北地区は飛鳥寺・禅院の管理に関わり、南地区は各種工房跡である。著者は出土木簡により次のように指摘する。①北地区は「飛鳥寺三綱政所」と解せる。②南地区の飛鳥池工房の主たる操業時期は天武七年（六七七）～持統八年（六九四）藤原遷都の間である。③事業内容は天皇家・貴族の家産的需要に応える各種の手工業生産（内廷工房）、富本銭の鋳造に体現される国家的要請に応える各種生産（官司工房）、飛鳥寺禅院建設に関わる瓦などの生産（寺院工房）からなり、総合型の官司工房であり、天皇・国家直属の工房として機能した点に本質がある。④作業に従事する工人は飛鳥寺・蘇我本宗家に属した東漢氏配下の渡来系工人であり、彼らは溯ると葛城氏の掌握下にあった渡来系工人であり、それらの工人の統括者として葛城氏→飛鳥寺・蘇我本宗家→天皇家という流れが想定される（第三章）。

工房の主たる操業時期に着目すれば、飛鳥池工房が道昭の飛鳥寺禅院の建設と密接な関係にあることは否定できない。それを契機に飛鳥寺・蘇我本宗家に属した渡来系工人を中核とする総合的工房を稼働したと考えられる。著者は国家的要請を重視、一例として武器生産を挙げているが、木簡からは確認できない。評者は富本銭を厭勝銭とみる見解に立つが、富本銭を例にすれば造寺（地鎮祭）や葬礼、仏教儀礼などの国家行事が背景にある。

工房の性格については、吉川真司が造東大寺司を念頭に南北両地区を一体的に捉え、飛鳥池工房を飛鳥寺の「寺院工房」とし、「造飛鳥寺官」とでも呼ぶべき組織を想定する見解を提示している（吉川「飛鳥池木簡の再検討」『木簡研究』二三号、二〇〇一年）。しかし、十川陽一が寺院と近接する工房が総合工房として機能していたことは大阪府細工谷遺跡でも確認できるとし、のちに天皇家の工房としての性格が内匠寮に、寺院附属工房としての性格が造東大寺司に、銭貨鋳造が鋳銭司にそれぞれ継承したという見通しを提起しているのが注目される（十川「内匠寮について」『続日本紀研究』三七七号、二〇〇八年十二月）。今後検討されるべき重要な視座であろう。

3、地方行政制度の確立

令制国については天武十二年（六八三）～天武十四年の三年間にわたる国境確定事業を経て成立したとみる学説が有力となっている。しかし、高志を例にすれば天武十年以前、サトが「五十戸」と表記される時期に、分割前の「高志国」（飛鳥京苑池・飛鳥池遺跡出土木簡）が確認されており、評者にはこの「高志国」は国造の支配するクニとは考えがたい。また、石神遺跡からは「乙丑年十二月三野国ム下評／大山五十戸造ム下ア知ツ／従人田ア児安」という木簡が出土した。乙丑年は六六五年（天智四）で庚午年籍（六七〇年）以前、「ム」は「牟」字の略体、のちの美濃国武芸郡大山郷（『和名抄』）に当たる。

著者は評制下荷札木簡の集成とその検討を通じて「クニ―コホリ―サト」制は確実には天智朝、場合によっては孝徳朝まで遡るとし、七世紀後半の早い段階に基本的枠組みが作られ、その後はこの体制が深化していくという見通しに立つが（第八章）、吉川真司はさらに鮮烈に孝徳・天智朝を重視している（吉川「律令体制の形成」、歴史学研究会・日本史研究会編『日本史講座1　東アジアにおける国家の形成』所収、東京大学出版会、二〇〇四年）。

中国をモデルとした集権化政策の端緒は、孝徳治政の立評となって立ち現れるが、百済の役敗戦後の中大兄・大海人皇子らによる軍国体制下の諸施策は、亡命百済官人をブレーンに推進された。羅州市伏岩里出土の耕作地の区分、面積、年齢区分などが記された木簡（七世紀）や城山山城跡（慶尚南道咸安郡加耶邑）出土荷札木簡（六世紀半ば）から垣間見るような半島の行政システム（集権的政策、もしくは朝鮮の律令制）の影響がきわめて強いものと推測される（李成市「東アジアの木簡」、木簡学会編『木簡から古代がみえる』所収、岩波書店、二〇一〇年）。

今や律令制成立の画期は天武・持統治政から天智治政に移った感があるが、韓国古代木簡の研究成果を踏まえた天智治政の「律令制」の実態の究明が待たれる。

4、門牓木簡と「右大臣殿」付札木簡

第七章では藤原京東面北門前の東外濠（SD170）から出土した八世紀初頭の付札状の「右大臣殿荷八」と書かれた木簡に検討を加えている。このような地名・ウジ・官職＋建物呼称の形をとる尊称は「正倉院文書」などにもみられる。建物とそこに住む住人とが未分化な状態で結びつき、建物呼称とも住人の尊称ともとれる状態から始まり、尊称として定着する（拙稿「「殿」と「殿門」について」『高岡市万葉歴史館紀要』八号、一九九八年三月）。

著者は「右大殿」は和銅元年（七〇八）三月十三日に右大臣に任命された藤原不比等を指し、不比等が賜った別勅賜物を宮外の邸宅へ運び出す際に使われた門牓木簡である可能性が高いとする。さらに①切り込みのある形状、②荷物の所有者、③数量を明記することから別勅賜物の送り状として利用されたとみる。

著者は第六章では門牓木簡に検討を加え、大宝令の施行された大宝元・二年段階では令の規定通り、門牓木簡は宮城門で回収された後、門司が衛門府に送付していたが、大宝三～慶雲三年のいずれかの時点で、衛門府に送付するのを止めるシステム変更があったと指摘する。「右大殿」と記された別勅賜物の送り状も大宝三年以後の木簡であったために、門牓木簡と同様に宮城門付近で破棄され、東面北門が利用されたのは不比等の邸宅が藤原宮の東方に位置することによると推定する。渡里恒信は不比等邸が「淡海公城東第」（『扶桑略記』）、「宮城東第」（『政事要略』）と記されることから宮城の東に位置することを指摘しているが（「地名藤原と藤原賜姓について」『続日本紀研究』三二二、一九九九年）、著者は門牓木簡を通してこれを検証された。

5、前白木簡と韓国古代木簡

七世紀木簡には「某の前にもうす」という上申文書の形式をもつ「前白木簡」と呼ばれる木簡がある。前白木簡は中国六朝に淵源をもち（東野治之「木簡に現れた「某の前に申す」という形式の文書について」『日本古代木簡の研究』塙書房・一九八三年）、韓国の二聖山城（京畿道河南市春宮洞所在）出土木簡にも類似の文書形式の存在が指摘されている（李成市「韓国出土の木簡について」『木簡研究』一九号、一九九七年）。また、上申文書の形式は大宝令により「前白」様式から「解」様式に交代するが、その背景に朝鮮半島の知識から唐律令の継受という変化があったという指摘がある（鐘江宏之「口頭伝達と文書・記録」、上原真人ほか編『列島の古代史6　言語と文字』所収、岩波書店、二〇〇六年）。

著者は「前白」木簡は七世紀中葉に使用が確認され、八世紀前半までは使用されており、中国や朝鮮半島の文書に範をとって「漢文を訓読する技術を駆使しながら、和文的色彩を強く漂わせた文体を新たにつくりあげた点が重要」とする。また「文書木簡による伝達と口頭による伝達は相互に補い合って機能した」と指摘する（第九章第一節）。首肯されるべき見解である。列島の七世紀木簡からは予想以上に早くから訓読が行われていたことが読み取れる。漢字を使用して自国語の語順に従い文章を書く半島の俗漢文を学んだのであろう。

著者はこうした前白木簡を手がかりに新羅木簡を読み解く。新羅の王都、慶州月城北側の垓字（濠）の泥土層から出土した八世紀以前の四面墨書木簡一四九号木簡は、四つの側面に墨書された四面体の「觚」の形態をもつ。それゆえにどの面を書き出しとし、右回りで読むか、左回りで読むかによって見解が大きく分かれる。

著者は一四九号木簡を、a「大烏知郎足下万拜白々」、b「経中入用思買白不雖紙一二斤」、c「牒垂賜教在之後事者命盡」、d「使内」の順序に釈読している。唐の影響が強い新羅で、「牒」字に李世民の「世」字の忌諱が認められないことから六五七年以前の木簡と推測し、七世紀後半の飛鳥京跡苑池遺構出土木簡「大夫前恐万段頓首白」

や八世紀前後の埼玉県小敷田遺跡出土木簡「今貴大徳若子御前頓首拝白□〔之〕」が、文章構造の上で一四九号木簡aと対応関係にあることから、上位者の教（命令）をうけた者が木簡を作成し、大鳥知郎に教の内容を伝え、牒を発給するように願ったと解釈している（第一〇章）。評者は以前、朝鮮諸国の王言「教」に着目したことがある（拙稿「古代日本の王言について」高岡市万葉歴史館論集5『音の万葉集』笠間書院、二〇〇二年）、c「牒垂賜教在之」を《牒を垂れ賜へと（上位者の）教在り》と読むのに賛同する。

著者の見解は、中国に学んだ朝鮮の文書様式の影響が列島の七世紀木簡に大きく及んでいたことを如実に示し、「牒」、「啓」などは大宝令制定後も公式令を逸脱して多様に用いられていることを指摘する。著者の指摘は列島の中国、あるいは同時代の唐律令摂取の問題、さらには大宝律令編纂の意義に波及する（大津透編『日唐律令比較研究の新段階』二〇〇八年、山川出版社）。

以上、著者の七世紀木簡の研究に導かれつつ、そこから派生する若干の問題に言及したが、七世紀木簡の研究は緒に就いたばかりである。今後の進展を期待したい。紙幅の都合で論じ残したことがあまりにも多い。著者の研究の大きな成果である藤原宮の構造、西河原遺跡群の木簡などについてはまったく触れ得なかったことをお詫びしたい。

＊「書評　市大樹『飛鳥藤原木簡の研究』」（『歴史学研究』八九〇、二〇一二年三月）に依る。

二、稲岡耕二著『山上憶良』

本書は万葉学の泰斗、稲岡耕二氏による山上憶良論である。評者は日本古代史学の立場から、評者の関心に沿って本書を紹介させていただくことをあらかじめお断りしておきたい。なお、末尾に年表が付されている。

本書は天平二年（七三〇）正月、大宰府の大伴旅人邸で催された梅花の宴で幕が開く。大宰帥旅人は筑前守山上憶良をはじめとする九州の官人たちに、中国の落梅の詩篇になぞらえて、やまと歌で「園梅」を詠む試みを呼びかけた。漢文の序に続き音仮名で表記された梅花宴歌の出現は画期的な意義をもっていたという。

旅人と憶良の関係については、早く高木市之助氏の対立・反発論があったが（「二つの生」『吉野の鮎』岩波書店、一九四一年など）、著者は「布衣の交」、すなわち家柄や官位の隔たりを超えて歌を通して親密な交流を結び、ともに触発し合いながら、それまでの訓字主体の歌表記に替わり、音仮名表記の創作歌を生み出したと指摘される。本書の最大の主張はここにある。

さて、憶良の生没年については、『万葉集』巻五・九〇三番歌の左注により「沈痾自哀文」が天平五年（七三三）作と推定されることから、この年に憶良が卒したと推測されている。また、「沈痾自哀文」に「是時年七十有五」とあることから、逆算して斉明六年（六六〇）生まれと考えられている。著者もこの通説に異論はない。

次に憶良の経歴であるが、大宝元年（七〇一）正月二十三日、無位無姓にして遣唐少録に抜擢されたのを史上の初見とし（『続日本紀』）、それ以前の経歴は不明である。憶良が遣唐少録に抜擢されたのは豊かな学識によることは誤りなかろう。そこから写経生・帰化人説、出家還俗説、下級評司説などが生まれるが、著者はなお慎重に判断を留保される。

その後の憶良の官歴をたどると、和銅七年（七一四）、憶良五五歳の春に正六位下から従五位下となり、遅い貴族の仲間入りを果たす。霊亀二年（七一六）伯耆守、養老五年（七二一）には該博な知識をもって皇太子首《おびと》皇子（のちの聖武天皇）の教育担当となっている。『続日本紀』からたどれる憶良の官歴はここまでであり、その後の憶良の活動は『萬葉集』の記載に依拠する。憶良はその後筑前守となり旅人と運命の出会いをもつ。著者は憶良の筑前赴任の時期を八八〇番歌から神亀三年（七二六）とし、また旅人の大宰府赴任を七二七年十二月から翌年四月の間と推定される。

ところで、著者は筑前守以前の憶良の初期作品はわずかに短歌六首とされ、憶良による川島皇子代作説を否定、「生老病死の苦を主題とする詞句がほとんどみられない」とされる。また、『類聚歌林』を養老五年（七二一）までには編纂したとされるにも拘わらず、作歌数が少ないことから、天平万葉を代表する憶良の才能が歌と結びつき「歌人山上憶良」が誕生する契機を旅人との邂逅に求められている点が注目される。

妻大伴郎女を亡くした旅人は、神亀五年（七二八）六月二十三日に漢文書簡と音仮名による挽歌「報凶問歌」を詠んだ。旅人が一字一音表記を採用したのは、「日本の「言」のかたちそのものの表されること」を望んだからであり、憶良はそれに賛同して漢文・漢詩と音仮名による「日本挽歌」を制作した。ここに従来の訓字主体と異なる新しい歌の表記が開始されたという。

著者は①憶良作歌の表記に使用された仮名字母、②上代特殊仮名遣いモの甲乙二種類の区別（旅人・憶良に共通）、③ト甲類の「刀」で動詞「取る」のトに宛てる憶良独特の表記、といった点を基軸にすえて憶良の作品を確定し、都合七五首を憶良作歌とされている（本文・年表に依る）。

モの甲乙二種の区別については、旅人・憶良に区別があり、なぜ人麻呂にないのかという疑問が生まれる。著者は山口佳紀《よしのり》氏が人麻呂から憶良に到る時期を音韻変化の過渡期と捉え、区別する者としない者が併存する期間とみる説（『古事記の表現と解釈』風間書房、二〇〇五年、四〇三〜六頁）を妥当とされ、憶良自身に区別の有無の変化を認められる。憶良は筑前から帰京すると、「貧窮問答歌」などにみられるように、モの甲乙二種の区別がなく、ト甲類に「刀」を宛てることもない、新たな作品を生み出したとされる。

ところで、著者は阿蘇瑞枝氏（『柿本人麻呂論考』桜楓社、一九七二年）らの『萬葉集』に収載される「柿本朝臣人麻呂歌集」の研究をうけ、口誦された音声（聴覚）の世界の歌が筆録され、文字化された歌を読む（視覚）世界へと比重を移す過程で、やまと歌（倭歌・和歌）を漢字により表記する工夫がなされたと考えられた。

そこで、「人麻呂歌集」にみられる二つの表記形式（詩体歌・新体歌）の相異を類型ではなく年代差と捉え、天武九年（六八〇）に付属語を文字化した新体歌（非略体歌とも、訓字主体表記）が確認されることから（巻十・二〇三三）、天武九年以前に付属語（助詞や助動詞）を文字化することの少ない詩体歌（略体歌とも、漢詩のような総訓字表記）を生みだした。つまり、詩体歌→新体歌→さらに人麻呂作歌へと発展させたと推定された（『万葉表記論』塙書房、一九七六年）。

こうしたみずからの研究を踏まえ、本書では、「人麻呂歌集詩体歌およびその後の万葉集訓字主体の歌々は、中国詩文や仏典に学びつつ、万葉集の歌人達が新たな「書き言葉」や「翻訳語」を利用しながら、どのように書くに値する作品を創造していったか、その過程」を示すものであり、神亀五年頃に創始された旅人と憶良の音仮名表記の作品は、日本の「言」のかたちに即したあらたな表記の創造であったと結論された。

しかし、近年、とりわけ七世紀後半の木簡の出土が増加している。(a)難波宮跡では七世紀半ばの音仮名で記された歌「皮留久佐」木簡が検出され、(b)七世紀後半とされる滋賀県北大津遺跡出土の字書木簡「誣」の訓注には「阿佐ム加ム移母」の音仮名が使用されている。また(c)官人の日常的な万葉仮名表記による「難波津の歌」の習書は、三十一音の短歌形式の普及に大きな役割を果したと推測される。

さらに(d)『萬葉集』に収載された歌と同じ歌句が記された木簡が三点発見されている。『萬葉集』の表記は訓字主体であるのに対していずれも万葉仮名であり、石神遺跡出土の「阿佐奈伎」刻書は七世紀後半の木簡である。『萬葉集』と木簡との表記の相違は表記が選択（或いは推敲）されたとみる余地もある。

本書では漢詩を念頭に置いた和歌表記の文学的営為の変遷過程が稲岡仮説として提示されたが、なお検討を要しよう。

本書は歌人山上憶良の魅力ばかりでなく、古代和歌の表記史に関わる画期的提言がなされている。万葉研究者のみならず、古代史研究者にとっても必読の書である。

末尾になるが、誤解、誤読があった場合にはどうかご寛恕願いたい。

＊「稲岡耕二著『山上憶良』（人物叢書266）」（『日本歴史』七六三、二〇一一年十二月）に依る。

三、木本秀樹著『越中古代社会の研究』

古代北陸史は戦後、米沢康氏、浅香年木氏らによって切り開かれ、近年は藤井一二氏、金田章裕氏らによる東大寺領荘園の文献学的・歴史地理学的研究の成果がめざましい。

周知のように、本書の著者、木本秀樹氏はとりわけ越中史に巨大な足跡を残した米沢氏の研究を承け、文献史学の立場から史料学的研究、制度史的研究、さらには環日本海史の視点から越中史を再構成しようと意欲的に取り組まれておられる。その木本氏が高志書院より環日本海歴史民俗学叢書の一冊として本書を上梓された。

はじめにお断りしておかなければならないのは、評者は古代越中史に関しては初学者であり、本書の書評に当たるものとして適任ではないことである。内心忸怩たるものがあるが、日頃木本氏の研究に学ぶところ多く、しかも史壇会からのお薦めもあり、敢えて筆をとらせていただいた。ここに本書の内容を紹介し、若干の感想を述べさせていただく。

本書は木本氏の論考のうち、一九七八年（昭和五三）から二〇〇一年（平成一三）に至る越中史に関わる二四篇を集めた労作であり、学校教育・生涯教育にたずさわる傍ら、寸暇を惜しんで営々と研究を積み重ねられた成果である。はじめに本書の構成を概観しておきたい。章立ては次のとおりである。

序　章　越中古代史概観――十世紀前期までを中心に
第一章　越中国司の諸問題
第二章　神階奉授と越中古代社会

第三章　「越中国官倉納穀交替記残巻」とその周辺
第四章　立山信仰史とその側面
第五章　環日本海諸国と古代越中国
付　論　日本古代の度量衡制

これにあとがきと索引が付帯する。

新稿の序章「越中古代史概観」は、古代越中史の内包する諸問題について、最新の研究段階を示しつつ手際よく概括されている。古代越中史研究の手引き書ともいえるが、それは同時に本書の内容を俯瞰するものとなっている。本書を通覧するに、木本氏の研究の主眼は古代越中史研究のいわばベースキャンプづくりにあるのではないかと思われる。そのことは「越中国官倉納穀交替記残巻」（以下「交替記」と略す）の釈文及び校異（第三章）、『伊呂波字類抄』十巻本収載「立山大菩薩」の校訂（第四章）などにみられる史料学的研究、あるいはそうした史料学的研究をふまえた「古代越中国司一覧」（第一章）、越中国の神階奉授記事の整理（第二章）、さらには新たに出土した越中関係木簡の集成への試み（第五章）などからうかがえよう。古代越中史は『越中史料』（一九〇九年）、『富山県史史料編I古代』（一九七〇年）という大きな遺産をもつが、その不備を補うものである。

第一章は越中国司の任官に関わる問題が主たるテーマである。現在では宮崎康充氏の『国司補任』（続群書類従完成会）が刊行され、各国の国司の任官動向がうかがえるようになったが、著者の厳密な史料批判にもとづく「古代越中国司一覧」はその価値を失うことはない。また第二章は王権による神々（神社）の政治的序列化である神階奉授（叙位、昇叙）に関する研究である。著者は神階奉授は決して一律に行われたものではなく、それを媒介する国司の奏請には在地の政治的情勢が投影されていると考え、神階奉授の背景に在地勢力の存在形態、政治的動向を読みとろうとされている。

さて、滋賀県石山寺蔵の「交替記」（国宝）は、礪波郡の川上村、意斐村などの官倉に関する記載である。記載された最も新しい年紀から、越中の国司交替に関わる公文書として延喜年間に成立したとみられている。紙背に二次的に『伝三昧耶戒私記』が書写されたために伝存した。一次的文書である本文書は首尾ともに欠けているが、地方律令財政史はもとより、国司・郡司制度、さらには万葉研究にも関わる貴重な史料である。

第三章はこの「交替記」残巻十五紙の史料学的研究である。評者は日頃『平安遺文』の学恩にあずかる者のひとりであるが、既に指摘のあるように『平安遺文』をしても脱字、誤字から逃れられないのである。著者はいち早くこの「交替記」の釈文・校異に取り組まれた。その後石山寺の文化財調査の結果として、佐藤信氏による釈文が刊行されたが（『石山寺資料叢書　史料篇　第一』法蔵館）、「交替記」を利用される際には、是非とも併読・参照されたい。また、近年では発掘調査により、武蔵国豊島郡、下野国河内郡など郡家の正倉とみられる倉庫群の発見が相ついでいるが、「交替記」によると礪波郡では正税を郡家の正倉に蓄積するのではなく、出雲国と同様に分散型をとり、村の正倉に蓄積したことが知られる。「交替記」の記載の特徴のひとつは倉に方位が冠されていることであるが、著者はその記載から、倉庫配置の復元を試みられている。著者の配置復元研究は今後の発掘調査にも有用であろう。

第四章には立山開山縁起研究の基礎となる「布施院」の語釈、あるいは芦峅寺、岩峅寺の「峅」字などの字義の探求、さらには『伊呂波字類抄』にみる開山伝説の校訂などが収められている。博捜された多様な字義がどう史料と結びつき解釈されていくのか、今後の研究の展開が期待される。

第五章では環日本海史の視座に立ち、越中・越後の国制や、対渤海外交に関わる伊吉氏・羽栗氏に考察を加え、また平城宮（京）跡出土の越中国関係木簡・墨書土器を紹介されている。

さて、荷札木簡の中には運よく発信した国郡里（郷）や紀年まで書かれているものもある。また、紀年が書かれていなくとも、郡里・郡郷の表記から木簡の書かれた時期をおおむね推測することも可能である。これに関連していえば、著者は郷里制の施行を『出雲風土記』にいう「霊亀元年式」に依拠されているが、鎌田元一氏が実態的には霊亀三年に施行されたことを指摘されている（『律令公民制の研究』塙書房）。著者は別の近著でも霊亀元年説をとられているが、霊亀三年説を採用されない論拠を示されることが望まれる。

付論「日本古代の度量衡制」は、著者の恩師である亀田隆氏の研究を承け、度量衡制のうち特に衡制（重量）について考察を加えた論考である。律令制下に重量をどのように計り、表したのかは難解である。著者は第一節で駄法（駄馬一疋の最大積載量）についてふれ、制度上は和銅六年から延喜式まで内容的に変更がないとされ、主計式駄荷条の規定から米を除き一駄百斤前後であったこと、しかし、天平十一年の負荷重量軽減（二百斤を百五十斤に）にもかかわらず、現実にはなお二百斤に相当する荷駄があったことなどを正倉院文書より検証されている。第二節では綿の数量「屯」に二種の規定を想定され、調綿は十二両＝一屯、庸綿は十六両（一斤）＝一屯であった可能性を指摘されている。また綿の計量単位も二種あり、原則的に「斤（両）」は政府による制度の施行の際に、「屯」は綿を運用する際に用いられたとする。

「権衡」の語意は分銅と竿からなるハカリ（楊氏漢語鈔にカラハカリ）のことであるが、著者は権衡が諸官司や寺社に配備されたであろうこと、等価を要求される稲と銅銭との交換の際などに用いられたこと等々を指摘されている。手元の邱隆他編『中国古代度量衡図集』（みすず書房）などをみると、出土分銅から実際の重量にもとづく単位変化が検証されている。著者も平城宮などから出土した分銅に着目されているが、今後、文献による重量の研究をさらに押し進め、実物をとおして検証されることをお願いしておきたい。

評者の関心事から偏りのある紹介となったが、本書の考察の対象は広範・多岐にわたる。ぜひ読者が直接味読されることを切望する。

＊越中史壇会『富山史壇』（第一四〇号、二〇〇三年三月）に依る。

あとがき

前著『古代学論究』を刊行してから六年が経過しようとしているが、漸く本書を刊行するまでに漕ぎ着けることができた。本書は当初の予定ではもっと早く、遅くも古稀を祝自して上梓するつもりであった。ところが予想もしなかった家族や自身の健康上の理由から大幅に遅れることとなった。

富山県の短歌界を牽引する米田憲三氏の一首である（私の万葉歴史館在職中に研究員であった）。一九九七年（平成九）に北陸の地、高岡に暮らしはじめて、十二月初旬に轟く雷鳴は衝撃的であった。東京人の私にとって雷は夏の風物詩であった。当地ではこれをブリオコシと呼んでいる。

　鰤起し　鳴神一夜を　脅えさせ　明けしあしたを　狂い降る雪（米田憲三）

赴任当時の万葉歴史館には、万葉関係の研究書・論文はほぼ揃っていたが、古代史関係、特に中国史、朝鮮史、対外関係、仏教史関係の書はほとんど無かった。当初、自動車に頼らず生活しようと考えていた私は、やむなく交通の便から金沢の石川県立図書館・金沢市立図書館に出かけた。しかし、三年目に足を挫いたことをきっかけに遂に車を運転するようになり、専ら呉羽山にある富山県立図書館を利用するようになった。呉羽山には富山県埋蔵文化財センターや富山県公文書館が並置されており、楽しみな訪問先となった。と同時に車社会に生きていることを実感させられた。

万葉歴史館に赴任するまでは、『萬葉集』を対象化し、歴史学の史料として利用するということをあまり真剣に考えたことがなかったので、万葉学の奥深さを知るほどに、たじろぐこともしばしばであった。そうした中、二〇〇〇年の正月に学習院大学大学院の恩師・黛弘道先生の最終講義が行われたが、テーマは「日本古代史と万葉集」で、活を入れられた思いであった。また同年七月には慶應義塾大学の恩師・志水正司先生の最終講義「奈良朝平安初における玄奘三蔵」が行われた。振り返れば当然のことながら、私の研究は両先生の影響のもとにあった。

両先生は共に前田本『釈日本紀』所引「上宮記一云」の継体天皇の系譜の研究に取り組んでおられたが、私も鴟尾に付して「凡牟都和希」の訓みに関心を持つようになった。国語学にはまったくの門外漢であったが、漢字文化や『萬葉集』に接近するきっかけとなった。

万葉歴史館在職中には、高岡市東木津遺跡から「気多大神宮寺」木簡や「難波津の歌」木簡が出土し、『木簡研究』第二一号（一九九九年）に掲載された釈文に異論を唱えたことから釈読に関わることになった。また、難波宮跡から「皮留久佐」木簡が、さらには甲賀市宮町遺跡（紫香楽宮跡）から両面に「難波津の歌」と「安積香山の歌」が書かれた木簡が検出されるという、きわめて衝撃的な発見があった。「安積香山の歌」木簡は『萬葉集』の訓字主体で書かれた歌とは異なり、一字一音で書かれていた。これをどう解釈するかは様々な見解があろうが、「安積香山の歌」木簡により、歌ははじめに日常的な漢字で一字一音で書かれ、のちに推敲、歌の表記が選択されたのではないかという一つの見通しを措定することが可能となった。また「安積香山の歌」木簡の発見は『萬葉集』の形成を考える上でも大きな問題を投げかけることになった。万葉歴史館に在職したのはわずか十二年間であったが、学ぶこと多き日々であった。

高岡市万葉歴史館在職中には佐藤孝志・橘慶一郎両市長、大久間喜一郎・小野寛両館長、高岡市の篠島満氏・高野昭憲氏、研究員の新谷秀夫・関隆司・石王丸夏陽子の諸氏をはじめとする実に多くの先輩・同僚の方々にお世話になった。また県内外の諸機関の諸先生にも多々無理をお願いし、ご教示・ご支援をたまわった。いちいちご芳名を記さないが深甚の感謝を申し上げたい。また、共に越中史の解明に尽力された高岡市教育委員会埋蔵文化財担当の山口辰一、荒井隆、根津明義の三氏が若くして鬼籍に入られたことは誠に残念である。あらためてご冥福をお祈りしたい。

末尾になるが前著『古代学論究』に引き続き慶應義塾大学出版会の飯田建氏に編集の労をとっていただいた。また、表紙に高野昭憲氏の写真「月光の女岩（渋谿）」を使用させていただいた。記して感謝申し上げる。

二〇一八年（平成三十）五月記す

川﨑　晃

挿図出典一覧

第1部第4章

富山市栃谷南遺跡出土刻書土器「國」実測図・拓本（富山市教育委員会埋蔵文化財センター編『富山市栃谷南遺跡発掘調査報告書Ⅲ』富山市教育委員会、二〇〇二年）60頁

富山市栃谷南遺跡刻書土器「恵□」実測図・拓本（富山市教育委員会埋蔵文化財センター編『富山市栃谷南遺跡発掘調査報告書Ⅲ』富山市教育委員会、二〇〇二年）62頁

第1部第6章

「渤海使」習書木簡（奈良文化財研究所編『平城京　長屋王邸宅と木簡』奈良県教育委員会、一九九一年）

第2部第2章

中臣氏略系図（青木和夫「藤原鎌足」、同『日本古代の政治と人物』吉川弘文館、一九九七年）

第3部第1章

高岡市伏木勝興寺周辺遺跡地図（部分）（高岡市教育委員会『市内遺跡調査概報XⅧ』二〇〇九年三月、22頁）

高岡市美野下遺跡出土「傳厨」墨書土器（高岡市教育委員会『富山県高岡市美野下遺跡調査概報―高岡古府宿舎建設に伴う調査―』一九八六年三月）

射水川（現小矢部川）河口推定図（部分）（青木一彦・井上都・久々忠義・宗融子・多賀令史「射水平野の遺跡―古代北陸道を探る―」『大境』第18号、一九九六年十二月）

第3部第3章

観智院本『類聚名義抄』（仏下本八八）、「杅」の部分（正宗敦夫校訂、風間書房、一九八六年）

「呉」字［温彦博碑］（『五体字類』西東書房）

第3部第4章

石粟村・伊加流伎村・井山村位置関係模式図（金田章裕『古代荘園図と景観』東京大学出版会、一九九八年）一三七頁、原図を改変）

著者紹介
川﨑 晃（かわさき あきら）
元高岡市万葉歴史館学芸課長。
1947 年生まれ。1969 年慶應義塾大学文学部卒業、1975 年学習院大学大学院人文科学研究科修士課程修了。日本古代史専攻。
NHK 学園高校普通科社会科・専攻科教諭を経て、高岡市万葉歴史館主任研究員、学芸課長、2009 年 3 月退職。富山大学、慶應義塾大学、早稲田大学、中央大学など非常勤講師。
主な著書に、『古代学論究―古代日本の漢字文化と仏教』（慶應義塾大学出版会、2012 年）、共著に、田辺征夫編『遺跡の語る古代史』（東京堂出版、1996 年）、高岡市万葉歴史館論集 1～13（笠間書院）などがある。

万葉の史的世界

2018 年 7 月 20 日　初版第 1 刷発行

著　者――――川﨑　晃
発行者――――古屋正博
発行所――――慶應義塾大学出版会株式会社
〒 108-8346　東京都港区三田 2-19-30
TEL〔編集部〕03-3451-0931
〔営業部〕03-3451-3584〈ご注文〉
〔　〃　〕03-3451-6926
FAX〔営業部〕03-3451-3122
振替　00190-8-155497
http://www.keio-up.co.jp/
装　丁――――鈴木　衛
印刷・製本――亜細亜印刷株式会社
カバー印刷――株式会社太平印刷社

Printed in Japan　ISBN 978-4-7664-2529-1

索　引

1. 本書中の主要事項、人名（氏族）、研究者を掲出した。
2. 掲出項目を主題とする章・節・項がある場合は、その標題の箇所のみを表示した。
3. 関係箇所の記述を要約して立項したものがある。
4. →は参照項目を示す。
5. 人名は慣用の読みに従った。

主要事項

【あ】

【か】

【は】

【ま】

【や】

【ら】

【わ】

人名（氏族）

研究者

【か】

【さ】

【た】

【や】

【ら】

【わ】